Birgitta Sticher

Polizei- und Kriminalpsychologie

Psychologisches Basiswissen für die Polizei

ISBN 978-3-935979-10-8

Verlag für Polizeiwissenschaft
Dr. Clemens Lorei

Bibliografische Information Der Deutschen Bibliothek
Die Deutsche Bibliothek verzeichnet diese Publikation in der Deutschen Nationalbibliografie; detaillierte bibliografische Daten sind im Internet über http://dnb.ddb.de abrufbar.

Verlag für Polizeiwissenschaft, Dr. Clemens Lorei
Eschersheimer Landstraße 508 • 60433 Frankfurt
Telefon/Telefax 0 69/51 37 54 • verlag@polizeiwissenschaft.de
www.polizeiwissenschaft.de

Printed in Germany

„Stellen Sie sich ein Fischernetz vor, das aus Hunderten von Schnüren mit Tausenden von Verbindungsknoten geflochten ist. Jeder einzelne Knoten könnte interessant sein, aber wenn Sie versuchen, ihn anzuheben, bewegen sich alle anderen mit. Sie alle sind miteinander verknüpft, und man kann einen einzelnen Knoten nicht wirklich verstehen, solange man nicht auch die Grundzüge der Knoten ringsum erfasst hat. Das ist es, was die Psychologie so faszinierend macht. Es ist, als hätte man eine begehbare dreidimensionale Landkarte."

(Paul Britton, 2000, 32)

Polizei- und Kriminalpsychologie

Psychologisches Basiswissen für die Polizei

ISBN 978-3-935979-10-8

Für meine Tochter Hannah

Inhaltsverzeichnis

0. Einleitung

Die Schutz- und Kriminalpolizistinnen und -polizisten[1] sind in ihrem Alltag mit einer Vielfalt von Situationen konfrontiert. Beispielhaft seien das Gespräch mit dem Bürger auf der Straße, der Einsatz bei „häuslicher Gewalt" oder bei einer Demonstration und die Konfrontation mit Schwerverletzten und Toten genannt. Die Polizei hat besonders häufig mit Personen zu tun, die als Täter, Opfer oder Zuschauer in Erscheinung treten. Das in dieser Dreiecksbeziehung ablaufende komplexe Beziehungsgeschehen steht deshalb im Zentrum der Aufmerksamkeit. Hierbei handelt es sich aber keineswegs um starre Rollen: Nicht selten sind die Opfer von heute die Täter von morgen; Zuschauer werden durch das Geschehen, das sie beobachten, traumatisiert und werden zu Opfern oder durch die unterlassene Hilfeleistung sogar zu Tätern. Auch die im Polizeidienst Tätigen selbst können Opfer von Gewalt werden, wie z.B. die Verletzung oder sogar Ermordung im Dienst zeigt. Sie können mit Erfahrungen von Gewalt konfrontiert werden, die ihre Verarbeitungsfähigkeit übersteigen. Aber als Repräsentanten staatlicher Gewalt droht auch die Gefahr, dass sie die Macht, die ihnen zukommt, missbrauchen.

Allein dieser kurze Blick auf die Herausforderungen des polizeilichen Alltags lässt erkennen, dass „eine Psychologie, die sich mit polizeilichen Tätigkeitsfeldern und polizeirelevanten Phänomenen beschäftigt" (Hermanutz, 1996, 7) dringend notwendig ist, allerdings in Deutschland auch schon auf eine hundertjährige Tradition zurückblicken kann (s. hierzu den Exkurs „Kurzer Abriss der Geschichte der Polizeipsychologie in Deutschland" am Ende der Einleitung).

Die Vermittlung der Inhalte der Psychologie an Polizeibeamtinnen und -beamte sieht sich mit folgenden Schwierigkeiten konfrontiert: Die Phänomene im Berufsalltag sowohl der Schutz- als auch der Kriminalpolizei, für deren Bewältigung psychologisches Wissen hilfreich sein kann und häufig sogar unerlässlich ist, sind unendlich vielgestaltig. Sie verändern sich aufgrund gesellschaftlicher Entwicklungsprozesse in hoher Geschwindigkeit. *Für den angemessenen polizeilichen Umgang mit diesen Phänomenen gibt es keine Patentrezepte!* Die polizeiliche Herangehensweise hat immer eine Vielzahl von Faktoren zu berücksichtigen, die miteinander verflochten sind. Zwar ist es recht motivierend, aktuelle polizeirelevante Phänomene aufzugreifen und anhand

1 In diesem Buch wird nicht konsequent die männliche und weibliche Sprachform gewählt – aber an vielen Stellen zumindest der Versuch unternommen.

dieser psychologisches Denken zu veranschaulichen.[2] Um aber die BeamtInnen zu befähigen, selbständig die psychologische Perspektive zu übernehmen und aktiv nach angemessenen Verhaltensweisen zu suchen, erscheint ein anderer Zugang sinnvoller, der in diesem Buch gewählt wird: Die Psychologie als Wissenschaft vom menschlichen Erleben und Verhalten ist mit einem **Instrumentenkoffer** vergleichbar. Zu diesen Instrumenten gehören Wissensbestände z.B. über so basale Themen wie Wahrnehmung, Gedächtnis, Emotionen, Lernen und Entwicklung. Dieses Wissen ist aber immer untrennbar mit der theoretischen Perspektive verbunden, aus der heraus es gewonnen wurde. In Abhängigkeit von der spezifischen Fragestellung und den angewandten Forschungsmethoden werden auch bezogen auf das identische Phänomen verschiedene Antworten gegeben. Kein Theorieansatz kann für sich absolute Wahrheit beanspruchen, sondern weist jeweils unterschiedliche Brauchbarkeit auf. Auf der Basis der im Rahmen der verschiedenen theoretischen Orientierungen gewonnenen Erkenntnisse lassen sich *Hypothesen zum Verständnis von polizeirelevanten Phänomenen und Ansatzpunkte gewinnen, um Handlungsempfehlungen zu entwickeln.* Theoretische Perspektiven sind mit verschieden dicken Gläsern vergleichbar, die aufgrund ihrer Beschaffenheit das Objekt anders erscheinen lassen. Manchmal ist es wichtig, ein Fernglas zu benutzen, dann wieder hilft das Mikroskop weiter.
Ausgestattet mit einem derartigen Instrumentenkoffer kann die Polizeibeamtin und der Polizeibeamte selbst in der jeweiligen Situation die geeigneten Instrumente auswählen und zum Einsatz bringen. Der Schwerpunkt sollte folglich darauf liegen, dass die im Polizeiberuf Tätigen diese Instrumente erwerben, um auch in Zukunft für alte und neue Phänomene kreativ nach geeigneten psychologischen Umgangsmöglichkeiten zu suchen. Zugleich soll aber auch ein besserer Einblick in die Psychologie vermittelt werden, damit Polizeibeamtinnen und -beamte gezielter die Hilfe von psychologischen Fachkräften nachfragen und deren Herangehensweise besser verstehen können.

Das *vorliegende Buch*, das ursprünglich den ersten von zwei Teilen darstellen sollte, umfasst psychologisches Basiswissen, das mit Fragestellungen aus der polizeilichen Praxis verknüpft wird. Im Mittelpunkt stehen Situationen des polizeilichen Einzeldienstes und die Situation der Vernehmung. Die komplexe Situation der Vernehmung ist besonders gut geeignet um zu verdeutlichen, in welch hohem Maße die Übernahme der psychologischen Perspektive für die Optimierung des Vernehmungsverlaufes hilfreich ist.

2 s. hierzu den gelungenen Versuch von Hermanutz / Ludwig / Schmalz: Moderne Polizeipsychologie in Schlüsselwörtern. Stuttgart, 2001. Hier werden 38 Schlüsselbegriffe behandelt. Fallbeispiele und Erklärungen sollen den Polizeibeamtinnen und Polizeibeamten mehr Sicherheit für das eigene Handeln geben und ihnen bei der Entscheidungsfindung helfen.

Von der geplanten Veröffentlichung des zweiten Teils wurde aus mehreren Gründen Abstand genommen: Der zweite Teil sollte das Phänomen der Aggression bzw. Gewalt in seinen verschiedenen Erscheinungsformen bearbeiten. Vor allem die Entstehung von Gewalt und deren psychische Folgen sollten im Zentrum stehen. Bei einer Annäherung an Erscheinungsformen der Gewalt - ob sexuelle Gewalt, Kindesmisshandlung, Jugendgruppengewalt, Massengewalt etc. - wurde deutlich, dass die Übernahme der psychologischen Perspektive zu kurz greift. Um die verschiedenen Formen der Gewalt zu verstehen und eine angemessene (polizeiliche) Reaktion zu entwickeln, müssen die Einzelwissenschaften (Sozialwissenschaften, Rechtswissenschaften und Polizeifächer) viel stärker miteinander verbunden werden. Im Rahmen der zur Zeit an den Fachhochschulen diskutierten bzw. geplanten Veränderung der Ausbildung (Bachelor) für den gehobenen Dienst der Polizei wird in interdisziplinären Modulen eine derartige Herangehensweise angestrebt. Diese Form der Lehre und des Lernens sollte durch Materialien begleitet und unterstützt werden, die am besten von verschiedenen Expertinnen und Experten zusammen verfasst wird.

Exkurs: Kurzer Abriss der Geschichte der Polizeipsychologie in Deutschland

In Anlehnung an Greuel (2001, 3-12) lässt sich die Entwicklung der Polizeipsychologie in Deutschland folgendermaßen skizzieren:
ca. 1920-1929: Ausgehend von dem in der Weimarer Republik einsetzenden Bemühen um mehr Demokratie wird polizeiliches Handeln stärker als Interaktionshandeln verstanden. Die Beschäftigung mit menschlichem Erleben und Verhalten wird aus diesem Grunde wichtiger; Psychologie wird am Polizeiinstitut in Berlin-Charlottenburg als **Lehrfach** eingeführt. Des Weiteren müssen die Kommissarslaufbahnbewerber eine psychologische Vorprüfung ablegen; Psychologie wird folglich im Bereich der **Personalauslese** eingesetzt.
1929-1949: Die Polizeipsychologie wird in der Zeit des Nationalsozialismus nicht weiterentwickelt;
1949: wird das **Polizei-Institut Hiltrup** (spätere Polizei-Führungs-Akademie, PFA) gegründet. Psychologen bemühen sich in den folgenden Jahren, die Polizeipsychologie aufzubauen und **Grundlagenwissen in den polizeilichen Ausbildungsinstituten** zu vermitteln.
60ger Jahre: Psychologische Erkenntnisse werden verstärkt für die polizeiliche Praxis nutzbar gemacht. Die **„operative Unterstützung der konkreten polizeilichen Praxis"** (Greuel, 2001,4) manifestiert sich in **der Gründung des ersten Polizeipsychologischen Dienstes** in München.

70ger und 80ger Jahre: Es kann von einer **Konsolidierungsphase der Polizeipsychologie** gesprochen werden. Zum einen werden sukzessive neue polizeipsychologische Dienste eingerichtet, zum anderen wird die **polizeipsychologische Forschung** sowohl polizeiintern – an der Forschungsstelle des Bundeskriminalamtes – als auch polizeiextern intensiviert. Ende der 80ger Jahre gibt es 40 hauptamtliche Polizeipsychologen in Deutschland. Der Schwerpunkt liegt allerdings weiterhin in der Aus- und Fortbildung an Landespolizeischulen und an Fachhochschulen. Das psychologische Fachwissen zur Bewältigung konkreter Einsätze (z.B.: Verhandlergruppe bei Geiselnahmen; Suizidversuche) wird nur in Ausnahmefällen angefordert.
90ger Jahre: Die moderne Polizeipsychologie versteht sich vor allem als **Arbeits-, Betriebs- und Organisationspsychologie.** Im Mittelpunkt stehen die Themen Organisationsentwicklung, Personalauslese und -beurteilung, Persönlichkeitsentwicklung und Öffentlichkeitsarbeit.[3]
heute: Die Forderung steht im Mittelpunkt, die Arbeit der Polizeipsychologen in der Polizei und die der Forscher außerhalb der Polizei besser miteinander zu verknüpfen. **Polizeipsychologen kommt die Rolle von Vermittlern zu:** Zum einen sollen sie die Praxisbedürfnisse besser in Forschungsergebnisse übersetzen, anderseits aber auch die wissenschaftlichen Ergebnisse besser an die Praxis zurückkoppeln. Aufgrund der Vielzahl der in der Praxis zu bewältigenden Problemstellungen ist es für den einzelnen Polizeipsychologen sinnvoll, einen Aufgaben- bzw. Forschungsschwerpunkt auszuwählen.
Polizeipsychologie stellt – vergleichbar mit der Klinischen Psychologie, der Pädagogischen Psychologie, der Rechtspsychologie, der Verkehrspsychologie und der Organisationspsychologie etc. – ein zentrales Anwendungsfeld der Psychologie dar, das allerdings in den Psychologischen Instituten der Universitäten noch keine Verortung hat. Die wissenschaftliche Auseinandersetzung mit der Institution Polizei und deren Handlungsabläufen findet sich verstreut über die einzelnen Fächer der Psychologie und der Soziologie. Auch die **Kriminalpsychologie**, die sich speziell mit dem inneren Erleben und dem Verhalten von Menschen, die Gesetze übertreten (Füllgrabe, 1997, 13), beschäftigt, ist in den Psychologischen Instituten der Universitäten kaum anzutreffen.

3 Diese Themen werden in diesem Buch bewusst ausgeklammert, da sie im Rahmen der Ausbildung an der Fachhochschule Berlin im Fach „Führungslehre" behandelt werden.

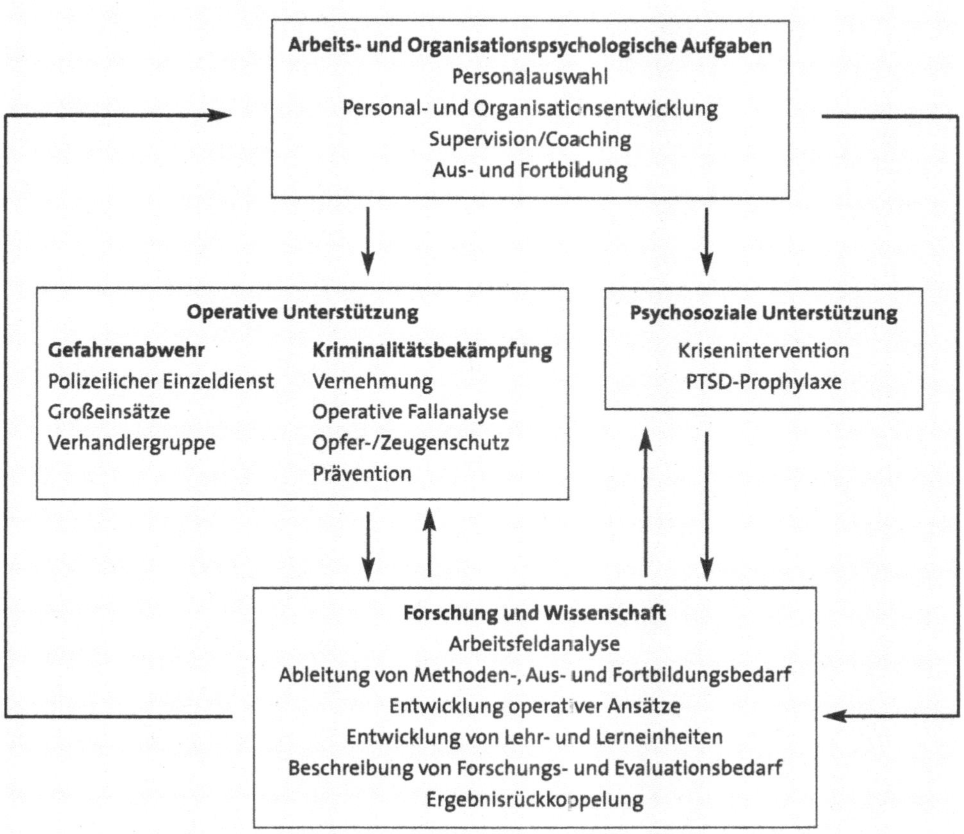

Abb. 1: Traditionelle Praxis- und Forschungsfelder der Polizeipsychologie (Greuel, 2001, 6)

1. Die psychologische Perspektive oder „Welche Fragen stellt die Psychologie?"

Bevor die verschiedenen theoretischen Perspektiven der Psychologie kurz dargelegt werden, ist zunächst wichtig zu verstehen, welche Fragestellungen für das Fach der Psychologie charakteristisch sind:

Ein 35jähriger Vietnamese ist am Freitagnachmittag an einer Kaufhalle im Bezirk Hellersdorf von vermutlich rechten Jugendlichen zusammengeschlagen und niedergestochen worden. Der Vorfall am Plus-Markt ereignete sich in der Louis-Lewin-Straße. Gegen 16 Uhr stürmten vier Jugendliche mit rasierten Köpfen und Springerstiefeln in das Gebäude und schlugen mit Baseballschlägern und Keulen auf den Vietnamesen ein... Nachdem sich der Vietnamese mit einer Flasche gewehrt hatte, wurde er mehrmals geschlagen. Schließlich zog einer der Jugendlichen ein Messer und stach dem Mann in die Brust. Der 35jährige sackte zusammen und die Täter flüchteten. Ein Angestellter des Plus-Marktes leistete Erste Hilfe bis die Feuerwehr eintraf. Mittlerweile ist der Vietnamese außer Lebensgefahr. Schon kurz nach der Tat konnte die Polizei durch mehrere jugendliche Zeugen einen Tatverdächtigen ermitteln, nach dem sofort gefahndet wurde.
(Berliner Zeitung vom 9/10/1999)

Dieses Beispiel einer von einer Jugendgruppe verübten Gewalttat wirft viele Fragen auf. Welche konkreten Fragen gestellt werden, hängt allerdings stark von dem spezifischen Zugang der Person ab, die das jeweilige Fach vertritt:

Einen **Juristen[4] bzw. eine Juristin** interessieren folgende Zusammenhänge:

- Wie ist das Verhalten der Gruppe und des Messerstechers strafrechtlich zu bewerten? Hierzu gilt es eine Einschätzung der Beweggründe vorzunehmen sowie der Absicht, mit der bestimmte Folgen angestrebt wurden. Gemäß dieser Einschätzung kommen die entsprechenden Paragraphen des Strafgesetzbuches zur Anwendung.

4 An dieser Stelle möchte ich meinem Kollegen Prof. Dr. Oesten Baller für seine fachliche Unterstützung danken.

Konkret würde sich ein Jurist folgende Fragen stellen:

- Hatte der Angriff auf den Vietnamesen eine der in § 226 StGB beschriebenen Folgen, so dass ein gemeinschaftlich begangenes Verbrechen der schweren Körperverletzung und nicht ein Vergehen der gefährlichen Körperverletzung (§ 224 StGB) vorliegt?
- Wenn ja, handelten die Täter in Bezug auf die Folgen absichtlich, so dass der verschärfte Strafrahmen des § 226 Absatz 3 (Freiheitsstrafe nicht unter drei Jahren) gilt?
- Handelten die Täter mit Tötungsvorsatz, so dass ein versuchter Totschlag (§ 212 StGB) vorliegt, oder ohne Tötungsvorsatz (= gefährliche Körperverletzung)?
- Wenn ja, haben die Täter aus niederen Beweggründen gehandelt, so dass versuchter Mord vorliegt?

Folgende Fragen nun beschäftigen besonders die **Psychologin bzw. den Psychologen:**

- Welches Verhalten zeigen die Jugendlichen?
  Wie verhält sich der Vietnamese? Wie die umherstehenden Personen?
- Welche inneren Prozesse laufen in diesen Personen ab?
  Wie nehmen sie die Situation wahr? Wie bewerten sie die Situation? Was motiviert ihr Verhalten?
- Wie kann das Verhalten der Personen erklärt werden?
  Welche Rolle spielen die Situationsfaktoren für das Verhalten? (z.B. der Stadtteil Berlins, die konkrete Örtlichkeit, die Tageszeit, die Anzahl der anwesenden Personen?)
- Welche Rolle spielen die Personenmerkmale?
  Liegt z.B. eine besondere Disposition zu aggressivem oder hilfsbereitem Verhalten vor? Unter Rückgriff auf welche Entwicklungsprozesse lassen sich die Personenmerkmale erklären?

Ausgehend von den an diesen Fall herangetragenen Fragen können wir den Gegenstand des Faches folgendermaßen festhalten (Zimbardo / Gerrig, 1999, 2):

> **„Gegenstand der Psychologie sind Verhalten, Erleben und Bewusstsein des Menschen, deren Entwicklung über die Lebensspanne und deren innere (im Individuum angesiedelten) und äußere (in der Umwelt lokalisierten) Bedingungen."**

Die Beschäftigung mit dem Gegenstand der Psychologie ist kein Selbstzweck. Die systematische Beschreibung von Verhaltensweisen soll ermöglichen

- dies Verhalten zu erklären bzw. zu verstehen *(Erklären/ Verstehen)*,
- die Auftretenswahrscheinlichkeit von zukünftigen Ereignissen und Zusammenhängen vorherzusagen *(Vorhersage)*,
- dieses Verhalten gezielt herbeizuführen, auszulösen, aufrechtzuerhalten oder zu beenden *(Kontrolle)* (vgl. Zimbardo, 1999, 5f).

Kommen wir nun nochmals auf den oben beschriebenen Fall zurück: Das Erleben und Verhalten der Menschen – ob Täter, Opfer oder Zeugen – ist nicht loszulösen von der konkreten gesellschaftlichen Situation am Ende des 20. Jahrhunderts im Berliner Osten. Gerade im Osten Berlins sind zu diesem Zeitpunkt viele rechte Vereine beheimatet, die eine große Anzahl gewaltbereiter jugendlicher Skinheads zu ihren Mitgliedern zählen. Eine Erklärung für das Phänomen der Gewalt und des Hilfeverhalten – um nur zwei bedeutsame Phänomene zu nennen – kann nicht für alle Zeiten gelten, sondern muss Ergebnisse aus den Nachbarwissenschaften – z.B. der Soziologie und der Kriminologie – notwendigerweise einbeziehen.

PsychologInnen und PolizeibeamtInnen haben grundsätzlich einen Wunsch gemeinsam: Sie hätten gerne klare Gesetzmäßigkeiten, die sichere Orientierung für das Verhalten geben: Wenn A, dann B; wenn eine Person sich auf eine entsprechende Weise verhält, dann handele nach folgenden Regeln! Die Psychologie kann aber nur unter Rückgriff auf naturwissenschaftliche und geisteswissenschaftlichen Erklärungs- und Verstehensbemühungen eine Vielzahl von Angeboten darbieten, um die Situation zu analysieren und zwischen Handlungsmöglichkeiten mit einer gewissen Erfolgswahrscheinlichkeit auszuwählen. Bestimmte Vorgehensweisen führen wahrscheinlich zu dem gewünschten Verhalten, aber es gibt keine Erfolgsgarantie.

Die Beschäftigung mit der Psychologie kann folglich die PolizeibeamtInnen befähigen, selbst die psychologische Perspektive übernehmen zu können und in der konkreten Situation folgende Fragen zu stellen und zu beantworten:
Welches Verhalten zeigt mein Gegenüber genau in der konkreten Situation?
Welche Hinweise bekomme ich über die Art und Weise, wie er die Situation wahrnimmt, bewertet, und über das, was sein Verhalten antreibt?
Wie kann das Verhalten meines Gegenübers unter Rückgriff auf psychologische Theorien und psychologische Wissensbestände erklärt bzw. verstehbar gemacht werden?
Welche Verhaltensweisen können mit einer gewissen Wahrscheinlichkeit eine effiziente Zielerreichung bewirken?

Diese psychologischen Fragestellungen lassen sich recht gut an dem von Nolting und Paulus entworfenen Schaubild verdeutlichen, das die weitgehend akzeptierten Komponenten psychischen Geschehens zu einer überschaubaren Struktur zusammenfügt. Drei große Komplexe können in diesem Bild unterschieden werden: Zum Ersten die jeweilige Situation bzw. *die situativen Bedingungen,* die auf die Person einwirken (Anreger), die aber auch dem Verhalten der Person Effekte folgen lassen. Zum Zweiten *die aktuellen Prozesse* in der Person: Die Reize werden aufgenommen, verarbeitet und ein Verhalten wird ausgewählt, das auf die Situation einwirkt. Und zum Dritten *personale Dispositionen,* die auf die aktuellen Prozesse Einfluss nehmen. Diese personalen Dispositionen sind Teil einer lebenslangen *Entwicklung,* unterliegen somit grundsätzlich der Veränderungsmöglichkeit.

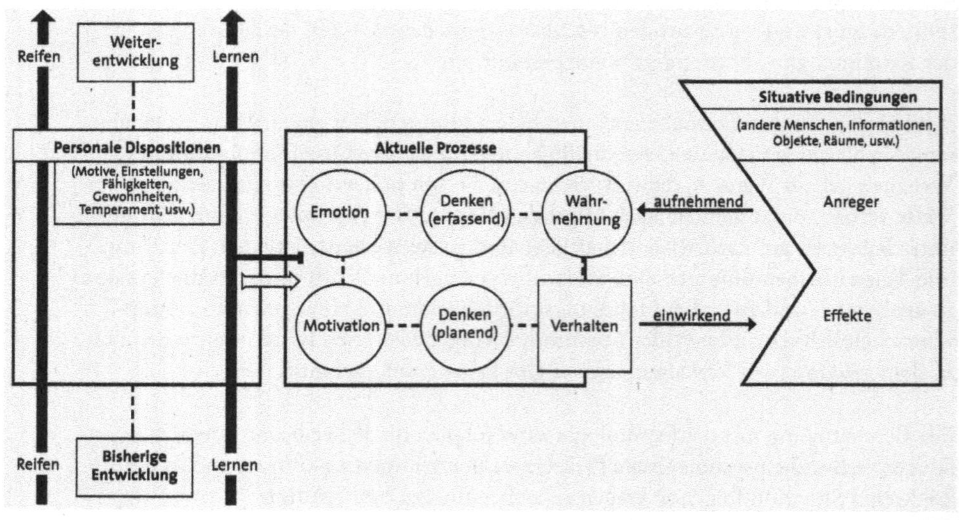

Abb. 2: Integrierendes Modell zu grundlegenden Aspekten des psychischen Systems (Nolting/ Paulus, 1999, 99)

2. Laienpsychologie und wissenschaftliche Psychologie

Jeder Polizeibeamte ist immer schon als Psychologe tätig: Verhalten wird beobachtet, unter Rückgriff auf „Theorien“ erklärt und die Situation mittels der zur Verfügung stehenden Handlungsmöglichkeiten bewältigt. Das Hauptproblem an dieser laienpsychologischen Perspektive ist,

- dass wir dazu neigen, unsere „Theorien“, die aus unserer mehr oder weniger eingeschränkten Lebenserfahrung stammen, unhinterfragt auf andere Menschen zu übertragen;
- dass aufgrund dieser „Theorien“ unsere Wahrnehmung sehr eingeschränkt ist;
- dass wir routinemäßig Handlungsweisen auswählen, die wir in bestimmten Situationen als effektiv erfahren haben, ohne uns über die möglichen negativen Konsequenzen Rechenschaft zu geben.

Indem nun wissenschaftliche Psychologie gelernt wird, soll für den Polizeibeamten folgendes Ziel erreicht werden: Er soll befähigt werden, „besser“ zu beschreiben, zu erklären und vorherzusagen. Und 'besser' heißt unter anderem: „präziser, begründeter, systematischer und oftmals auch vorsichtiger“ (Nolting, 1999,170) .

Verdeutlichen wir dies am Beispiel der *Beschreibung:* Genau zu beschreiben, was ich wahrnehme, und zwar so, dass auch andere Personen meine Beobachtungen nachvollziehen und zu einer übereinstimmenden Einschätzung kommen können, erfordert eine hohe Konzentration und Disziplin. Je weniger sich die Wahrnehmung gleich mit eingefleischten Bewertungen vermischt, desto hilfreicher ist dies für die angemessene Handlungsauswahl. Wichtig ist dies z.B. in folgenden Situationen: bei der Tatortarbeit, bei der Vernehmung, bei der Verkehrskontrolle und bei der ganz normalen Streifenfahrt.

Bezogen auf die *Erklärung* ist vor allem das Adjektiv „vorsichtig“ wichtig: Zu schnell wird eine Beobachtung mit einer Erklärung verknüpft, z.B.: „Weil Herr Klein in der Vernehmung errötet oder stottert, hat er gelogen.“ Vorsicht bedeutet hier, auch alternative Erklärungen in Erwägung zu ziehen. So könnte Herr Klein erröten, weil ihm die Frage sehr unangenehm oder peinlich ist oder Erinnerungen an Geschehnisse auslöst, die er nicht mitteilen möchte.

Ein Beispiel: Ein Neugeborenes wird von der Säuglingsstation entführt. Die Polizei vernimmt unter anderem auch den Vater des Kindes, der – gefragt nach seinem Alibi – sich durch seine an einigen Stellen etwas ausweichenden Aussagen, sein Erröten und Stottern verdächtig macht. Die vorschnell gefasste Hypothese, dass der Vater der Täter sei, erwies sich dann aber als falsch. Es war ihm nur sehr unangenehm zu erzählen, dass er zu dem vorgegebenen Zeitpunkt nicht, wie er seiner Frau versprochen hatte, das Kinderzimmer renoviert hatte, sondern mit „den Kumpels auf Tour" war.

Auch sagt die Tatsache, dass zwei Sachverhalte in kurzer zeitlicher Abfolge auftreten, noch lange nichts über die ursächliche Verbindung aus. Ein typisches Beispiel ist der folgende statistische Zusammenhang: Kinder, die viel fernsehen, sind auch aggressiver. Es wäre nun zu einfach, die Schlussfolgerung zu ziehen, dass die Kinder aggressiver sind, weil sie viel fernsehen. Folgende mögliche Zusammenhänge sind ebenfalls denkbar: Aggressive Kinder haben eine spezielle Vorliebe für Gewaltdarstellungen im Fernsehen. Oder: Kinder, die viel fernsehen und aggressiver sind, wachsen in einem Erziehungsmilieu auf, in denen die Eltern den emotionalen Grundbedürfnissen der Kinder nach Anerkennung und Zuwendung wenig Beachtung schenken. Besonders am Beispiel des aggressiven Verhaltens wird noch im zweiten Teil des Buches zu zeigen sein, dass psychisches Verhalten in der Regel auf ein kompliziertes Zusammen- bzw. Wechselspiel von verschiedenen Bedingungen zurückzuführen ist.

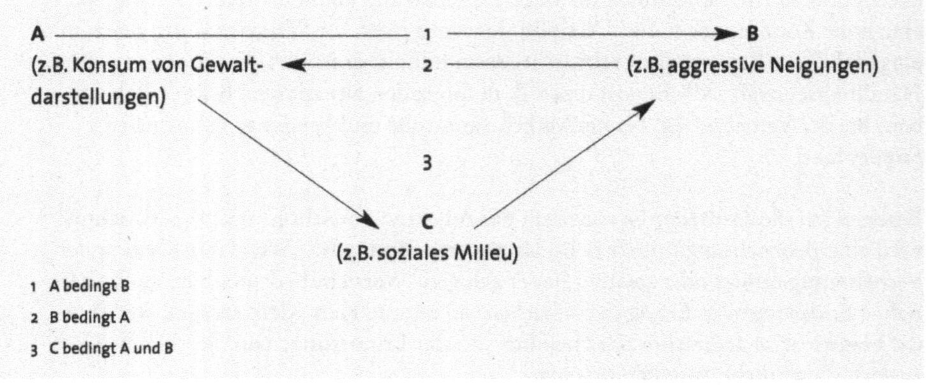

Abb. 3. In: Nolting, 1999, 184

Wenn wir uns die vielfältigen Faktoren anschauen, die zusammenwirken, leuchtet ein, dass klare *Prognosen* und simple Ratschläge für die Veränderung von Verhalten nicht greifen. Anlässlich der vielfältigen Faktoren in der Person und in der Situation sowie deren gegenseitigem Einfluss lassen sich nur wahrscheinliche Zusammenhänge festhalten.

Kommen wir zur wissenschaftlichen Psychologie zurück: Auch Psychologen haben sich im Laufe der Geschichte in ihre Theorien verrannt: Einzelne Erklärungsansätze wurden verabsolutiert, erbitterte Kämpfe zwischen den Vertretern der verschiedenen Schulen fanden statt, z.B. zwischen den Vertretern der Lerntheorie und der Psychoanalyse. Die Problematik kann am besten an folgender Geschichte deutlich gemacht werden:

Eine Gruppe von 15 blinden Personen wird in einen Raum geführt, in dem ein Elefant steht. Jede Person ertastet ausführlich eine Körperpartie des Elefanten; die eine ertastet den dünnen beweglichen Schwanz mit dem buschigen Ende; vier andere jeweils ein stämmiges Bein, wieder eine andere Person den großen Bauch mit der rauen Oberfläche. Nachdem jeder einen Teilbereich gründlich erforscht hat, gehen die Blinden nach Hause. Jeder von ihnen meint nun zu wissen, wie ein Elefant sei, aber sie geben extrem unterschiedliche Beschreibungen ab. Die Zuhörer, die noch nie zuvor einen Elefanten gesehen haben, sind verwirrt und wissen nicht, wem sie glauben sollen.

Ob nun Polizeibeamte oder Psychologen: Manchmal verhalten wir uns wie die Blinden. Wir erforschen gründlich einen Teilbereich und meinen Aussagen machen zu können über *den* Elefanten. Aber um Aussagen über den Elefanten machen zu können, müssen wir die verschiedenen Tastergebnisse zusammenfügen. Aber auch dann wissen wir immer noch recht wenig über den Elefanten: Der Elefant ist mehr als die Summe dieser Einzelerfahrungen.

Die Theorien, die wir aufgrund der Erfahrung entwickeln, sind häufig für einen bestimmten Bereich sehr *brauchbar*, für einen anderen aber nicht. Dies zu erkennen und somit Absolutheitsansprüche zurückzuweisen, ist bereits ein wichtiger Schritt zur Erhöhung der Handlungskompetenz.

3. Die theoretischen Perspektiven der Psychologie im Überblick

In der Psychologie existieren mehrere theoretische Perspektiven. Vergleichbar der Geschichte von den Blinden und dem Elefanten gilt auch für die Psychologie, dass jede theoretische Perspektive ihre Berechtigung hat und wichtige Erkenntnisse über einen Teilausschnitt vermitteln kann. Zu diesen wichtigsten theoretischen Perspektiven gehören

1. die biologische Perspektive
2. die psychodynamische Perspektive/Psychoanalyse
3. die behavioristische Perspektive/Behaviorismus *oder* lerntheoretische Perspektive
4. die humanistische Perspektive/Humanistische Psychologie
5. die kognitive Perspektive/Kognitivismus
6. die systemische Perspektive

Wollten wir ein Phänomen möglichst vollständig erklären bzw. verstehen, dann wären die Aussagen aus all diesen Perspektiven zu einem Gesamtbild zusammenzufügen. Das würde den Rahmen der Ausführungen dieses Buches allerdings überschreiten. Deshalb sollen vorab die theoretischen Perspektiven in ihren Kernaussagen umrissen werden. Eine ausführliche Darstellung der einzelnen Perspektiven soll anhand thematischer Schwerpunkte erfolgen.

3.1. Die biologische Perspektive

„Die biologische Perspektive wird von Forschern eingenommen, die die Ursachen für das Verhalten im genetischen Programm, im Gehirn, im Nervensystem oder im endokrinen System (welches die Hormonproduktion kontrolliert) suchen. Erklärungen für psychologische Prozesse werden folglich durch den Verweis auf zugrunde liegende organische Strukturen und biochemische Prozesse gegeben" (Zimbardo / Gerrig, 1999, 10). Die Berechtigung dieser Perspektive ist offensichtlich: Psychisches Geschehen ist untrennbar mit biologischen Vorgängen des Körpers verbunden. Diese zu entschlüsseln, kann wichtige Folgen für ein vertieftes Verstehen und für das praktische Handeln haben. Problematisch wird diese Perspektive dann, wenn damit die Vorstellung verknüpft wird, dass der Mensch im Grunde ein passives Wesen ist, dessen psychisches Geschehen nur ein Oberflächenphänomen des Körpergeschehens darstellt. In der Regel wird aber von Vertretern dieser Richtung inzwischen anerkannt, dass Erfahrungen die biologischen Strukturen und Prozesse beeinflussen und verändern können.

3.2. Die psychodynamische Perspektive / Psychoanalyse

Diese Perspektive, die untrennbar mit Sigmund Freud (1856-1939) verbunden ist, hat auf die wissenschaftliche Psychologie zunächst wenig Einfluss gehabt. Außerhalb der Universitäten hingegen ist die Bedeutung der Psychoanalyse um so stärker, weil sie theoretische Modelle anbietet, um Störungen der psychischen Entwicklung, die Unverständnis hervorrufen, zu begreifen. Der Mensch wird von den Psychoanalytikern als Individuum verstanden, das mit (teilweise unbewussten) Antrieben ausgestattet ist, die auf Befriedigung drängen. Die Art, wie Befriedigung gesucht wird, ist reifungsbedingt und verursacht nahezu zwangsläufig Konflikte mit der Umwelt. Die Umgehensweise der Person mit sich und anderen im weiteren Lebensverlauf ist entscheidend dadurch beeinflusst, wie diese Konflikte mit der Umwelt vor allem in den ersten sechs Lebensjahren gelöst werden.

3.3. Die behavioristische Perspektive / Behaviorismus *oder* lerntheoretische Perspektive

Die behavioristische Perspektive ist das radikale Gegenteil der psychoanalytischen Perspektive: Es wird bewusst abgelehnt, sich mit inneren Prozessen zu beschäftigen; die Aufmerksamkeit gilt dem unmittelbar beobachtbaren Verhalten. In Laborexperimenten mit Tieren und in Experimenten mit Menschen wird nach *Gesetzmäßigkeiten* gesucht, die das Verhalten in Beziehung setzen zu auslösenden Bedingungen und zu Konsequenzen, die auf das Verhalten folgen. Wichtige Vertreter dieser Perspektive sind der russische Physiologe Ivan Pawlow (1849-1936) und der amerikanische Psychologe John B. Watson (1878-1958, *Klassisches Konditionieren*) sowie Burrhus F. Skinner (1904-1990, *Operantes Konditionieren*). Ihr Einfluss war in der deutschen Psychologie nach dem Zweiten Weltkrieg bis zur Mitte der 70er Jahre so stark, dass das behavioristische Modell zum vorherrschenden Forschungsparadigma wurde. Massive Kritik führte dann allerdings dazu, dass das Modell, das den Menschen mit einer „schwarzen Kiste" gleichsetzt, einer Veränderung unterzogen wurde. Ein bekannter Vertreter dieser Entwicklung ist Albert Bandura, der die kognitiven Prozesse, die sich nicht direkt beobachten lassen, in seinem Ansatz des *Modelllernens* einbezog. Obwohl der radikale Behaviorismus seit der „kognitiven Wende" kaum noch vertreten wird, ist die Tradition dieser Perspektive für das Selbstverständnis der Psychologie in Forschung und Praxis immer noch von großer Bedeutung. Sie drückt sich in der grundsätzlichen Vorstellung aus, „nach der das Verhalten letztlich ausgelöst und aufrechterhalten wird durch situative Einflüsse" (Nolting, 1999, 161). So baut z.B. die Verhaltenstherapie –neben der Psychoanalyse eine der wichtigsten Therapierichtungen – auf den grundlegenden Lernprinzipien auf und verfügt über zahlreiche erfolgreiche Methoden zur Veränderung von Verhalten (die am Beispiel der Angstkonfrontationstherapie ausführlicher erläutert werden sollen).

3.4. Die humanistische Psychologie

Als „dritte Kraft" neben dem Behaviorismus und der klassischen Psychoanalyse entwickelte sich in den 50ger Jahren in Amerika die humanistische Psychologie. Beide vorherrschenden Richtungen wurden von den Vertretern der humanistischen Psychologie – Charlotte Bühler, Abraham Maslow, Carl Rogers, Fritz Perls und Victor Frankl – kritisiert, weil sie ein zu mechanisches Menschenbild vertraten: Der Mensch wurde entweder von äußeren oder von inneren Kräften bestimmt. Diesem Bild setzten sie ein Menschenbild entgegen, das dem Streben des Menschen, sich selbst zu verwirklichen, seine Möglichkeiten zu entfalten und ein positives Selbstkonzept zu entwickeln, große Bedeutung beimisst. Der Mensch befindet sich in einem sich über die gesamte Entwicklung erstreckenden, nicht abgeschlossenen Prozess der Bewegung zu mehr Autonomie, Selbsterfüllung und Sinngebung. Aus den Erkenntnissen der humanistischen Psychologie lassen sich Anregungen ableiten, wie den Menschen geholfen werden kann, Krisen zu überwinden und das Miteinander befriedigender zu gestalten. Dies lässt sich für den polizeilichen Alltag vor allem auf Umgangsformen mit dem Bürger und psychische Erste Hilfe mit Opfern von Gewalt oder Menschen in schwierigen Situationen beziehen. Für die Psychologie war die humanistische Perspektive als Impulsgeberin für Veränderungen in den vorherrschenden Richtungen wichtig. Das Grundanliegen, den Menschen als aktives, der Umwelt Sinn und Bedeutung verleihendes Wesen zu sehen, wird vor allem von der kognitiven Perspektive der Psychologie aufgegriffen.

3.5. Die kognitive Perspektive / Kognitivismus

Diese Perspektive ist die heute wohl einflussreichste in der wissenschaftlichen Psychologie. Der Mensch reagiert nicht einfach auf Umweltreize, sondern sein Handeln ist Ausdruck komplexer Prozesse der (zum Teil unbewussten) Informationsverarbeitung. Es wird von den Kognitionspsychologen eingehend untersucht, wie z.B. Wahrnehmung, Denken, Problemlösen und Entscheiden näher zu entschlüsseln sind. Im Mittelpunkt steht der Mensch als rationales, Bedeutung schaffendes Wesen, das eine innere Ordnung der Wirklichkeit aufbaut und aktiv auf seine Umwelt einwirkt. (Im

Unterschied zu der humanistischen Psychologie, die den Menschen eher zu neuen Einsichten und Wertorientierungen führen will, steht bei den Vertretern der kognitiven Perspektive die Aufschlüsselung der inneren Prozesse der Informationsverarbeitung im Vordergrund.)

3.6. Die systemische Perspektive

Diese theoretische Perspektive zählt zu den neuesten Grundströmungen und hat wichtige Veränderungsanstöße für alle anderen Perspektiven gegeben. Die gängige Sichtweise der Psychologie war zu stark durch ein Denken in linearen, d.h. in Ursache-Wirkungs-Zusammenhängen, charakterisiert. Entscheidend ist aber zu begreifen, dass wir es mit Systemen zu tun haben, die aus Elementen bestehen, die sich miteinander in Wechselwirkung befinden. Dies lässt sich recht gut am Beispiel einer Dienstgruppe auf einem Abschnitt verdeutlichen: Die Dienstgruppe ist mehr als die Summe ihrer Mitglieder. Sie bildet eine durch Kommunikation verbundene Einheit, die auf der bewussten und unbewussten Ebene Ziele verfolgt. Das Verhalten, das ein Kollege in dieser Dienstgruppe zeigt, ist nicht nur als personale Eigenschaft zu beschreiben („engagiert“, „aggressiv“ etc.), sondern hängt entscheidend von den Systemeigenschaften und -regeln ab, die den Verhaltensweisen des Kollegen eine bestimmte Funktion zukommen lassen. Systemisches Denken sieht jedes Verhalten durch die Struktur eines komplexen Beziehungsgeschehens bedingt, innerhalb dessen es selbst eine Einflussgröße darstellt. Jeder einzelne ist mit den anderen so verbunden, dass eine Veränderung des einen immer Folgen für das gesamte System hat und diese wieder auf ihn zurückwirken. Besonders für das polizeiliche Handeln ist von zentraler Bedeutung zu begreifen, dass Menschen keine isolierten Einzelwesen sind. Selbst wenn der Polizist es mit den Verhaltensweisen einer Einzelperson zu tun hat, ist jede Handlung auf ihre Bedeutung hin zu untersuchen, die sie auf das System hat, in dem die Person lebt.

Theoretische Perspektiven der modernen Psychologie

Perspektive	*Grundannahme über die menschliche Natur*	*Determinanten des Verhaltens*	*Zentraler Untersuchungsgegenstand*	*Wichtigste Forschungsansätze*
biologisch	passiv mechanistisch	Vererbung biochemische Prozesse	Gehirn Prozesse im Nervensystem	biochemische Grundlagen des Verhaltens und psychischer Prozesse
psychodynamisch	angeborene „Triebe"; Antriebe	prägender Einfluss frühere Lebenserfahrungen	psychische Konflikte	Verhalten als Ausdruck unbewusster Motive
behavioristisch	Verhalten wird über gesamte Lebensspanne hinweg gelernt	Umwelt, Situation, äußere Reize	spezifisch beobachtbare Reaktionen	Reiz-Reaktion-Beziehungen;
kognitiv	Informationen aktiv verarbeitend	Informationen, Prozesse und Strukturen der Informationsverarbeitung	kognitive Strukturen und Prozesse Denken, Sprache und Gedächtnis	Erschließen kognitiver Strukturen aus Input und Output
humanistisch	aktives Wesen; Selbstverwirklichungstendenz	potenziell selbstgesteuert	Selbstkonzept; Werthaltungen; Entfaltungsmöglichkeiten	Biographien; subjektive Bedeutungen
systemisch	in Wechselbeziehung mit anderen Teilen des Systems;	Systemgesetzmäßigkeiten	Eigenarten von Systemen	Familienstrukturen; Organisationsstrukturen und deren Auswirkungen auf den einzelnen

(überarbeitete Tabelle unter Rückgriff auf Zimbardo/Gerrig, 1999, 16)

4. Ausgewählte biologische Grundlagen

Vielen mag sich an dieser Stelle die Frage aufdrängen: „Warum so weit ausholen?" Unliebsame Erinnerungen an den Biologieunterricht drängen sich auf und wirken nicht gerade motivationsfördernd. Dennoch scheint dieser Ausflug in der gebotenen Kürze sinnvoll, ja sogar notwendig, denn die Basis menschlichen Erlebens und Verhaltens ist unser Körper. Menschliches Verhalten beruht auf der Funktion von drei anatomischen Strukturen: dem *Zentralnervensystem*, dem *autonomen oder vegetativen Nervensystem* und dem *hormonellen System*. Hierbei kommt dem Zentralnervensystem eine herausragende Rolle zu, weshalb darauf am ausführlichsten eingegangen werden soll.
Die Beschäftigung mit den materiellen Strukturen des menschlichen Erlebens und Verhaltens stellt die Grundannahmen des „biologischen Paradigmas" zugleich auch in Frage, denn physiologische und biochemische Prozesse sind zwar eine wichtige Hilfe zum Verständnis menschlichen Erlebens, Verhaltens und Bewusstseins, reichen aber hierfür nicht aus. Auch wird deutlich, dass der Mensch keineswegs ein passives, mechanisch funktionierendes Wesen ist. Die materiellen Strukturen weisen eine hohe Formbarkeit und Veränderbarkeit auf und die Menschen wirken auf vielfältige Weise auf diese materiellen Strukturen ein. Allerdings sind die Einwirkungsmöglichkeiten in bestimmten Entwicklungsphasen größer als in anderen – aber dazu später mehr.

4.1. Genetische Grundlagen

In den letzten Jahren ist die Erforschung unseres Erbgutes (Genetik) in riesigen Schritten vorangeschritten: Zu Beginn des Jahres 2001 wurde die Nachricht verkündet: „Der Mensch ist entziffert!" (Der Tagesspiegel, 12.02.2001) Immer besser gelingt es, die Gene zu finden, mit denen bestimmte Krankheiten zusammenhängen wie z.B. Alzheimer-Krankheit, Epilepsie, Krebs, Mukoviszidose und Parkinson-Krankheit. Ist es dann nicht nur eine Frage von wenigen Jahren, dass wir alles Verhalten auf genetische Grundlagen zurückführen können, z.B. Gene für kriminelles Verhalten und Gene für Führungsverhalten? Wird dadurch nicht die Psychologie unwichtig? Folgende Ausführungen sollen einige der größten Missverständnisse beseitigen[5]:

Die **Genetik** ist die Wissenschaft, die sich mit der Vererbung körperlicher und psychischer Eigenschaften von Generation zu Generation befasst.

5 Für die intensivere Beschäftigung mit diesem Thema empfehle ich das Buch von Jens Asendorpf, auf das im Folgenden Bezug genommen wird: „Keiner wie der andere. Wie Persönlichkeitsunterschiede entstehen." Dreieich, 1999

Abb. 4: Genom: Das Alphabet des Menschen (Der Tagesspiegel vom 12.02.01, S. 28)

Jeder Zellkern enthält den vollständigen genetischen Code des Menschen, den *Genotyp*. Das gesamte Erbgut des Menschen wird als *Genom* bezeichnet. Es besteht allerdings zu 95% aus bedeutungslosen chemischen Substanzen. Die aktiven Bestandteile des Erbgutes, die Gene, machen nur ca. 5 % des Erbgutes aus.

Abgesehen von eineiigen Zwillingen ist jeder Mensch genetisch einzigartig. Er besitzt ein einzigartiges Genom aus 46 Chromosomen. Jedes Chromosom enthält ein strickleiterförmiges Riesenmolekül aus DNS (Desoxyribonukleinsäure), das sich aus 4 chemischen Verbindungen zusammensetzt. Die jeweilige Aneinanderreihung dieser chemischen Verbindungen (auch mit den Buchstaben – **A** für Adenin, **T** für Thymin, **G** für Guanin und **C** Cylosin – bezeichnet) stellt die Bauanleitung für die Eiweißstoffe dar. Die Gene sind Abschnitte auf dieser DNS.

Nach heutiger Schätzung gibt es ungefähr 30 000 **Gene.** Sie enthalten die Anleitung für die wichtigsten Funktionen des menschlichen Organismus. Jedes Gen stellt ein Rezept für die Produktion bestimmter Eiweiße (Proteine) bereit. Gene wirken folglich nicht direkt auf Verhalten: Sie produzieren chemische Moleküle (Proteine), die die Entwicklung der anatomischen Strukturen steuern, auf deren Funktion Verhalten beruht.

Die Mitteilung, dass das Erbgut entziffert sei, bedeutet zunächst einmal nichts anderes, als dass vor uns ein Buch in einer exotischen Fremdsprache (und ungefähr 3 Milliarden Buchstaben) liegt, dessen Bedeutung noch weitgehend unbekannt ist. Nicht die Anzahl der Gene ist ausschlaggebend. Dies verdeutlicht allein der Tatbestand, dass die Maus etwa so viele Gene hat wie der Mensch. Entscheidend ist das komplexe Zusammenwirken der Gene, und dieses ist noch weitgehend rätselhaft.

„Stellen Sie sich vor, in einer Höhle in der Wüste wird ein altes Buch entdeckt. Der dicke Wälzer fasst das gesamte Wissen des klassischen Altertums über die Bedeutung des Lebens zusammen. Doch es stellt sich heraus, dass der Text in einem Code geschrieben wurde, den keiner knacken kann. Hier und da finden sich zwar einige Worte, die scheinbar aus dem Altgriechischen stammen; der größte Teil des Buchs besteht jedoch aus Worten, deren Bedeutung völlig unklar ist. Und die Sprachwissenschaftler beginnen langsam zu begreifen, dass nicht nur die Worte unbekannt sind, sondern dass ihre Bedeutung auch noch vom Kontext abhängig sind, in dem sie stehen. Es kann fast nichts von dem Fund entschlüsselt werden. Würde eine solche Entdeckung immer noch als Meilenstein der Menschheitsgeschichte gelten? Oder wäre es nicht eher der Beginn einer langen und mühevollen Aufgabe?“

Philip Ball, Redakteur des Wissenschaftsmagazins „Nature“, in Der Tagesspiegel vom 12.02.01, S. 28.

In jeder unserer Billion Körperzellen sind zu einem bestimmten Zeitpunkt Tausende von Genen aktiv. Sie kontrollieren die Kommunikation in den Zellen und die Kommunikation zwischen ihnen. Hierbei handelt es sich aber nur um einen Bruchteil aller Gene. Es ist wichtig zu wissen, dass Gene im Laufe des Lebens an- oder abgeschaltet werden können. Der Genotyp ist zwar konstant, nicht aber die Genaktivität.

D.h. es ist nicht allein entscheidend für das Verhalten, ob eine Person ein bestimmtes Gen hat oder nicht, sondern ob dieses Gen aktiv ist oder nicht.

Die Wirkung eines einzelnen Gens entfaltet sich im Zusammenspiel mit der Wirkung anderer Gene. Die meisten Merkmale werden nicht durch einzelne, sondern durch mehrere Gene bestimmt, wie z.B. das Gewicht, die Größe, die Haarfarbe, die Intelligenz, Persönlichkeitsfaktoren und vieles mehr. Letztlich ist also nur selten das einzelne Gen entscheidend, sondern die Gesamtheit aller genetischer Informationen, der **Genotyp.**
(Eine Ausnahme bildet die Krankheit Mukoviszidose: Auf dem Chromosom 7 fehlen 3 Buchstaben, was zur Folge hat, dass ein Eiweiß nicht produziert wird. Die Folge ist, dass die Lunge mit zähem Schleim überzogen wird.)

Der Nachweis, dass ein bestimmtes Verhalten genetisch mitbedingt ist, bedeutet nicht, dass das Verhalten nicht veränderbar wäre. Durch Umweltmaßnahmen können genetische Wirkungen auf das Verhalten beeinflusst werden. Anlagebedingt ist bei den vielen Krankheiten wie z.B. bei den verschiedenen Organtumoren, Schizophrenien und Alkoholismus ein erhöhtes Risiko, das abhängt von Entwicklungsumständen, Umwelt und Lebensführung.

Exemplarisch lässt sich der Einfluss der Gene und die Wechselwirkung mit der Umwelt am Beispiel einer Form der geistigen Behinderung, der **Phenylketonurie**, verdeutlichen:

Für eine normale Entwicklung ist die Produktion eines Enzyms notwendig, welches ein Eiweiß (Phenylalin) umwandelt. Fehlt nun dieses Enzym, dessen Synthese durch ein Gen kontrolliert wird, nimmt die Konzentration von Phenylalin im Körper so stark zu, dass die Zellen des zentralen Nervensystems geschädigt werden. Ein Gen ist folglich für einen Enzym-Defekt verantwortlich, der die Entwicklung des Nervensystems behindert. Die Personen weisen in der Folge einen verringerten Intelligenzquotienten auf.
Inzwischen hat man festgestellt, dass wenn Kinder sehr frühzeitig eine spezielle Diät durchführen, dieser genetische Defekt beseitigt werden kann. Diese Behandlung ist aber nur in den ersten Lebensjahren erfolgreich. Wichtig ist folglich, dass der Gendefekt durch eine entsprechende Umweltveränderung kompensiert werden kann.

Die Empfänglichkeit für diese Umwelteinflüsse variiert aber mit dem Alter! Es gibt beim Menschen bestimmte sensible Phasen, in denen Umwelteinflüsse besonders wirksam sein können; allerdings erstrecken sich diese Phasen beim Menschen – anders als beim Tier – über weite Zeiträume. (Beim Tier reden wir in diesem Zusammenhang von *Prägung*.) Besonders gut lässt sich dies an den genetisch prädisponierten strukturellen Veränderungen des Nervensystems nachweisen. Bildlich kann dies folgendermaßen veranschaulicht werden: Durch die Reifungsprozesse wird wie durch einen Lichtkegel ein bestimmter Bereich einer nächtlichen Landschaft erleuchtet. Wir nehmen genau wahr, was sich in diesem Lichtkegel erkennen lässt. Und dieser erleuchtete Bereich verändert sich im Laufe der Entwicklung, allerdings bestimmt unsere Erfahrung, wie breit der Lichtkegel ausfällt und wie stark seine Leuchtkraft ist. Zwar gibt es bestimmte Zeitintervalle, in denen die Differenzierung des Geflechtes der Nervenzellen besonders schnell voranschreitet, aber grundsätzlich ist die Herstellung neuer Verbindungen zwischen Nervenzellen lebenslang möglich. Werden bestimmte Bahnen durch das Geflecht der Nervenzellen häufig benutzt, dann führt dies zu einer Veränderung im Nervensystem. Es gibt folglich nicht nur eine reifungsbedingte, sondern auch eine erfahrungsbedingte strukturelle Entwicklung des Nervensystems.

Bereits dieser kurze Blick auf die Genetik macht deutlich, dass menschliches Erleben und Verhalten nicht allein durch die Analyse der Gene oder des Genotyps zu verstehen ist, sondern dies nur möglich ist, wenn die Wechselwirkung mit der Umwelt berücksichtigt wird. Einfache lineare Ursache-Wirkungs-Beziehungen reichen für die Erklärung menschlichen Erlebens und Verhaltens keinesfalls aus. Die gewaltige sequenzierte Buchstabenfolge, die angebliche „Entzifferung des Menschen“, erklärt uns nicht, was dem Menschen ein soziales Verhalten und bewusstes Handeln ermöglicht – was ihn wirklich zum Menschen macht. Wir sind keine Gen-Automaten. Das Leben gleicht eher einem subtilen Netzwerk, in dem eine unendlich große Zahl von Knoten über feine Nachrichtenkanäle miteinander verbunden ist. Die Summe aller beobachtbaren Merkmale einer Person, der **Phänotyp**, hat sich deshalb als Interaktion des Genotyps mit der Umwelt entwickelt. An vielen Beispielen soll im Laufe dieses Buches die vielfältige Verflechtung innerer und äußerer Einflüsse deutlich werden.

4.2. Intelligenzentwicklung
als Beispiel für die Wechselwirkung von innerem und äußerem Verhalten

Der Versuch, zu erklären, was Intelligenz denn eigentlich ist, stößt bereits auf große Schwierigkeiten. Die Psychologen haben es sich teilweise einfach gemacht und festgelegt, dass Intelligenz das ist, was der Intelligenztest misst. Das Ergebnis dieser Messung wird dann mit einem Intelligenzquotienten (IQ) angegeben. Es wird angenommen, dass dieser Intelligenzquotient in der Durchschnittsbevölkerung eine kontinuierliche Verteilung in Form einer Normalverteilung aufweist.

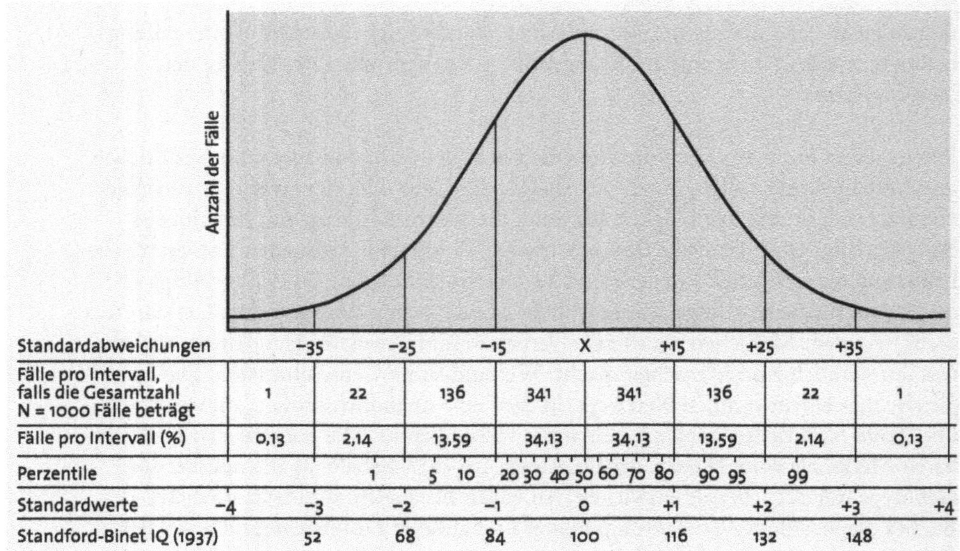

Abb. 5: Das Diagramm der Normalverteilung (Zimbardo / Gerrig, 1999, 43)

Legt man diese Normalverteilung zugrunde, dann weisen ungefähr 50% der Bevölkerung einen IQ-Wert von 90-100 auf, größere Abweichungen wie z.B. ein IQ von 70 (leichte Minderbegabung) oder ein IQ über 140 (Hochbegabung) bilden dann eher die Ausnahme. Ein Blick auf einen der bekanntesten Intelligenztests, den Hamburger Wechsler Intelligenztest für Kinder und Erwachsene (HAWIK und HAWIE) zeigt, welch verschiedene Faktoren durch einzelne Untertests erfasst werden: Dies reicht von der Erfassung des allgemeinen Wissens und Verständnisses über rechnerisches Denken bis hin zum Sortieren von Bildern und Nachlegen von Mosaikmustern. Es ist selbst dem Laien offensichtlich, wie problematisch diese Messung der Intelligenz ist: Sowohl kulturelle Wissensbestände als auch die vielfältigen Faktoren in der Testsituation haben einen großen Einfluss auf die Testergebnisse. Ein weiterer Kritikpunkt lautet, dass diese Intelligenztests wichtige Aspekte vernachlässigen. Der bekannte Intelligenzforscher Howard Gardner (1991/2002) hält es aufgrund seiner Forschung für sinnvoller, von *multiplen Intelligenzen* statt von einer Intelligenz zu reden. Seine Botschaft lautet:

„Es ist dem Verständnis förderlich, wenn man sich den menschlichen Geist als Gruppe voneinander relativ unabhängiger Fähigkeiten vorstellt, die nur auf lose und unbestimmte Weise zusammenhängen, und nicht als homogene Allzweckmaschine, die unabhängig von Inhalt und Umgebung mit einer bestimmten Pferdestärke eine stetige Leistung erbringt" (2002, 44).

Er selbst unterscheidet zunächst 7 Intelligenzen[6], für die es offenbar spezielle Zuständigkeitsbereiche im Gehirn gibt. Diese Intelligenzen sind: die logisch-mathematische, die sprachliche, die musikalische, die räumliche, die körperlich-kinästhetische sowie die interpersonale (Verstehen anderer) und intrapersonale Intelligenz (Verstehen des eigenen Selbst). Besonders die inter- und intrapersonale Intelligenz, die wir auch als *emotionale Intelligenz* bezeichnen können, nämlich die Fähigkeiten, sich selbst zu erkennen, zu beherrschen, sich in andere einzufühlen und Konflikte zu lösen, macht nach Daniel Goleman (1998, 54) 80% unseres Lebenserfolges aus, der klassische IQ, der mit den Intelligenztests gemessen wird, hingegen nur 20%.
Allerdings werden Intelligenztests trotz allem herangezogen, weil sie neben den genannten problematischen Aspekten Unterschiede hinsichtlich der Geschwindigkeit der Aufnahme und Verarbeitung von Informationen erfassen können, die sogenannte *fluide Intelligenz*, die sich von der *kristallisierten Intelligenz* (Erfahrungswissen, kulturelle Wissensbestände) unterscheiden lässt. Letztendlich ist es wichtig, um die Problematik dieser Tests zu wissen, um die Ergebnisse mit Vorsicht zu interpretieren. Diese IQ-Tests sind offenbar recht gute Messinstrumente für abstraktes Denken, Problemlösungs- und Lernfähigkeit, aber messen z.B. nicht Kreativität und Leistungsmotivation.

Unter **Intelligenz** soll – bei aller erläuterten Problematik dieses Begriffes – die Fähigkeit zum Erfassen und Herstellen von Bedeutungen, Beziehungen und Sinnzusammenhängen verstanden werden. Intelligenz ermöglicht dem Individuum, sich an neue Situationen anzupassen und auf die Umwelt Einfluss zu nehmen.

Wenn wir die intelligenten Leistungen eines Individuums erfassen wollen, sind wir nie mit dem Genotyp direkt konfrontiert, sondern immer mit dem Phänotyp, d.h. mit den Möglichkeiten, die das Individuum mitbringt, die aber durch die Umwelt in einem bestimmten Ausmaß aktualisiert worden sind. Bereits im Mutterleib kann aller-

6 Gardner (2002, 63-85) fügt noch die naturkundliche Intelligenz, die spirituelle Intelligenz und die Lebensintelligenz hinzu.

dings diese Potenz in ihrer Möglichkeit deutlich beschnitten werden: Da das Ungeborene in der Gebärmutter nicht völlig abgeschirmt ist, sondern durch den Blutstrom der Mutter nicht nur mit Nahrung und Sauerstoff, sondern auch mit Schadstoffen belastet wird, führt z.B. der Alkohol- und Drogenkonsum der Mutter oder Sauerstoffmangel während der Geburt zu bleibenden Schädigungen. Allerdings ist bereits hier der Verweis auf vielfältige Untersuchungen interessant, die besagen, dass – außer bei sehr wenigen Kindern mit eindeutig nachweisbaren Hirnschädigungen – die kinderärztlichen Untersuchungsergebnisse bei der Entlassung aus dem Krankenhaus keine Prognose über den Entwicklungsstand nach fünf Jahren erlauben. Psychosozialen Faktoren (s. Ausführungen über Kindesvernachlässigung in Teil 2) kommt für den Entwicklungsverlauf eine sehr hohe Bedeutung zu. Grundlage aller Wahrnehmungs-, Denk- und Gedächtnisleistungen ist nicht nur die Anzahl der Gehirnzellen, die nach der 23 Schwangerschaftswoche so gut wie abgeschlossen ist, sondern vor allem die Verknüpfung der Gehirnzellen untereinander. *Je mehr Verbindung zwischen den Gehirnzellen besteht, desto rascher und differenzierter arbeitet das Gehirn.* Aufgrund von Tierexperimenten lässt sich folgendes hypothetisches Modell entwickeln, das besagt, dass die Gehirnstruktur in ihrer Entstehung von unterschiedlichen Bedingungen abhängt (vgl. Schenk-Danzinger, 1992, 144):

a) Ein Teil der Gehirnstruktur entsteht aufgrund eines angeborenen Bauplans, relativ unabhängig von der Umwelt. So differenzieren sich z.B. direkt nach der Geburt viele Nervenzellen besonders schnell und bilden viele feinverästelte Fortsetzungen der Nervenzellen (Dendriten) und Kontaktverbindungen aus, die die Erregungen von einem Neuron auf ein anderes übertragen (Synapsen). Auch nehmen die **Gliazellen**[7], die eine isolierende Schutzschicht (Myelinschicht) bilden und die bei den biochemischen Veränderungen, die die Lernprozesse begleiten, eine bedeutende Rolle spielen, erheblich zu. Der Höhepunkt dieser Myelinisierung wird im dritten Lebensjahr erreicht. (vgl. Rauh, 1995, 174).

7 Gliazellen, von denen es zehnmal mehr im menschlichen Gehirn gibt als Nervenzellen, haben nicht nur die Funktion einer Schutzschicht. Neuere Forschungsergebnisse Nature, 2001) geben Hinweis darauf, dass sie durch chemische Prozesse auf Wahrnehmung und Gedächtnis, auf Denken und Fühlen Einfluss nehmen. Gliazellen können selbst Signale empfangen und Botschaften senden – allerdings ist ihre Kommunikation wesentlich langsamer als die der Nervenzellen. Interessant ist auch die Erkenntnis, dass je ausgeprägter die kognitiven Fähigkeiten, desto höher der Anteil der Gliazellen.

Ein gutes Beispiel für diese genetisch bedingten Reifungsprozesse ist der Vergleich zwischen zwei Gruppen von Hopi-Kindern. Die erste Gruppe von Kindern wurde vom ersten Tag bis zum vierten Lebensmonat fest auf ein Wickelbrett gebunden. Sie wurden nur zum Baden und zum Wechseln der Windeln kurz losgebunden. Erst ab dem vierten Lebensmonat durfte sich der Säugling gelegentlich frei bewegen und mit dem Ende des ersten Lebensjahres wurde das Brett gar nicht mehr benutzt. Die zweite Gruppe der Hopi-Kinder wurden vom ersten Tag an nicht auf das Brett gebunden. Obwohl sich die Kinder der beiden Gruppen hinsichtlich ihrer motorischen Aktivität deutlich während des ersten Lebensjahres unterschieden, begannen sie ungefähr im gleichen Alter mit dem Laufen.(Trautner, 1978, 65)

b) Ein Teil der Gehirnstruktur entwickelt sich gemäß des genetischen Bauplans, aber in diesen sensiblen Perioden bedarf es besonderer Umweltbedingungen, damit die Entwicklung einsetzen kann.

Der Fall des Mädchens Genie: Genie erkrankte mit 14 Monaten schwer. Der Arzt machte die Eltern auf die mögliche Gefahr einer verzögerten Entwicklung aufmerksam. Der Vater interpretierte diese Warnung als Tatsache und hielt von diesem Zeitpunkt an seine Tochter in einem winzigen Raum fest. Sie wurde physisch versorgt, erhielt aber keinerlei Ansprache durch Vater, Mutter oder Bruder. Gab sie irgendwelche Laute von sich, wurde sie von ihrem Vater geschlagen. Als Genie 13 Jahre alt war, wurde sie aus diesem Gefängnis befreit. Sie gab keinerlei Laute von sich, weinte und lachte nicht. In der Klinik und anschließend bei Pflegeeltern wurde sie intensiv gefördert. Körperlich erholte sie sich recht gut, aber bezogen auf ihre Sprache steigerte sich zwar trotz intensiver Sprachförderung ihr Sprachverständnis, sie erlernte aber nicht die normale Sprachführung, sondern war nur in der Lage, sich mit einzelnen Worten zu verständigen. Trotz noch so intensiver Sprachförderung erscheint es nach der Pubertät unmöglich, noch grammatikalisch richtig sprechen zu lernen, wenn dies bis zu diesem Zeitpunkt nicht erworben wurde (vgl. Grimm, 1995, 750).

Schenk-Danzinger (1992,153) führt als Beispiel eine Untersuchung an vierunddreißig Kindern an, die seit ihrer Geburt in einem Heim unter äußerst schlechten Bedingungen aufwuchsen: Sie hatten wenig Anregungen durch soziale Ansprache und Spielzeug. Die Kinder wurden noch im Vorschulalter in Familienpflege übernommen. Erstaunlich ist der rasche Entwicklungsfortschritt, den diese Kinder zeigten. So wies Günther bei seiner Entlassung einen Intelligenzquotienten von 69 auf, aber schon nach einem Jahr war dieser auf 94 IQ-Punkte gestiegen. Bezogen auf die gesamte Entwicklung des Denkens bestehen bis zum Vorschulalter noch relativ gute Aufholmöglichkeiten, die aber nach dem sechsten Lebensjahr deutlich abnehmen. Ein Daueraufenthalt in einem deprivierten Milieu führt zu irreparablen Schäden. Diese erstaunliche Möglichkeit Entwicklungsstörungen aufzuholen, bezieht sich schwerpunktmäßig auf den kognitiven Bereich. Schwere emotionale Mangelzustände sind wesentlich schwieriger – unter Umständen gar nicht – auszugleichen.

c) Ein Teil der Gehirnstruktur ist in seiner Entwicklung von besonderen Reizangeboten abhängig, die wir uns mit zunehmendem Lebensalter auch selbst schaffen können. So wurde z.B. nachgewiesen, dass die fluide Intelligenz (die Geschwindigkeit der Aufnahme und Verarbeitung von Informationen) auch im höheren Lebensalter noch trainierbar ist. Die häufig deutlichen Veränderungen im höheren Lebensalter können nur in geringem Umfang auf neurobiologische Funktionsverluste zurückgeführt werden, sondern hängen sehr viel stärker von gesellschaftlichen und beruflichen Anforderungen ab. Eine Person, die in ihrem Berufsleben und im Alter immer neue Situationen sucht und sich aktiv mit diesen auseinandersetzt, wird ihr Gehirn weiter trainieren und damit in einem Test ein wesentlich besseres Ergebnis aufweisen als eine Person, die sich schon im Alter von 40 auf die Ausübung von Routinetätigkeiten beschränkt hat und sich mit der Pensionierung vollständig auf ihr „Altenteil“ zurückzieht.

Selbst wenn zwei Menschen bei der Geburt mit dem identischen genetischen Potenzial ausgestattet sind, ***betragen die Einschränkungen, die durch eine anregungsarme Umwelt hervorgerufen werden können ca. 30 IQ-Punkte***! Das bedeutet, dass z.B. eine Person 70 IQ-Punkte aufweist, was den Grenzbereich der Minderbegabung kennzeichnet, die andere allerdings mit 100 IQ-Punkten eine normale, durchschnittliche Intelligenzleistung zeigt.
Oder anders formuliert: Ein bestimmter Intelligenzquotient kann die Kombination aus einer guten Begabung und einer ungünstigen Umwelt oder aus einer schwachen Begabung und einem optimalen Milieu sein. Ähnliche Phänotypen können folglich verschiedene Genotypen haben und ähnliche Genotypen können sich in unterschiedlichen Entwicklungsumwelten zu unterschiedlichen Phänotypen entwickeln (Montada, 1995, 38).
Wie an den Ausführungen über die Intelligenz deutlich werden sollte, handelt es sich bei der „Intelligenz“ um das Ergebnis einer komplexen Wechselwirkung zwischen der biologischen Grundausstattung des Individuums und den Umwelteinflüssen im Verlauf der Entwicklung.

4.3. Das Nervensystem

Die Aufnahme, Weiterleitung und Verarbeitung der vielfältigen Informationen, ob sie von außerhalb des Organismus kommen oder innerhalb des Organismus erzeugt werden, werden durch Milliarden von hoch spezialisierten **Nervenzellen (Neuronen)** geleistet, die zusammen das Nervensystem bilden. Neuronen bilden die Grundbausteine unseres Nervensystems. Bei der Geburt verfügen wir über ca. 100 Milliarden bis ca. 1 Billion Neuronen. (Obwohl täglich ca. 200.000 Neuronen absterben, hat dies auf die Hirnfunktion keine einschränkende Wirkung.) Die Neuronen unterscheiden sich deutlich voneinander. Aufgrund ihrer verschiedenen Funktionen teilt man sie in drei Hauptklassen auf: *die sensorischen, die motorischen und die Interneuronen.*

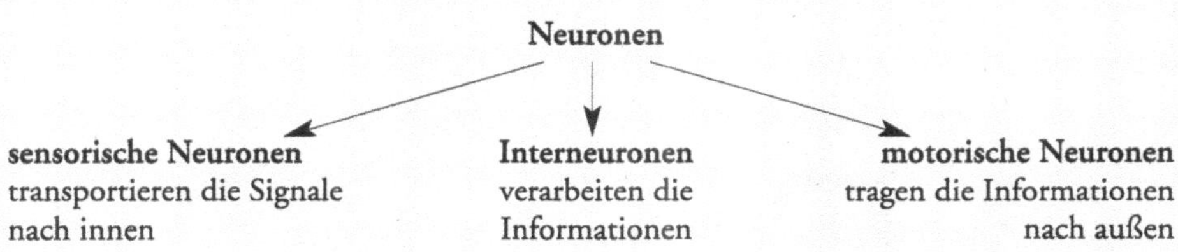

Das Nervensystem lässt sich in das zentrale und in das periphere Nervensystem unterteilen.

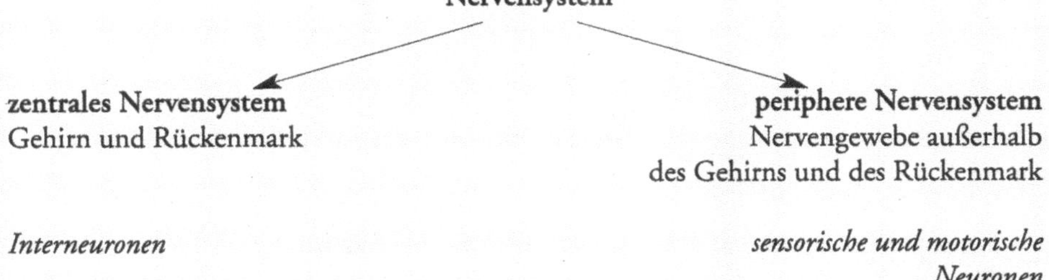

Das *zentrale Nervensystem* besteht aus allen Zellen des Rückenmarks und Gehirns, den sogenannten Interneuronen. Das *periphere Nervensystem* wird aus den sensorischen Neuronen gebildet, die Reize aufnehmen und zum Rückenmark und Gehirn weiterleiten, und den motorischen Neuronen, die die Informationen vom Gehirn und Rückenmark zu den Muskeln und Drüsen tragen. Das periphere und das zentrale Nervensystem sind aufeinander angewiesen: Von dem peripheren Nervensystem und dessen Beschaffenheit hängt es ab, ob ein Reiz überhaupt aufgenommen und zum zentralen Nervensystem weitergeleitet wird: Welche Sinnesrezeptoren (ob die des Auges, des Ohrs, der Haut etc.) durch welche Intensität an physikalischer Energie (ob Druck, Lichtwellen, Schallwellen) aktiviert werden, bestimmt, ob und welche Informationen das zentrale Nervensystem erhält, die dann einem komplexen, hierarchisch verschachtelten Verarbeitungsprozess unterworfen werden.

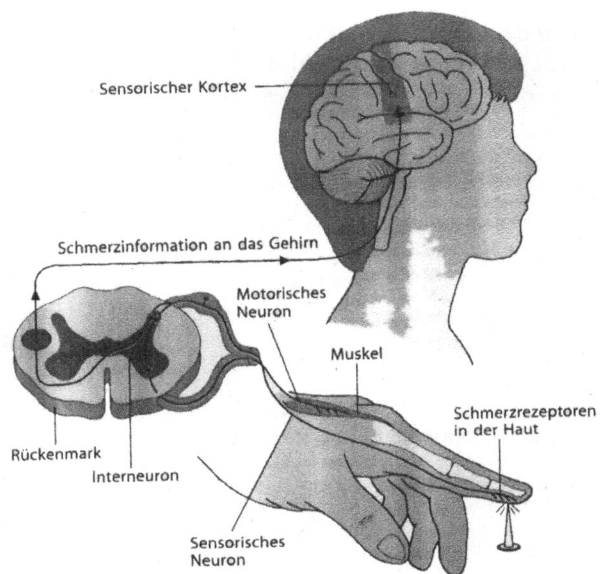

Abb. 6: Zusammenwirken verschiedener Arten von Neuronen bei einem Reflex (Zimbardo/Gerrig, 1999, 79)

Ein scharfer Gegenstand dringt direkt unter die Hautoberfläche des Fingers. Die Schmerzrezeptoren werden aktiviert und leiten diese Information über sensorische Neuronen an ein Interneuron im Rückenmark. Dieses Interneuron aktiviert ein motorisches Neuron, was zur Folge hat, dass der Finger blitzartig zurückgezogen wird. Erst im Anschluss an diese lebenswichtige schnelle Reaktion erfolgt die Weiterleitung der Information an das Gehirn und die bewusste Verarbeitung. Die Schmerzintensität hängt ganz entscheidend von dieser bewussten Verarbeitung im Gehirn ab.

4.4. Das menschliche Gehirn

Ein Teil des zentralen Nervensystems, unser Gehirn, ist für das Verständnis des menschlichen Erlebens und Verhaltens von besonderer Bedeutung. Auch wenn es – wie im Folgenden deutlich wird – anatomisch gegeneinander abgegrenzte Areale aufweist, muss doch vorab eine fundamentale Erkenntnis festgehalten werden:

„..diese Areale sind keine autonomen Minihirne; sie stellen ein zusammenhängendes und integriertes System dar, das größtenteils auf noch unbekannte Weise organisiert

> *ist. Daher wird es fast unmöglich sein zu verstehen, wie das Gehirn arbeitet, wenn man zu einem bestimmten Zeitpunkt nur eine einzige spezifische Region untersucht.“ (Greenfield, 1999, 50)*

Eine kurze Beschäftigung mit den Gehirnen der Wirbeltiere verdeutlicht, dass diese – ob nun Hai, Echse, Vogel, Hund oder Affe – eine dreiteilige Struktur aufweisen: **Hirnstamm, Kleinhirn (Cerebellum) und Großhirn (Cerebrum).**
Bei Amphibien und Reptilien ist das Großhirn winzig, bei Säugern hingegen stellt es den dominierenden Teil des Gehirns dar. Beim Menschen aber macht das Großhirn 85% der gesamten Hirnmasse aus.

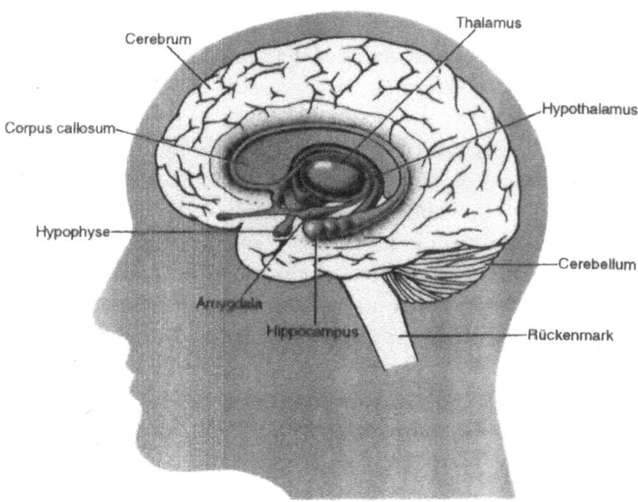

Abb. 7: Schaubild des menschlichen Gehirns unter besonderer Hervorhebung der wichtigsten Bestandteile des limbischen Systems (Zimbardo/Gerrig, 1999, 71)

Der **Hirnstamm** ist das Steuerungszentrum, mit dem alle Wirbeltiere ausgestattet sind. Es ist für die grundlegenden lebenserhaltenden Aktivitäten zuständig:

- die Atmung und den Herzschlag (**Medulla**)
- die Aktivierung des Großhirns (**Formatio reticularis**)
- die Herstellung der Verbindung zum Kleinhirn (**Pons**)
- die erste Verarbeitung und Schaltzentrale für sensorische Informationen (**Thalamus**)

An den Hirnstamm ist am Hinterkopf das **Kleinhirn (Cerebellum)** angeschlossen. Es ist unentbehrlich für die Bewegungskoordination: Es übernimmt die Aufgabe, die Körperbewegungen und die Körperhaltung zu kontrollieren und das Gleichgewicht zu erhalten.

Oberhalb des Hirnstamms befindet sich das **limbische System**, das alle Säugetiere besitzen. Es setzt sich aus verschiedenen Strukturen zusammen, die eine ganz besondere Bedeutung für die Aufrechterhaltung des inneren Gleichgewichts des Organismus sowie für die Regulation der Emotionen und des motivierten Verhaltens haben. Folgende Aufgaben werden von den Strukturen des limbischen Systems übernommen:

- die Herstellung einer Verbindung zwischen Teilen des Gehirns und dem endokrinen System, das die Hormone in die Blutbahnen ausschüttet (**Hypothalamus**)
- die Speicherung emotionaler Gedächtnisinhalte (**Amygdala oder Mandelkerne**)
- der gezielte Abruf von Gedächtnisinhalten ins Bewusstsein (**Hippocampus**)

Der Teil des Gehirns, der für den Menschen charakteristisch ist, wird **Großhirn (Cerebrum)** genannt. Es besteht aus ca. 20 Milliarden Nervenzellen, von denen allerdings jede wiederum mit bis zu 10 000 anderen Nervenzellen verbunden ist (Spitzer, 2000, 1). Jede dieser Nervenzellen ist mit einem Mikroprozessor vergleichbar, der biologische Impulse aufnehmen, verrechnen und weiterleiten kann. Das Großhirn ist in zwei Hälften geteilt (**Hemisphären**), die aber untereinander durch zahlreiche Nervenzellen (**corpus callosum**) verbunden sind, so dass die Botschaften hin und her befördert werden können.
Die Außenschicht der Hirnhälften ist die etwa 2-4 Millimeter dicke **Großhirnrinde (Cortex)**. Diese aus Milliarden von Nervenzellen bestehende Großhirnrinde hat sich im Laufe der Evolution am meisten verändert. Der Cortex ist bei den höheren Tieren gefaltet. Vergleicht man die Größe des Cortex des Schimpansen (– dessen DNA sich von der des Menschen nur um ein Prozent unterscheidet –) und des Menschen miteinander, zeigt sich ein deutlicher Unterschied: Ausgebreitet hätte der Cortex eines Schimpansen die Größe eines DIN-A4-Bogens, während die Oberfläche des menschlichen Cortex vier solcher Bögen bedecken würde (Greenfield, 1999, 31). Die Großhirnrinde ist für die genaue Wahrnehmung und das bewusste Denken zuständig. Bestimmte Bereiche des Cortex lassen sich ganz klar nach Funktionen einteilen; bestimmte Signale gehen hier ein und von hier aus. So unterscheidet man z.B. den motorischen Cortex (Ausgangspunkt für motorische Signale), den visuellen Cortex und den auditorischen Cortex, die sensorische Signale von den Augen bzw. den Ohren empfangen, und den somatosensorischen Cortex, der auf die einlaufenden Informationen über Schmerz- und Berührungsreize reagiert. Interessant ist aber, dass

sich beim Menschen dem größten Teil des Cortex keine klaren Rollen zuordnen lassen! Diese Areale, die als **Assoziationscortex** bezeichnet werden, befinden sich vor allem im vorderen Teil des Gehirns, dem **präfrontalen Cortex.**

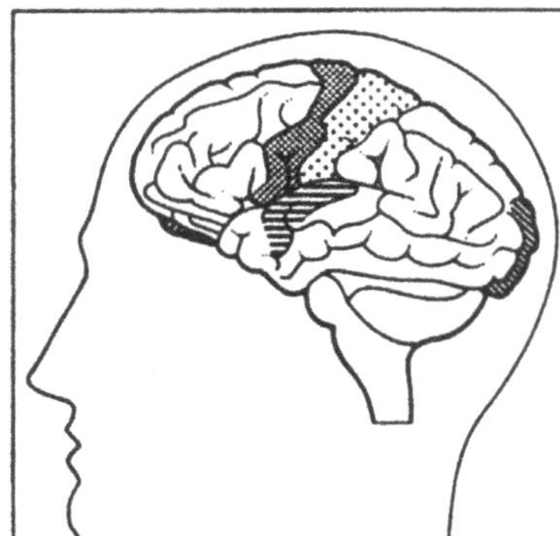

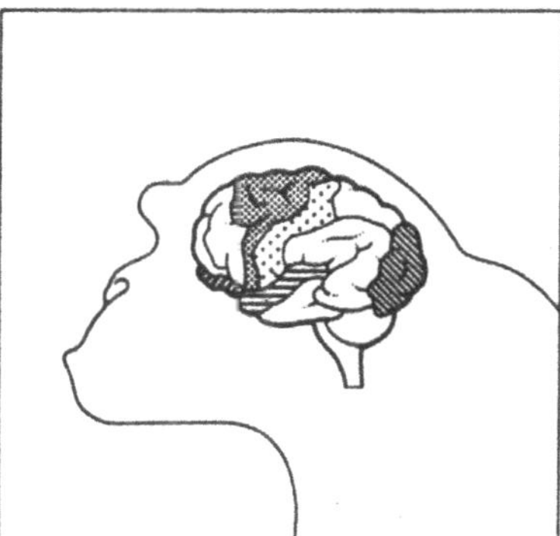

Besonders aufgrund von Untersuchungen von Menschen, die nach Unfällen Verletzungen in dem Bereich des präfrontalen Cortex aufwiesen, konnte gezeigt werden, dass dem Stirnhirn offenbar eine hohe Bedeutung für die Steuerung des Sozialverhaltens zukommt.

Der Fall von Phineas Gage

Im Jahr 1848 hatte der 25jährige, aufgrund seiner Kollegialität und Leistungsfähigkeit sehr geschätzte Vorarbeiter bei der Eisenbahn einen schweren Unfall: Eine für die Vorbereitung von Sprengarbeiten benötigte 1 m lange Eisenstange durchbohrte Gages Gehirn, weil eine Ladung Schwarzpulver zu früh explodierte. Wie Hanna Damasio und ihre Kollegen nach gründlicher Untersuchung des Schädels und Auswertung der Berichte des damals behandelnden Arztes von Gage durch Computersimulationen herausarbeiteten, verlief die Flugbahn dieser Eisenstange von unterhalb des linken Backenknochens hinter dem linken Auge leicht schräg nach rechts versetzt durch Bereiche des linken und rechten präfrontalen Cortex (s. Damasio, 1996, 20-33). Das Loch im Schädel war 2 cm mal 9 cm groß. Gage schwebte zunächst 2 Wochen in Lebensgefahr, konnte aber nach 2 Monaten schon wieder ohne fremde Hilfe gehen. Trotz dieses schweren Unfalls wies er nur relativ wenig körperliche Ausfallerscheinungen auf: Er war nur auf dem linken Auge blind und die rechte Gesichtshälfte war teilweise gelähmt. Allerdings erlebte ihn sein Umfeld als radikal verändert. Seine zuvor positiv beschriebenen Eigenarten hatten sich ins Gegenteil verwandelt: Er wurde als ungeduldig, stur und launenhaft beschrieben, respektlos gegenüber seinen Kollegen sowie unfähig, klare Entscheidungen für sein Handeln zu treffen. Phineas Gage starb 12 Jahre nach diesem Unfall (vgl. Zimbardo / Gerrig 1999, 73).

Die Großhirnrinde zeigt einen homogenen Aufbau aus sechs Schichten. In jeder dieser Schichten sind die Neuronen funktional in Form von Säulen gekoppelt: „Neuronen innerhalb einer Säule erregen sich gegenseitig, erregen in schwächerem Ausmaß die Neuronen in Nachbarsäulen und hemmen die Neuronen in weiter entfernt liegenden Säulen." (Spitzer, 2000, 123)

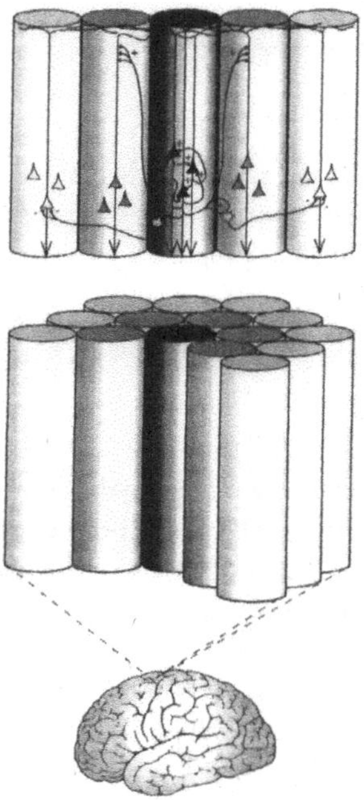

Abb. 9: Prinzipien der Verschaltung kortikaler Neuronen zu Funktionsmodulen, die jeweils als Säulen aufgefasst werden können. Der gesamte Neokortex weist diese Säulenstruktur auf. (Spitzer, 2000, 102)

Die gesamten Informationen der unteren Verarbeitungsebenen des Gehirns werden hier auf höchster Ebene miteinander verbunden. Zwar funktioniert das Gehirn immer als Ganzes, aber auf dieser höchsten Ebene lassen sich die Prozesse lokalisieren, die planvolles und zweckmäßiges Handeln ermöglichen. Wir haben es beim Nervensystem mit verschiedenen Schaltkreisen zu tun, die hierarchisch ineinander verschachtelt sind und hoch komplexe neuronale Netzwerke bilden. Neuronensysteme führen im Verbund Aufgaben aus, die nur gemeinsam zu bewältigen sind.

Entsprechend dieser Verarbeitung auf kortikaler Ebene kann die Empfänglichkeit für innere und äußere Reize erhöht oder gesenkt werden. Dieser Zusammenhang wird noch unter vielen Aspekten zu behandeln sein. Er hat praktische Bedeutung bis hin zur Frage nach der Verarbeitung eines belastenden Ereignisses und der Prävention von posttraumatischen Belastungsstörungen.

Die biologischen Grundlagen wären noch um viele wichtige Punkte zu ergänzen, z.B.:
- die nähere Unterteilung des peripheren Nervensystems in die Teile, die der willentlichen Kontrolle unterworfen sind und in diejenigen, die es nicht sind,
- die Beschaffenheit und Funktionsweise des endokrinen Systems und
- die Art und Weise, wie Informationen im Nervensystem übertragen werden.

Die erfolgte komprimierte Darlegung einiger Wissenselemente der Genetik, des peripheren und zentralen Nervensystems (speziell des Gehirns) bildet eine wichtige Basis zum Verständnis der nachfolgenden Ausführungen.

5. Die Psychologie der Wahrnehmung

Die Bedeutung des Phänomens der Wahrnehmung im polizeilichen Alltag ist immens. Hierzu einige Beispiele:

- Polizeibeamte werden zu einer Person gerufen, die Stimmen hört, die sie beschimpfen, bedrohen und ihr Befehle geben. Die Menschen im Umfeld der Person sowie die Polizeibeamten können diese Stimmen aber nicht hören.[8]
- Zeugen eines Verkehrsunfalls mit Fahrerflucht teilen den Polizeibeamten sich widersprechende Wahrnehmung mit, die sowohl die Farbe als auch den Fahrzeugtyp und die Fahrgeschwindigkeit betreffen.
- Zeugen berichten übereinstimmend von Geschehnissen, die aber mit dem Tatsachenbeweis nicht zur Deckung zu bringen sind: Zwei Kinder geben unabhängig voneinander an, dass ein Mann ihnen einen Pornofilm gezeigt und ihre Genitalien gestreichelt habe, derweil die Zimmertür verschlossen war. Es konnte allerdings nachgewiesen werden, dass die Zimmertür zum damaligen Zeitpunkt nicht abgeschlossen werden konnte.
- Polizeibeamte handeln aufgrund einer für sicher gehaltenen Wahrnehmung, die sich aber als Falschwahrnehmung herausstellt: „Bei einer Festnahme wird ein Mann in seiner Wohnung erschossen, weil er einen Löffel in der Hand hielt. Der Polizeibeamte hatte den Löffel für eine Waffe gehalten." (Hermanutz, 1996, 281)
- Eine Frau, die Opfer eines Überfalls wurde, in dessen Verlauf der Täter sie in einem engen, überhitzten Raum einschloss, berichtet, dass sie die Wahrnehmung gehabt habe, sich während dieser Extremsituation von ihrem Körper zu trennen und sich quasi von außen zu beobachten.
- Die Aussage einer Prostituierten, die angibt, dass sie vergewaltigt worden ist, wird von den Polizeibeamten fälschlicherweise als unglaubwürdig wahrgenommen.
- Eine junge Polizistin, die nach der Fachhochschulausbildung ihren Dienst bei der Schutzpolizei in einem neuen Abschnitt beginnt, wird bereits nach dem ersten Tag von den Kollegen als arrogant und eingebildet wahrgenommen.

Die Beispiele umspannen ein weites Feld: von der Wahrnehmung eines physikalischen Ereignisses über die Selbstwahrnehmung bis hin zur Personenwahrnehmung. Die Beschäftigung mit dem umfassenden Phänomen der Wahrnehmung soll vor allem eines leisten: Sie soll unsere im Alltag häufig anzutreffende falsche Sicherheit in Frage stellen. Wir verhalten uns alle in der Regel wie „naive Realisten", die davon ausgehen, dass unsere Wahrnehmung die Abbildung einer objektiven Realität ist. Dies erweist sich im Alltag durchaus als hilfreich, da dadurch die Sicherheit gegeben ist, die die Aus-

8 Nähere Ausführungen zu dieser Art der veränderten Wahrnehmung findet sich unter 11.6. Psychotische Störungen.

führung von Handlungen erleichtert. Aufgrund der Handlungsnotwendigkeit tendieren wir auch dazu, Mehrdeutigkeit und Ungewissheit, die durch die Reizkonfiguration gegeben ist, in Eindeutigkeit zu verwandeln. Diese grundsätzlich sinnvolle Vorgehensweise der Vereinfachung kann aber gerade im polizeilichen Alltag – wie die o.g. Beispiele belegen – besonders problematische Folgewirkungen haben. Entgegen der Annahme des naiven Realismus soll gezeigt werden, dass unsere Wahrnehmungen zwar in der Regel eine „Erlebnisgrundlage in der Wachwirklichkeit" haben, diese dann aber auf vielfache Weise verarbeitet wird. Mit Stadler kann folgende These formuliert werden: *„Selbst wenn einem Erlebnis „reale" Vorgänge zugrunde liegen mögen, so ist deren Wahrnehmung immer konstruktiv, d.h. den durch Reizmuster angeregten sich selbst organisierenden Gehirnvorgängen werden im psychophysischen Sinne Bedeutungen zugewiesen, die dann erst eine „Wahr"-nehmung ausmachen, die in der Regel als „in der Realität" existierend angenommen wird" (Stadler, 1997, 63).*

Trotz dieser bewusst angestrebten Verunsicherung bleiben wir im Alltag naive Realisten; wenn wir aber über die Problematik unserer Wahrnehmung grundsätzlich informiert sind, dann ermöglicht dies in konkreten Situationen eine produktive Infragestellung falscher Gewissheiten – und dies stellt schon einen großen Fortschritt dar.

5.1. Sensorische Deprivation

In der Regel, so wurde ausgeführt, hat unsere Wahrnehmung eine Erlebnisgrundlage in der Wachwirklichkeit; ständig strömen verschiedene Reize aus der Umwelt auf uns ein. Was passiert nun aber, wenn diese Reize künstlich abgeschaltet bzw. drastisch reduziert werden? Haben wir dann keine Wahrnehmungen mehr?

Dieser Frage ging der kanadische Psychologe Donald O. Hebb 1951-1954 mit systematischen Experimenten nach, die mit 29 Studierenden durchgeführt wurden (vgl. Legewie, 2000, 65-66). Diese erhielten eine recht hohe Bezahlung dafür, dass sie zwei bis drei Tage und Nächte bereit waren, auf einem bequemen Bett zu liegen. Das Bett stand in einem schallarmen, nur schwach beleuchteten Raum. Die Studierenden mussten eine Spezialbrille aus Milchglas tragen, so dass sie keine Konturen erkennen konnten. Des Weiteren wurden die Hände und Arme mit Spezialhandschuhen bedeckt, wodurch Berührungsreize auf ein Minimum reduziert wurden. Wie erging es nun den Studierenden in dieser Situation?
Zunächst versuchten sie, sich in Gedanken mit etwas zu beschäftigen. Aber es fiel ihnen zunehmend schwerer, sich auf etwas zu konzentrieren und überhaupt etwas zu denken. Sie fühlten sich stimmungslabil und verwirrt. Von den 29 Versuchspersonen

gaben 24 an, im Laufe des Experiments lebhafte Bilder in ihrem Gesichtsfeld (Trugwahrnehmungen) gesehen zu haben, und 3 waren fest von der Existenz dieser Bilder überzeugt – d.h. sie hatten Halluzinationen. Des Weiteren berichteten sie, dass nach mehreren Stunden bis Tagen das Gesichtsfeld zunehmend heller wurde, dann Lichtpunkte oder Streifen auftauchten, die später in Muster, Figuren oder sogar in lebhafte Szenen übergingen.

Dieses Experiment der sensorischen Deprivation kann verdeutlichen, dass unser Gehirn in Reizsituationen ohne Abwechslung selbst Wahrnehmungen hervorruft, um dem als unangenehm erlebten Deprivationszustand zu entkommen. Zugleich weist dieses Experiment auf die Chancen und Gefahren der Psychologie hin: Das Wissen um die Folgen des Reizentzuges kann zum einen zur optimalen Gestaltung einer mit variablen Reizbedingungen ausgestatteten Umwelt führen, auf der anderen Seite aber kann es zu Zwecken der Folter angewandt werden. Da die Reizarmut einen Hunger nach Reizen zur Folge hat, kann diese Situation auch zur Beeinflussung durch Suggestion und Propaganda genutzt werden.

5.2. Physikalische Reize und Empfindungen

Damit überhaupt ein physikalischer, äußerer Reiz eine Empfindung auslöst, ist eine minimale Reizenergie notwendig. Diese minimale Energie – ob z.B. Lichtwellen, Schallwellen oder mechanischer Druck –, die zur Auslösung eines Nervenimpulses notwendig ist, wird *absolute Schwelle* genannt. So können z.B. die Rezeptoren des Auges – die Stäbchen und Zapfen der Retina – auf ein Kerzenlicht in klarer dunkler Nacht aus 40 km Entfernung – reagieren. Die Rezeptoren des Ohres können ein Ticken einer Armbanduhr aus 6m Entfernung hören. Diese notwendige minimale Energie aktiviert je nach Rezeptor spezielle neuronale Bahnen und diese wiederum spezialisierte Hirnareale. Die neuronale Aktivität, die aber grundsätzlich in den Bahnen ausgelöst wird, ist identisch. Diese absoluten Schwellen sind eine grobe Orientierung: Wenn z.B. eine Person im Rahmen einer Vernehmung Angaben zu dem macht, was sie wahrgenommen hat, so geben die absoluten Schwellen Auskunft über die Frage, ob diese Aussage mit den allgemeinen menschlichen Möglichkeiten übereinstimmt. Menschen können allerdings aus Gründen, die nichts mit den Reizmerkmalen zu tun haben, eine falsche Antwort geben. Z.B. beeinflusst der Wunsch, etwas wahrzunehmen, die Wahrscheinlichkeit, dass eine Reaktion gezeigt wird. Wir kennen alle die Situation, dass wir dringend auf ein Klingeln warten, weil eine für uns wichtige Person kommen soll und aus diesem Grunde ein Klingeln auch dann zu hören meinen, wenn kein äußerer Reiz gegeben ist. Ebenso kann eine Person, weil sie mit einem Geschehen nichts zu tun haben will, nichts wahrnehmen, obwohl dies eigentlich möglich wäre. Bereits dies Beispiel verdeutlicht die hohe *Selektivität der Wahrnehmung*, auf die noch näher einzugehen sein wird (s. 5.4. „soziale“ Wahrnehmung). Menschen nehmen nicht einfach passiv Reize auf und formen diese in Empfindungen um, sondern Wahrnehmung stellt eine besondere Form der Aktivität dar.

Des Weiteren gilt, dass wir zwei Reize, die auf die Rezeptoren eines Sinnesorgans treffen, nur dann voneinander unterscheiden können, wenn zwischen ihnen ein spezifischer Unterschied besteht. In Abhängigkeit von dem Ausgangsreiz, der eine Empfindung auslöst, kann der eben merkliche Unterschied bestimmt werden, die so genannte *Unterschiedsschwelle*. Wie bereits der Leipziger Physiologe Weber (1795-1878) feststellte, steht dieser eben merkliche Unterschied zwischen zwei Reizen, dem Ausgangsreiz und dem Vergleichsreiz, in einem konstanten Verhältnis. Je größer oder intensiver der Ausgangsreiz ist, um so größer muss die Zunahme der Reizstärke sein, damit ein eben merklicher Unterschied wahrgenommen werden kann. Wenn man z.B. zu einer Kerze eine zweite anzündet, sieht man den Helligkeitsunterschied, nicht aber, wenn man zu 10 brennenden Kerzen eine elfte stellt. Dieses Phänomen lässt sich auch auf andere Bereiche übertragen: Ob eine Person ein oder zwei Morde verübt hat, macht in der Beurteilung einen größeren Unterschied, als ob sie 10 oder 11 Morde begangen hat.

5.3. Prozesse der Wahrnehmungsorganisation

Am Anfang der Wahrnehmungsforschung standen die oben dargestellten Forschungsvorhaben, die herausfinden wollten, unter welchen Reizbedingungen es überhaupt zu einer Empfindung kommt. Aber dieser atomistischen Sicht der Wahrnehmung, die von einzelnen Elementen ausging und diese miteinander verband, wurde von den *Gestaltpsychologen* (wie z.B. von Kurt Koffka, Wolfgang Köhler und Max Wertheimer) im zweiten Jahrzehnt des 20. Jahrhunderts die wichtige Erkenntnis gegenübergestellt, dass *das Ganze mehr ist als die Summe seiner Teile*. Unsere Wahrnehmung zielt grundsätzlich darauf ab, die Welt übersichtlich und einfach zu machen, damit die optimale Anpassung des Menschen an die Umwelt gelingt. Bereits bei der Untersuchung der visuellen Wahrnehmung einfacher Muster konnten die Gestaltpsychologen bestimmte Gesetze herausarbeiten, die allerdings auch auf die Wahrnehmung komplexer sozialer Prozesse zu übertragen sind. Um eine *gute, prägnante Gestalt* zu erzielen, verwischen wir zum einen minimale Unterschiede, zum anderen aber verstärken wir die Unterschiede, um einen deutlichen Kontrast zu erhalten. Ohne Vollständigkeit zu beanspruchen, sollen einige dieser Organisationsprozesse der Wahrnehmung genannt werden, die dazu beitragen, eine *prägnante Gestalt* zu erzeugen:

- Elemente werden so zusammengefasst, dass sich eine Figur vom Hintergrund abhebt (Figur-Hintergrund-Gliederung)

Abb. 10: (Zimbardo/ Gerrig, 1999, 131)

- einzelne Teile von Reizkonfigurationen werden immer in Beziehung zu umfassenderen Kontexten organisiert (Kontextabhängigkeit)

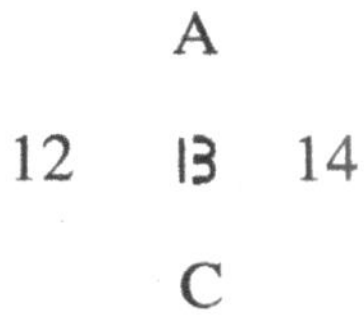

A

12 13 14

C

Abb. 11: (Kanning, 1999, 38)

- wir neigen dazu, Elemente als zusammengehörig aufzufassen, wenn sich diese in räumlicher oder zeitlicher Nähe zueinander befinden oder wenn sie sich ähnlich sind; (Gesetz der Nähe und Gesetz der Ähnlichkeit)

(b)
o o o o o
x x x x x
o o o o o
x x x x x
o o o o o

Abb. 12: (In: Anderson, 2001, 47 a/b)

- fehlen bestimmte Elemente, so werden diese im Wahrnehmungsprozess ergänzt, um eine geschlossene Gestalt zu bilden (Gesetz der Geschlossenheit)

Abb. 13: (In: Legewie, 2000, 89 f)

5.4. Die „soziale“ Wahrnehmung

Die bisherige Beschäftigung mit der Wahrnehmung muss sich vorwerfen lassen, dass sie einen sehr künstlichen Charakter aufweist und überwiegend in Laborsituationen gewonnen worden ist: Die Aufnahme von Sinnesdaten in das Wahrnehmungssystem wird untersucht und die Art und Weise, wie diese – noch unabhängig von der konkreten Erfahrung des Individuums – zu sinnvollen Gestalten organisiert werden. Diese Informationsverarbeitung, die ihren Ausgang in der beobachtbaren Realität nimmt, wird als *Bottom-up-Prozess* beschrieben. In den 40er Jahren stellte sich dann radikal der Frage nach dem Wahrnehmenden in der Wahrnehmungspsychologie und der so genannte „New Look“ der Wahrnehmungsforschung entstand. Die Grundaussage lautete: Unsere Wahrnehmung spielt sich in einem viel umfassenderen Sinne immer in einem sozialen Kontext ab. Ob eine Reizkonfiguration überhaupt von uns wahrgenommen wird, hängt davon ab, ob wir aufgrund situationsspezifischer und situationsübergreifender Erwartungen, Motive und Werte unsere Aufmerksamkeit darauf richten und welche Bedeutung wir ihr geben. Hierzu greifen wir auf Wissen und Erfahrungen zurück, die wir in unserem Gedächtnis gespeichert haben. Dieser Prozess wird *Top-down-Prozess* genannt: Es handelt sich hierbei um den Einfluss von Erwartungen, Vorerfahrung, Wissen, Motivation und kulturellem Hintergrund auf die Wahrnehmung der Welt (Zimbardo / Gerrig, 1999, 144). Der Top-down-Prozess kommt aber nicht als etwas Sekundäres, Ergänzendes zum Bottom-up-Prozess hinzu, sondern – wie bereits bei der „absoluten Schwelle“ gezeigt werden konnte – es wirken beide zusammen, um unsere Wahrnehmung hervorzubringen. Von daher ist Wahrnehmung im Alltag immer soziale Wahrnehmung, immer Ergebnis eines Lernprozesses des Individuums in bestimmten gesellschaftlichen Rahmenbedingungen, in denen sie sich optimal zurechtfinden müssen.[9]

< - *top-down-Prozesse*

bottom-up Prozesse - >

Stimulation aus der Umwelt -> Empfindung - - - -> perzeptuelle Organisation - - -> Identifizierung/ Einordnung < - -andere psychische Prozesse

(sensorische Prozesse) (Organisation, Tiefe, Konstanz) (Zerlegung in einzelne Teile) (Erwartungen, Überzeugungen, Wissen, Gedächtnis, Sprache, Motivation)

Abb. 14: in Anlehnung an Zimbardo/Gerrig, 1999, 110

9 Für eine vertiefte Auseinandersetzung mit der sozialen Wahrnehmung ist das Buch „Die Psychologie der Personenbeurteilung“ von Uwe Kanning (1999) zu empfehlen.

Wie stark bereits die Wahrnehmung von äußeren Gegenständen bzw. Reizen durch soziale Prozesse beeinflusst wird, soll an zwei klassischen Experimenten (vgl. Zimbardo, 1992, 185-187) verdeutlicht werden:

a) Die Beeinflussung der Bewegungseinschätzung durch eine andere Person

Muzafer Sherif (1935) setzte eine Versuchsperson in einen dunklen Raum und ließ diese längere Zeit einen feststehenden Punkt beobachten. Obwohl de facto dieser Lichtpunkt sich nicht bewegte, erlebten die meisten Personen nach einiger Zeit eine Scheinbewegung, was als *autokinetischer Effekt* bezeichnet wird. Im Anschluss an die Beobachtung des Lichtpunktes sollte die Person berichten, was sie gesehen hat. Im zweiten Durchlauf wurde diese Situation wiederholt, nur saßen diesmal noch mehrere eingeweihte Assistenten des Versuchsleiters dabei, die übereinstimmend berichteten, das Licht bewege sich in eine bestimmte Richtung.
Die wirkliche Versuchsperson veränderte nun ihr Urteil dahingehend, dass es mit dem Urteil der anderen „Beobachter“ übereinstimmte. Dieses Experiment macht deutlich, wie *die Mehrheit die Wahrnehmung einer Person radikal beeinflussen kann.*

b) Arme und reiche Kinder und die Größeneinschätzung von Münzen

Dieses klassische Experiment wurde erstmals 1947 von Bruner und Goodman durchgeführt und 20 Jahre später von Holzkamp und seinen Mitarbeitern (1967) mit den vergleichbaren Ergebnissen wiederholt.
Zwanzig Kinder, 10 aus sozial unterprivilegierten Lebensverhältnissen („arme Kinder)“ und 10 aus sehr privilegierten Lebensverhältnissen („reiche Kinder“), wurden vor einen Kasten gesetzt, in dessen Inneren ein Kreis projiziert wurde, dessen Größe aber auch von außen durch Drehen eines Knopfes zu verändern war. Die Kinder erhielten folgende Aufgaben:

- Sie sollten die Größe des Kreises aus dem Gedächtnis so einstellen, dass sie der Größe bestimmter Geldstücke entsprach: von 1-Cent-Stück bis zum Dollar (Gedächtnis-Situation).
- Sie erhielten die verschiedenen Geldstücke in die Hand und sollten entsprechend die Größe des Kreises einstellen (Simultan-Vergleich).

Die Ergebnisse dieses Versuches zeigten, dass die „armen Kinder“ sowohl in der Gedächtnis-Situation als auch im Simultan-Vergleich die Geldstücke in höherem Grade überschätzten als die „reichen Kinder“. Aufgrund dieses Experimentes kann von einem *Einfluss des sozioökonomischen Status auf die Wahrnehmung* ausgegangen werden.

Um diesen Top-down-Prozess der Wahrnehmung zu erklären, ist die **Hypothesentheorie der Wahrnehmung** von Jerome Bruner und Leo Postman (1951) recht gut geeignet, die folgende zentralen Aussagen macht (vgl. Lilli, 1978, 24f.):

- Jede Wahrnehmung beginnt mit einer Hypothese, die uns sagt, nach welchen Objekten wir Ausschau halten.
- Diese Hypothese steht aber nicht für sich allein, sondern ist in ein allgemeines Erwartungssystem eingebaut.
- Die Stärke einer Hypothese hängt nun davon ab,
wie häufig sie bereits bestärkt worden ist,
welche alternativen Hypothesen überhaupt zur Verfügung stehen und
welche motivationale, kognitive und soziale Unterstützung sie erhält.
- Je stärker eine Hypothese ist,
desto schneller wird diese aktiviert und
desto weniger Informationen braucht es für deren erneute Bestätigung,
aber um so mehr widersprechende Informationen sind nötig, um sie zu widerlegen.

Interessant ist auch noch folgende besondere Annahme, die besagt, dass dann, wenn eine passende Reizinformation fehlt, sogar die Übereinstimmung der Mitglieder einer Gruppe ausreichen kann, um eine Hypothese zu bestätigen.
Wie im Folgenden zu zeigen sein wird, kommt dieser Hypothesentheorie große Bedeutung zu, wenn wir uns der Wahrnehmung von Personen zuwenden. Dies gilt besonders für die Frage, welchen verzerrenden Effekten die polizeiliche Wahrnehmung im Alltagsgeschehen unterliegen kann.

Ein Beispiel aus dem polizeilichen Alltag:
Alarm in einer Berliner Bank! Die Funkwagen rücken aus, aber trotz der grundsätzlich gebotenen Eile ist die innere Haltung der Beamten eher durch ein minimales Erregungsniveau gekennzeichnet. Wieso? Die Erfahrung mit den zurückliegenden Einsätzen bei Alarm in Banken hat gezeigt, dass es sich in über 90% der Fälle um Fehlalarm handelt. Die Hypothese „Es ist ja wieder ein Fehlalarm" ist verständlicherweise so stark, weil sie so häufig bestärkt worden ist.
Zwar liegt auch das Wissen um eine alternative Erklärung „Es kann sich auch um einen wirklichen Banküberfall mit oder ohne Geiselnahme handeln" vor, aber hat nachvollziehbar geringere Bedeutung. Selbst Polizeibeamte auf einem Abschnitt, die noch nicht über eigene Erfahrungen verfügen, werden durch die Haltung ihrer Kollegen zu dieser Hypothese greifen.

5.5. Die Wahrnehmung von Personen und mögliche Fehlerquellen

Gerade Polizeibeamte sind im Alltag darauf angewiesen, andere Personen „richtig" wahrzunehmen, um mit ihnen in der angemessenen Art und Weise zu interagieren. Dies gilt z.B. für die Wahrnehmung der Kollegin oder des Kollegen: „Kann ich mich auf meine Kollegin, meinen Kollegen in kritischen Situationen verlassen?" lautet eine zentrale Frage. Es geht um die Einschätzung der Belastbarkeit, aber auch der fachlichen Kompetenz des anderen in konkreten Situationen. Bezogen auf den Bürger geht es z.B. um die Frage: „Geht von dieser Person eine akute Gefahr aus?", damit gegebenenfalls alles Notwendige zur Eigensicherung getan werden kann.
Das große Problem bei der Wahrnehmung anderer Personen besteht darin, dass das, was diese tun und sagen, sich immer auf mehrere Weisen interpretieren lässt. Die Charakteristika, wie z.B. die Verlässlichkeit des Kollegen oder die Gefährlichkeit des Bürgers, sind nicht direkt zugänglich, sondern müssen aus dem Verhalten erschlossen werden. Und meistens sind wir keine unvoreingenommen Beobachter, sondern haben bereits mehr oder weniger feste Hypothesen, die unsere Wahrnehmung strukturieren. Diese Wahrnehmungshypothesen beeinflussen bereits die Art des eigenen und damit auch des Verhaltens des Gegenübers. Dieser Effekt, den die Erwartungen auf das Verhalten des Gegenübers ausüben, wird **Rosenthal-Effekt** oder **„sich selbst erfüllende Prophezeiung"** (self-fulfilling prophecy) genannt.

Hierzu zwei klassische Beispiele:

a) Hochbegabte Schüler?
Robert Rosenthal (1966) testete zu Beginn eines Schuljahrs die Kinder aller 18 Klassen vom ersten bis sechsten Schuljahr mit einem Intelligenztest. Den Lehrern wurde anschließend eine Liste mit einzelnen Schülern überreicht, die angeblich mit ungewöhnlich guten Leistungen abgeschlossen hatten. In Wirklichkeit aber waren die Schüler, die auf der Liste standen, nach dem Zufallsprinzip ausgewählt worden. Am Ende des Schuljahrs wurden die Kinder wieder getestet. Die Kinder, die die Lehrer fälschlicherweise für besonders intelligent hielten, zeigten in den ersten zwei Schuljahren einen messbaren Zuwachs des Intelligenzquotienten.

b) Ein guter oder schlechter Vortrag?
Zuhörer eines Vortrags wurden in zwei Gruppen aufgeteilt. Dieselbe Person hielt vor beiden Gruppen den identischen Vortrag. Lediglich hinsichtlich einer Bedingung unterschieden sich die beiden Gruppen voneinander: Die erste Gruppe erhielt die Vorinformation, dass die Zuhörer das Glück hätten, einen Vortrag von einem hervorragenden Spezialisten auf seinem Fachgebiet hören zu können. Der zweiten Gruppe

hingegen wurde eine negative Vorinformation über den Redner sowohl hinsichtlich seiner rhetorischen als auch hinsichtlich seiner wissenschaftlichen Qualitäten gegeben. Nach dem Vortrag sollten die Zuhörer ihr Urteil abgeben, das folgendermaßen ausfiel: Die erste Gruppe kam mit ca. 2/3 zu einer positiven Beurteilung, die zweite Gruppe mit ca. 2/3 zu einer negativen Beurteilung des Vortrags (vgl. Schuler, 1972, 43f.).

5.5.1. Der erste Eindruck

Aber selbst wenn wir einer bisher unbekannten Person zum ersten Mal begegnen, ohne Vorinformationen erhalten zu haben, bilden wir uns innerhalb von wenigen Sekunden und Minuten einen ersten Eindruck, der im Sinne einer sich selbst vollziehenden Prophezeiung den weiteren Wahrnehmungsprozess entscheidend beeinflussen und verzerren kann. Dieses Phänomen, das besagt, dass der erste Eindruck entscheidender ist als alles, was nachher kommt, wird **Primacy-Effekt** genannt.
Salomon Asch hat bereits 1946 in einem klassischen Experiment diesen Effekt verdeutlicht: Je einer Gruppe von Personen wird eine Reihe von Adjektiven vorgelesen, die eine Person – wir nennen sie Herrn Müller und Herrn Schmidt – charakterisiert. Die Gruppe wird gebeten, sich einen Eindruck von dieser Person zu machen.
(Ein Tip: Führen Sie das Experiment selber durch. Fragen Sie sich: Welchen ersten Eindruck habe ich von Herrn Müller, welchen von Herrn Schmidt?)
Der ersten Gruppe wird die Person (Herr Müller) mit folgenden Adjektiven vorgestellt:

Herr Müller: 1. intelligent, 2. fleißig, 3. impulsiv, 4. kritisch, 5. halsstarrig, 6. neidisch.

Der zweiten Gruppe wird die Person (Herr Schmidt) mit folgenden Adjektiven vorgestellt:

Herr Schmidt: 1. neidisch, 2. halsstarrig, 3. kritisch, 4. impulsiv, 5. fleißig, 6. intelligent.

Es handelt sich um die identischen Adjektive, allerdings wurden sie in der umgekehrten Reihenfolge dargeboten. Bei Aschs Experimenten fiel der erste Eindruck von Herrn Müller wesentlich positiver aus als der von Herrn Schmidt. Die beiden ersten Adjektive, ob nun positiv oder negativ, bilden die Grundlage bzw. den Bezugsrahmen für die Einordnung der nachfolgenden Adjektive. Wie bereits von der Gestaltpsychologie bekannt ist, neigen wir dazu, eine gute, prägnante Gestalt zu bilden; die ersten Adjektive bilden den Hintergrund, auf dem wir die weiteren Adjektive wahrnehmen. Dass sich dieser Effekt auch unter realistischen Bedingungen wiederholen lässt, wurde in verschiedenen Experimenten (z.B. Luchins, 1957 und Jones u.a., 1968) gezeigt.

Grundsätzlich gilt, dass dieser erste Eindruck sehr wichtig ist, da wir uns innerlich auf eine Reaktion dieser Person gegenüber einstellen müssen. Das Wissen aber um die Fehler bzw. Verzerrungen dieses ersten Eindruckes kann uns ermöglichen, diesem Effekt entgegenzuwirken. Wie Forgas (1995,56) ausführt, reicht es häufig schon aus, eine Person zu bitten, sich nicht eher ein Urteil zu bilden, bis sie die gesamte wichtige Information erhalten hat. Allerdings ist unter solchen Bedingungen mit dem umgekehrten Effekt (**Recency-Effekt**) zu rechnen: Die zuletzt mitgeteilte Information hat besonders starken Einfluss auf den Gesamteindruck.

Eine weitere Wahrnehmungsverzerrung, die gleich beim ersten Eindruck eine große Rolle spielt, ist der **Halo-Effekt:** Wird einer Person eine gute oder schlechte Eigenschaft zugeschrieben, dann werden häufig auch andere Eigenschaften der Person, die mit dieser eigentlich in keinem Zusammenhang stehen, in diesem Licht interpretiert. Ein besonders typisches Beispiel ist, dass wir eine Person, die körperlich attraktiv bzw. sehr gut gekleidet ist auch hinsichtlich ihrer Charaktereigenschaften positiver beschreiben und umgekehrt. So besteht z.B. die Neigung, gut aussehende Straftäter weniger streng zu beurteilen als schlecht aussehende.

Halten wir Folgendes fest: Immer wenn wir eine Person anschauen, bilden wir schon auf der Grundlage eines flüchtigen Kontaktes in unglaublicher Geschwindigkeit und ohne großes Nachdenken einen Eindruck von dieser Person, der – wie schon Salomon Asch (1946, 258) ausführte – häufig fehlerhaft, aber gelegentlich auch außerordentlich feinfühlig ist. Diese Fehler können harmlos sein, weil sie es uns ermöglichen, reibungslos im Alltag zu funktionieren. Gerade im polizeilichen Alltag ist das Routine-Handeln aufgrund vieler kollektiv geteilter Hypothesen überhaupt erst möglich. Ausgestattet mit dem Auftrag der Gefahrenabwehr und der Strafverfolgung wird z.B. bei einer Streifenfahrt die Aufmerksamkeit selektiv auf Hinweisreize ausgerichtet, die eine mögliche Gefahr signalisieren. Komplexität wird notwendigerweise und erfahrungsgestützt reduziert. Problematisch wird diese selektive und im Alltag zunächst hilfreiche Wahrnehmungsverzerrung aber dann, wenn daraus ein *Vorurteil* wird, das dem Gegenüber kaum eine Chance lässt, die Wahrnehmung zu korrigieren. Verfestigte negative Einstellungen gegenüber Personen bzw. Personengruppen, die mit aggressiven Gefühlen verbunden sind, können gerade im Wechselspiel mit dem Bürger eine Gewaltspirale in Gang setzen, die katastrophale Folgen hat – sowohl für den Bürger als auch für das Ansehen der Polizei, die als Vertreter staatlicher Gewalt in ihrem Auftreten besonders sensibel wahrgenommen wird. Die Problematik derartiger

Vorurteile und deren Zustandekommen – auch in der Polizei – soll unter der Thematik der Aggression näher thematisiert werden.

5.5.2. Die Attributionstheorie *oder* Wie wir zu Schlüssen über die Ursachen des Verhaltens anderer Menschen kommen

Wie fehlerhaft der erste Eindruck sein kann, leuchtet aufgrund der geringen Informationsmenge, die zur Verfügung steht, schnell ein. Aber auch wenn die Dauer der Interaktion etwas anhält, ist das Verhalten, das die Person zeigt, nicht immer so eindeutig zu interpretieren. Dieser Rückschluss von beobachtbaren Handlungen und Verhaltensweisen auf zugrundeliegende Persönlichkeitszüge ist besonders bei der Beurteilung einer Person zu einem Zeitpunkt X – wie es z.B. bei einer sich über eine Stunde erstreckenden Vernehmung der Fall sein kann – äußerst schwierig. Die grundlegende Aussage lautet, dass sich nahezu jedes menschliche Verhalten mehrfach – und immer plausibel – erklären lässt (Forgas, 1995, 72). Die **Attributionstheorie** beschäftigt sich eingehend mit dieser Frage, wie wir zu Antworten auf die Frage nach den Ursachen des eigenen und des fremden Verhaltens kommen. Menschen möchten Erklärungen dafür haben, warum ein bestimmtes Ereignis eingetreten ist und welchem Motiv oder welcher Ursache es zuzuschreiben ist. Diese Gedanken (Kognitionen) bestimmen das eigene Verhalten. Die verschiedenen Attributionstheoretiker bauen auf den grundlegenden Überlegungen von Fritz Heider (1958) auf, der wissen wollte, wie „der Mann auf der Straße“ zu Erklärungen für eigenes und fremdes Verhalten kommt. Seine Grundannahme lautet, dass ein allgemeines Motiv vorliegt, beobachtbare Ereignisse auf zugrundeliegende Ursachen zurückzuführen. Der Mensch wird als Wissenschaftler verstanden, der versucht die invarianten Beziehungen herauszufinden, die helfen, die vielen spezifischen, wechselnden Ereignisse, die beobachtet werden, zu verstehen. Des Weiteren wird angenommen, dass wir um möglichst realitätsangemessene Ursachenerklärung bemüht sind. Solche „naiv-psychologischen Theorien“ sind wie wissenschaftliche Theorien mit Heiders Worten „ordnungsstiftende Annahmegefüge“, die die Funktion haben, Ereignissen in der sozialen Umwelt Bedeutung zu verleihen und das Verhalten mehr oder weniger voraussagbar und kontrollierbar zu machen. Die wichtigste Klärung muss zunächst darauf abzielen, ob ein Verhalten durch **innere Faktoren (Personenfaktoren)** oder durch **äußere Faktoren (Umweltfaktoren)** hervorgerufen wird.

Nehmen wir ein Beispiel: Sie sind am Ende Ihres Fachhochschulstudiums angekommen und erfahren, dass ein guter Freund von Ihnen (– hoffentlich nicht Sie selbst –)

die Prüfung nicht bestanden hat. Folgende Erklärungen sind möglich: Zunächst könnten die Ursachen mit der Person des Betreffenden zusammenhängen, so genannte *innere Faktoren* oder Ursachen: Vielleicht verfügt der Kommilitone nicht über die intellektuellen Voraussetzungen, um den Anforderungen der Prüfung gewachsen zu sein? Oder er hat während der Studiums nicht genug gelernt, sich auf die faule Haut gelegt?
Des Weiteren könnte es aber auch an *äußeren Faktoren* gelegen haben: Er hatte während des Studiums die schlechten Dozenten erwischt, die ihm den Stoff nicht nahegebracht haben oder die Klausuren waren einfach viel zu schwer.
Wie dem Beispiel zu entnehmen ist, lassen sich die inneren bzw. äußeren Ursachen nochmals nach ihrer zeitlichen Stabilität einteilen, d.h. sie können instabil oder stabil sein. Weiner (1974) hat bezogen auf die Erfolgs- oder Misserfolgsattribution folgendes Schema entwickelt:

	innere Ursache (Personenfaktoren)	**äußere Ursache** (Umweltfaktoren)
stabil	z.B. Fähigkeit	z.B. Situation
instabil	z.B. Anstrengung	z.B. Glück

(Diese beiden inneren Faktoren sind allerdings nicht unabhängig voneinander, sondern werden in der „naiven Psychologie" miteinander verknüpft: Wenn eine Person über Fähigkeiten verfügt, sich aber nicht anstrengt, wird sie kaum Fortschritte bei der Zielerreichung machen).

Um Orientierung im Umgang mit anderen Menschen zu finden, neigen wir verstärkt dazu, feste, im Laufe der Zeit möglichst geringen Veränderungen unterworfene Eigenschaften *(Dispositionen)* aufzuspüren, da nur auf diese Weise die Umwelt in höherem Maße vorhersehbar ist. Wie aber gehen wir genau vor, um aus beobachtbarem Verhalten auf bestimmte, mehr oder weniger stabile Personenmerkmale zu schließen?

Ein Urteil über eine Person kann erst dann eine höhere Qualität an Gewissheit aufweisen, wenn *mehrere Vergleiche* möglich sind mit dem Verhalten der Person
- im Vergleich zu anderen Personen *(Personen)*,
- im Vergleich zu verschiedenen Begebenheiten *(Entitäten)*,
- über verschiedene Zeitpunkte hinweg *(Zeitpunkte)*.

Harold H. Kelley (1967) hat systematisch untersucht, wie wir aufgrund mehrfacher Beobachtungen eine einfache Form der Varianzanalyse betreiben. Indem wir untersuchen, wie die verschiedenen Ursachenfaktoren (Personen, Entitäten und Zeitpunkte) miteinander zusammenhängen, wird der Effekt derjenigen Ursache zugeschrieben, mit der er über die Zeit hinweg auftritt (*Kovariationsprinzip).*

Stellen Sie sich vor, Ihr Kollege Ohlendorf kommt am Montagmorgen zwei Stunden später zum Dienst. Dieses Verhalten kann zunächst mehrere plausible Gründe haben:

- er hat verschlafen, weil er vergessen hat, den Wecker zu stellen,
- sein Auto wollte nicht anspringen, die Strassen waren verstopft,
- er hat am Wochenende zu heftig gefeiert und zu viel Alkohol getrunken,
- *oder* es handelt sich bei Herrn Ohlendorf um einen unpünktlichen Kollegen.

Um dies zu beurteilen, bedarf es allerdings des mehrmaligen Zuspätkommens des Kollegen. Erst dann können Sie folgende Vergleiche anstellen:

- Zeigen auch andere Kollegen dies Verhalten und kommen in derselben Situation, d.h. montagmorgens zu spät zur Arbeit? (Vergleich über andere Personen bei derselben Entität = *Konsensus*).
- Kommt Herr Ohlendorf nicht nur montagmorgens, sondern auch an anderen Tagen zu spät zur Arbeit? (Vergleich über andere Entitäten = *Distinktheit*)
- Kommt Herr Ohlendorf immer wieder montagmorgens zu spät zur Arbeit? (Vergleich zu verschiedenen Zeitpunkten mit derselben Entität = *Konsistenz*)

allgemein formuliert:

Frage 1: **(KONSENS)**
Zeigen auch andere Menschen in derselben Situation dasselbe Verhalten?

Frage 2: **(DISTINKTHEIT)**
Zeigt die Person das Verhalten nur in dieser Situation oder auch in anderen Situationen ?

Frage 3: **(KONSISTENZ)**
Taucht das Verhalten in dieser Situation zum wiederholten Male auf?

Aufgrund der sich ergebenden Informationsmuster kommen wir dann zu Attributionen – wie im o.g. Fall der, dass der Grund für das Zuspätkommen nicht in der

Situation, sondern in der Person, dem Kollegen Ohlendorf, zu suchen ist, weil nur er gehäuft am Montagmorgen, aber auch bei anderen Begebenheiten zu spät kommt.

Diese Attributionsprozesse beinhalten aber viele mögliche *Fehler* bzw. *Verzerrungen*. Gerade in der westlichen Kultur, in der die Eigenverantwortung des Individuums besonders betont wird, neigen wir dazu, den Einfluss von Persönlichkeitseigenschaften zu überschätzen, den Einfluss situativer Faktoren hingegen zu unterschätzen.[10] Allerdings gibt es eine bemerkenswerte Abweichung von diesem fundamentalen Attributionsfehler: Wenn andere Personen etwas sozial Unerwünschtes tun, führen wir dies in der Regel auf innere Ursachen zurück, aber bei uns selbst lassen wir uns zu unserer Entschuldigung gerne äußere Ursachen einfallen, die unser Verhalten erklären. Diese Verzerrrung – als **Akteur-Beobachter-Verzerrung** (Jones / Nisbett, 1971) bekannt – formuliert Forgas prägnant so:

> *„Wir tendieren zu der Annahme, dass wir handeln, weil es die Situation so und nicht anders verlangt, während andere handeln, weil sie es wollen."*

Um dieses Phänomen zu verdeutlichen, beantworten Sie bitte folgende Frage (vgl. Forgas. 1995, 84):
„Wann sind Sie das letzte Mal zu spät zu einer Verabredung gekommen? Warum hatten Sie sich verspätet und wie haben Sie die Verspätung Ihrem wartenden Partner erklärt?"
„Jetzt denken Sie an das letzte Mal, als Sie auf jemand warten mussten. Warum hat sich diese Person Ihrer Meinung nach verspätet?"

Allerdings sind wir bei einer Person, die uns ähnlich bzw. sympathisch ist, eher geneigt, äußere entlastende Umstände hinzuzuziehen, als wenn uns diese Person unähnlich bzw. unsympathisch ist. So fallen z.B. Polizeibeamte für aggressive Verhaltensweisen von Kollegen sofort viele äußere Ursachen ein – Stress, massive Provokation durch das „polizeiliche Gegenüber" etc. – die ins Feld geführt werden, derweil bei anderen Personengruppen, die durch ihr aggressives, gewalttätiges Verhalten auffallen, vermehrt innere stabile Gründe angeführt werden.

10 Interessant ist, dass in Kulturen, in denen die Zugehörigkeit zu einer sozialen Gruppe von großer Bedeutung ist (z.B. in Asien, Afrika und teilweise in Lateinamerika und Süd- und Osteuropa), genau das Gegenteil zu beobachten ist: Bei der Zuschreibung von Verhaltensursachen werden hier eher externe Faktoren überbetont und interne Faktoren unterschätzt.

Zwei weitere Verzerrungen der Verantwortungsattribution spielen im polizeilichen Alltag eine bedeutende Rolle: Mehrere Untersuchungen belegen, dass Personen eine ausgesprochene Abneigung aufweisen, Zufallsattributionen vorzunehmen: Sie schreiben auch dann Personen die Verantwortung für ein Ereignis zu, wenn dies offensichtlich nicht der Fall ist. Lerner (1974) konnte zeigen, dass bei dem Beobachter eine Neigung besteht, einem offensichtlich unschuldigen Opfer von Unglücksfällen oder Gewalttätigkeiten die (Teil-) Verantwortung an seinem Schicksal zuzuschreiben – ganz entsprechend dem Prinzip, dass es das bekommen hat, was es verdient hat. Lerner erklärt dies unter Rückgriff auf eine motivationale Entlastungstendenz: *Wir gehen von einer gerechten Welt aus.* Würden wir hingegen den Zufall verantwortlich machen, dann würde dies zur Folge haben, dass wir jederzeit selbst Opfer eines solchen Geschehens werden könnten, was unserem persönlichen Kontrollbedürfnis entgegensteht.

Des Weiteren neigen wir dazu, aus dem Ausmaß der Folgen auf die Höhe der Verantwortlichkeit Rückschlüsse zu ziehen: Schon der bekannte Entwicklungspsychologe Jean Piaget konnte zeigen, dass Kinder, die jünger als 7 Jahre alt sind, ein Kind, das ohne Absicht mehrere Tassen kaputt macht, härter bestrafen würden als ein Kind, das mit Absicht eine Tasse kaputt macht. Walster (1966) gab Personen folgenden Fall und bat um die Einschätzung der Verantwortlichkeit: Die Handbremse eines Wagens hatte sich gelöst und war einen Hügel heruntergerollt. Einmal hatte dies ernsthafte, ein anderes Mal minimale Folgen. *Auch die Erwachsenen hielten bei ernsthaften Folgen die Person in wesentlich höherem Maße für verantwortlich als bei den minimalen Folgen.*

Diese Urteilsbildung wird durch den Wunsch angetrieben, nachvollziehbare Ursachen für beobachtbare Geschehnisse zu finden. Anderseits aber ist der Mensch nicht als rationaler Ursachensucher tätig, sondern vor allem darum bemüht, ein *Bild von sich* aufrecht zu erhalten, das das eigene Selbstwertgefühl nicht beschädigt und ein *Bild von der Welt* zu schaffen, das diese als kontrollierbar erscheinen lässt. Es leuchtet bereits bei flüchtigem Nachdenken ein, dass die Stabilität des individuellen Selbst- und Weltbildes und die sich daraus ableitende Notwendigkeit zu verzerrenden Wahrnehmungen sich stark von Person zu Person unterscheiden kann.
Für den Polizeibeamten ist es im Berufsalltag von besonderer Bedeutung, sich in die Attributionsmuster des Gegenübers hineinzuversetzen. Besonders wenn es um die Bewältigung von Bedrohungslagen geht oder um die Verfolgung von Kriminellen, wird der Erfolg polizeilichen Handelns entscheidend davon abhängen, ob es der Polizei gelingt, sich die konkrete Situation auf die gleiche Weise zu erklären, wie es ihr Gegenüber tut. Gefragt ist die Fähigkeit zur **„isomorphen Attribution“** (Triandis, 1975)

Zur Vertiefung:
Was kann zu einer Verzerrung der Wahrnehmung der Passanten geführt haben?

„In einer mäßig belebten Nebenstraße einer Großstadt trug sich während einer abendlichen Dämmerung folgendes Ereignis zu:
Fünf Passanten, die sich untereinander nicht kannten, beobachteten zufällig ein Ereignis, das sie später in ihrer zeugenschaftlichen Vernehmung übereinstimmend so darstellten: Eine jugendliche Person, etwa 20 Jahre, mit leicht dunkler Hautfarbe, offensichtlich ein Ausländer, wäre einer Frau hinterhergelaufen. Einige Passanten hätten das Laufen, andere erst den danach erfolgten Angriff gesehen. Der Ausländer habe die Frau von hinten angegriffen und versucht, ihr die Tasche zu entreißen. Die Frau habe geschrien und die Handtasche fest- und hochgehalten. Der Täter habe die Frau niedergeschlagen und sei ohne die Tasche geflohen, weil sie diese sehr festgehalten habe und einige der Passanten mit Drohgebärden auf ihn zugelaufen seien. Die Passanten bemühten sich gemeinsam um die Frau, die heftig am Kopf blutete und alarmierten die Polizei und Feuerwehr. Sie war noch bei Bewusstsein und konnte mit den Passanten sprechen. Sie unterhielten sich über die Böswilligkeit des Überfalls und das Ausmaß der Schmerzen. Nach dem Transport der Frau ins Krankenhaus verstarb sie an den Folgen des Schädelbruchs, ohne vorherige polizeiliche Vernehmung. Zwischen dem Abtransport der Verletzten und dem Eintreffen der Polizei vergingen ungefähr sieben Minuten, die die Zeugen am Tatort verbrachten. Sie wurden in zwei Fahrzeugen zur Dienststelle gebracht und dort vernommen.

(Der kurze Zeit später ermittelte Tatverdächtige ist ein 21jähriger Türke, der sich zur Zeit illegal in Deutschland aufhält. Er wohnt in einem möblierten Zimmer bei einer älteren Frau. Er sagt Folgendes aus: Er habe auf der Straße in der Frau von hinten seine Zimmerwirtin zu erkennen geglaubt und sei ihr nachgerannt. Da sie ihn wegen nicht gezahlter Miete gekündigt habe, wollte er sie überreden, die Kündigung zurückzunehmen, da er hoffte, in einigen Tagen Geld von Freunden zu bekommen. Er habe sie an der Schulter berührt, worauf sie sehr schrie. Er wollte sie beruhigen und festhalten. Sie habe darauf noch mehr geschrien und ihn heftig mit ihrer Handtasche geschlagen. Weil er Angst vor den Leuten hatte, die auf ihn zuliefen, habe er die Frau losgelassen. Dabei sei sie hingefallen.)

(entnommen aus Scheler / Haselow, 1994, 181)

6. Das menschliche Gedächtnis

Wie bereits in den Ausführungen über die „soziale Wahrnehmung“ herausgearbeitet wurde, sind die vielfältigen Reize, die auf unsere Sinnesorgane treffen, mit Bedeutung zu versehen, um wirklich eine Wahrnehmung für uns zu sein. Wir greifen zurück auf bereits Bekanntes, Vertrautes, auf unsere Konstrukte von Wirklichkeit („Top-down-Prozesse“) oder mit anderen Worten, *wir aktivieren Gedächtnisinhalte.*
Um überhaupt Gedächtnisinhalte aktivieren zu können, muss die Information vorher ins Gedächtnis hineingelangen und dann auch dort aufbewahrt worden sein. Man unterscheidet deshalb *drei Gedächtnisprozesse*:

- **Enkodieren:** Informationen werden erstmalig festgehalten und führen zu einer Repräsentation im Gedächtnis; „Gedächtnisspuren“ werden gebildet;
- **Speichern:** die Veränderungen in den Strukturen unseres Gehirns werden kurzfristig oder langfristig festgehalten;
- **Abrufen:** diese gespeicherten Informationen sind zu einem späteren Zeitpunkt wiederzufinden und zu reproduzieren (s. Zimbardo / Gerrig, 1999, 235).

Am Anfang der Gedächtnisforschung wurden unzählige Laborstudien durchgeführt, die das Behalten von Buchstaben und einzelnen Wörtern zum Inhalt hatten. Inzwischen liegen aber auch zahlreiche Forschungsergebnisse vor, die für den *polizeilichen Alltag* große Bedeutung aufweisen:

Beispiel 1:
Ein Polizeibeamter wird zu einem Kneipenüberfall gerufen. Nach einem Schusswechsel fliehen die beiden Täter. Der Polizeibeamte nimmt die Verfolgung der mit ihren Pkws flüchtenden Täter auf. Er muss sich ganz schnell die Autonummern und alle wahrgenommenen Details merken, um die Informationen den nachrückenden Kräften mitzuteilen.
Monate später wird der Polizeibeamte als Zeuge vor Gericht geladen und zu den Details des Ereignisses befragt.

Den Polizeibeamten interessiert:

- Was kann ich tun, um mir die Autonummern und die vielen weiteren Details möglichst gut einzuprägen ?
- Wie kann ich mir auch noch Monate später ein Ereignis wieder in Erinnerung rufen?

Beispiel 2:
Im Rahmen von Vernehmungen werden Kriminalbeamte immer wieder mit Personen – es handelt sich hierbei sowohl um Zeugen als auch um Beschuldigte – konfrontiert, die angeben, sich an nichts mehr oder sich nur noch vage erinnern zu können.

Den Polizeibeamten interessiert:
- Welche Gründe gibt es für das Vergessen?
- In welchem zeitlichen Abstand zum Ereignis sollte eine Erstvernehmung erfolgen, um brauchbare Informationen zu erhalten?
- Was kann ich im Rahmen einer Vernehmung tun, um die Person zu unterstützen, Gedächtnisinhalte zu reproduzieren?
- Können sich Personen mit großer subjektiver Gewissheit an etwas erinnern, was gar nicht passiert ist?

Am Ende dieses Kapitels über das menschliche Gedächtnis sollten Sie in der Lage sein, auf jede der Fragen eine Antwort zu formulieren.

6.1. Der Verlust des Gedächtnisses

Die aufschlussreichsten Erkenntnisse über die fundamentale Bedeutung unseres Gedächtnisses erlangen wir durch die Personen, die ihr „Gedächtnis" verloren haben. Es sei deshalb aus dem Buch „Mein letzter Seufzer" des spanischen Schriftstellers Luis Buñuel zitiert:
„Man muss erst beginnen, sein Gedächtnis zu verlieren, und sei's nur stückweise, um sich darüber klar zu werden, dass das Gedächtnis unser ganzes Leben ist. Ein Leben ohne Gedächtnis wäre kein Leben... Unser Gedächtnis ist unser Zusammenhalt, unser Grund, unser Handeln, unser Gefühl. Ohne Gedächtnis sind wir nichts..."
Mit diesem Zitat beginnt die Geschichte von Jimmy G., die der Neuropsychologe Oliver Sacks (1987, 42-45) erzählt:

Der verlorene Seemann
Jimmy G. ist zum Zeitpunkt der Erzählung 49 Jahre alt und lebt in einem „Heim für die Alten" in der Nähe von New York. Er wird als charmanter, aufgeschlossener und warmherziger Mann beschrieben, der zudem mit seinem lockigen grauen Haar noch gut aussieht und körperlich gesund ist.
„ 'Hallo, Doc!' begrüßte er mich. 'Herrlicher Morgen, was? Soll ich mich hierhin setzen?' Er hatte eine herzliche Art, war sehr gesprächig und bereit, alle Fragen zu beantworten. Er stellte sich

mir vor und nannte sein Geburtsdatum und den Namen der kleinen Stadt in Conneticut, in der er geboren war. Er beschrieb das Städtchen in liebevollen Details und zeichnete sogar eine Karte, schilderte mir die Häuser, in denen seine Familie gelebt hatte, und konnte sich selbst an die Telefonnummern noch erinnern. Er erzählte von der Schule und seiner Schulzeit, von den Freunden, die er gehabt hatte, und von seiner Vorliebe für Mathematik und Naturwissenschaften. Er sprach mit Begeisterung von seiner Zeit in der Marine – er war siebzehn gewesen und hatte die High-School gerade abgeschlossen, als er 1943 eingezogen worden war. ... Er wusste noch die Namen verschiedener U-Boote, auf denen er gedient hatte, ihre Einsätze, ihre Heimathäfen, die Namen seiner Kameraden. ...Aber dann setzte sein Gedächtnis aus irgendeinem Grund aus. Er erinnerte sich an seine Marinezeit, das Ende des Krieges und seine Pläne für die Zukunft so deutlich, dass ich den Eindruck hatte, er durchlebe das alles aufs Neue....Während er sich erinnerte, sein Leben noch einmal durchlebte, war Jimmy voller Schwung; er schien nicht von der Vergangenheit, sondern von der Gegenwart zu sprechen...Mir kam plötzlich ein unwahrscheinlicher Verdacht.

'Welches Jahr haben wir, Mr. G.?' fragte ich ihn und versuchte, meine Verwunderung hinter einer gespielten Gleichgültigkeit zu verbergen.

'45, natürlich. Wie meinen Sie das?'...

'Und Sie, Jimmy – wie alt sind Sie?'

Sonderbarerweise war er einen Moment lang unsicher und zögerte mit seiner Antwort, als müsse er nachrechnen.

'Tja, ich schätze, ich bin neunzehn, Doc. Mein nächster Geburtstag ist mein zwanzigster.'

Ich sah den grauhaarigen Mann an, der vor mir saß, und mich überkam ein Impuls, den ich mir nie verziehen habe. Ich tat etwas, das äußerst grausam war – oder vielmehr gewesen wäre, wenn ich nicht hätte ausschalten können, dass Jimmy sich später daran erinnern würde.

'Hier', sagte ich und hielt ihm einen Spiegel vor. 'Was sehen Sie da? Ist das ein Neunzehnjähriger?"

Er wurde bleich, und seine Finger krallten sich in die Armlehnen des Sessels. 'Gott im Himmel', flüsterte er, 'was ist los? Was ist mit mir passiert? Ist das ein Alptraum? Bin ich verrückt? Soll das ein Witz sein?' Er geriet in Panik.

'Es ist alles in Ordnung, Jimmy', sagte ich beruhigend. ' Es war nur ein Irrtum. Sie brauchen sich keine Sorgen zu machen. Sehen Sie doch mal – ' ich trat mit ihm ans Fenster – 'ist es nicht ein wunderschöner Frühlingstag? Und da unter spielen Kinder Baseball.' Die Farbe kehrte in sein Gesicht zurück, und er begann zu lächeln. Ich schlich mich davon und nahm den unseligen Spiegel mit.

Zwei Minuten später kehrte ich zurück. Jimmy stand immer noch am Fenster und sah mit Vergnügen den Kindern beim Baseballspielen zu. Als ich die Tür öffnete, fuhr er herum und strahlte mich an.

'Hallo, Doc!' begrüßte er mich. 'Was für ein herrlicher Morgen! Sie wollten mit mir sprechen – soll ich mich hierhin setzen? Sein offener Gesichtsausdruck ließ nicht erkennen, dass er mich schon einmal gesehen hatte.

'Sind wir uns nicht schon einmal begegnet, Mr. G.?' fragte ich beiläufig.
'Nein, nicht dass ich wüsste. Sie haben einen ganz schönen Bart – den würde ich bestimmt nicht vergessen, Doc!'
'Warum nennen Sie mich Doc ?'
'Na ja, Sie sind doch einer, oder nicht?'
'Ja, schon, aber wie können Sie das wissen, wo wir uns doch noch nie begegnet sind?'
'Sie *reden* wie ein Arzt. Ich *sehe*, dass Sie einer sind.'"

Oliver Sacks diagnostiziert bei Jimmy G. extreme und außergewöhnliche Defizite des **Kurzzeitgedächtnisses.** Alles, was ihm gezeigt wurde, vergaß Jimmy innerhalb weniger Sekunden. Die Wahrnehmungsfähigkeit und die intellektuellen Fähigkeiten waren unbeeinträchtigt, aber die Gedächtnisspuren waren äußerst flüchtig und verschwanden nach einigen Sekunden wieder. Sacks vermutet, dass es sich um ein **Korsakow-Syndrom** handelt. Die Störung von Jimmy deckt sich mit den bereits Ende des 19. Jahrhunderts von Korsakow beschriebenen Beobachtungen, dass die Patienten – meistens als Folge extensiven Alkoholkonsums – keine neuen Inhalte speichern und wiedergeben können (**anterograde Amnesie**). Dieser Gedächtnisverlust wird mit erfundenen Geschichten überdeckt (Konfabulation) und es besteht keine Einsicht in die Gedächtnisausfälle. Neuere Forschungsergebnisse (Birbaumer, 1999, 592) zeigen, dass der **Hippocampus** bei dieser Art von Gedächtnisstörung immer betroffen ist und liefern somit bereits wichtige Einsichten in die biologische Voraussetzung der Speicherung von Fakten und Ereignissen. Gleichzeitig wurde festgestellt, dass Korsakow-Patienten aber in der Lage sind, Aufgaben, die motorische Fertigkeiten betreffen, relativ gut zu lernen und diese auch nach Tagen und Wochen noch ausführen können. Diese Erkenntnis ist bedeutsam, da dies ein erster Beleg für die noch näher auszuführende Unterscheidung zwischen einem **Wissensgedächtnis** (explizit-deklaratives Gedächtnis) und einem **Verhaltensgedächtnis** (implizit-prozedurales Gedächtnis) ist.

6.1.1. Die Alzheimer Erkrankung

Eine andere Erkrankung, die ebenfalls mit einer massiven Gedächtnisstörung verbunden ist, begegnet den Polizeibeamten allerdings weitaus häufiger: Die **Alzheimer Erkrankung.** Ca. 5% aller Menschen über 65 Jahren weisen diese schwere Demenz[11]

11 Demenz: eine auf organischen Hirnschädigungen beruhende schwerwiegende Veränderung intellektueller Funktionen und damit einhergehende gefühlsmäßige Störungen.

auf, die mit einem überdurchschnittlichen Verlust der intellektuellen Funktionen verbunden ist – in Anbetracht der zunehmenden „Vergreisung“ unserer Gesellschaft ein immenses Problem. Diese Krankheit beginnt mit der Vergesslichkeit für neues Material, die allerdings zunächst noch unauffällig ist und von den Personen überspielt werden kann. Innerhalb eines Zeitraumes von 5 bis 10 Jahren nimmt die Krankheit einen dramatischen Verlauf: Die Personen haben zunehmend Probleme mit der räumlichen und zeitlichen Orientierung, entwickeln aber zugleich häufig eine enorme Unruhe verbunden mit einem Bewegungsdrang, was zum Weglaufen – und aufgrund der Orientierungsstörung – zum Verlaufen führt. Sie verlieren auch das Erinnerungsvermögen an Altbekanntes: Sogar engste Angehörige können in einem fortgeschrittenen Stadium nicht mehr erkannt werden. Bei an Alzheimer Erkrankten nimmt das Interesse an ihrer Umgebung rapide ab und sie zeigen eine deutliche Veränderung ihrer Persönlichkeit: Die Hälfte der Erkrankten wird nahezu unbekümmert und oberflächlich heiter, andere ziehen sich in sich zurück und werden depressiv. Die an Alzheimer Erkrankten werden immer mehr zu einem „großen Baby“, das gefüttert werden muss und keine Kontrolle über die Körperfunktionen hat.

Der Umgang mit dem an Alzheimer Erkrankten durch die Polizei

Trotz dieses dramatischen Abbauprozesses aller intellektueller Funktionen ist es wichtig darauf hinzuweisen, dass den Erkrankten die Fähigkeit erhalten bleibt, die elementaren Beziehungsbotschaften ihrer Umwelt wahrzunehmen und sehr deutlich erkennbar durch eigenen Gefühlsausdruck darauf zu reagieren. Deshalb gelten für die Polizeibeamten, die mit einer älteren, offenbar verwirrten Person zusammentreffen, die z.B. aus dem Altersheim oder dem privaten Umfeld weggelaufen ist, folgende Richtlinien:

- Strahlen Sie durch Ihre Körpersprache und Stimmführung Ruhe und Sicherheit aus!
- Sprechen Sie in einfachen und klaren Sätzen!
- Seien Sie eine fürsorgliche Autorität: Treffen Sie die notwendigen Entscheidungen und leiten die Maßnahmen ein, wahren aber die Würde der Person!
- Haben Sie Verständnis für den Bewegungsdrang der Person – sie kann möglicherweise nicht länger still sitzen bleiben.
- Treffen Sie aber dennoch Vorkehrungen, damit die Person bis zum Eintreffen von Angehörigen oder Pflegepersonal nicht wegläuft.

Auf der Suche nach der Ursache der Alzheimer Erkrankung, die allerdings bis zum heutigen Tage noch nicht endgültig geklärt ist, stoßen wir ebenfalls auf die besondere Bedeutung des **Hippocampus**: Nachgewiesen ist, dass im Hippocampus einige der für die Alzheimer Erkrankung typischen pathologischen Veränderungen auftreten. Einigkeit besteht bei den Forschern dahingehend, dass die an Alzheimer erkrankte Person zu wenig Acetylcholin (AcH) im Gehirn hat, einen der wesentlichen Neurotransmitter im Hippocampus. Spitzer (2000, 223-228) erläutert den Zusammenhang unter Rückgriff auf Hasselmo (1994) folgendermaßen: Damit erfolgreiches Lernen, d.h. die Speicherung neuer Inhalte, möglich ist, muss während der Lernphase die Ausbreitung der Aktivierung verhindert werden, da es sonst zu einer unerwünschten, lawinenartig ablaufenden Veränderung der Synapsenstärken kommt, die eine sinnvolle Speicherung nicht mehr erlauben. AcH ist für diese für das Lernen notwendige Unterdrückung der erregenden synaptischen Übertragung zwischen den Neuronen der gleichen kortikalen Regionen verantwortlich. Fehlt nun AcH, dann gibt es keine Bremse für die synaptische Übertragung. Die überschießende Aktivität der Neuronen führt zur Ausschüttung eines weiteren Neurotransmitters, Glutomat, der toxische Wirkung hat. Der Hippocampus läuft förmlich heiß, da beständig Assoziationen gebildet werden und eine Schädigung ist die Folge.

6.2. Ultrakurzzeit-, Kurzzeit- und Langzeitgedächtnis

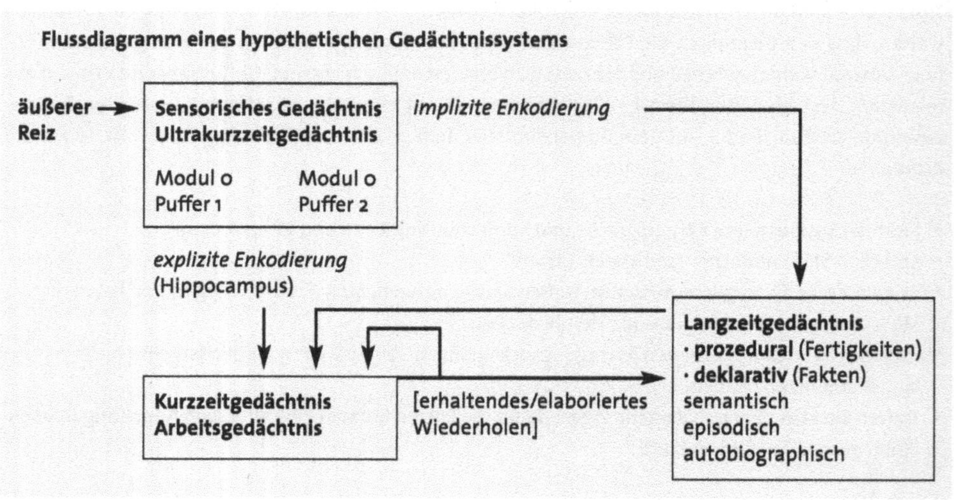

Abb. 15: (in Anlehnung an Zimbardo, 1999, 236)

Bereits die Beschäftigung mit den massiven Ausfällen des Gedächtnisses macht deutlich, dass es kein isoliertes Gedächtniszentrum gibt, sondern wir zunächst eine Einheit erkennen können, die für die Aufnahme und erste Speicherung des neuen Materials zuständig ist, das **Kurzzeitgedächtnis**. Eine andere Einheit bildet den Speicher für bereits bekanntes Material, das auch dann abrufbar ist, wenn die Speicherung von neuem Material nicht mehr möglich erscheint, das **Langzeitgedächtnis**.

6.2.1. Das Ultrakurzzeitgedächtnis *oder* Sensorische Gedächtnis

Dem Kurzzeitgedächtnis ist zunächst noch ein sogenanntes **Ultrakurzzeitgedächtnis oder auch Sensorisches Gedächtnis** vorgeschaltet. Jede Sekunde strömen auf den Menschen viele Reize ein, die aber nur für äußerst kurze Zeit festgehalten werden, da neues Material nachdrängt. Es gibt für jede Sinnesart ein sensorisches Gedächtnis, weshalb es eigentlich besser wäre, von „Gedächtnissen" zu sprechen. Gedächtnisforscher reden in diesem Zusammenhang von einzelnen sensorischen Modulen, in denen die erste Verarbeitung erfolgt. Die jeweiligen sensorischen Module haben spezifische Eigenarten: z.B. bleibt visuelles Material nur 0,5 Sekunden im Ultrakurzzeitgedächtnis, akustisches Material hingegen bis zu zwei Sekunden. Wie auf einem Fließband zieht neues Material ständig an der Person vorbei, die am Fließband steht. Erst wenn ein Element aufgrund seiner Merkmale, die der Person bedeutungsvoll erscheinen, die Aufmerksamkeit auf sich zieht, wird es von diesem Fließband genommen und einer weiteren Verarbeitung zugeführt, die in dem so genannten Kurzzeitgedächtnis oder Arbeitsgedächtnis erfolgt.

Sensorisches Gedächtnis oder Ultra-Kurzzeitgedächtnis oder sensorisches Register

Speicherung:	direkte Repräsentation
Kapazität:	groß
Dauer:	kurz (z.B.: visuell: 0,5 sec/ auditiv: bis zu 2 sec)
Verlust:	aufgrund des Verstreichens der Zeit; Verdrängung durch neues Material

6.2.2. Das Kurzzeitgedächtnis *oder* Arbeitsgedächtnis

Offenbar ist das **Kurzzeitgedächtnis** an den Hippocampus gebunden, wo innerhalb kürzester Zeit neue Erfahrungen dazu führen, dass das Synapsengewicht verändert wird und sich neue Repräsentationen ausbilden. Die neue Assoziation wird zuerst im Hippocampus abgespeichert, der sehr schnell lernt, aber nur eine sehr begrenzte Aufnahmekapazität besitzt. Die Kapazität des Kurzzeitgedächtnisses beträgt ungefähr 7 (+/- 2) **chunks**[12]. Unter chunks versteht man bedeutungstragende Informationseinheiten; es kann sich hierbei z.B. um eine Zahl oder um ein Wort handeln. Eine Möglichkeit, Elemente etwas länger im Kurzzeitgedächtnis zu halten, besteht darin, sie mehrmals zu wiederholen: Wenn Sie sich z.B. eine Telefonnummer merken wollen, sprechen Sie sich innerlich die Nummer mehrmals vor *(„artikulatorische Schleife")*. Diese Methode wird *einfaches oder erhaltendes Wiederholen* genannt. Durch weitere Strategien können mehrere Elemente zu größeren Einheiten zusammengezogen und dadurch die Speicherkapazität des Kurzzeitgedächtnisses enorm vergrößert werden. Lieury (1999, 45-55) verdeutlicht dies anhand einer kleinen Übung, die Sie kurz selbst durchführen können:

Schauen Sie sich das folgende Schaubild 20 Sekunden lang an. Es besteht aus vier Spalten zu je fünf Buchstaben:

e	**l**	**t**	**n**
i	**l**	**u**	**i**
l	**e**	**t**	**c**
e	**i**	**e**	**h**
a	**n**	**s**	**t**

Nun decken Sie das Schaubild zu und versuchen Sie, sich spaltenweise an die Buchstaben zu erinnern. Wie groß ist die Aufnahmefähigkeit ihres Gedächtnisses?

Die mit hoher Wahrscheinlichkeit vorhandene Schwierigkeit bei der Wiedergabe der Buchstaben lässt sich radikal verbessern, wenn Sie die Buchstaben zu folgendem Satz zusammenfügen: „Eile allein tut es nicht". Unter Rückgriff auch bereits bekannte Informationen können Sie nun diesen Buchstaben eine Bedeutung verleihen und sie zu einem chunk zusammenfassen.

12 „chunk" (engl.) bedeutet Klumpen, dickes Stück

Die Strategie, die sich an vielen Beispielen verdeutlichen lässt und auf die wir – wie die Literatur zu **Mnemotechniken** (s. 6.2.2.1. Exkurs) verdeutlicht – gezielt zur Verbesserung unserer Gedächtnisfähigkeit zurückgreifen können, lautet: Das Material wird durch die Bildung von Einheiten bearbeitet und verdichtet; die neue Information wird unter Rückgriff auf bereits Bekanntes bearbeitet.

Schauen Sie sich die Liste von Zahlen 15 Sekunden lang an und decken Sie dann ab:

19451939191819141871

An wie viele der Zahlen können Sie sich noch erinnern?

20 chunks sind nur sehr schwer zu merken, aber wenn Sie die Zahlen gruppieren und mit wichtigen Ereignissen der deutschen Geschichte verbinden, wird der Abruf der Zahlen selbst nach längerer Zeit keine Schwierigkeiten bereiten:

1945 1939 1918 1914 1871

Das Kurzzeitgedächtnis, so die bisherigen Ausführungen, lernt extrem schnell; ganz anders hingegen unser Langzeitgedächtnis, das vom Cortex abhängt. Spitzer (2000, 220-221) bezeichnet den **Hippocampus als „Trainer des Cortex"**, da er die gespeicherte Information dem Cortex immer wieder – auch im Schlaf – anbietet und somit für die zum langfristigen Behalten notwendige Wiederholung sorgt. Da nun aber die Aufnahmekapazität des Hippocampus gering ist, müssen diese Inhalte dem Cortex, der eine unendlich große Aufnahmefähigkeit besitzt, so oft und so schnell wie möglich zur Verfügung gestellt werden. Erfolgt diese Wiederholung nicht oder wird gestört, dann zerfallen die zwischengespeicherten Inhalte wieder. Solche Störungen können z.B. vorliegen, wenn eine Person zu wenig schläft oder die Qualität des Schlafes durch Kaffee oder zu viel Alkohol beeinträchtigt wird.
Das Kurzzeitgedächtnis ist aber nicht nur für die Einprägung neuer Gedächtnisinhalte wichtig; es kann mit einer Leinwand verglichen werden, auf die spezifische Informationen aus dem Langzeitgedächtnis projiziert werden, die mit den neuen Inhalten verknüpft werden. Diese Funktion des Kurzzeitgedächtnisses hat zu dem Begriff **Arbeitsspeicher** oder **-gedächtnis** geführt. Das Wissen über dieses Arbeitsgedächtnis geht weitgehend auf die Forschungsarbeiten von Alan Baddeley (1986) zurück. Er ersetzte den Begriff Kurzzeitgedächtnis durch den Begriff des Arbeitsgedächtnisses. Seiner Vermutung nach besteht dieses Arbeitsgedächtnis aus *einem allgemeinen Spei-*

chersystem, das bei allen Denkprozessen bemüht wird, und *mehreren spezialisierten Speichersystemen* oder auch Puffer bzw. Module genannt (z.B. für Töne, Bilder, Gerüche), die nur aufgerufen werden, wenn bestimmte Informationen behalten werden müssen. Die spezialisierten Speichersysteme arbeiten parallel und unabhängig voneinander. Das allgemeine System dieses Arbeitsgedächtnis ist der Arbeitsraum, in dem die Informationen aus den spezialisierten Puffern zeitweilig festgehalten und miteinander, aber auch mit den aktivierten Informationen aus dem Langzeitgedächtnis, verbunden werden. LeDoux (2001, 293) formuliert es einfach so: „Was im Arbeitsgedächtnis ist, ist das, woran wir gerade denken oder dem wir unsere Aufmerksamkeit schenken." Hier finden die aktive Verarbeitung und Denkvorgänge höherer Ordnung statt, es stellt den Schnittpunkt von Bottom-up- und Top-down-Verarbeitungsprozessen dar. Aufgrund des momentanen Kenntnisstandes geht man davon aus, dass der präfrontale Cortex für die Ausführungen der Funktionen des Arbeitsgedächtnisses eine entscheidende Rolle spielt (LeDoux, 2001, 296; Anderson, 2001, 181f.).

Kurzzeitgedächtnis; Arbeitsgedächtnis; bewusste Verarbeitungsprozesse; Chunking
(biologische Grundlage: Hippocampus und präfrontaler Cortex)

Speicherung:	„phonologische Schleife" und „räumlich-visueller Skizzenblock"
Kapazität:	gering (7 ± 2 chunks); aber der Umfang der chunks kann vergrößert werden
Dauer:	bis zu 20 sec ohne Wiederholung
Verlust:	aufgrund von Interferenz, fehlendem Wiederholen, Verstreichen der Zeit, fehlender Schlaf, Freisetzung eines hohen Maßes an Glukokortikoiden

6.2.2.1. Exkurs: Mnemotechniken

Schon in der Vergangenheit investierten die Menschen viel Zeit und Energie, um effiziente Erinnerungsstrategien zu entwickeln: Ohne die Möglichkeit zu haben, auf die heute selbstverständlichen technischen Hilfsmittel zurückzugreifen, war es früher noch viel entscheidender, über ein gutes Gedächtnis zu verfügen. Deshalb verwundert es auch nicht, dass viele der heute bekannten Mnemotechniken keine neuen Erfindung sind, sondern bis weit in die Vergangenheit zurückgehen. Bereits die Griechen, deren Göttin der Erinnerung *Mnemosyne* hieß, kannten offenbar schon alle Grundprinzipien, um das Erinnerungsvermögen zu steigern, auch wenn ihnen noch nicht das Wissen über das menschliche Gehirn zur Verfügung stand. Heute wissen wir, dass unser Gehirn aus einer rechten und einer linken Hälfte (Hemisphäre) besteht. Etwas vereinfacht formuliert ist die linke Gehirnhälfte schwerpunktmäßig logisch und zahlenorientiert, die rechte eher kreativ und bildhaft ausgerichtet. Die Grundlage für ein gutes Gedächtnis besteht darin, das gesamte Gehirn – die linke und die rechte Hemisphäre – einzubeziehen. Dies ist der Fall, wenn wir, wie schon die Griechen wussten,

- aus trockenen Fakten, Daten und Begriffen bewegte und bewegende, d.h. Gefühle hervorrufende Bilder entstehen lassen; hierzu ist Vorstellungskraft notwendig;
- alle unsere Sinne einsetzen und somit zugleich Gedächtnisspuren in den verschiedenen sensorischen Modulen anlegen; so können wir uns z.B. eine Zahlenreihe mit einer Melodie vorsummen;
- das vorliegende zu speichernde Material in eine logische Ordnung bringen und dies durch optische Hilfen oder Nummerierung deutlich hervortreten lassen; (die so genannte Mind-Mapping-Methode ist eine moderne Version dieser strukturierten Darstellung)
- sinnvoll neue Elemente mit bereits bekannten Elementen verknüpfen.

Ein solches Verknüpfungssystem, das sogenannte Raum-System (Buzan, 1999, 86), das bereits auf die Römer zurückgeht, sei beispielhaft illustriert. Cicero und Quintilian berichten von einer Legende, nach der der Dichter Simonides durch Zufall als einziger ein großes Festessen überlebte, nachdem die Decke eingestürzt war. Um die Gäste zu identifizieren, gelang es ihm, sich genau daran zu erinnern, wo welche Person gesessen hatte. Er leitete daraus die „Methode der Orte“ ab:
Nehmen Sie sich z.B. Ihr Wohnzimmer und beginnen in Gedanken langsam von links an der Wand entlang zu gehen: zunächst steht z.B. der Schrank an der Wand (1), dann eine Kommode (2), auf dieser steht ein Fernseher (3), daneben befindet sich das große Fenster zum Hof (4) etc. Die Objekte oder Personen, die Sie sich merken wollen, platzieren Sie nun an einem dieser Orte und erzeugen ein inneres Bild. Wenn Sie sich wieder erinnern wollen, müssen Sie nur gedanklich wieder durch Ihr Wohnzimmer gehen und diese Bilder abrufen.

6.2.3. Das Langzeitgedächtnis

Wenden wir uns nun dem **Langzeitgedächtnis** zu. Im Langzeitgedächtnis sind alle Informationen – Erfahrungen, Wissen über Fakten, Fertigkeiten, Gefühle etc. – gespeichert, die man sich aus dem sensorischen und Kurzzeitgedächtnis angeeignet hat. Oder prägnant formuliert: „Das Langzeitgedächtnis macht das Gesamtwissen einer Person über die Welt und sich selbst aus“ (Zimbardo / Gerrig, 1999, 245).

Unter Rückgriff auf die Computersprache ist das Langzeitgedächtnis die Festplatte, das Kurzzeitgedächtnis der Hauptprozessor. Um die Speicherung dieses Wissens zu verstehen, ist die Unterteilung des Langzeitgedächtnisses in ein *prozedurales und ein deklaratives Gedächtnis* wichtig.

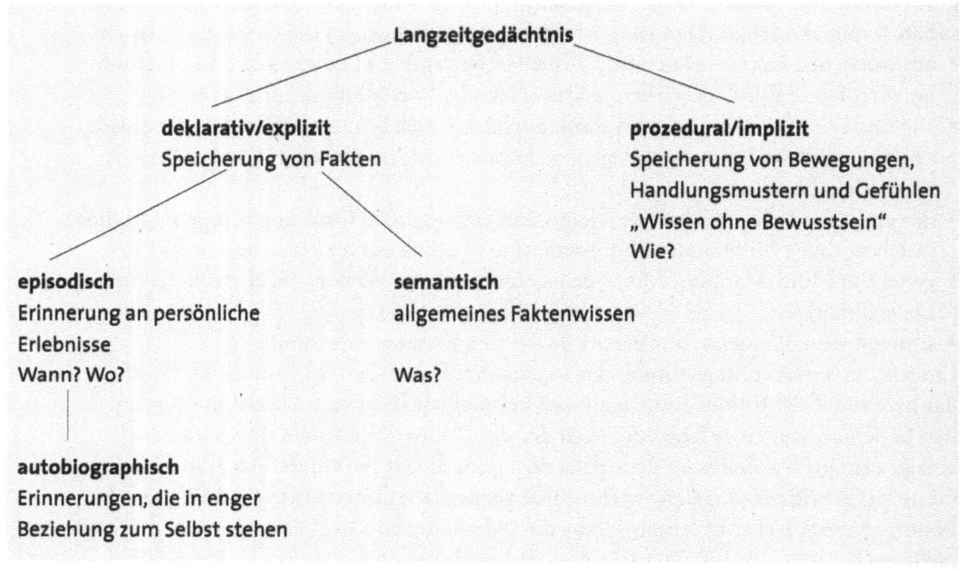

Abb. 16

Bereits sehr früh werden Erfahrungen gespeichert, die unserem bewussten Erinnern später nicht oder nur sehr schwer zugänglich sind („Wissen ohne Bewusstsein"): es handelt sich hierbei um das **implizit-prozedurale Gedächtnis**, für das das phylogenetisch alte Hirnteil Corpus striatum und das Kleinhirn (Cerebellum), aber auch Teile des präfrontalen Cortex zuständig sind. Hier werden Reize durch Assoziation miteinander verknüpft und konditionierte Reiz-Reaktionsabfolgen gelernt: Bewegungs- und Verhaltensmuster, früh erworbene Erwartungs- und Verhaltensstrategien. Dieses implizit-prozedurale Gedächtnis entwickelt sich bereits im Mutterleib. Es konnte nachgewiesen werden, dass für die Speicherung der Informationen im prozeduralen Gedächtnis keine elaborierte Verarbeitung notwendig ist, sondern vielfältige Wiederholungen ausreichen: Werden Tätigkeiten immer wieder durchgeführt, dann kann auch Lernen bei geschädigtem Hippocampus stattfinden, das sogenannte **implizite**

Lernen. Um das gespeicherte Wissen abzurufen, ist kein aktiver Suchprozess notwendig, sondern erlernte Auslösebedingungen aktivieren diese Erinnerungsspuren. Zwei Beispiele sollen dies verdeutlichen: Wenn Sie auf ein Fahrrad steigen, ist keine Suchaktion notwendig, um den passenden Bewegungsablauf abzurufen, sondern dies geschieht quasi automatisch. Ebenso kann es Ihnen passieren, dass Sie einen Ort betreten und ohne gezielte Suche bei Ihnen positive oder negative Gefühle ausgelöst werden, die auf Ihnen vielleicht bewusst nicht zugängliche Erfahrungen zurückgehen.

Ab dem ca. 2.-3. Lebensmonat und parallel zum implizit-prozeduralen Gedächtnis entwickelt sich das **explizit-deklarative Gedächtnis**. Es handelt sich um Wissen mit Bewusstsein, das unserer expliziten Kontrolle unterliegt. Das explizit-deklarative Gedächtnis lässt sich in folgenden Gehirnbereichen verorten: dem Hippocampus, Teilen des Thalamus, sekundären sensorischen Arealen und dem präfrontalen Cortex (vgl. Birbaumer, 1999, 598). Es kann wiederum in das semantische, das episodische und das autobiographische Gedächtnis unterteilt werden. Das **semantische Gedächtnis** umfasst das allgemeine Welt- oder Faktenwissen, das begrifflich und kategorial organisiert ist.
Das **episodische Gedächtnis** bezieht sich auf die Erinnerung an einzelne persönliche Erlebnisse: z.B. die Erinnerung an eine wichtige Feier und eine nicht bestandene Prüfung. Das **autobiographische Gedächtnis** ist die höchstentwickelte Gedächtnisform. Es setzt eine volle Ausreifung der Präfrontalrinde (Stirnlappen) voraus. Diese biologische Voraussetzung ist erst mit ca. 4 Jahren gegeben. Die Wahrnehmungs- und Gedächtnisinhalte werden in eine zeitliche Reihenfolge gebracht, ausgewertet und interpretiert. So formen wir unsere persönliche Geschichte und ein Gefühl von Identität.

Langzeitgedächtnis

Speicherung:	Engramme (organisiert, bedeutungstragend)
Kapazität:	theoretisch unbegrenzt
Dauer:	möglicherweise die gesamte Lebensspanne
Verlust:	aufgrund unangemessener Enkodierung; Verstreichen der Zeit; Interferenz; Misslingen des Abrufs (fehlender Hinweisreiz); motiviertes Vergessen.

6.3. Warum vergessen wir?
oder Gründe für die Unmöglichkeit, Wissen und Erfahrungen abzurufen[13]

Aufgrund der bereits dargelegten Wissensbestände über die Speicherungsprozesse können folgende Gründe für das Vergessen festgehalten werden: Obwohl wir z.B. ein Geschehen erlebt haben oder versucht haben, uns etwas einzuprägen, kann die Information nicht vom Kurzzeitgedächtnis ins Langzeitgedächtnis übertragen worden sein. *Der für die Erinnerung notwendige Konsolidierungsprozess kann aus mehreren Gründen nicht stattgefunden haben*:

Die neuen Informationen wurden *nicht genug bearbeitet* bzw. kodiert, d.h. sie sind nicht mit Wissen verknüpft worden, das bereits im Langzeitgedächtnis vorhanden ist.

Die Konsolidierung wurde durch eine *Kopfverletzung* verhindert.

Einige Forscher haben Footballspieler beim Spiel begleitet und deren Gedächtnisleistung untersucht: „Wenn es einen besonders harten Zusammenprall gegeben hatte, eilte einer der Wissenschaftler aufs Feld und befragte den benommenen Spieler. Als einer der Footballrecken den Ball in die gegnerische Abwehrlinie hineintrug, wurde er besonders hart genommen und torkelte zurück ins Gedränge. Dreißig Sekunden nach dem Zusammenprall befragt, glaubte der Spieler, er sei auf der High-School, wusste aber genau, dass sein Team gerade einen Spielzug ausgeführt hatte, den man '32-Dive' nennt. Zwanzig Minuten später hatte er wieder einen klaren Kopf, aber keine Erinnerung an den Zusammenprall oder an den '32-Dive'. Alle Spieler, die Zusammenstöße dieser Art erlitten, reagierten ähnlich: Anfangs erinnerten sie sich an die unmittelbar vorangegangene Spielsituation, doch einige Minuten später war ihnen völlig entfallen, was ihnen zugestoßen und was für ein Spielzug durchgeführt worden war" (Schacter 1999, 138-139).

Der Konsolidierungsprozess fand aufgrund von *Schlafentzug* oder Schlafmangel nicht statt. Bereits Anfang der siebziger Jahre wurde anhand von Tierexperimenten gezeigt, dass Ratten, die gelernt hatten, einen unangenehmen elektrischen Schock zu vermeiden, denen dann aber über 24 Stunden der Tiefschlaf entzogen wurde, keine Erinnerung mehr an dies unangenehme Erlebnis hatten, während 70% einer Vergleichsgruppe ein deutliches Vermeidungsverhalten zeigten (s. Becker-Carus, 1981, 298f.). Auch neuere Forschungsergebnisse weisen darauf hin, dass während des Schla-

13 Den Ausführungen unter Punkt 6.3 und 6.4. liegt das Buch von Daniel Schacter (1999): „Wir sind Erinnerungen. Gedächtnis und Persönlichkeit" zugrunde, das besonders empfehlenswert ist!

fes wichtige Prozesse ablaufen, die für ein normales Funktionieren des Gedächtnisses von zentraler Bedeutung sind: Im Schlaf werden offenbar diejenigen neuronalen Assoziationen, die während der Wachphase zuvor gelernt worden waren, im Hippocampus erneut aktiviert. Da zwischen Hippocampus und Cortex eine enge Verbindung besteht, stellt diese Aktivierung des Hippocampus eine erneute Reizdarbietung für den grundsätzlich langsamer lernenden Cortex dar. *Wir brauchen also den Schlaf, damit der Hippocampus, der sehr rasch lernt, dem Cortex, der sehr langsam lernt, die Information immer wieder neu anbieten kann. Der Hippocampus fungiert, wie bereits erwähnt, als Trainer des Cortex* (vgl. Spitzer, 2000, 221)

Zu Beginn der Beschäftigung mit dem Thema Gedächtnis wurde Luis Buñuel zitiert, der sagte, dass wir nichts sind ohne unser Gedächtnis. Aber auch die Vorstellung, nichts zu vergessen, ist erschreckend. Wie wäre es, wenn Sie all die trivialen und nutzlosen Details behalten würden, die nur für einen konkreten Moment von Bedeutung sind?

Wie schlimm es sein kann, nicht vergessen zu können, zeigt die Schilderung des russischen Neuropsychologen Alexander Luria über den **Gedächtniskünstler Schereschewski** (in Schacter, 1999, 136): „Er wurde überwältigt von detaillierten, aber nutzlosen Erinnerungen an triviale Informationen und Ereignisse. Mit traumwandlerischer Sicherheit konnte er lange Listen mit Namen, Zahlen und anderen Informationen, die ihm Luria vorlegte, auswendig hersagen. Diese Fähigkeit leistete ihm gute Dienste in seinem Beruf als Zeitungsreporter, da er sich keine Notizen zu machen brauchte. Doch wenn er eine Geschichte las oder anderen zuhörte, erinnerte er sich an zahllose Details, ohne viel von dem zu verstehen, was er las oder hörte. ...(Er hatte) große Schwierigkeiten, abstrakte Begriffe zu erfassen."

Das Vergessen stellt eine durchaus *ökonomische Reaktion* auf die tagtäglichen Anforderungen dar: Wenn sich Handlungsabläufe – z.B. die, die mit dem *Fliegen in einem Linienflugzeug* verbunden sind – häufig wiederholen, speichern wir lediglich ein allgemeines Ablaufschema, das Erfahrungen aus verschiedenen Zeitpunkten miteinander verbindet. Wir haben eine Denkleistung vollbracht und Denken heißt, unwichtige Unterschiede vergessen, verallgemeinern und abstrahieren. Die wiederholten Episoden verschmelzen und die Einzelheiten gehen verloren: Wir geben das Reisegepäck am Schalter ab und erhalten die Bordkarte, begeben uns in den Warteraum, müssen zuvor aber unser Handgepäck durchleuchten lassen und eine Schranke passieren. Wir verbringen einige Zeit in dem Warteraum, bis die Stewardess uns aufruft etc. Wenn nicht besondere Eindrücke herausragen, ist es sehr schwer, konkrete Einzelheiten den jeweiligen Zeitpunkten zuzuordnen.

Dies kann auch auf viele Einsatzlagen im Polizeialltag übertragen werden. Soll nun der *Polizeibeamte als Zeuge vor Gericht*[14] zu einem konkreten Geschehen Aussagen machen, kann es zu der bereits beschriebenen Vermischung der Erinnerungen kommen. Aus diesem Grunde ist eine Unterstützung des Gedächtnises durch möglichst kurz nach dem Ereignis gemachte Notizen bedeutsam. Diese Erinnerungsnotizen gelten in der Hauptverhandlung als zulässige Vernehmungshilfen für den Zeugen (Hücker, 1998).

Wir haben es in diesem Fall auch mit einem „Vergessen" durch sogenannte **Interferenzen** zu tun. Es ist schwierig, eine konkrete Erinnerung abzurufen, da verschiedene Erinnerungen sich überlagern oder überschneiden. Die **Interferenztheorie** besagt, dass es problematisch ist, die genauen Erinnerungen an etwas Gelerntes oder Erfahrenes hervorzurufen, weil Früheres Späteres stört (proaktive Hemmung/Interferenz) oder Späteres Früheres stört (retroaktive Hemmung/Interferenz).

Die Schwierigkeit des Abrufs kann auch im Fall der Interferenz so erklärt werden, dass ein **eindeutiger Hinweisreiz** fehlt, der klar auf eine bestimmte Erinnerung verweist. Das Gehirn zeichnet ein Ereignis auf, indem es die Verbindung zwischen Neuronengruppen stärkt, die an der Kodierung der Ereignisse beteiligt sind. Normalerweise reicht ein geeigneter Hinweisreiz aus, selbst wenn dieser Hinweisreiz nur einen Bruchteil des ursprünglichen Ereignisses enthält, um einen gesamten Erinnerungskomplex auslösen. In diesem Fall werden durch einen Hinweisreiz verschiedene Neuronengruppen aktiviert, es entsteht Chaos. Allerdings sollte dieser Hinweisreiz nicht mit einem Schalter verglichen werden, den ich drücke und die Glühbirne brennt. Ulrich Neisser (1967, 285) gebraucht das folgende passendere Bild: In unserem Gedächtnis werden Teile der eintreffenden Daten festgehalten. Wenn wir uns erinnern, ist unsere Tätigkeit eher mit der eines Archäologen zu vergleichen, der einen Dinosaurier zusammenbaut. Anhand der gefundenen Knochenstücke und unter Zuhilfenahme des allgemeinen Wissens über Dinosaurier kombinieren wir die verfügbaren Fragmente: *Erinnern gleicht der Rekonstruktion eines Dinosauriers aus Knochenstücken!* Je mehr Knochenfragmente uns aufgrund elaborierter Kodierung zur Verfügung stehen, desto leichter fällt uns die Rekonstruktionsarbeit. Folglich sollte das Bemühen darauf gerichtet sein, einen passenden Hinweisreiz zu finden, der die Rekonstruktion erleichtert (vgl. 6.5.). Erinnern ist auf die **subjektive Ähnlichkeit zwischen den Kodierungs- und Abrufprozessen** angewiesen. Ein sehr interessantes Forschungsergebnis weist auf die Bedeutung der Ähnlichkeit hin, die zwischen dem Zustand besteht, in dem sich die Person

14 In der Hauptverhandlung kann der Polizeibeamte als Tatzeuge oder als Ermittlungsbeamter vernommen werden.

in der Speicherungsphase einerseits und in der Abrufphase anderseits befindet, um die Erinnerungsinhalte zu rekonstruieren: „Wenn Versuchspersonen in der Kodierungsphase eines Gedächtnisexperimentes Alkohol trinken oder Marihuana rauchen, können sie sich später nur schwer an das erinnern, was sie kodiert haben – entsinnen sich aber besser, wenn sie ähnliche Dosen Alkohol oder Marihuana erhalten. Diesen sogenannten **zustandsabhängigen Abruf** hat man bei einer großen Vielzahl von Drogen, Dosierungen und Untersuchungsmaterialien beobachtet." (Schacter, 1999, 105-106) So interessant derartige Ergebnisse sind, werden sie wohl nicht dazu führen, dass zukünftig in Vernehmungen Drogen eingesetzt werden dürfen, um die Erinnerungsfähigkeit eventuell an unter Drogen gespeicherte Geschehnisse hervorzurufen. Unter das Phänomen des zustandsabhängigen Abrufs sind allerdings auch derartige „Zustände" wie traurige, ängstliche oder freudige Stimmungen zu fassen; so kann folglich das Sich-Hineinversetzen in den Stimmungszustand, in dem sich die Person bei der Speicherung des Ereignisses befand, durchaus zu einem verbesserten Erinnern führen. (s. 6.5.2.)

Eine weitere einleuchtende Erklärung für das Vergessen liefert die **Spurenzerfallstheorie**. Diese besagt, dass die Verbindung zwischen den Neuronengruppen im Gehirn mit der Zeit und aufgrund der fehlenden Aktivierung schwächer wird und dann ganz verschwindet. Experimentelle Ergebnisse deuten darauf hin, dass mit fortschreitendem Alter die Gedächtnisleistung abnimmt; allerdings handelt es sich hierbei um Durchschnittswerte, denn die Leistungen der Älteren weisen große Unterschiede auf; bei entsprechend elaboriertem Kodieren können auch alte Menschen recht viel behalten und auch Neues hinzulernen.[15] Dennoch zeigen Menschen im Alter von 15 bis 30 Jahren im Durchschnitt bezogen auf verschiedene Gedächtnisleistungen die besten Ergebnisse. Bei alten Menschen ab 70 Jahren ist eine Hirnschrumpfung festzustellen. Die Hirnmasse geht pro Jahrzehnt ca. um 5-10 Prozent zurück. Besonders auffällig ist, dass die Fähigkeit, sich an Gesichter zu erinnern, im Alter besonders stark abnimmt. Lieury erklärt dies damit, dass am Wiedererkennen der Gesichter verschiedene Prozesse beteiligt sind: Die Gesichtszüge müssen analysiert werden, diese mit bekannten Gesichtern verglichen werden, den Gesichtern Namen zugeordnet werden etc. Da das Gedächtnis eine Einheit aus vielen Modulen ist, die miteinander durch Schnittstellen verbunden sind, gleichzeitig aber mit dem Alter die Wahrscheinlichkeit von Mikroläsionen steigt, können bei derart komplexen Prozessen wie dem Erkennen von Gesichtern viele Störungen auftauchen (s. Lieury, 1999, 63f.). Diese Spurenzerfallstheorie kann auch erklären, warum wir unangenehme Erinnerungen, die wir nicht

15 vgl. 4.2.

mehr gerne erinnern, nach einiger Zeit auch wirklich nur noch recht schlecht erinnern können, ganz so wie der bekannte Satz von Friedrich Nietzsche es ausdrückt:

> *„Das habe ich getan, sagt mein Gedächtnis.*
> *Das habe ich nicht getan, sagt mein Stolz.*
> *Endlich gibt mein Gedächtnis nach."*

Man **vermeidet** absichtlich unangenehme Erinnerungen. Dadurch treten sie mit der Zeit nicht mehr so oft und so lebhaft ins Bewusstsein und verblassen immer mehr.

Obwohl wir wissen, dass eine hohe emotionale Erregung in der Regel mit einer besseren Gedächtnisleistung einhergeht[16], werden besonders traumatische Geschehnisse doch gelegentlich nicht mehr erinnert. Für das Vergessen von **traumatischen Erfahrungen** liegt folgende biologische Erklärung vor: Ein traumatisches Ereignis ist für die Person mit extrem hohem Stress verbunden. Bei Stress schüttet die Nebennierenrinde Hormone aus, Glukokortoide. Ein Übermaß dieser Hormone führt nachweislich zu einer Schädigung von Neuronen. Die Hirnregion, die am stärksten von diesen Hormonen geschädigt wird, ist der Hippocampus. Und ist der Hippocampus – der für das schnelle Lernen zuständig ist – geschädigt, kann er, wie bereits ausgeführt, nicht als Trainer für den Cortex fungieren. Allerdings sind derartige Erinnerungsverluste aufgrund überwältigender psychischer Traumata eher selten. Es wird vermutet, dass in den meisten Fällen so genannter **psychogener Amnesien** eine Kombination von Trunkenheit, Kopfverletzung oder Bewusstlosigkeit während des Traumas vorliegt. Von den psychogenen Amnesien sind die **simulierten Amnesien** zu unterscheiden: In Amerika geben 26 % der Männer, die Mord oder Totschlag verübt haben, an, sich daran nicht mehr erinnern zu können, offenbar in der Hoffnung, dass sich dies strafmildernd für sie auswirkt (Schacter, 1999, 365).

6.3.1. Exkurs: Das Vergessen aus psychoanalytischer Sicht

In den 1914 von Sigmund Freud veröffentlichten Ausführungen „Erinnern, Wiederholen und Durcharbeiten" findet sich folgende Aussage:
„Das Vergessen von Eindrücken, Szenen, Erlebnissen reduziert sich zumeist auf eine „Absperrung" derselben. Wenn ein Patient von diesem „Vergessenen" spricht, versäumt er selten hinzuzufügen: das habe ich eigentlich immer gewusst, nur nicht daran gedacht." (519)

16 vgl. 7.2.

Plötzlich tauchen Erinnerungen wieder auf, die lange Zeit nicht zugänglich waren, und es lässt sich anhand objektiver Beweise die Richtigkeit dieser Erinnerungen belegen. Wie kann es zu einer solchen „Absperrung“ kommen? Bowlby (1995, 106) gibt folgende Erklärung: Ob Erinnerungen uns zugänglich sind, hängt von einem in der Kernpersönlichkeit lokalisierten Bewertungssystem ab. Zentrale Bewertungssysteme entscheiden weitgehend unbewusst, ob die Informationen zum Bewusstsein gelangen dürfen. Wir können hier bereits im Vorgriff auf die Ausführungen (7.3.) festhalten, dass offenbar emotional besonders bedeutsame Erinnerungen im Gehirn gespeichert sind, die aus Selbstschutzgründen die „Absperrung“ bewirken. Bezogen auf schlimme Kindheitserfahrungen, die bevorzugt abgesperrt werden, aber z.B. im Rahmen einer Therapie wieder zum Bewusstsein gelangen, nimmt Bowlby (1995, 97) eine Unterteilung in drei Kategorien vor: Zum einen handelt es sich um

- Vorfälle, die Eltern lieber verheimlichen würden *oder*
- um elterliche Verhaltensweisen, die für das Kind so schlimm gewesen sind, dass es nicht einmal erträgt, sich daran nochmals zu erinnern.
- Des Weiteren können es tatsächliche oder phantasierte Handlungen sein, die für das Kind mit unerträglichen Schuld- und Schamgefühlen verbunden sind.

Den Kindern ist es aufgrund der hohen Abhängigkeit von ihren Erziehungspersonen wichtig, ein idealisiertes Bild von diesen aufrechtzuerhalten. Häufig aber werden Kinder auch massiv von den Erwachsenen unter Druck gesetzt, das, was sie gesehen, gehört oder gefühlt haben, aus dem Gedächtnis zu streichen. Wird das Kind z.B. Zeuge von massiver Gewalt gegen andere Personen oder wird selbst zum Opfer (sexueller) Gewalt, dann können Drohungen folgendermaßen lauten:

> *„Wenn andere das erfahren, kommst du ins Heim!“*
> *„Du bist Schuld daran, wenn dein Vater / deine Mutter ins Gefängnis kommt!“*
> *„Ich bringe mich dann um!“*

Eine weitere Strategie besteht darin, die Gültigkeit der kindlichen Wahrnehmungen zu leugnen und diese durch alternative Sichtweisen zu ersetzen:

> *„Das hast du nur geträumt!“*
> *„Du schaust zu viel fern!“*
> *„Das bildest du dir nur ein!“*.

Allerdings ist der Preis für eine derartige Absperrung, die zwar kurzfristig das Überleben sichert, langfristig sehr hoch und manifestiert sich häufig in verschiedenen psychischen Störungen.
Was Bowlby für Erfahrungen in der Kindheit – in der die Verletzbarkeit durch die Zurückweisung der Eltern besonders stark ist – ausführt, gilt grundsätzlich ebenso für das Erwachsenenalter: Hat die Person Handlungen ausgeführt, die die Aufrechter-

haltung eines positiven Selbstbildes radikal gefährden, können diese der bewussten Erinnerung vorenthalten werden. Sehr viel häufiger aber greifen Erwachsene zu anderen Strategien (wie z.B. dem starken Konsum von Drogen und Tabletten), um die bewusste Erinnerung aktiv zu unterdrücken.

6.4. Erklärungen für den Abruf von falschen Erinnerungen

Nachdem wir nun die vielfältigen Gründe angeführt haben, warum wir uns nicht mehr erinnern können, soll nun auf folgendes Phänomen eingegangen werden, dem – besonders bezogen auf Zeugenaussagen – eine hohe Bedeutung zukommt: Personen können Aussagen machen und sich sehr sicher sein, dass diese der Wahrheit entsprechen, und dennoch handelt es sich um eine Täuschung. Die Erinnerungen sind falsche Erinnerungen. Wie kann es dazu kommen?
Wir müssen uns nur nochmals den Prozess der Speicherung vergegenwärtigen. Dadurch, dass bereits vorhandenes Wissen an der elaborierten Kodierung beteiligt ist, schleicht es sich förmlich bereits in das neuronale Netz mit ein, das später durch Abrufreize aktiviert wird.
Sie kennen bestimmt auch alle das Gefühl, jemanden oder etwas zu kennen, obwohl sich hinterher herausstellt, das dem gar nicht so ist. Dieses irreführende Bekanntheitsgefühl wird durch die **hohe Vertrautheit des Hinweisreizes** ausgelöst; man hält fälschlicherweise jemanden oder etwas für bekannt, weil der Hinweisreiz so vertraut ist. Vielleicht hat man den Hinweisreiz – z.B. eine Person – bereits im Fernsehen oder in der Zeitung gesehen, kann sich aber nicht mehr daran erinnern.

Falsche Erinnerungen können uns aber auch **suggeriert** worden sein. Die Suggestionsgefahr ist bei Kindern – wie noch zu zeigen sein wird[17] – besonders hoch. Aber auch Erwachsene sind anfällig für Suggestion. Wird auf sie z.B. ein hoher sozialer Druck ausgeübt, können sie Erinnerungen produzieren, die nicht auf reale Geschehnisse zurückzuführen sind. Werden diese falschen Erinnerungen dann noch besonders häufig erzählt, nimmt die subjektive Gewissheit zu, dass es sich um wahre Erinnerungen handelt. Wir erzählen anderen unsere „Lügengeschichten" so häufig, dass wir selber hinterher daran glauben. Dieses Phänomen – die **Steigerung der subjektiven Gewissheit durch mehrfaches Erzählen** – ist von besonderer Bedeutung für die Gewissheit von Erinnerungen bei *Aussagen von Augenzeugen*: Weil sie ihre Aussagen in Befragungen durch Polizeibeamte und Staatsanwälte häufig wiederholen, werden sie ihrer Sache oft sehr sicher – selbst wenn ihre Behauptungen nicht stimmen.

17 s. 10.2.2.

Bei Kindern unter 4 Jahren und bei Erwachsenen ab 60 sind falsche Erinnerungen auf **Probleme mit dem Quellengedächtnis** zurückzuführen. Die einzelnen erinnerten Elemente sind zwar richtig, aber sie werden falsch miteinander verknüpft; d.h. die Informationen werden nicht mehr der richtigen Quelle zugeordnet. Bei Kindern ist dies auf die noch nicht abgeschlossene Reifung der Stirnhirnregion zurückzuführen, die erst in der Adoleszenz vollständig abgeschlossen ist; bei alten Menschen hingegen auf Schrumpfungsprozesse dieser Region. Sehr gut lässt sich diese „falsche" Erinnerung an dem Experiment erläutern, dass Leichtman und Ceci (1995) mit 3-4-jährigen Kindern im Kindergarten durchführten:

„Ein Fremder namens Sam Stone stattete einem Kindergarten einen zweiminütigen Besuch ab. Sam ging im Gruppenraum umher, begrüßte die Erzieherin, die ihn mit den Kindern bekannt machte, erklärte, die Erzählung, die den Kindern vorgelesen werde, gehöre zu seinen Lieblingsgeschichten, und ging. In nachfolgenden Interviews, die sich mit Sams Besuch beschäftigten, stellte man den Kindern irreführende Fragen zu seinem Verhalten. „Erinnerst du dich, wie Sam Stone euren Gruppenraum besucht hat und Kakao über den weißen Teddy verschüttete?" fragte ein Interviewer die Kinder. „Hat er das mit Absicht oder aus Versehen getan?" Außerdem stellte er die Frage, ob Sam verrückt oder wütend gewesen sei, als er ein Buch zerrissen habe. Natürlich hat Sam während seines Besuchs nichts verschüttet oder zerrissen. Aber als man zehn Wochen später prüfte, was die Kinder von diesem Vorfall im Gedächtnis behalten hatten, gaben mehr als 50 Prozent der drei und vier Jahre alten Kinder an, Sam habe Kakao über einen Teddy geschüttet oder ein Buch zerrissen. Ungefähr ein Drittel der Kinder behauptete, sie hätten gesehen, wie Sam diese Handlungen begangen habe" (Schacter, 1999, 209-210).

6.5. Hilfestellung zur Wiedergabe von Gedächtnisinhalten

Die Gedächtnisforschung hat sich schwerpunktmäßig mit dem explizit-deklarativen Gedächtnis beschäftigt. Eine – auch für die Polizei wichtige – Frage lautet, was getan werden muss, um die hier gespeicherten Inhalte wiedergeben zu können. Es bedarf der bewussten Anstrengung zur Wiedergabe von expliziten Gedächtnisinhalten, eines Suchprozesses, der allerdings durch geeignete Abrufhilfen erleichtert werden kann: Wird eine Person, die Opfer einer Straftat geworden ist, im Rahmen der polizeilichen Ermittlungsarbeit gebeten, einige hervorstechende Tätermerkmale zu beschreiben, handelt es sich um die **Methode der freien Reproduktion.** Diese Methode ist aber zugleich das schwächste Verfahren, um Erinnerungen heraufzubeschwören, da das Ergebnis von zahlreichen Verarbeitungsschritten abhängt. Die Person muss selbst die Hinweisreize aktivieren, um entsprechende Dateien aufzurufen.

6.5.1. Methode des Wiedererkennens

Wesentlich bessere Ergebnisse werden hingegen produziert, wenn die Methode des Wiedererkennens angewandt wird, z.B. indem dem Opfer Bilder aus dem Kriminalarchiv gezeigt werden oder eine Gegenüberstellung mit Personen erfolgt. Die Erfolgsquote ist höher, weil die Hinweisreize vorliegen und diese nur mit aufzurufenden gespeicherten Erfahrungen verglichen werden müssen. Die Frage, die beantwortet werden muss, lautet: „Habe ich diese Erfahrung gemacht?" und nicht: „Welche Erfahrungen habe ich gemacht?"

Sequentielle Video-Wiedererkennungsverfahren

In der polizeilichen Dienstvorschrift PDV 100 (2000, 24/25) heißt es unter der Überschrift 2.2.7 Vernehmung, Gegenüberstellung: „Als besondere Form der Zeugenvernehmung kommen die *Gegenüberstellung* mit Tatverdächtigen, Beschuldigten oder anderen Zeugen, das *sequentielle Video-Wiedererkennungsverfahren* sowie die *Lichtbildvorlage* in Betracht." (24)... „Eine Wahlgegenüberstellung oder das sequentielle Video-Wiedererkennungsverfahren ist einer Wahllichtbildvorlage vorzuziehen." (25)

Es lassen sich verschiedene Gegenüberstellungsarten unterscheiden, deren Vor- und Nachteile sich aus der experimentellen Überprüfung ableiten lassen. Bei der *offenen* (– beide Seiten wissen von dieser Gegenüberstellung –) *Wahlgegenüberstellung* werden dem Zeugen der Tatverdächtige und eine Reihe von Vergleichspersonen vorgeführt, die in der Regel durch einen Einwegspiegel (d.h. nur der Zeuge kann die Personen sehen, nicht aber gesehen werden) vom Zeugen getrennt sind. Die Durchführung dieser Wahlgegenüberstellung ist mit einem hohen Aufwand verbunden, denn es muss eine Anzahl von ähnlich aussehenden Vergleichspersonen – in der Regel Polizeibeamte – ausgesucht und einbestellt werden. Viele Störquellen können zu einer Beeinträchtigung der Wiedererkennensleistung führen: So kann z.B. der Zeuge einen hohen subjektiven Druck empfinden, eine der ihm gegenübergestellten Personen wiederzuerkennen, obwohl vielleicht nur eine relative Ähnlichkeit vorliegt.

Bei dem *sequentiellen Video-Wiedererkennungsverfahren* entfallen zunächst einmal viele organisatorische Hindernisse, die zudem einen für die Wiedererkennungswahrscheinlichkeit nicht unwichtigen Zeitgewinn bedeuten: Von dem Tatverdächtigen kann innerhalb kurzer Zeit eine Videoaufnahme gemacht und aus dem vorhandenen Bestand können die Vergleichspersonen ausgesucht werden. Dem Zeugen werden nacheinander die Personen auf Video gezeigt und er muss jede einzelne Person mit dem inneren Täterbild vergleichen. In dem Maße, wie subjektive Stressfaktoren (z.B. auch die Angst, dem Täter doch im Rahmen der Wahlgegenüberstellung zufällig zu begegnen) sinken, wird auch die Wiedererkennenswahrscheinlichkeit erhöht.

6.5.2. Das kognitive Interview

Da aber die polizeiliche Ermittlungsarbeit größtenteils auf die freie Reproduktion angewiesen ist, wurde von Geiselman und Mitarbeitern (1985) eine Methode entwickelt, die die Erinnerungsarbeit deutlich erleichtert und die Quantität und Qualität der Zeugenaussage erhöht: **Das kognitive Interview** (in Anlehnung an Brockmann, 1990, 42-47)

Beispiel: Ein Mann wird zufällig Zeuge einer heftigen Auseinandersetzung zweier Männer, die er zuvor schon länger auf dem Betriebsgelände einer Chemiefabrik beobachtet hatte. Kurz danach erfolgt eine Explosion. Die Polizei geht von einem Brandanschlag aus. Der Zeuge wird von der Kriminalpolizei im Anschluss an die Zeugenbelehrung in Form des kognitiven Interviews vernommen.
Das kognitive Interview hat vier Komponenten:

- *Zurückversetzung in den Wahrnehmungskontext*

Die zu vernehmende Person wird gebeten, sich in die konkrete Situation zurück zu versetzen: Umgebung, Räumlichkeiten, Wetter, Lichtverhältnisse etc. Des Weiteren soll sie versuchen, sich an die eigene Stimmung und Befindlichkeit zum gegebenen Zeitpunkt zu erinnern.
„Versuchen Sie, sich die Umgebung in das Gedächtnis zurückzurufen. Stellen Sie sich das Betriebsgelände vor, die Stelle, an der Sie standen. Überlegen Sie, wie dunkel es war, ob bewölkter oder sternenklarer Himmel war. Versetzen Sie sich in Ihre Stimmung: Waren Sie aufgeregt oder ruhig..."

- *Alle Einfälle berichten*

Die Person soll alles berichten, auch das, was zunächst unwichtig erscheinen mag. Auf diese Weise soll der Tendenz entgegen gearbeitet werden, dass die Person bereits eine Vorauswahl trifft.
„Einige Zeugen sagen nicht alles, weil sie nicht sicher sind, ob alle Informationen wichtig seien. Bitte lassen Sie nichts aus in Ihrem Bericht, auch wenn Sie denken, es sei nicht so wichtig!"

- *Mit dem beginnen, was besonders prägnant war*

Der Zwang zur chronologischen Reihenfolge wird bewusst aufgehoben und die Person ermutigt, erst das für sie Prägnante zu berichten, dann das Zuvor- bzw. Dahinterliegende. Dadurch soll vermieden werden, dass Erinnerungslücken mit plausiblen, aber nicht wahrheitsgemäßen Details ausgefüllt werden.
„Es ist normalerweise üblich, vom Anfang des Geschehens auszugehen und dann bis zum

Ende fortzufahren. Das muss nicht sein. Beginnen Sie zum Beispiel damit, was Ihnen am stärksten in Erinnerung geblieben ist und berichten Sie dann zeitlich Davor- und Zurückliegendes!"

- *Perspektivenwechsel*

Die zu vernehmende Person wird – wenn die entsprechenden altersmäßigen und intellektuellen Voraussetzungen bestehen – aufgefordert, über das Ereignis aus unterschiedlichen Perspektiven zu berichten und sich in die Sichtweise anderer am Geschehen Beteiligter hineinzuversetzen. Auf diese Weise soll der Informationsgewinn gesteigert werden.
„Versuchen Sie, das Geschehen aus verschiedenen Perspektiven abzurufen. Versetzen Sie sich auch in die Sichtweise der beiden verdächtigen Männer."

Im Anschluss an diese strukturierte Vorgehensweise können weitere spezifische Details durch den Polizeibeamten erfragt werden.

Wie wir bereits aus der Gedächtnisforschung wissen, können sich Personen an Gespeichertes häufig nur nicht erinnern, weil der entsprechende Hinweisreiz fehlt. Explizites Erinnern ist immer auf die Ähnlichkeit zwischen Kodierungs- und Abrufprozessen angewiesen (**Prinzip der spezifischen Kodierung/Prinzip der zustandsabhängigen Kodierung**). Daraus folgt für den Erwerb von Wissen, dass je vielfältiger die Kodierung, desto besser der Abruf! Soll hingegen Wissen abgerufen werden, bedarf es eines möglichst umfassenden Angebotes an Hinweisreizen.

6.5.2.1. Exkurs:
Psychologische Hilfe bei der Durchführung eines kognitiven Interviews mit einem vergewaltigten Mädchen

Besonders dann, wenn ein grausames Verbrechen verübt wurde und der Täter noch auf freiem Fuß ist, lastet auf der Polizei ein hoher Druck, den Täter möglichst schnell zu fassen, um weitere Taten zu verhindern. Hierzu bedarf es möglichst detaillierter Informationen des Opfers, das aber häufig durch die Erfahrungen derart belastet ist, dass es zunächst keinerlei Konfrontation mit den Tatdetails wünscht. In diesem Konflikt zwischen den Interessen der Ermittlung einerseits und der Rücksicht auf das Wohlergehen des Opfers andererseits kann es hilfreich sein, auf die Erfahrung eines Psychologen zurückzugreifen. Der Kriminalpsychologe Paul Britton (2000, 179-181) schildert seine Vorgehensweise bei dem zwölfjährigen Mädchen Theresa, das auf dem Heimweg von der Schule entführt und brutal vergewaltigt worden war:

„Ihre Eltern waren über das richtige Vorgehen uneins. Die Mutter sah, wie Theresa litt, und drang darauf, dass man sie in Ruhe ließ; der Vater sah in ihr große Kraft und wollte alles tun, damit der Täter gefasst wurde. Sie kamen schließlich überein voranzumachen, und ich beschloss, Theresa bei sich daheim zu befragen, um ihr zumindest ein Gefühl von Sicherheit zu geben.

Meine Methode kombinierte *kognitives Interviewen mit Tiefenentspannung*. Als Theresa mit geschlossenen Augen und den Händen im Schoß auf dem Sofa lag, erläuterte ich, dass ich sie zu dem Vorfall zurückführen würde; dass ich wüsste, wie weh es ihr tun würde, aber alles versuchen wolle, damit sie nicht noch mehr Schmerz erleiden müsse.

„Falls ich dich nach etwas frage, was dich aufregt oder ängstigt, dann heb bitte die Finger deiner linken Hand, ungefähr so" – ich zeigte es ihr –, „dann werde ich eine Pause machen und dir etwas Zeit lassen. Falls ich zu schnell vorgehe oder du dich verwirrt fühlst, dann solltest du die Finger der rechten Hand heben, und ich werde die Sachen langsamer mit dir durchgehen."

Wir übten eine Zeitlang Entspannen und Vergegenwärtigen, bis sie das Gefühl bekam, dass sie das Interview unter Kontrolle hatte. Es lief nicht so, dass ich sie aufgefordert hätte: „Also, nun sei ein braves Mädchen und sag mir, was der böse Mann dir getan hat." Vielmehr gingen wir die Sache gemeinsam an, indem wir den Schmerz ein wenig überwanden, die Hürden umschifften und Erinnerungen, die sie zu verdrängen gesucht hatte, Stück um Stück wieder zusammenfügten.

Wir traten diese Reise zusammen an. Den ersten Fischzug überließ ich ganz ihr allein, ohne sie auch nur einmal zu unterbrechen. Unerfahrene Interviewer sind versucht, sich zu früh mit Fragen und Bitten um weitere Details in den Erzählfluss hineinzudrängen. Weil Theresa frei und ungehindert das ganze Terrain der Geschichte umreißen konnte, stießen wir auf Informationen, die beim direkten Befragen ausgeklammert worden waren. Ich half lediglich sanft nach, wenn sie vor Stress erstarrte. „Es ist völlig in Ordnung, Angst zu haben. Da würden doch alle Angst haben. Ruh dich einen Moment aus, bevor du weiter erzählst."

Als später dann detailliertere Aspekte ans Licht geholt wurden, wurde ihr schreckliches Erleben vor meinen Augen noch einmal lebendig. Ihr waren die Augen verbunden worden, aber so ungeschickt, dass sie unter dem Tuch durchsehen konnte.

„Du hast gesagt, dass er dir weh getan hat, als der Wagen anhielt und er zum Kofferraum kam. Könntest du versuchen, zu erzählen, auf welche Art er dir weh getan hat?"

„Mit einer Hand hat er meinen Bauch festgehalten und gerieben und meinen Hintern gedrückt und... und dann...hat...er...". Sie brach ab, hatte alle vier Finger der linken Hand in die Höhe gestreckt. Ihr kleiner Körper wurde ganz steif. Ich konnte sehen, dass ihr Herz raste.

„Theresa, du bist jetzt zu Hause in Sicherheit. Mummy und Daddy sind in der Küche. Sie werden nicht zulassen, dass dir jemand weh tut. Mach die Augen zu und ruh dich einfach ein Weilchen aus. Wenn's dir besser geht, hebst du wieder deine Finger. Wir machen weiter, wann es dir recht ist. Aber heute werde ich dich nicht noch einmal bitten, dich zu erinnern, was der Mann dir

getan hat. Ich möchte nur, dass du unter der Augenbinde durchschaust und mir von seinen Händen erzählst. Waren das glatte oder zarte Hände? Waren sie kratzig oder grob? Oder etwas in der Mitte dazwischen?"
Sie beruhigte sich. Die Zeit verstrich. Ich war mir nicht sicher, ob sie alles verdrängt und sich von mir abgeschnitten hatte. Dann sagte sie plötzlich ganz ruhig: „Es waren weiche Hände mit rötlichbraunen Haaren auf dem Handrücken."
„Schau bitte ganz genau hin. Hatte er irgendwelche Ringe an den Fingern?" Ich hatte nur den Ton meiner Stimme, um sie zu beruhigen und konnte lediglich darauf achten, dass ich am anderen Ende des Zimmers war, um die Angst zu reduzieren, die die physische Nähe eines Mannes so bald nach ihrer traumatischen Erfahrung in ihr auslösen konnte. Nur wenn sie sich dort zwischen dem sensorischen Neu-Durchleben ihrer Qual und dem sicheren Schutz ihres Zuhauses zu halten vermochte, bestand eine Chance; andernfalls würde die Gelegenheit verloren gehen und das erneute Durchleiden ihres Ungemachs umsonst sein. Wieder eine lange Zeit des Wartens.
„Ja. So einen wie Daddy."
Langsam wurde das Geschehen in seiner Abfolge und seinen Details viel detaillierter. Am Ende konnte sie das Knirschen der Reifen auf dem Kiesweg hören. Durch einen Spalt im Kofferraum konnte sie eine Reihe von Straßenlampen sehen und sie in Relation zu Wartezeiten vor Ampeln und einer abgelegenen kleinen Straße in Hörweite des Autobahnverkehrs setzten. Sie war imstande, eine Beschreibung der Rücklichter am Wagen zu geben; damit reduzierte sich die Zahl der in Frage kommenden Automarken beträchtlich. Schließlich entwickelte sich ihre Beschreibung des Täters so weit, dass seine bevorzugte Hand, seine Augen, die untere Gesichtshälfte, sein Vokabular erfasst wurden und sein Akzent sich genauer lokalisieren ließ."

7. Emotionen

Gerade der polizeiliche Alltag konfrontiert die Beamtinnen und Beamten mit massiven negativen Gefühlen: Die Straftaten, die die Polizei zu verfolgen hat, ob Raub, Erpressung, Totschlag oder Mord, werden ausgelöst durch Gefühle wie Neid, Habgier, Wut, Eifersucht und Hass. Die durch diese Handlungen verursachten Folgen auf Seiten der Opfer sind Angst, Ohnmacht und Verzweiflung – um nur einige zu nennen. Wäre es angesichts dieser Situation nicht erstrebenswert, wir würden mit Hilfe der Psychologie auf eine Beseitigung der Gefühle hinarbeiten?
Nähern wir uns dem Thema der Emotionen zunächst einmal über die Auseinandersetzung mit unserem eigenen Erleben:

Versuchen Sie sich an eine Situation zu erinnern, in der Sie eine wichtige Prüfung ablegen mussten. Was haben Sie vor dieser Prüfung gefühlt?

Grundsätzlich lässt sich das erlebte Gefühl recht gut anhand von drei Dimensionen darstellen (Hülshoff, 1999, 15): Die erste Dimension, *die hedonistische Dimension*, beschreibt, wie angenehm oder unangenehm das Gefühl für Sie war; nehmen wir an, Sie waren nervös, hatten Herzrasen und zittrige Knie, dann wird Ihnen dies vermutlich als unangenehm in Erinnerung sein. Wie intensiv war Ihr Gefühl? War die Aufregung stark oder schwach ausgeprägt? Das Ausmaß der Erregung wird auf der *Dimension der Intensität* abgebildet. Von besonderer Bedeutung ist nun aber die dritte Dimension, die *Dimension der Anpassung*. Hiermit ist gemeint, inwieweit das erlebte Gefühl in der konkreten Situation angemessen bzw. hilfreich oder unangemessen bzw. wenig hilfreich war. Hat die Aufregung Sie mobilisiert, um in der Prüfung optimale Leistung zu erbringen oder Sie blockiert? Ausgehend vom eigenen Erleben lässt sich erkennen, *dass es nicht gute oder schlechte Gefühle* gibt, sondern nur angemessene oder unangemessene Gefühle. Und was als angemessen oder unangemessen beurteilt wird, hängt ganz entscheidend vom jeweiligen Kontext ab – und natürlich von der Betrachtungsperspektive: Die handelnde Person kann etwas in der konkreten Situation als angemessen erleben, die Umwelt hingegen aber kann zu einer gänzlich anderen Einschätzung kommen. (Im Zusammenhang mit der Beschäftigung mit dem Thema der Aggression und Gewalt hat diese Unterscheidung besondere Bedeutung, denn in der Regel erlebt die handelnde Person ihre aggressive Handlungsweise aus ihrer subjektiven Sicht als legitim und angemessen, jedoch deckt sich diese Sichtweise nicht mit dem herrschenden Gesetz.) Auf jeden Fall soll bereits durch die erste Analyse der erlebten Gefühle deutlich werden, dass der entscheidende Zugang zum Verständnis von Gefühlen die **Frage nach der Funktionalität von Gefühlen** ist: Wozu sind diese Gefühle in der konkreten Situation und in der Lebenswelt der Person gut?

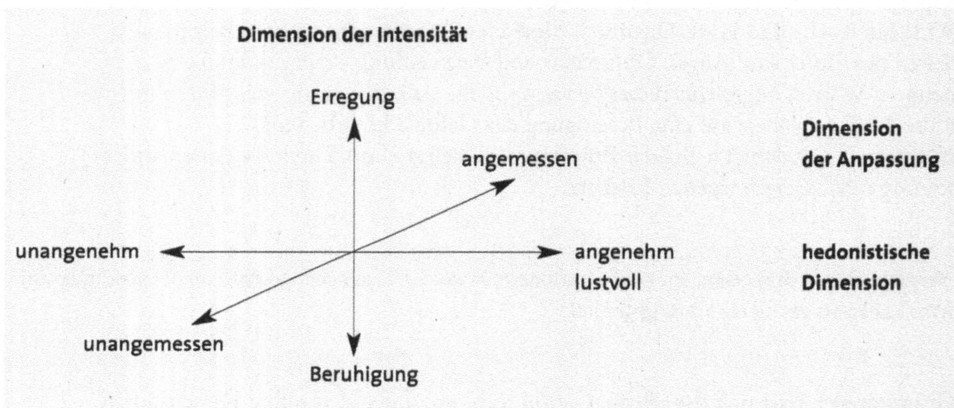

Abb. 17: Ein dreidimensionales Darstellungsschema erlebter Gefühle (Hülshoff, 1999, 15)

Wenden wir uns aber zunächst der Frage zu, wie Emotionen zu definieren sind und welche Funktion ihnen grundsätzlich – d.h. als allgemein menschliches Phänomen – zukommt.

7.1. Definition von Emotionen

Emotionen, Gefühle, Affekte, Stimmungen? Verschiedene Begriffe tauchen auf, die teilweise beliebig austauschbar sind, dann aber wieder mit spezifischer Bedeutung versehen werden. Kleinginna und Kleinginna (1981) versuchten, die Vielzahl der zum damaligen Zeitpunkt vorhandenen Definitionen zu sortieren und kamen zu folgendem Ergebnis:
„Emotion ist ein komplexes Interaktionsgefüge subjektiver und objektiver Faktoren, dass von neuronal/hormonalen Systemen vermittelt wird, die

a) *affektive Erfahrungen*, wie Gefühle der Erregung oder Lust/Unlust bewirken können,
b) *kognitive Prozesse*, wie emotional relevante Wahrnehmungseffekte, Bewertungen, Klassifikationsprozesse hervorrufen können,
c) ausgedehnte *physiologische Anpassungen* an die erregungsauslösenden Bedingungen in Gang setzen können,
d) zu *Verhalten* führen können, welches oft expressiv, zielgerichtet und adaptiv ist." (355, zit. in Euler/Mandl 1983, 7/8).

Einigkeit besteht folglich dahingehend, dass Emotionen vier zentrale Komponenten umfassen (den subjektiven Gefühlszustand, die kognitive Komponente, die physiologische Reaktion und die behavioral-expressive Kompente). Die entscheidende Frage, die sich die Wissenschaftler gestellt haben, lautet: In welcher Beziehung stehen diese Komponenten zueinander?

- Lösen äußere Reize quasi automatisch unsere Gefühle aus?
- Welche Rolle spielen Hormone bei dem Zustandekommen von Gefühlen? Unterliegen wir der Eigendynamik der Hormonproduktion?
- Können wir unsere Gefühle durch unsere Gedanken steuern?
- Führt die Ausübung bestimmter Verhaltensweisen zu Gefühlen?

Die Beantwortung dieser Fragen hat weitreichende Konsequenzen für den Umgang mit den eigenen Gefühlen (z.B. den Umgang mit Angst und Wut) und für die Einschätzung der Gefühle anderer Menschen (z.B. die Einschätzung der Glaubwürdigkeit im Rahmen einer Vernehmung), weshalb wir diesen Fragen intensiver nachgehen werden. Die Antwort wird aber keineswegs einfach „ja" oder „nein" lauten. Mit Luc Ciompi (1997, 67) kann an dieser Stelle bereits festgehalten werden, dass wir es mit einem aus vielen Elementen bestehenden Regelkreis zu tun haben, der prinzipiell von jedem seiner Glieder aus in Gang gesetzt werden kann.

7.2. Funktion von Emotionen

Aber zuvor soll noch der Frage nachgegangen werden, welche Funktion den Emotionen grundsätzlich zukommt: Bereits die Beschäftigung mit dem Thema der Wahrnehmung und des Gedächtnisses hat gezeigt, dass Emotionen immer beteiligt sind: Emotionen bestimmen, worauf wir unsere Aufmerksamkeit richten, wie wir uns selbst und andere wahrnehmen und welche Geschehnisse wir abspeichern oder erinnern. Es gibt keine „neutrale" Bedeutung von Geschehnissen, sondern mit unserer gefühlsmäßigen Bewertung erhält alles erst seine Bedeutung. Ohne Gefühle wären wir seelenlose Automaten; erst durch unsere Gefühle – worüber wir uns ärgern oder freuen, wen wir lieben oder hassen – erhalten wir Einzigartigkeit und Identität. Denken und Fühlen gehören zwingend zusammen. Luc Ciompi (1997, 94-99) hat die allgemeine Wirkung, die allen Affekten[18] zukommt, in folgenden Thesen zusammengefasst:

- *„Affekte sind die entscheidenden Energielieferanten oder „Motoren" und „Motivatoren" aller kognitiver Dynamik"* (1997, 95). Sie haben allerdings, wie am Beispiel der Trauer deutlich wird, auch bremsende Wirkung auf das Denken.
- *„Affekte bestimmen andauernd den Fokus der Aufmerksamkeit"* (1997, 95). Intensive Gefühle verengen oder vertiefen die Aufmerksamkeit; in einem Zustand der relativen Affektflachheit ist die Breite und Beweglichkeit der Aufmerksamkeit am größten. In Abhängigkeit von unserer emotionalen Stimmung wird unsere Umgebung entsprechend eingefärbt.
- *„Affekte wirken wie Schleusen oder Pforten, die den Zugang zu unterschiedlichen Gedächtnisspeichern öffnen oder schließen"* (1997, 97).
- *„Affekte schaffen Kontinuität; sie wirken auf kognitive Elemente wie ein „Leim" oder „Bindegewebe" (*1997, 98). Durch die Gefühle werden Denk- und Verhaltenssequenzen zu Programmen verknüpft.
- *„Affekte bestimmen die Hierarchie unserer Denkinhalte"* (1997, 98). So stellt z.B. das Gefühl der Verliebtheit eine ganz andere Prioritätenanordnung im Denken und Handeln her.

Letztendlich lassen sich die Thesen alle dahingehend zusammenfassen, dass Affekte Komplexität reduzieren. Ist hingegen der affektive Filter zu breit oder zu eng eingestellt, kann dies lebensbedrohliche Störungen des Denkens und Verhaltens zur Folge haben.

Ein weiterer Beleg für die hohe Funktionalität der Gefühle stammt von Wielant Machleidt (1998): Anhand von Hirnstrombildern (EEG) konnte er fünf Grundgefühle nach Qualität und Intensität unterscheiden. Er nannte diese fünf Grundgefühle Hunger-, Angst-, Aggressions-, Trauer- und Freudegefühle. Diese fünf Grundgefühle und die sich daraus ergebenden Mischgefühle treten in einer bestimmten Reihenfolge auf und bilden ein Erlebnisganzes, sogenannte *Gefühlskaskaden.* Die Gefühle entfalten eine ansteigende und eine abfallende Dynamik, sie bereiten auf die Handlung vor, begleiten diese und werten sie aus. Idealtypisch sieht der durch die Gefühle strukturierte Erlebnisfluss folgendermaßen aus: Die Hungergefühle stehen am Beginn des Handlungsablaufs. Vor der Annäherung an die Handlungsschwelle tauchen Angstge-

18 Affekt definiert Ciompi (1997, 67) als „eine von inneren oder äußeren Reizen ausgelöste, ganzheitliche psycho-physische Gestimmtheit von unterschiedlicher Qualität, Dauer und Bewusstseinsnähe".

fühle auf, die dann durch die aggressiven Handlungs- oder Tataffekte abgelöst werden. Jenseits der Handlungsschwelle liegen die Trauer- und Ablösungsgefühle, kurz vor den Freudegefühlen. Diese Dramaturgie des Crescendo und Decrescendo bildet das Grundmuster aller psychischen Abläufe. Auch der Erinnerungsprozess als affektiv-kognitiver Vorgang vollzieht sich im Sinne dieses Phasenmodells. Wir erschließen uns die Außenwelt, wenn wir durch einen „intentionalen Hunger“ dazu angetrieben werden. Und je intensiver die hedonistischen Affekte im Prozess der Wahrnehmung ausgeprägt sind, desto besser sind die wahrgenommenen Objekte in der Erinnerung verfügbar.

5 Grundgefühle, die sich im Hirnstrombild voneinander nach Qualität und Intensität unterscheiden lassen (Machleidt, 1996/ s. auch Ciompi, 1997, 99-103)

1. **Hungergefühle :** Gefühle der erwartungsvollen Leere, die auf Erfüllung abzielen (Neugier, Wunsch, Verlangen, Begehren, Drang, Trieb, Motiv, Sehnsucht / Interesse, Intention, Wille, Bedürfnis, Erwartung, Absicht, Bestreben)

2. **Angstgefühle:** Gefühle der Beengung und Bedrohung bei Annäherung an die Ereignisse, auf die sie gerichtet sind (Aufgeregtheit, Besorgnis, Ungewissheit, Unsicherheit, Scheu, Scham, Vorsicht, Furcht, Schreck, Entsetzen, Phobie, Panik)

3. **Aggressionsgefühle:** Gefühle, die auf eine Entscheidung abzielen oder etwas in die Tat umsetzen (Ärger, Kränkung, Verletzung, Schmerz)

4. **Trauergefühle:** Verlustgefühle, die sich auf ein verlorenes Dagewesenes richten (Abschied, Verlassensein, Enttäuschung, Niedergeschlagensein, Bedrückung, Mut- und Trostlosigkeit, Schuld)

5. **Freudegefühl:** positive Gefühle beim Erreichen eines angestrebten Zieles (Befriedigung, Vollendung, Erfüllung, Glück, Euphorie, Lust, Genuss, Hochgefühl, Erfolg, Freude)

Diese 5 Grundgefühle und ihre Mischgefühle gehören zur psychobiologischen Ausstattung des Menschen. Zusammen bilden sie ein Erlebnisganzes. Idealtypisch besteht die Abfolge aus: Hunger, Angst, Aggression/Schmerz, Trauer, Freude in allen nur denkbaren Varianten.

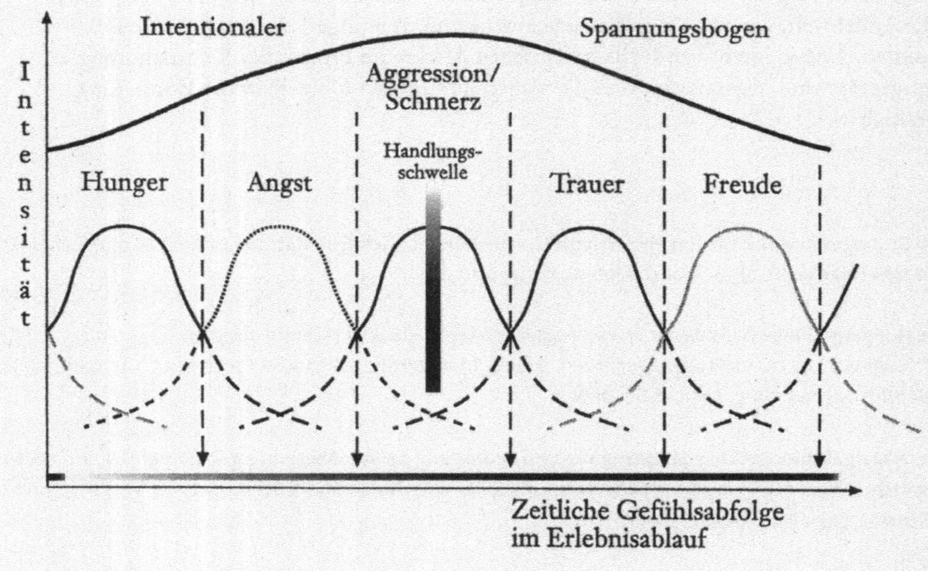

Abb. 18: (In: Machleidt, 1998, 492)

Sowohl Ciompi als auch Machleidt betonen die hohe Funktionalität der Gefühle für den einzelnen Menschen. Bereits lange Zeit zuvor hat sich ein Forscher intensiv mit der Frage nach der Funktionalität der Gefühle beschäftigt: **Charles Darwin** (1872) war davon beeindruckt, dass die Formen des körperlichen Ausdrucks (besonders der Mimik), die bei den Emotionen auftreten, bei Menschen in der ganzen Welt ähnlich sind. Erst diese Ähnlichkeit ermöglicht die Kommunikation zwischen Individuen: Mittels des emotionalen Ausdrucks wird dem Gegenüber gezeigt, in welchem emotionalen Zustand man sich befindet und das Miteinander dadurch reguliert.
Verschiedene Forscher haben an Darwins Überlegungen angeknüpft und untersucht, ob es elementare, angeborene Emotionen gibt. Diese Frage kann heute bejaht werden. Es wurde eine Anzahl von Grundgefühlen (primäre Emotionen) gefunden, die zwei-

fellos angeboren und in allen Kulturen identisch sind. Plutchik (1980) spricht z.B. von acht Grundemotionen (Freude und Traurigkeit, Furcht und Wut, Überraschung und Erwartung sowie Akzeptanz und Ekel) und ordnet diesen jeweils eine wichtige Überlebensfunktion zu. Furcht mobilisiert z.B. zur Flucht, Ekel lässt uns schädliche Nahrung vermeiden und Wut hat die Überwindung von Hindernissen zur Folge. Interessant ist auch die theoretische Annahme von Plutchik, dass es neben den elementaren Emotionen auch nichtelementare Emotionen gibt, die auf einer Mischung der primären oder elementaren Emotionen beruhen. Derweil die biologisch elementaren Emotionen auch von niederen Tieren geteilt werden, sind die nichtelementaren nur für den Menschen typisch. Denn die Vermischung elementarer Emotionen zu Emotionen höherer Ordnung wird als Ergebnis gedanklicher Prozesse gesehen.

Exkurs: Plutchicks 8 elementare Emotionen und seine Theorie der Emotionsmischung:
(In: Plutchik, 1980, Abb.11.4. und Tab. 11.3)

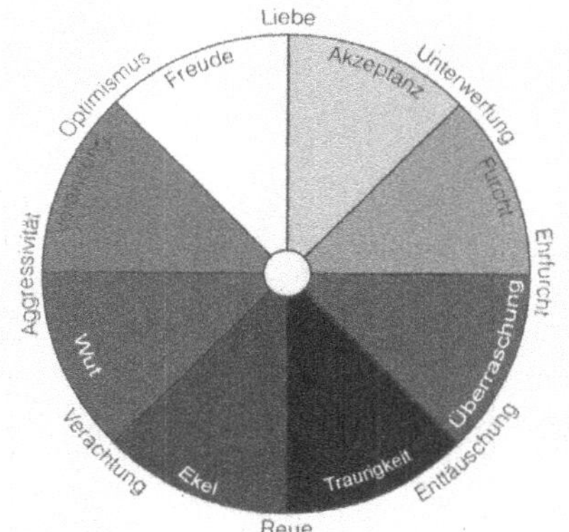

Wie bei einem Farbenkreis lassen sich diese elementaren Gefühle mischen und ergeben dann neue Gefühle. Diese Mischung von zwei elementaren Emotionen bezeichnet Plutchik als Dyade. Mischen sich z.B. zwei nebeneinander liegende Emotionen, wie z.B. Freude und Akzeptanz, dann entsteht *Liebe*. Er geht davon aus, dass mit zunehmendem Abstand der Grundemotionen voneinander die Wahrscheinlichkeit ihrer Mischung abnimmt. Wenn sich dann zwei entfernte Emotionen mischen, ist ein Konflikt zu erwarten.

Abb. 19

Auch Ekman und sein Team (1994) konnten nachweisen, dass es große Überlappungen in der Ausdruckssprache des Gesichts aller Menschen gibt. Sie legten Angehörigen einer Kultur in Neuguinea, die mit der westlichen Kultur bis zu diesem

Zeitpunkt noch keinen Kontakt hatten, Bilder vor, die verschiedene emotionale Gesichtsausdrücke von Weißen zeigten. Die Menschen aus Neuguinea konnten die Gefühle eindeutig bestimmen, indem sie Situationen erzählten, in denen sie diese Emotionen erlebt hatten.

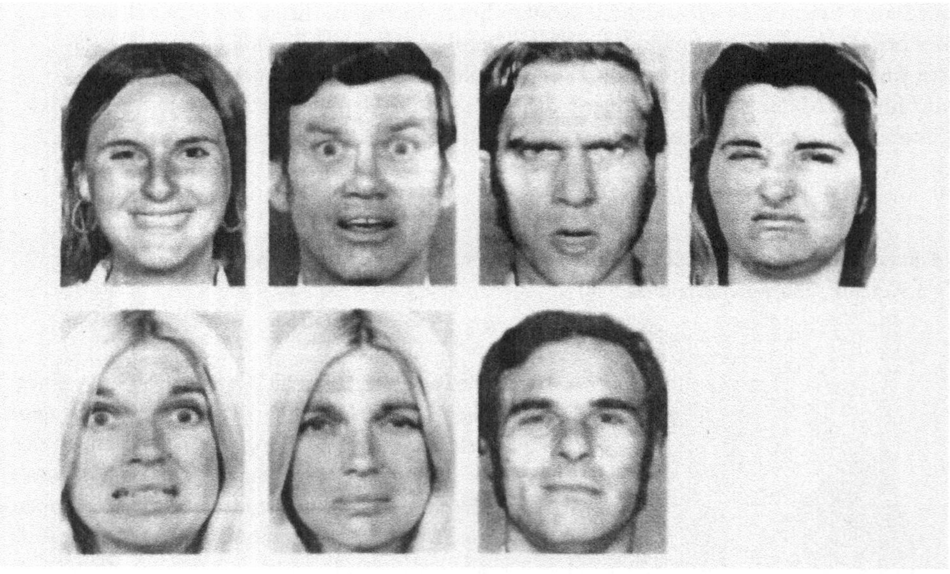

Abb. 20: Emotionaler Gesichtsausdruck: (obere Reihe) Fröhlichkeit, Überraschung, Wut, Ekel, (untere Reihe) Furcht, Traurigkeit und Verachtung (Zimbardo/Gerrig, 1999, 362)

Halten wir also fest: Die emotionale Ausdrucksweise dieser primären Emotionen (in Mimik, Gestik, Lautstärke etc.) erfüllt eine wichtige soziale Funktion: Es handelt sich um eine universelle Sprache, die zumindest eine elementare Verständigung ermöglicht: Unser Lächeln zeigt, dass wir freundlich gestimmt sind etc., unser Stirnrunzeln drückt Nichtübereinstimmung aus. So besteht z.B. im Umgang der Polizei mit Menschen, die die verbale Sprache nicht verstehen, zumindest eine grundlegende Kommunikationsmöglichkeit.

7.2.1. Die Regeln der Darstellung von Gefühlen

Die verschiedenen Emotionen sind allen Menschen gemeinsam. Sie werden von eigenen neuronalen Systemen vermittelt, die sich im Laufe der Evolutionsgeschichte aus je eigenen Gründen entwickelt haben. Einer der wichtigsten Emotionsforscher, LeDoux, vertritt die These, „dass es nicht ein einzelnes Emotionssystem gibt, sondern eine Fülle von Emotionssystemen, die jeweils für einen eigenen Zweck entwickelt wurden und je eigene Emotionen erzeugen." (LeDoux, 2001, 24) Diese Universalität der Emotionen darf aber nicht darüber hinwegtäuschen, dass die Art und Weise, wie Gefühle dargestellt werden, besonders im Aufeinandertreffen von Menschen, die verschiedenen Kulturen angehören, sich deutlich voneinander unterscheidet und zu zahlreichen Missverständnissen führen kann.

Ausgehend von Erfahrungen bei polizeilichen Einsätzen mit *Personen orientalischer Herkunft* schildert Thiessen (1996), dass die Emotionen dieser durch den Islam stark geprägten Menschen in einer für westlich Sozialisierte befremdlichen Stärke auftreten und auch einen anderen Verlauf nehmen. Ist es uns eher vertraut, dass Emotionen sich langsam, aber stetig aufschaukeln, führt bei Personen des orientalischen Kulturkreises ein auslösender Reiz häufig blitzartig zu einer extremen Erregung, die durch deutlich expressives Verhalten in Erscheinung tritt. Dieser Zustand der extremen Emotionalisierung kann allerdings ebenso schnell wieder abklingen. Nur kurze Zeit später wird durch einen – für Außenstehende durchaus als belanglos erscheinenden – Reiz eine erneute Explosion ausgelöst. Für die Bewältigung polizeilicher Lagen – sei es im Umgang mit einzelnen oder mit Gruppen – ist es von immens hoher Bedeutung, um diese Eigenarten der emotionalen Reaktion zu wissen. Haselow (1997, 136) folgert aus diesen Erkenntnissen, dass z.B. bei kurdischen Teilnehmern einer Veranstaltung „durchaus die Chance gegeben sein (kann), sofort nach dem Abklingen der ersten Emotionswelle ...Wege zur Kooperation (Verhandlungen o.a.) einzuleiten."

Die intensivere Beschäftigung mit dem jeweiligen kulturellen Hintergrund macht allerdings sehr schnell deutlich, dass diese Reize, die zu der blitzartigen Erregung führen, keineswegs beliebig sind. Auslöser für starke emotionale Reaktionen stellt häufig die Bedrohung oder der Verlust der „Ehre" dar. Kaya (2001, 37-40) erläutert in dem Artikel „Die Ehre der Türken"[19], diesen Begriff: Ehre meint das korrekte Verhalten, das den Regeln der Gemeinschaft entspricht. Diese Ehre ist nicht käuflich, kann aber verloren gehen und verteidigt werden. In einer Kultur, in der sich der einzelne in

19 Diese Ausführungen treffen nicht auf alle Personen türkischer Abstammung zu, die in Deutschland leben, sondern nur insofern, als sie diesen Kulturstandard, d.h. diese Art des Denkens, Wertens und Handelns für sich als normal, selbstverständlich und verbindlich anerkennen.

hohem Maße den Interessen der Gruppe verpflichtet fühlt, handelt es sich auch bei der „Ehre" nicht nur um eine rein persönliche Angelegenheit. Die Ehre des türkischen Mannes ist z.B. stark mit dem Verhalten seiner Familienmitglieder verbunden. Als Familienoberhaupt trägt er die Hauptverantwortung für die Vermittlung und Einhaltung der Werte. Ein Mann ist folglich nur so lange ehrenhaft, wie es die Mitglieder seiner Familie sind. Der Verlust der Ehre ist von existenzieller Bedeutung, denn ein ehrloser Mensch wird nicht mehr von der Gemeinschaft geschützt. Von daher ist es nur zu verständlich, dass es von besonderer Wichtigkeit ist, Ehrverletzungen vorzubeugen bzw. alles zu tun, um die verlorene Ehre wiederherzustellen. Gewalt wird in diesem Zusammenhang in vielen Kreisen der türkischen Gesellschaft als legitimes Mittel angesehen.

Anhand der Ausführungen über das emotionale Verhalten von Personen aus dem orientalischen Kulturkreis lässt sich verdeutlichen, dass Emotionen immer auch auf bestimmte Wertvorstellungen bezogen sind, die von Kultur zu Kultur unterschiedliche Geltung beanspruchen und somit auch mit unterschiedlicher Intensität zur Wirkung kommen. Die Kulturabhängigkeit des emotionalen Ausdrucks bzw. der kulturellen Darstellung bedeutet:

- Wir lernen im Laufe unserer Sozialisation, *bei welchen Anlässen* wir welche Gefühle empfinden sollen, d.h. die meisten Auslöser für Emotionen sind gelernt.
- Wir lernen, *wie (stark) wir die Gefühle in der jeweiligen Situation ausdrücken dürfen*; so können wir z.B. lernen, dass es angebracht ist, Emotionen herunterzuspielen bzw. uns sogar möglichst emotionslos zu geben, oder ob es erwünscht ist, Emotionen noch zu intensivieren.

Nach Ekman (1981) sind es diese **„Regeln der Darstellung"**, die angeben, *wer gegenüber wem, wann und mit welcher Intensität eine Emotion zeigen darf.* Erklärt das Konzept der elementaren Emotionen die Einheitlichkeit des Ausdrucks über die kulturellen Grenzen hinweg, so sind die Regeln der Darbietung für die Unterschiede verantwortlich. Oder mit den Worten von Ulich (1985, 157):
„Wenn jemand wirklich zornig ist, dann zeigt er genau die Mimik, die alle anderen Menschen auch zeigen, wenn sie zornig sind. Warum aber und mit welchen Folgen jemand zornig ist und ob er dies auch wirklich zeigt, das hängt von anderen, nicht universellen Bedingungen ab."
Folgendes Experiment (Ekman, 1980) zeigt den dargelegten Zusammenhang recht anschaulich:
Japanern und Amerikanern wurde in ihrem Heimatland ein emotional aufwühlender Film vorgeführt. Die Versuchspersonen sahen jeweils zur Hälfte den Film allein bzw.

in Gegenwart eines Experimentators, der durch einen weißen Kittel Autorität ausstrahlte. Während dieser Filmvorführung wurde der Gesichtsausdruck der Versuchspersonen, ohne sie darüber zu informieren, aufgezeichnet und anschließend von uninformierten Beobachtern ausgewertet. Das Ergebnis war sehr interessant: Die Japaner und die Amerikaner, die sich den Film ganz allein anschauten, zeigten eine unglaublich hohe Übereinstimmung im Gesichtsausdruck. Hingegen war der Unterschied im Gesichtsausdruck bei der Anwesenheit des Experimentators erheblich: Die Japaner schauten höflicher, lächelten häufiger und zeigten weniger wechselnde Gefühle.

Das dargestellte Ergebnis bedeutet aber nicht notwendigerweise, dass diese Regeln der Darstellung den Personen in der Situation bewusst sein müssen. Die Regeln sind häufig ein selbstverständlicher Verhaltensbestandteil, werden durch bestimmte Reize ausgelöst und quasi automatisch, ohne Beteiligung des Bewusstseins, wirksam.[20]

Wie Gefühle gelernt werden, wird noch ausführlicher am Beispiel des Angsterwerbs aus lerntheoretischer Perspektive (Kapitel 8) verdeutlicht. Im Kapitel 11 wird die Entwicklung der Emotionen unter psychoanalytischer Perspektive erläutert.

7.3. Die Anatomie eines emotionalen Überfalls (Goleman)

„Der am Montagabend bei einem Raubüberfall in Berlin-Lichtenberg von Polizeikugeln getötete Mike L. war auf der Flucht mit erhobener Waffe auf einen SEK-Beamten zugelaufen. In dieser Bedrohungssituation vor dem Supermarkt am Anton-Saefkow-Platz habe ein anderer Polizist des Spezialeinsatzkommandos drei Schüsse auf den 23-jährigen Räuber abgegeben, sagte gestern Oberstaatsanwalt W.W.. Zwei davon hätten Mike L. tödlich getroffen. ...Die Polizei ging bei dem Einsatz davon aus, dass die Räuber scharfe Waffen besitzen. Tatsächlich trug Mike L. eine „täuschend ähnliche Gaspistole" (Der Tagesspiegel, 1.02.01, S. 9),

Was ist in dieser Situation in dem Polizeibeamten abgelaufen? Das Berliner Spezialeinsatzkommando ist für besonders kritische Situationen trainiert und hat in den dreißig Jahren seines Bestehens erst drei Mal geschossen. Wir können es nicht mit Gewissheit sagen, aber es ist zu vermuten, dass es sich um eine derart massiv bedrohliche Situa-

20 Der Psychologe John Kihlstrom (1987) prägte den Begriff des „kognitiven Unbewussten". Er besagt, dass viel von dem, was unserer Gehirn tut, sich unserem Bewusstsein entzieht. Wir verfügen z.B. über Mechanismen, um die Form, Farbe und Lage von Gegenständen zu berechnen. Zu dem Ergebnis dieser Berechnung haben wir bewussten Zugang, nicht aber zu der Berechnung selbst.

tion handelte, dass die sonst erfolgende kritische Prüfung durch den Neokortex (Sitz des rationalen Denkens) durch das impulsive Gefühl verdrängt wurde.
Lange Zeit gingen die Wissenschaftler davon aus, dass unsere Sinnesorgane die Signale zuerst zum Thalamus schicken und diese von dort zu den sensorischen Verarbeitungszentren des Neokortex weitergeleitet werden. Die auf ihre Bedeutung hin untersuchten Signale werden dann an das limbische System weitergeleitet und von dort werden die entsprechenden Reaktionen an Gehirn und Körper geschickt. Es war der Neurowissenschaftler LeDoux (1986/1992), der durch seine Forschungsergebnisse die gängige Auffassung durch eine wichtige Entdeckung ergänzte: Vom Thalamus aus verläuft ein kleineres Bündel von Neuronen direkt zum Mandelkern (Amygdala) und ermöglicht es so, dass eine Reaktion eingeleitet wird, noch **bevor** sie vom Neokortex registriert wird!

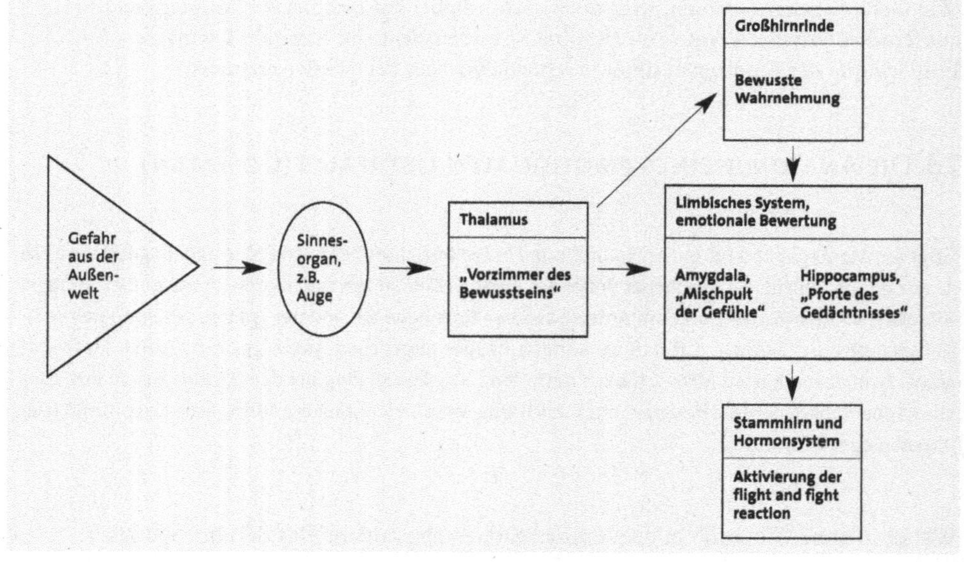

Abb. 21: Verarbeitung eines Warnsignals durch das Limbische System (Hülshoff, 1999, 38)

Die Mandelkerne (Amygdala) sind die Spezialisten für emotionale Angelegenheiten. Schon beim Kleinkind sind die Mandelkerne fast ausgereift und speichern wichtige emotionale Erfahrungen, die in der Interaktion mit den wichtigen Bezugspersonen gewonnen wurden, noch bevor diese in Worte gefasst werden können. Goleman (1998, 34) vergleicht die Mandelkerne mit einem

„psychologischen Wachtposten, der jede Sekunde der Erfahrung, jede Situation, jede Wahrnehmung kritisch prüft, der aber nur eine Frage im Sinn hat, die allerprimitivste: „Ist das etwas, das ich nicht ausstehen kann, das mich kränkt, das ich fürchte?". Falls ja, reagiert der Mandelkern augenblicklich, wie ein neuronaler Stolperdraht und schickt eine Krisenbotschaft an alle Teile des Gehirns.".

Auf diese Weise ist eine extrem schnelle, wenn auch ungenaue Reaktion möglich, noch bevor die kortikalen Zentren eine auf die Situation genau zugeschnittene Reaktion eingeleitet haben. Die neue Erkenntnis über die thalamo-amygdaloide Verbindung macht deutlich, dass emotionale Reaktionen und emotionale Erinnerungen ohne bewusste, kognitive Beteiligung entstehen können.

(Diese Erkenntnis gibt auch dem §213 des StGB eine Berechtigung, der besagt, dass Tötungsdelikte, die im Affekt begangen wurden, wesentlich milder – nämlich als Totschlag und nicht als Mord – bestraft werden. Allerdings kann dies auch von den Tätern zur „Entschuldigung" einer durchaus mit voller Absicht durchgeführten Handlung missbraucht werden).

Halten wir Folgendes fest: Ein Reiz aus der Umwelt wird auf zweifache Weise verarbeitet – zum einen über den schnellen Weg (Thalamus – Amygdala), zum anderen über den langsameren Weg (Thalamus – Großhirn – Amygdala). Der erste kurze Weg ermöglicht ein blitzschnelles Reagieren, das lebensrettend sein kann. Allerdings ist diese Reaktion relativ stereotyp und birgt die Gefahr in sich, dass eine Verhaltensweise gezeigt wird, die sich im Nachhinein als falsch erweist – wie das oben angeführte Beispiel verdeutlicht. Erstrebenswert ist folglich gerade für die Polizei, die häufig mit extremen Situationen konfrontiert wird, dass die zweite emotionale Reaktionsform dominiert und sehr schnell die Strukturen des Großhirns die Oberhand gewinnen. Dies ermöglicht eine Analyse der Situation und eine Beeinflussung der Strukturen des limbischen Systems. Indem problematische Situationen besprochen und geprobt werden, gelingt es auch in derartigen „Ausnahmesituationen", eine weitgehend kontrollierte und somit professionelle Reaktion zu zeigen.

7.4. Die Weiterleitung der Informationen im Körperinneren: das vegetative Nervensystem und das endokrine System

Ob nun über die schnelle thalamo-amygdaläre Verbindung oder über die langsamere kortikale Verbindung zur Amygdala: in der Folge werden über zwei Kommunikationssysteme die Informationen im Körperinneren mit dem Ziel weitergeleitet, den Körper kontinuierlich an die wechselnden Belastungen anzupassen – zum einen über das Nervensystem, vor allem das vegetative oder autonome Nervensystem, und zum anderen über das eng mit diesem verknüpfte endokrine System.

Das autonome oder vegetative Nervensystem sorgt für die wichtigsten lebenserhaltenden Vorgänge in unserem Organismus, ohne dass wir uns darum kümmern müssen. Diese Arbeit übernehmen zwei Teilsysteme, die eng zusammenarbeiten: Das **sympathische System** macht uns fit für Leistung: Es beschleunigt den Herzschlag, den Blutdruck, erweitert die Arterien und steigert so die Leistungsfähigkeit der Muskeln. Um ein physiologisches Gleichgewicht aufrechtzuerhalten, wirkt dem Sympathikus immer das **parasympathische System** entgegen. Der Parasympathikus drosselt die Herz-/Kreislaufleistung, verengt die Arterien wieder, senkt den Blutdruck und fördert alle für die Ernährung wichtigen Funktionen. Sympathikus und Parasympathikus müssen immer wieder zu einem gut ausgewogenen Gleichgewicht zurückkommen, wenn es nicht zu Störungen der Organfunktionen kommen soll.

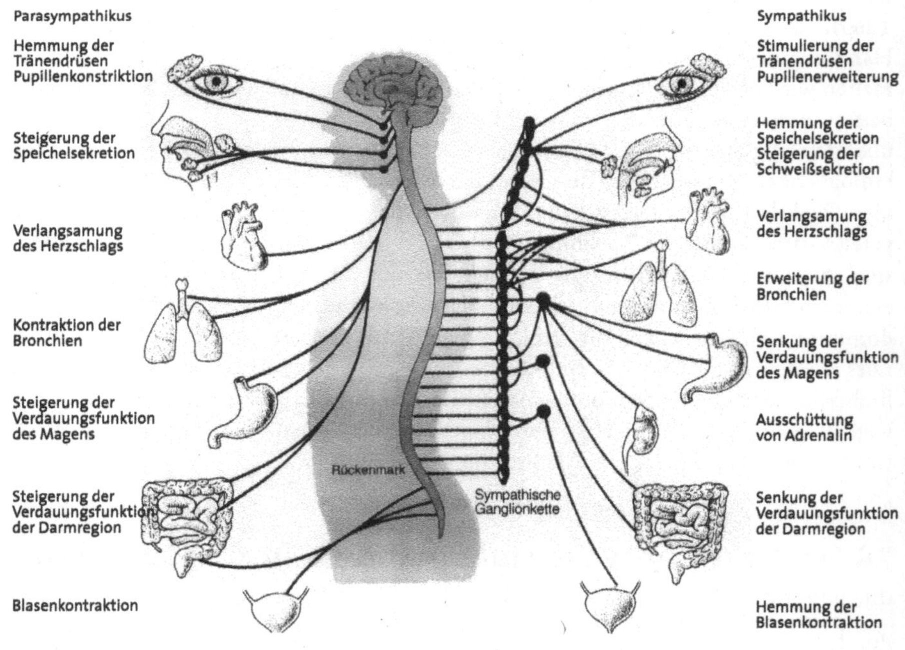

Abb. 22: Das autonome oder vegetative Nervensystem (Zimbardo / Gerrig, 1999, 68)

Wird nun aber durch einen (äußeren oder inneren) Reiz Gefahr signalisiert, führt dies über den **Hypothalamus** zu einer Aktivierung des Sympathikus. Da das Nervensystem seine Botschaften in elektrischen Impulsen verschlüsselt über die Nervenfasern zu den einzelnen Organen schickt, vollzieht sich diese Übertragung im Millisekundenbereich. Der Sympathikus schießt seine Impulse vor allem in das Mark der Nebenniere, die dann die Katecholamine Adrenalin und Noradrenalin in den Blutstrom ausschütten.

Der Hypothalamus stellt aber nicht nur das oberste Steuersystem für das autonome Nervensystem dar, sondern auch für das **endokrine System**. Das endokrine System sendet seine Informationen über chemische Stoffe, nämlich über Hormone, in den Blutkreislauf zu den Zellen ihrer Erfolgsorgane. Im Vergleich zum autonomen Nervensystem benötigt diese Art der Informationsübertragung etwas länger, d.h. sie liegt im Minuten- bis Stundenbereich. Der Hypothalamus nun schüttet Hormone in die **Hypophyse** aus. In Abhängigkeit von den ausgesandten Hormonen werden unterschiedliche weitere endokrine Drüsen zur Ausschüttung von Hormonen angeregt (s. Zimbardo, 1999, 77). Bei Gefahrensignalen handelt es sich hierbei vor allem um das Hormon ACTH, das in die Blutbahn ausgeschüttet wird und nun etwas später ebenfalls in der Nebenniere landet und zur Ausschüttung von corticoiden Hormonen führt. Sowohl über das vegetative Nervensystem als auch über das endokrine System ist nun der Körper in einen Alarmzustand versetzt worden (vgl. hierzu auch Vester, 1978, 46). Dieser veränderte Zustand des Organismus wird nun wiederum an das Gehirn zurück gemeldet: Vor allem die **Formatio reticularis**, ein Teil des Stammhirns, feuert regelrecht die Großhirnrinde an, die in höchste Bereitschaft versetzt wird. Jetzt können alle Umweltreize besonders scharf wahrgenommen und eine sorgfältige Reaktion kann vorbereitet werden.

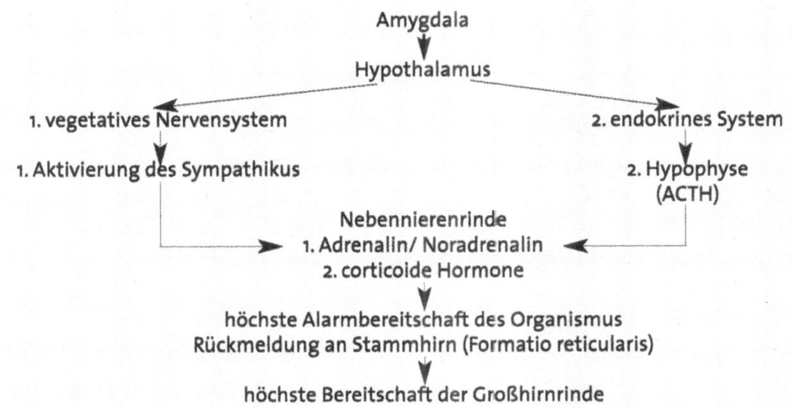

Abb. 23: Weiterleitung der Information im Körperinneren

Mehrere Untersuchungen haben gezeigt, dass diese Rückmeldung der körperlichen Veränderung für das Erleben einer vollwertigen Emotion wichtig ist. So wurde aufgrund von Tests mit Patienten mit Rückenmarkslähmungen, die kaum noch eine autonome Rückmeldung von der Körperperipherie registrieren konnten, festgestellt, dass sie zwar zu Emotionen fähig waren, diese aber mehr „geistig" erlebten. Folgende Äußerung eines Patienten verdeutlicht dies:
„Ich sage Ihnen, ich habe richtig Angst, so als ob ich vor einem wirklich harten Examen stehen würde, aber ich fühle die Angst nicht, keine Spannung und kein Zittern, auch nicht dieses verdammte Gefühl im Magen, wie früher immer." (Legewie, 2000, 192).

7.5. Wie die Gedanken die Gefühle steuern

Welch hohe Bedeutung die kognitive Bewertung für das Zustandekommen einer Emotion hat, soll anhand des klassischen Experiments von Schachter und Singer (1962) verdeutlicht werden:
Den Versuchspersonen wurde mitgeteilt, dass die Wirkung eines Vitaminpräparats getestet werden solle. In Wirklichkeit aber wurde ihnen entweder Adrenalin oder eine unwirksame Kochsalzlösung (Placebo) injiziert. Dem einen Teil der Versuchspersonen wurde vor der Injektion die erregende Nebenwirkung des Präparates erklärt, der andere Teil der Gruppe wurde über die Nebenwirkungen nicht informiert. Anschließend verbrachten die Versuchspersonen ca. 20 Minuten mit einer anderen Person, einer eingeweihten Hilfsperson des Versuchsleiters, die entweder durch ihr Verhalten die Versuchspersonen durch lustige Spiele zu euphorischem oder durch verärgerte Reaktionen über einen Fragebogen mit provozierenden Fragen zu ärgerlichem Verhalten animierte.

Die Versuchspersonen wurden während des Experiments durch einen Einwegspiegel beobachtet und anschließend über ihre Gefühle während des Experiments befragt. Es zeigte sich, dass die Versuchspersonen, denen Adrenalin injiziert wurde, die aber nicht über die Nebenwirkungen informiert waren, starke Wut und Erregung zeigten. Sowohl die informierten Versuchspersonen als auch diejenigen, die ein Placebo erhielten, reagierten ohne emotionale Beteiligung.

Nehmen wir eine physiologische Erregung wahr, hängt es entscheidend von der Bewertung der sozialen Situation ab, welche Gefühle wir empfinden. Es handelt sich hierbei um einen Attributionsvorgang, wie er bereits in den Ausführungen über „Wahrnehmung" besprochen wurde.

Experiment von Schachter/ Singer (1962)

1. Versuchspersonen Injektion von Adrenalin (erregend!)		2. Kontrollgruppe Injektion einer Placebo-Flüssigkeit
genaue Information (d.h. Erklärung für ihre Erregung)	falsche Information (d.h. keine Erklärung für die Erregung)	Information über Injektion eines Vitaminpräparats
einige Zeit zusammen mit Helfer des Experimentators verbringen, der entweder Euphorie (E) oder Wut (W) zeigt		
Reaktion der Versuchspersonen:		
— —	Euphorie / Wut	— — — —

Abb. 24: Experiment von Schachter / Singer (1962)

7.6. Das kognitiv-emotionale Prozessmodell von Lazarus

Besonders einflussreich ist in diesem Zusammenhang die Forschergruppe um Richard S. Lazarus (1967/1991). In seinem kognitiv-emotionalen Prozessmodell der Angst- oder Stressentstehung unterscheidet er drei Phasen eines Bewertungsprozesses, die an einem Beispiel verdeutlicht werden sollen.[21]

Polizeikommissarsanwärter (PKA) Ingo S. soll zum ersten Mal in vorderster Front bei der „Revolutionären 1.-Mai-Demonstration" in Berlin teilnehmen. Wie stark seine Angst oder sein Stress in dieser Situation ist, hängt

- von einer **primären Bewertung** *(primary appraisal)* der kritischen Situation ab. Eine Erregung wird zunächst dann einsetzen, wenn er erwartet, dass mit der Situation eine Bedrohung für ihn verbunden ist. Diese Einschätzung ist realistisch, da er aus

21 LeDoux (2001, 73) weist darauf hin, dass Lazarus zwar den Anteil bewusster Bewertungsprozesse an der Emotion betont, aber nie geleugnet habe, dass unbewusste Bewertungen ablaufen.

Berichten über die Einsätze der vorherigen Jahren weiß, dass weit über 100 Polizisten verletzt worden sind;

- gleichzeitig, in einer sogenannten **sekundären Bewertung** *(secondary appraisal)*, wird Ingo S. sich aber auch fragen, welche Bewältigungsmöglichkeiten ihm zur Verfügung stehen. Hierbei handelt es sich zum einen um *problembezogene Bewältigungsstrategien*: Hierzu zählen z.B. deeskalierende Strategien, die im Vorfeld eingesetzt werden, das Wissen um die eigene körperliche Fitness und um den guten Zusammenhalt der Gruppe. Des Weiteren verfügt er über *emotionsbezogene Bewältigungsstrategien*: Er weiß, dass er sich durch provokative Sprüche der Demonstranten so schnell nicht aus der Ruhe bringen lässt, weil er gelernt hat, auch in belastenden Situationen die Ruhe zu bewahren.
- Im Prozess selbst kommt es dann immer wieder zu einer ***Neueinschätzung*** *(reappraisal)* der Situation und der Effektivität der eigenen Bewältigungsstrategien.

Hohe Angst entsteht folglich nicht durch die Wahrnehmung der Gefährlichkeit der Situation allein, sondern hängt entscheidend von den zur Verfügung stehenden problembezogenen und emotionsbezogenen Bewältigungsmöglichkeiten ab.

Die anfangs beschriebene „Notfallreaktion“ und die kognitiven Emotionstheorien von Schachter/ Singer und Lazarus stellen keine unvereinbaren Gegensätze dar. Kommen wir auf unser Anfangsbeispiel zurück: Ein äußerer Anlass – z.B. mit einer Person konfrontiert zu sein, die mit einer Pistole bewaffnet ist und zu schießen droht – kann in Sekundenschnelle den Körper in höchste Alarmbereitschaft versetzen. Besonders dann aber, wenn diese Situation im Vorfeld mehrmals durchdacht und geübt wurde – was bei der SEK im Rahmen der Ausbildung der Fall ist – und die Polizeibeamten deshalb über hohe emotionale und problembezogene Bewältigungsmöglichkeiten verfügen, gelingt es fast immer, die Situation ohne den Einsatz von Schusswaffen zu beenden. Der Polizeibeamte hatte die Waffe als echt eingeschätzt und vermutlich die Bedrohung für das Leben seines Kollegen als so gravierend bewertet, dass er keine andere Möglichkeit sah, als zu schießen.

An dieser Stelle sei nochmals LeDoux zitiert: Emotionen und Kognitionen sind am besten als getrennte, aber miteinander wechselwirkende mentale Funktionen zu verstehen, die durch getrennte, aber miteinander in Wechselwirkung stehende Hirnsysteme vermittelt werden. LeDoux zeigt, dass als Resultat der Evolutionsgeschichte die Amygdala einen größeren Einfluss auf den Cortex hat als der Cortex auf die Amygdala. Einfacher ausgedrückt, wird unser Denken schneller durch unsere emotionale Erregung kontrolliert, als dass es uns gelingt, durch das Denken die körperlichen Reaktionen zu dominieren. Aber es ist möglich! Und alles spricht dafür, dass im Laufe der Entwicklung die Chance des Cortex, mehr und mehr Kontrolle über die Amygdala zu gewinnen, zunehmen wird. Das von LeDoux angestrebte Ideal besteht aber nicht so sehr in einer Dominanz der kortikalen Kognitionen über die emotionalen Zentren, sondern in „einer harmonischen Integration von Vernunft und Leidenschaft." (LeDoux, 2001, 325f.)

Eine Probevorlesung vor zukünftigen Polizeibeamtinnen und -beamten an der Fachhochschule
Herr Michel, 46 Jahre alt, verheiratet und Vater von drei Kindern, ist ein hochqualifizierter Wissenschaftler, der zahlreiche einschlägige Veröffentlichungen vorzuweisen hat. Er hat den anstrengenden Weg hinter sich gelegt und alle für die Hochschullaufbahn notwendigen Schritte (Promotion, Habilitation, Forschungsprojekte, Lehrerfahrung) erbracht. Aufgrund der angespannten Arbeitsmarktsituation bewerben sich auf eine freie Professorenstelle (für bestimmte Fächer wie z.B. Soziologie) ca. 100 Personen. Herr Michel wird im Rahmen des Auswahlverfahrens an der Fachhochschule zu einer Probevorlesung eingeladen und soll mit den Polizistinnen und Polizisten eine Lehrveranstaltung durchführen, die darüber entscheiden soll, ob er für die Professorenstelle in Frage kommt. Zum Erstaunen der Studierenden zeigt Herr M. während der gesamten Probelehrveranstaltung extrem hohe Anzeichen von Anspannung und Nervosität: Seine Gesichtsfarbe ist weiß, seine Hände zittern und auch an der Tonlage seiner Stimme ist die Nervosität deutlich erkennbar. Müsste es nicht Herrn Michel möglich sein, seine Nervösität in den Griff zu bekommen, z.B. in dem er sich seine umfangreiche Lehrerfahrungen vergegenwärtigt und seine hohe wissenschaftliche Qualifikation? Offenbar aber hatten – so auch seine eigene Darstellung – andere Faktoren eine stärkere Auswirkung: Zum einen waren ihm die Studierenden – zukünftige PolizistInnen – und deren Erwartungen fremd, was zu einem Kontrollverlust führte: *„Wie werden sie auf meine Angebote reagieren? Was erwarten sie von mir?"* Entscheidend aber war die hohe existenzielle Bedrohung, mit der sich Herr Michel konfrontiert sah: Sollte diese Bewerbung nicht zu einem Erfolg führen, dann stand vor ihm die ungewissen und extrem belastende Zukunft eines arbeitslosen hochqualifizierten Akademikers, der sich mit dem Scheitern seiner beruflichen Existenz – vielleicht sogar seines Lebensentwurfs – konfrontiert sah. Es ist sicherlich gut nachvollziehbar, warum die kognitive Steuerung seiner Reaktionsweise in der Situation aufgrund der starken existenziellen Bedrohung nur schwer gelingen wollte.

8. Wie Gefühle gelernt werden

Die Darstellung der Lerntheorien am Beispiel des Angsterwerbs

Gefühle zu haben und Gefühle anderer Menschen zu erkennen, gehört zur universellen Ausstattung des Menschen. In welcher Situation jeder einzelne Mensch aber welche Gefühle in welcher Intensität erlebt und darstellt, ist das Ergebnis seiner Lerngeschichte. Der Frage nachzugehen, wie Menschen lernen und wie sie auch wieder etwas einmal Gelerntes verlernen können, stellt ein zentrales Anliegen der Psychologie dar. Die anfangs genannten theoretischen Perspektiven der Psychologie versuchen hierauf eine Antwort zu geben. Es soll an dieser Stelle die **behavioristische bzw. lerntheoretische Perspektive** ausführlicher dargestellt und am Beispiel der Angstentstehung erläutert werden.[22] In der Psychologie des 20. Jahrhunderts, die als junge Wissenschaft darum bemüht war, Gesetzmäßigkeiten für menschliches Verhalten zu finden, nahm die behavioristische Perspektive eine zentrale Stellung ein. Um zu erklären, wie es zu relativ stabilen Veränderung im Verhalten (bzw. im Verhaltenspotenzial) kommt, wurde nach Beziehungen zwischen äußeren Reizen, die dem Verhalten vorausgehen oder diesem folgen, und dem Verhalten gesucht. Drei grund-legende Formen des Lernens sollen – in bewusst vereinfachender Form – dargestellt werden:

- das Klassische Konditionieren *oder* Assoziationslernen *oder* Signallernen
- das Operante Konditionieren *oder* instrumentelle Lernen
- das Modelllernen *oder* Lernen durch Beobachtung

Auf diesen drei Lernformen basiert eine Therapieform, die **Verhaltenstherapie**, die unter 8.5. vorgestellt wird. Besonders in der Behandlung von Angststörungen weist eine Vorgehensweise der Verhaltenstherapeuten – die Konfrontationstherapie – eine hohe Erfolgsquote auf; diese zu kennen, kann auch für Polizeibeamte bedeutsam sein.

8.1. Das Klassische Konditionieren
oder Assoziationslernen *oder* Signallernen

Jan Phillip Reemtsma berichtet in dem Buch „Im Keller" von seinen Erfahrungen während des Monats, den er in einem Keller verbrachte. In dieser Zeit war er vollständig der Macht seiner Bewacher ausgeliefert. Es war für ihn eine Situation des totalen Verlustes von Kontrolle, die Todesangst hervorrief. Bevor die Bewacher den Keller betraten, kündigten sie sich immer durch ein *Klopfen* an. Auch nach dem Ende der Geiselnahme hat das Klopfen für Reemtsma den Schrecken nicht verloren: *„Tatsächliches Klopfen kann mir seitdem einen ziemlich massiven Schrecken einjagen, ein leise, aber ähnlich knarrender Fensterladen mich aus dem Tiefschlaf reißen, hellwach machen und kalt vor Angst"* (1998, 208).

22 Die Angstentstehung wird im 11. Kapitel noch eingehender besprochen.

Bei dem Klopfen an der Tür handelt es sich um einen Reiz, der eine Steigerung der Aufmerksamkeit hervorruft. Indem dieses Klopfen nun aber mit einer Erfahrung des totalen Kontrollverlustes gekoppelt wird, ist es auch lange nach Beendigung der Geiselnahme für Reemtsma noch Auslöser für Todesangst, obwohl er sich längst in Sicherheit befindet.
Wir haben es hier mit einer grundlegenden Form des Lernens zu tun, wie sie zuerst Ende des 19. Jahrhunderts von dem russischen Physiologen Iwan Pawlow (1849-1936) in einem Hundeexperiment zufällig entdeckt und dann gründlich erforscht wurde:

1. Wenn ein Hund eine Glocke hört, wird er seine Ohren spitzen; es wird eine *Orientierungsreaktion* ausgelöst.
2. Wenn ein Hund aber einen gefüllten Futternapf erblickt, so ist die *natürliche, angeborene Reaktion* die Absonderung von Speichel.
3. Werden nun Glocke und Futter zusammen oder in zeitlicher Nähe dargeboten, so zeigt der Hund ebenfalls Speichelsekretion.
4. Nach mehrmaliger Wiederholung dieser Koppelung verursacht der Glockenton alleine die Absonderung von Speichel.

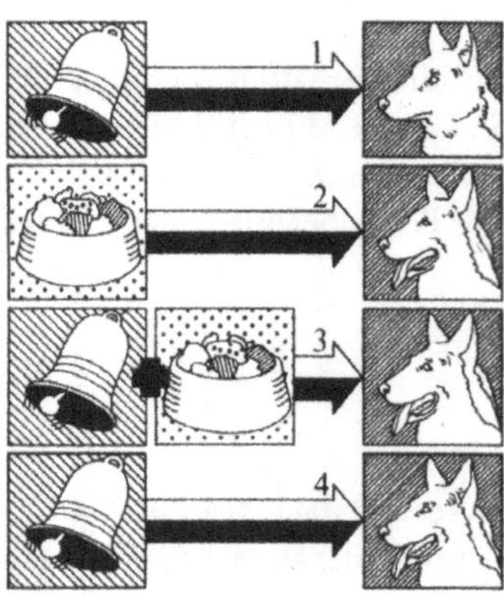

Abb. 25: Wenn das Wasser im Mund zusammenläuft.... (Hennenhofer / Heil, 1975, 32)

Im Jahr 1920 führte der amerikanische Psychologe und Begründer des Behaviorismus, John B. Watson (1878-1958) zusammen mit seiner Kollegin Rosalie Rayner ein analoges Experiment mit dem kleinen Albert durch, um zu demonstrieren, wie Furcht konditioniert wird:

1. Die weiße Ratte löste bei dem ca. 1 Jahr alten Albert ursprünglich eine positive Reaktion aus.
2. Ein lauter Schlag auf einen Gong hingegen löst bei allen Kindern dieses Alters Furcht aus. Es handelt sich bei dem lauten Geräusch um einen angeborenen Auslöser für Furcht, einen sogenannten ***unkonditonierten Reiz*** (unconditioned stimulus = **US**).
3. Die weiße Ratte und der laute Gongschlag wurden nun mehrmals zusammen dargeboten.
4. Nach ca. 7 Konditionierungsdurchgängen löste die weiße Ratte bei Albert Furcht aus. Die Ratte ist für ihn zu einem erlernten Auslöser von Furcht geworden, ein sogenannter ***konditionierter Reiz*** (conditioned stimulus = **CS**)

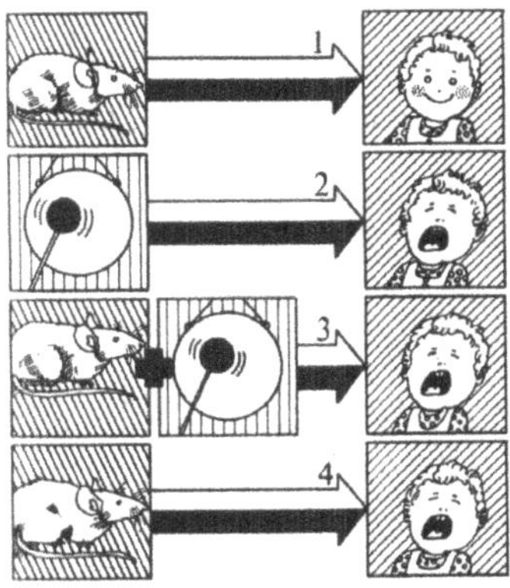

Abb. 26: Der kleine Albert wurde konditioniert... (Hennenhofer / Heil, 1975, 33)

Es ist wichtig sich zu verdeutlichen, dass die Furchtreaktion nicht erlernt werden muss, denn diese ist im genetischen Programm vorhanden. Was bei der Furchtkonditionierung gelernt wird, beschreibt LeDoux (2001, 155-156) folgendermaßen:

„Durch die Furchtkonditionierung werden evolutionär geformte Reaktionen für neue Umweltereignisse geöffnet, so dass neuartige Reize, die Gefahr vorhersagen ... auf altbewährte Formen der Reaktionen auf Gefahren einwirken können. Die von diesen erlernten auslösenden Reizen vorhergesagte Gefahr kann real oder abstrakt sein, so dass vielfältige äußere (Umwelt-) und innere (mentale) Bedingungen als konditionierte Reize dienen können."

Auch auf die bereits beschriebenen Erfahrungen von Reemtsma können wir die Abfolge der vier Schritte anwenden:

1. Das Klopfen löst eine Orientierungsreaktion aus.
2. Eine Situation des totalen Kontrollverlustes löst Todesangst aus.
3. Das Klopfen wird mehrmals in enger zeitlicher Nähe mit der Situation des Kontrollverlustes dargeboten.
4. Das Klopfen alleine führt zu Todesangst.

Die Furchtkonditionierung kann sehr schnell erfolgen und schon bei einer einzigen gemeinsamen Darbietung des neutralen mit einem unkonditionierten Reiz eintreten. Dieses schnelle konditionierte Erlernen von Furcht lässt sich aus der Überlebensnotwendigkeit abgeleiten. Das langsamere Lernen durch Versuch und Irrtum hingegen könnte tödliche Folgen haben.
Der Tatbestand, dass später auch das Knarren eines Fensters bei Reemtsma Todesangst auszulösen vermag, wird als **Reizgeneralisierung** bezeichnet. Neuen, aber vergleichbaren Reizen wird dieselbe Bedeutung zugesprochen, und sie lösen dieselbe Reaktion aus wie die ursprünglichen Reize.
Dieser Prozess der Konditionierung kann noch ausgeweitet werden. Ist eine neue Reiz-Reaktionsverbindung erworben, dann kann dieser neue Reiz wiederum mit einem neutralen gekoppelt werden und anschließend allein die Reaktion auslösen. Es handelt sich hierbei um eine **Konditionierung zweiter Ordnung**.
Personen, die traumatischen Situationen wie Reemtsma ausgesetzt waren, müssen schmerzhaft erfahren, wie langlebig diese Furchtkonditionierung ist. Zeit allein heilt auch hier leider keine Wunden! Allerdings kann die Stärke der Verbindung zwischen dem konditionierten Reiz und der Furchtreaktion verringert werden, wenn der konditionierte Reiz wiederholt in Abwesenheit des unkonditionierten Reizes dargeboten wird; so könnte z.B. dem kleinen Albert die Ratte mehrmals dargeboten werden, ohne dass ein lautes Geräusch ertönt. Dieser Vorgang wird als **Löschung** bezeichnet. Der Begriff ist allerdings missverständlich, denn die Verbindung zwischen dem konditionierten Stimulus und dem unkonditionierten Stimulus wird zwar schwächer, verschwindet aber nicht ganz. Die einmal gelernte Furchtreaktion kann auch nach einer längeren Pause unter bestimmten Umständen wieder mit voller Wucht zurückkehren.
Die hier beschriebene Konditionierung lässt sich nicht nur auf negative Emotionen, sondern auch auf positive Emotionen beziehen. Die Werbung macht hiervon ausführlich Gebrauch: Wer verbindet nicht mit der Zigarettenmarke „Marlboro“ die Bilder von faszinierenden Landschaften und von harten Männern, die sich nach getaner Arbeit die Entspannung gönnen?

Auch wenn diese Lernform des Klassischen Konditionierens leicht zu verstehen ist, hängt es im Einzelfall von vielen Variablen – in der Person und in der Situation – ab, ob eine Konditionierung stattfindet oder nicht. Vor allem bei kleineren Kindern, deren Neokortex noch nicht so entwickelt ist, sowie bei stark Angst auslösenden Reizen (vgl. die Ausführungen über die Notfallreaktion), wie es im Fall von Reemtsma beschrieben ist, lässt sich diese einfache Lernform aufzeigen. Von besonderer Bedeutung ist die Erkenntnis, dass auch beim Menschen eine Furchtkonditionierung ohne bewusste Wahrnehmung des konditionierten Stimulus oder des Zusammenhangs zwischen dem konditionierten und dem unkonditionierten Stimulus erreicht wird. Emotionales Lernen kann unter Umgehung des Neokortex stattfinden; emotionale Reaktionen können ohne Beteiligung der höheren Verarbeitungssysteme des Gehirns erfolgen (vgl. LeDoux, 2001, 173).

8.1.1. Die Konditionierungstheorie der Panik von Wolpe

Panik ist eine besonders ausgeprägte emotionale Erregung, die mit heftiger Aktivierung des sympathischen Nervensystems einhergeht. Panikattacken, d.h. die überfallartige Konfrontation mit dieser extremen Erregung, zählt zu den am häufigsten diagnostizierten Angststörungen. Es sind nur selten äußere Reize, die die Panikattacke auslösen, sondern innere Reize. Dennoch kann die Konditionierungstheorie als Erklärungsansatz herangezogen werden, wie Wolpe (1988) sehr anschaulich darstellt. Zunächst einmal ist bekannt, dass **Hyperventilation** den Kohlendioxidanteil in den Lungen und im Blut erhöht. Dies führt zu zahlreichen unangenehmen körperlichen Empfindungen: Die Person ist benommen, sie hat rasendes Herzklopfen und das Gefühl, zu ersticken.

Hyperventilation	=>	Erhöhung des Kohlendioxidanteils in der Lunge und im Blut	=>	Benommenheit rasendes Herzklopfen Erstickungsgefühl

Wie kommt es nun zur Hyperventilation? Es sind sowohl physische als auch psychische Ursachen denkbar: Die Einnahme von Drogen wie Kokain, Amphetamin oder LSD, aber auch giftige Substanzen am Arbeitsplatz können eine solche Wirkung hervorrufen. Häufig aber handelt es sich um extremen Stress – z.B. hoch belastende soziale Konflikte –, was erstmalig die Panik auslöst. Verstärkt sind von diesem ersten Panikanfall Personen betroffen, die aus angeborenen oder erworbenen Gründen – um es mit der Begrifflichkeit von LeDoux zu formulieren – eine stärkere Dominanz der thalamischen Bahnen zur Amygdala im Vergleich zu den kortikalen Bahnen zur Amygdala aufweisen.

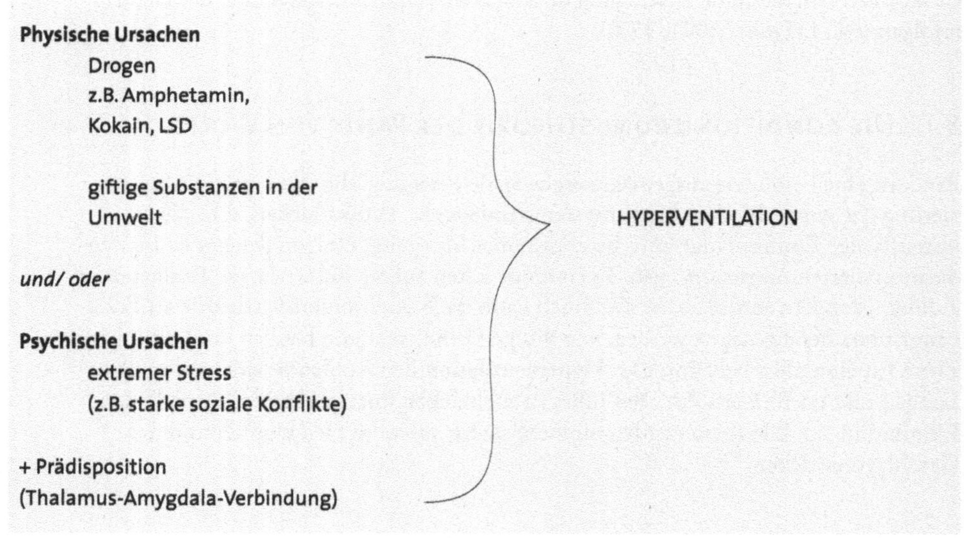

Was nun genau die erste Ursache für diese Panik war, ist nicht mehr so entscheidend. Denn bei der Person hat eine Furchtkonditionierung stattgefunden: Die entscheidenden Reize sind nun aber nicht äußere, sondern innere, z.B. das Ansteigen des Blutdrucks. Die Wahrnehmung dieses erhöhten Blutdrucks wird als Beginn der Panikattacke interpretiert. Die Erinnerung an die Panikattacke wird vom (expliziten) Gedächtnis abgerufen und führt in der Folge zu einer permanenten Aktivierung des sympathischen Nervensystems. Ein Teufelskreis beginnt: emotionale und kognitive Erregung schaukeln sich gegenseitig auf wie ein Hochgeschwindigkeitszug, dessen Bremsen kaputt sind.

innerer Reiz: Anstieg des Blutdrucks	==>	Abruf der expliziten Erinnerung „meine Panikattacke beginnt"
	weitere Aktivierung des sympathischen Nervensystems	

Abb. 27: Die Auslösung der Panikattacke durch einen inneren Reiz

LeDoux (2001, 156f) zeigt auf, dass heute die Erkenntnis vorliegt, dass die Amygdala die emotionalen Erinnerungen unauslöschlich in ihre Schaltungen eingebrannt hat. Man kann lediglich versuchen – und das tun die PsychotherapeutInnen der verschiedenen Schulen – den emotionalen Ausdruck zu regulieren, d.h. den Cortex dazu zu bringen, die Amygdala zu kontrollieren. Auch wenn die Psychotherapie erreichen kann, dass die Furcht oder Panik jahrelang unter Kontrolle bleibt, kann diese bei einer extrem belastenden Situation wieder zurückkehren.

8.2. Das operante *oder* instrumentelle Konditionieren *oder* Lernen anhand von Konsequenzen

Eine weitere grundlegende Lernform ist das Lernen anhand von Konsequenzen, das vor allem stark mit dem amerikanischen Psychologen B.F. Skinner (1904-1990) verbunden ist. Skinner beschränkte sich ebenso wie Watson auf die Untersuchung von beobachtbarem Verhalten, weshalb auch die Bezeichnung „black-box"-Modell Sinn macht: Die Beschäftigung mit den inneren psychischen Zuständen wird abgelehnt. Skinner stellte ein Forschungsprogramm auf, das er **experimentelle Verhaltensanalyse** nannte. Er verfolgte mit diesem Forschungsprogramm das Ziel, die Änderung der Auftretenswahrscheinlichkeit eines Verhaltens in Abhängigkeit von den Verhaltenskonsequenzen zu erfassen und Gesetzmäßigkeiten zu erkennen:

ein Organismus zeigt ein Verhalten	===>	**die Konsequenzen** werden manipuliert	===>	die Auswirkungen auf das nachfolgende Verhalten werden beobachtet

Als Ergebnis seiner Forschung unterschied Skinner solche Konsequenzen, die dazu führen, dass ein Verhalten stabilisiert oder aufgebaut wird, und solche Konsequenzen, die zum Abbau oder zur Unterdrückung von Verhaltensweisen führen.

Konsequenzen, die zum

Aufbau von Verhaltensweisen
Abbau von Verhaltensweisen

führen.

8.2.1. Der Aufbau von Verhalten

Die Konsequenzen, die dazu führen, dass eine Verhaltensweise gefestigt wird oder häufiger ausgeführt wird, wird **Verstärkung** genannt.

Im Rahmen einer Vernehmung schildert der Zeuge seine Beobachtungen einer gewaltsamen Auseinandersetzung. Der Polizeibeamte hört ihm aufmerksam zu, nickt zustimmend und lobt ihn für die genaue Wiedergabe. Der Zeuge schildert daraufhin noch weitere interessante Details.

Die Konsequenzen, die der Polizeibeamte auf das Verhalten des Zeugen zeigt – aufmerksames Zuhören, zustimmendes Nicken und Loben –, sind **positive Verstärker**, weil in der Folge das Aussageverhalten des Zeugen weiter beibehalten und sogar noch gesteigert wird.

Einem Beschuldigten, der konsequent vor dem Vernehmungsbeamten seine Aussage verweigerte, wurde (nach Absprache mit dem Staatsanwalt) folgende Zusage gegeben: „*Wenn Sie ein Geständnis ablegen, dann werden Sie nicht verhaftet.*" Daraufhin erklärte sich der Beschuldigte zu einer Aussage bereit.

Wir haben es in diesem Fall mit einem **negativen Verstärker** zu tun: Die drohende Verhaftung wird beseitigt.

Bei einem positiven Verstärker wird eine für die Person angenehme Konsequenz dargeboten, bei einem negativen Verstärker hingegen eine subjektiv unangenehme Konsequenz entzogen. Die Folge ist in beiden Fällen, dass die Verhaltenswahrscheinlichkeit steigt. Es kann nicht für alle Personen allgemein festgelegt werden, welche Konsequenzen als Verstärkung wirken. D.h., es handelt sich um eine empirische Definition: **Verstärker** ist das, was die Auftretenswahrscheinlichkeit eines Verhaltens erhöht. Dennoch gibt es bestimmte Konsequenzen, wie Anerkennung, Zuwendung (soziale Verstärker) und Geld (materielle Verstärker), die mit hoher Wahrscheinlichkeit als Verstärker wirken. Bereits an dieser Stelle wird deutlich, dass es ohne einen Blick in die „schwarze Kiste", d.h. ohne Einbeziehung der subjektiven Verarbeitungsprozesse, nur schwer nachvollziehbar ist, wie die Konsequenzen von der Person bewertet werden. Aber es können anhand der genauen Beobachtung des auf eine Konsequenz folgenden Verhaltens erste Rückschlüsse gezogen werden. Einleuchtend ist auch die von Skinner immer wieder betonte Erkenntnis, dass wir durch Verstärkung am effektivsten Menschen zu dem Verhalten führen, das wir als wünschenswert erachten. Die Konsequenzen, die zum Abbau von Verhalten eingesetzt werden, bergen in sich eine große Gefahr – wie die Auseinandersetzung mit der Strafe aus lerntheoretischer Sicht (8.2.2.1.) zeigt.

Aufbau von Verhalten:

- **positive Verstärkung:** ein angenehmer Reiz wird gegeben
- **negative Verstärkung:** ein unangenehmer Reiz wird genommen

8.2.1.1. Anwendung auf die Angstthematik:

2-Phasen Lerntheorie

Die negative Verstärkung spielt nach Mowrer (1939/1960) eine große Rolle, um zu verstehen, warum die Angst, die durch klassisches Konditionieren erworben worden ist, eine so hohe Stabilität aufweist:

1. Phase: Angst wird durch klassisches Konditionieren erworben.
So lernte der kleine Albert, vor der weißen Ratte Angst zu haben.

2. Phase: Auf die Angst folgt Vermeidungsverhalten, das durch die Angstreduktion negativ verstärkt wird.
Wenn Albert eine weiße Ratte sah, rannte er weg, woraufhin seine Angst nachließ. So wurde sein Vermeidungsverhalten durch die Reduzierung der Angst verstärkt.

Versuchen Sie nun selbst die 2-Phasen Lerntheorie auf das folgende Beispiel anzuwenden:
„Ein Polizeibeamter fährt an einem Hochsommertag unter Zeitdruck mit seinem Kraftfahrzeug auf der Autobahn. Plötzlich hat er Beklemmungsgefühle in der Brust, er hat den Eindruck, er kann nicht mehr richtig durchatmen. Er versucht sein Auto abzubremsen und kommt auf der Standspur zum Halten. Im Auto sitzend, fühlt er sich völlig benommen, zittert und bebt am ganzen Körper. Schweißgebadet sitzt er hinter seinem Lenkrad und hat zunächst Angst davor zu sterben. Sein beschleunigter Herzschlag beruhigt sich langsam, er bekommt auch wieder Luft, und kann bis zur nächsten Autobahnausfahrt fahren. Nach diesem Vorfall begibt er sich sofort in ärztliche Behandlung. Die medizinische Untersuchung ergibt außer einer leicht erhöhten Körpertemperatur keinen Befund.
Etwa eine Woche lang verbringt der Beamte zu Hause bei seiner Familie. In dieser Zeit vermeidet er es mit seinem Privat-Pkw zu fahren. Als er dann wieder seinen Dienst beginnen möchte, wird er unruhig. Nur der Gedanke daran, dass er wieder allein Auto fahren soll, verursacht bei ihm Herzklopfen, Kribbeln im Bauch und starkes Schwitzen.
Sein Hausarzt schreibt ihn eine weitere Woche krank und verordnet ihm Beruhigungsmittel. In den folgenden Monaten versucht er mehrfach seinen Dienst zu bewältigen, er kann aber nachts nicht schlafen, während der Arbeit ist er unkonzentriert und gereizt. Manche Kollegen vermuten, dass er ein Simulant sei...." (Hermanutz/ Rief, 1996, 9-10)

8.2.2. Der Abbau von Verhalten

Welche Konsequenzen führen nun dazu, dass die Auftretenswahrscheinlichkeit eines Verhaltens sinkt? Dies geschieht durch die Verabreichung eines für die Person unangenehmen (= aversiven) Reizes, durch eine **Bestrafung**.

Herr Schmitt fährt mit einer Geschwindigkeit von 80 Stundenkilometern durch die Stadt, obwohl nur 50 km/h erlaubt sind. Ein Polizeibeamter hält ihn an und schreibt einen Strafzettel. Herr Schmitt muss eine Geldstrafe bezahlen. Die darauffolgende Zeit hält er sich an die Geschwindigkeitsbeschränkung.

Eine weitere Form der Bestrafung liegt dann vor, wenn ein angenehmer Reiz entzogen wird. In diesem Fall redet man von **Löschung oder Extinktion.**

PHM Müller sollte eigentlich noch dieses Jahr befördert werden. Aufgrund eines Disziplinarverfahrens erfolgte diese Beförderung nicht in dem angestrebten Zeitraum.

POM Ernst wurde aufgrund eines Konfliktes mit einer Kollegin in eine andere Dienstgruppe versetzt. Aufgrund der ungünstigen Verkehrsanbindungen musste er nun täglich eine Stunde mehr Fahrzeit einplanen.

Abbau von Verhalten:

- **Bestrafung:** ein negativer Reiz wird gegeben
- **Löschung:** ein positiver Reiz wird genommen

8.2.2.1. Die Problematik der Strafe aus lerntheoretischer Sicht

Die Lerntheoretiker – allen voran auch Skinner (1973) – warnen vor den negativen Auswirkungen der Bestrafung und können hierfür umfangreiche empirische Unterstützung vorweisen. Die klare Forderung lautet: *Im zwischenmenschlichen Umgang – vor allem aber im Prozess der Erziehung von Kindern und Jugendlichen – sollte möglichst auf die Bestrafung unerwünschter Verhaltensweisen ganz verzichtet werden.* Sinnvoller hingegen ist es, diese unerwünschten Verhaltensweisen z.B. durch Nichtbeachtung zu löschen und die erwünschten Verhaltensweisen zu verstärken. Sollte aber in konkreten Situationen auf Bestrafung nicht zu verzichten sein, dann muss alles dafür getan werden, damit die Strafe für die bestrafte Person sinnvoll ist, Orientierung vermittelt und Lernmöglichkeiten eröffnet. Im Einzelnen sind folgende Bedingungen zu beachten (vgl. Petermann, 1993, 164; Zimbardo / Gerrig, 1999, 223):

- Die Bestrafung sollte sich auf ein konkretes Verhalten beziehen und keineswegs auf die gesamte Person: *„Dieses Verhalten ist nicht gut!"* und nicht *„Du bist nicht gut!"*
- Die Bestrafung sollte in möglichst engem zeitlichen Zusammenhang mit dem unerwünschten Verhalten stehen; zumindest muss der Zusammenhang für die bestrafte Person eindeutig erkennbar sein.
- Die Bestrafung sollte hinsichtlich ihrer Intensität in angemessenem Verhältnis zu dem unerwünschten Verhalten stehen. *„Man schießt nicht mit Kanonen auf Spatzen"*
- Die Bestrafung sollte sinnvoll sein; am besten ist es, wenn der entstandene „Schaden" wiedergutgemacht werden kann; ansonsten bietet sich an, den Zugang zu gewünschten Dingen oder Aktivitäten einzuschränken. Körperliche Bestrafung sollte möglichst in jedem Alter vermieden werden; besonders Jugendliche erleben die Verletzung ihrer körperlichen Integrität als massiv kränkend.
- Die Bestrafung, die auf ein unerwünschtes Verhalten folgt, sollte möglichst vorher angekündigt, am besten sogar mit der Person – z.B. in Form von Regeln – vereinbart werden. Sind diese Strafen vereinbart bzw. angekündigt, dann ist es wichtig, dass sie bei Eintreten des unerwünschten Verhaltens durchgeführt werden.

Demütigende, frustrierende, einschüchternde oder auf Rache und Vergeltung abzielende Strafen können für die Entwicklung der Persönlichkeit äußerst negative Auswirkungen haben:

- Die Beziehung zur strafenden Person verschlechtert sich.
- Es wird eine erzwungene Anpassung, aber keine innere, aktive Übernahme von Haltungen erreicht.
- Das Selbstwertgefühl wird verletzt, in der Folge tritt verstärkt Angst oder Aggressivität auf.
- Offenbar wird gelernt, dass Strafe ein effektives Mittel darstellt, Verhaltensweisen bei anderen abzustellen; Kinder, die mit Bestrafung als dominantem Erziehungsmittel konfrontiert worden sind, werden besonders häufig als Erwachsene selbst gewalttätig. Es fehlt vermutlich das geeignete Instrumentarium, auf andere Art und Weise auf die Mitmenschen einzuwirken.

Aufgrund dieser Erkenntnis stellt es einen wichtigen ersten Schritt dar, gesetzlich verbindlich festzuschreiben, dass Kinder ein Recht auf gewaltfreie Erziehung haben und körperliche Bestrafung, seelische Verletzung und andere entwürdigende Maßnahmen unzulässig sind, so der Gesetzestext des § 1631 BGB. Aber der Gesetzestext allein reicht nicht aus! Erzieher müssen befähigt werden, gewaltfrei mit Kindern umzugehen – und hierzu bedarf es unterstützender Maßnahmen (Halbrock, 2000, 502)! In einem ersten Schritt muss erkannt werden, warum Eltern am autoritären Erziehungsstil festhalten. Ein zentraler Grund besteht darin, dass sie sich endlich bedeutsam fühlen, wenn ihre jungen Kinder auf sie hören. Die Weigerungen der Kinder kränken sie persönlich und sie tun alles, um sich durchzusetzen und um ihr Gesicht zu wahren. Sie brauchen folglich Hilfe, um eine **partnerschaftlich-demokratische Erziehung** umzusetzen, die folgende Grundgedanken verwirklicht (in Anlehnung an Halbrock, 2000, 503)

1. Kinder sollten von klein auf als eigenständige Persönlichkeiten geachtet werden.
2. Die Andersartigkeit von Kindern, ihre psychischen Bedürfnisse und Gefühle, ihre Gedanken und ihre irrtümlichen Ziele müssen erkannt werden, statt Perspektiven der Erwachsenensicht zu verfolgen.
3. Kinder sollten ermutigt statt kritisiert werden, und es sollten keine perfekten Leistungen von ihnen erwartet werden.
4. Kinder sollten zur Mitarbeit gewonnen und angeregt statt befohlen werden.
5. Grenzen sollten durch natürliche und logische Folgen gesetzt werden.
6. Das Handeln der Erziehenden sollte situationsbezogen und sachlich statt ichbezogen und impulsiv erfolgen.
7. Entscheidungsspielräume sollten altersgemäß ermöglicht werden, statt Vorschriften zu machen.

8. Orientierungshilfen sollten durch bestimmte Regeln und Ordnungen (wie gemeinsame Mahlzeiten, feste Bettgehzeiten, Fernsehen nach vorheriger Planung und Absprache) gegeben werden.
9. Gemeinsam sollten mit allen Beteiligten verbindliche Vereinbarungen getroffen werden.
10. Beiträge zur gemeinschaftlichen Mithilfe sollten als selbstverständlich angesehen werden, statt Kinder zu verwöhnen oder zu bedienen. Ämter im Haushalt sollen gemeinsam ausgehandelt und nicht willkürlich diktiert werden.

8.3. Modelllernen oder das Lernen durch Beobachtung

Die Theorie des Modelllernens geht auf Albert Bandura zurück und ist am besten in seinem 1977 (dt. 1979) erschienenen Buch „Social Learning Theory" dargestellt. Bandura leitete die *kognitive Wende der Lerntheorien* ein und ist somit für das heutige Selbstverständnis der Lerntheoretiker von entscheidender Bedeutung. Die zentrale Aussage von Banduras Theorie lautet, dass menschliches Verhalten nicht primär durch vorausgehende oder nachfolgende Reize bestimmt wird. Er versteht den Menschen nicht als Lernmarionette, sondern Ausgangspunkt seiner Überlegungen ist ein aktiver Mensch, der mittels eines komplexen kognitiven Prozesses seine Erfahrungen verarbeitet. Zwar bestreitet er keinesfalls die Bedeutung der Umwelt für menschliches Verhalten, aber er überwindet den Black-box-Behaviorismus, indem er die ständige Wechselwirkung zwischen kognitiven Determinanten und Umweltdeterminanten zu erklären versucht:
„Nun liefert zwar die detaillierte Analyse der äußeren Einflüsse, die auf menschliches Verhalten einwirken, überzeugende Beweise dafür, dass das menschliche Verhalten tatsächlich externer Kontrolle unterworfen ist. Wenn wir jedoch aus dem Horizont wissenschaftlicher Forschung bestimmte intrapsychische Prozesse ausblenden, tragen wir damit zu einem verstümmelten Bild menschlicher Möglichkeiten bei" (Bandura, 1979, 9).

Von besonderem Interesse sind die menschlichen *Erwartungen* sowie die Fähigkeit des Menschen, die Umwelt durch innere Bilder und Sprache zu symbolisieren und sich selbst zu steuern. Das Beobachtungslernen setzt bei der Erkenntnis an, dass wir auch dann lernen, wenn wir bei anderen beobachten, welche Konsequenzen auf das von ihnen gezeigte Verhalten in bestimmten Situationen folgen. Bei dem Beobachter bilden sich Erwartungen aus über das, was passiert, wenn er das tun würde, was das Modell getan hat. Von besonderem Interesse ist nun die Frage, von welchen Variablen es abhängt, ob die beobachtende Person ein bestimmtes Verhalten nachahmt oder nicht. Bandura unterscheidet verschiedene Teilprozesse, die das Beobachtungslernen steuern:

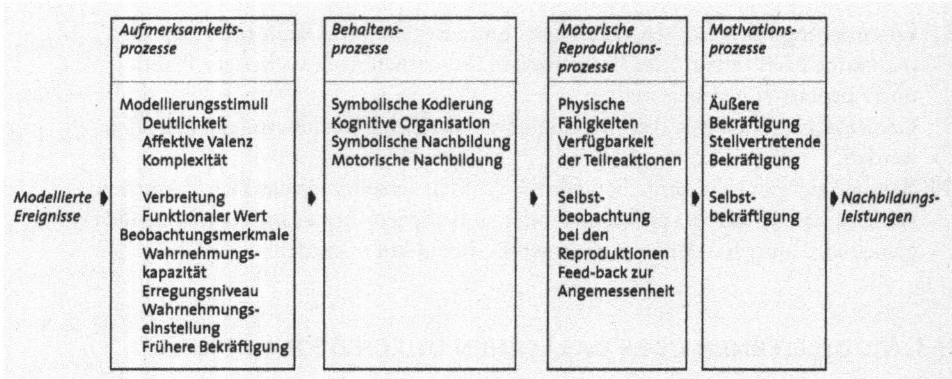

Abb. 28: Teilprozesse, die nach der sozial-kognitiven Lerntheorie das Beobachtungslernen steuern (Bandura, 1979, 32)

Die ersten beiden Teilprozesse – Aufmerksamkeitsprozesse und Behaltensprozesse – sind entscheidend für die **Aneignung** eines Verhaltens: Damit sich der Beobachter das Verhalten eines Modells aneignet, muss das Modell zunächst einmal seine Aufmerksamkeit hervorrufen. Dies hängt allerdings sowohl von dem Beobachter ab als auch von den Merkmalen des Modells: Ist der Beobachter z.B. besonders gelangweilt, genügen schon minimale Reize, um die Aufmerksamkeit auf das Modell zu lenken; ist der Beobachter hingegen sehr gestresst, muss das Modell bestimmte herausragende Merkmale aufweisen, um Beachtung zu finden. Aber selbst wenn das Verhalten des Modells wahrgenommen worden ist, erfolgt deshalb noch keine Speicherung des Wahrgenommenen. Bandura unterscheidet die visuelle und die sprachliche Speicherungsmöglichkeit. In welchem Umfang die beobachteten Verhaltensweisen gespeichert werden, hängt z.B. auch von den bereits im Langzeitgedächtnis zur Verfügung stehenden Wissenselementen ab. Ist die Aneignungsphase erfolgreich abgeschlossen, ist die **Ausführung** des Verhaltens von zwei weiteren Teilprozessen abhängig: Es müssen zum einen die motorischen Voraussetzungen gegeben sein, um dieses Verhalten auszuführen. Die Leistung eines Sportlers kann den Beobachter beeindruckt und er deshalb die Bewegungsabläufe genau gespeichert haben, aber es fehlen doch die physischen Fähigkeiten, um selbst dieses Verhalten zeigen zu können. Selbst wenn diese Voraussetzung gegeben ist, wird die Person zur Ausführung des Verhaltens erst motiviert sein, wenn äußere Anreize, die auf das Verhalten mit hoher Wahrscheinlichkeit folgen werden, dies für sie attraktiv erscheinen lassen. Oder die Person hat bei anderen beobachtet, dass entsprechende Konsequenzen folgen (stellvertretende Bekräftigung), oder sie selbst befürwortet diese Verhaltensweisen (Selbstbekräftigung). Die sozial-kognitive Lerntheorie geht davon aus, dass von außen kommende Bekräftigung sich zwar motivierend auf den Lernprozess auswirken kann, aber keineswegs hierfür notwendig ist. Ein Verhalten kann sogar über einen längeren Zeitraum nur durch Selbstverstärkung aufrechterhalten werden. Wie stark Menschen von externer Kontrolle oder von Selbstbekräftigung gesteuert werden, hängt u.a. ganz entscheidend von ihrer intellektuellen und emotionalen Entwicklung ab. Zu Beginn der Entwicklung kommt der Steuerung des Verhaltens über externe Faktoren eine deutlich höhere Bedeutung zu; aber mit zunehmender Komplexität der kognitiven Organisation gewinnen die inneren Verarbeitungsprozesse an Bedeutung.

Fassen wir nochmals zusammen, von welchen Teilprozessen es abhängt, ob ein Verhalten eines Modells nachgebildet wird: Die Person muss die entsprechende Tätigkeit beobachten und im Gedächtnis repräsentieren; darüber hinaus muss sie über die physischen Fähigkeiten verfügen, um die Reaktion ausüben zu können und sich durch Anreize zur Ausübung des Verhaltens veranlasst sehen.

Übertragen wir die sozial-kognitive Lerntheorie auf die **Entstehung der Angst**: Für Kinder sind die Bezugspersonen, von denen sie stark emotional abhängig sind, wichtige Modelle, deren Verhalten imitiert wird. Wie Windheuser (1977) aufzeigt, lässt sich eine hohe Übereinstimmung zwischen den Ängsten von Kindern und denen ihrer Mütter feststellen. Auch Schneider, Florin und Fiegenbaum (1993, 218-221) kommen nach Sichtung der empirischen Studien zu dem Ergebnis, dass die häufige Beobachtung eines ängstlichen Elternteils die Kinder für die Entwicklung insbesondere von Angststörungen anfällig macht. Wenn Kinder beobachten, dass ihre Mutter z.B. den Kontakt zu fremden Personen auf ein Minimum reduziert, dann besteht eine hohe Wahrscheinlichkeit, dass die Kinder sich ebenfalls sozial ängstlich verhalten. Um diesen Prozess zu verstehen, muss man nicht auf die Zwei-Faktoren-Theorie von Mowrer zurückgreifen: Man kann Vermeidungs- und Abwehrverhalten auch lernen, ohne dass man zuvor selbst Angst erlebt hat. Ob eine Person in einer Situation Angst hat oder ob sie ein Vermeidungsverhalten zeigt, hängt ganz entscheidend von der Erwartung ab, die sie aufgrund eigener Erfahrung und/oder aufgrund der Beobachtung von Modellen ausbildet! Die Tatsache, dass ein Vermeidungsverhalten so veränderungsresistent ist, wird von Bandura keineswegs bestritten, aber auch hier ist die Erwartung, die sich ausgebildet hat, entscheidend:

„Die Tatsache, dass die antizipierten Bedrohungen gar nicht eintreten, bekräftigen also die Erwartungen, dass die Abwehrmaßnahmen ihnen vorbeugen, also funktional sind." (Bandura, 1979, 69)

Angst entsteht vor allem dann, wenn die Person keine klaren Erwartungen ausbilden kann und so unter Kontrollverlust leidet. Besonders wenn nachteilige Konsequenzen unregelmäßig und unkontrollierbar auftreten und wenn die Person nicht über die effektiven Bewältigungsmöglichkeiten verfügt, um sich selbst zu schützen, führt dies zu massiver Angst. Solche Erwartungen lassen sich auch nur schwer ändern, denn es bedarf der Erfahrungen, die diese negativen Erwartungen eindeutig widerlegen! Die Ausführungen von Bandura lassen sich als Vorläufermodell des bereits dargestellten Prozessmodells von Lazarus verstehen: Angst hängt entscheidend von der Beurteilung der Gefährlichkeit der Situation ab und der Angemessenheit der eigenen Bewältigungsmöglichkeiten, um dieser Gefahr zu begegnen. Bandura (1978) spricht hier von „self-efficacy expectation", was mit Selbstkompetenz-Erwartung übersetzt werde kann. Auch Seligman (1992) arbeitet in seiner **Theorie der erlernten Hilflosigkeit** heraus, dass Angst sich anlässlich von unvorhersehbaren und unkontrollierbaren Ereignissen entwickelt.

8.4. Zusammenfassung: Lerntheorien und Angstentwicklung

Wenn die neurologische und psychische Reifung noch gering ausgeprägt ist, vollzieht sich das Lernen nach den einfachen Lerngesetzmäßigkeiten des klassischen und operanten Konditionierens.

Aber auch beim Erwachsenen findet emotionales Lernen unter Umgehung des Neocortex statt. Bei der Furchtkonditionierung kann sogar die einmalige gemeinsame Darbietung eines neutralen und eines Furcht auslösenden Reizes ausreichen, um in Zukunft den ehemals neutralen zum Furcht auslösenden Reiz werden zu lassen. Wie die Erklärung der Entstehung von Panik nach Wolpe verdeutlicht, können auch innere Reize, z.B. der Anstieg des Blutdrucks, zum konditionierten Auslöser von Angst werden.

Es ist unbestreitbar, dass die externen Konsequenzen steuernden Einfluss auf das Verhalten haben. Besonders gut lässt sich die Aufrechterhaltung von Ängsten durch das Vermeidungsverhalten, d.h. durch negative Verstärkung, erklären.

Klassisches und operantes Konditionieren reichen aber nicht aus, um die Entstehung von Angst beim Menschen zu verstehen. Die Prozesse in der „schwarzen Kiste", die Erwartungen und Bewertungen, spielen für die Angstentstehung eine große Rolle. Bei Kindern konnte nachgewiesen werden, dass die Angstentwicklung in engem

Zusammenhang mit ängstlichen Modellen steht und die durch diese vermittelten Erwartungen. Aber auch Kinder, die unkontrollierbaren, unbeeinflussbaren und unvorhersehbaren Erziehungsverhalten ausgesetzt sind, entwickeln starke Ängste. Eltern, die ihre Kinder „in Watte packen" und alle Gefahren von ihnen fern halten wollen, können durch diesen Erziehungsstil ebenfalls zur Herausbildung von problematischen Erwartungen beitragen: Das Kind traut sich die Bewältigung von sozialen Situationen nicht zu und weist folglich deutliche Einschränkungen im sozial kompetenten Handeln auf (s. Petermann, 1993a, 191/192). Auch bei Erwachsenen kommt den Bewertungsprozessen für die Angstentstehung eine fundamentale Bedeutung zu. Die Konfrontation mit unvorhersehbaren und unkontrollierbaren Situationen führt zum Verlust der überlebenswichtigen Orientierung. Kontrollverlust ist folglich ein Schlüssel zum Verständnis von Angst.[23]

8.5. Die Verhaltenstherapie

Aufbauend auf den Lerntheorien hat sich eine Therapieform entwickelt, die in den sechziger Jahren begann, sich als ernst zu nehmende therapeutische Richtung zu etablieren: die **Verhaltenstherapie**. Das klassische und das operante Konditionieren stellen eher historische Vorläufer der gegenwärtigen verhaltenstherapeutischen Störungstheorien dar; kognitive und interpersonale Erklärungsansätze haben zunehmend größere Bedeutung erhalten. Unter Bezugnahme auf Bartling (1980), Bastine (1990, 193/194) und Revenstorf (1989) lassen sich einige *Merkmale* herausarbeiten, die für die Verhaltenstherapie charakteristisch sind:

- Der Schwerpunkt liegt auf der genauen **Analyse** des problematischen Verhaltens. Durch Selbstbeobachtung und Fremdbeobachtung soll die Person herausfinden,
  - welches die wichtigsten Merkmale der Situation sind, in der das problematische Verhalten auftritt (S),
  - welche Erwartungen ihr in der konkreten Situation durch den Kopf gehen (E),
  - wie ihr körperlicher Zustand ist (O),
  - welches Verhalten sie in der Situation zeigt (V),
  - welche positiven und negativen Konsequenzen auf das Verhalten folgen, und zwar sowohl kurzfristig als auch langfristig, sowohl von ihr erzeugt als auch von der Umwelt gesetzt (K).

23 Die Ausführungen über Angstenstehung sind die Grundlage für das Verständnis der Entstehung der Posttraumatischen Belastungsreaktion und –störung (PTSD).

Ein weiteres Schema der Exploration des Verhaltens, das sogenannte **BASIC-ID**, stammt von dem bekannten Verhaltenstherapeuten Arnold A. Lazarus (nicht zu verwechseln mit dem Stressforscher R.S. Lazarus). Auch in seinem Ansatz, der **„multimodalen Verhaltenstherapie“**, steht die Totalität der menschlichen Persönlichkeit im Zentrum (Lazarus, 1978, 58). Die Analysefragen verdeutlichen dies:[24]

B (behavior = Verhalten): „Von welchen spezifischen Verhaltensweisen wünschen Sie sich, dass sie bei Ihnen häufiger vorkommen, und von welchen, dass sie nicht so häufig vorkommen?“

A (affect = Gefühl): „Welche negativen Gefühle würden Sie gerne abbauen oder ganz beseitigen, und welche positiven Gefühle würden Sie gern häufiger bei sich erleben oder intensivieren?“

S (Sensation = Empfindung): „Eine Frage, die Ihre fünf Sinne betrifft: Von welchen speziellen Reaktionen würden Sie gerne loskommen, und welche Empfindungen würden Sie gerne steigern?“

I (Imagery = Vorstellung): „Welche „geistigen Bilder“ oder Vorstellungen quälen Sie, so dass Sie diese gerne loswerden möchten, und welche angenehmen Vorstellungen würden Sie gern deutlicher erleben?“

C (Cognition = Gedanken, Kognitionen): „Welche Gedanken, Werte, Einstellungen und Überzeugungen stellen sich Ihrem Glück in den Weg?“

I (Interpersonal = zwischenmenschliche Beziehungen): „Was Ihren zwischenmenschlichen Bereich anbelangt, was verhindert enge, persönliche, liebevolle und gegenseitig befriedigende Beziehungen zu anderen Menschen?“

D (Drugs = Drogen): „Bei welchen Gegebenheit nehmen Sie Drogen und Medikamente? (einschließlich Alkohol, Kaffee und Tabak)“

24 Dieses Modell bildet auch die Grundlage des in Polizeikreisen weit verbreiteten Buches „Kriminalpsychologie“ von Füllgrabe (1997)

- Die Gestaltung der **Therapeut-Klient-Beziehung**:

Abb. 29: Die Beziehung von Therapeut und Klient in der Verhaltenstherapie (Bartling, 1980, 20/22)

Wie dem Schaubild zu entnehmen ist, wird der Klient einbezogen, um mit Unterstützung des Therapeuten sein Problem zu bewältigen. Die Verhaltenstherapie will den Klienten anleiten, wieder die Kontrolle über das eigene Verhalten zurückzugewinnen und hat den manipulativen Charakter der Anfangszeit weitgehend hinter sich gelassen (vgl. Watson / Tharp, 1985). Besonders die auf Kanfer (1990) zurückgehende *Selbstmanagement-Therapie* will dem Klienten helfen, sein Leben wieder selbst in den Griff zu bekommen und eine aktivere Rolle bei der Gestaltung des eigenen Lebensschicksals zu übernehmen.

- Die genaue Analyse des Verhaltens stellt die Basis dar, um dann zu planen, welche **Methoden** zur Veränderung des Verhaltens ausgewählt werden. Die Begründung dieser Auswahl stützt sich weitgehend auf **experimentelle Forschung**. Wichtig ist, dass nicht vom „großen Magier" Zaubertricks aus der Wunderkiste hervorgeholt werden, sondern dass der Klient in die **Planung** einbezogen wird und erfährt, dass das therapeutische Vorgehen durchschaubar und zielgerichtet ist. Das Spektrum der zur Verfügung stehenden Methoden umfasst die gezielte Beeinflussung der vorausgehenden und nachfolgenden Bedingungen (operante Methoden), das Erlernen von Entspannungsmethoden (Jacobson-Training/ Autogenes Training), die Bewusstmachung und Hinterfragung der Erwartungen (kognitive Umstrukturierung), die Erzeugung hilfreicherer Vorstellungen sowie das Einüben neuer Verhaltensweisen im Rollenspiel und in der Realität.

- Ein weiteres wichtiges Charakteristikum der Verhaltenstherapie lautet: Die Einsicht in die Entstehung des problematischen Verhaltens allein reicht für dessen Veränderung nicht aus. Die **Übung neuer Verhaltensweisen** nimmt deshalb einen zentralen Stellenwert ein.

8.5.1. Die Angstkonfrontationstherapie

Auch wenn es sich bei der Angst um ein grundsätzlich sinnvolles Gefühl handelt, da es uns vor Gefahren warnt, kann sie doch ein Ausmaß annehmen, das die menschliche Entwicklung erschwert oder sogar behindert. In diesem Fall handelt es sich um eine Angststörung oder Angsterkrankung. Es werden drei Gruppen von Ängsten unterschieden[25]: die generalisierten Ängste, die Panikattacke und die Phobien. Bei der **generalisierten Angst** stellt die Angst das alles beherrschende Grundgefühl dar; die Angst kann auch ohne Bezug auf für die Person klar erkennbare Ursachen auftreten. Bei der **Panikattacke** erlebt die Person für Minuten einen für sie besonders unangenehmen Angstzustand, der häufig mit Todesangst verbunden ist. Bei den **Phobien** besteht eine ausgeprägte Angst vor bestimmten Situationen und Objekten, die zu einem Vermeidungsverhalten führt, das in keinem Verhältnis zu der Gefahr steht, die von einem bestimmten Objekt oder einer bestimmten Situation droht, und das der Leidende in der Tat auch als grundlos erkennt (Davison / Neale, 1998, 143). Solche Phobien kommen in der Bevölkerung recht häufig vor.[26] Leichte Phobien sollen bei 7-10%, schwere Phobien bei bis zu 0,2 % der Bevölkerung vorhanden sein (Payk, 1994, 2). Aufgrund des Vermeidungsverhaltens breitet sich die Angst auf immer mehr

25 Diese Einteilung findet sich im DSM IV, dem Diagnostical Statistical Manual, einem Klassifikationssystem für psychische Störungen.

26 **Akrophobie**: Angst, sich in größere Höhen zu begeben. **Klaustrophobie**: Angst, sich in engen oder geschlossenen Räumen aufzuhalten. **Agoraphobie**: Angst, sich in die Öffentlichkeit zu begeben

Situationen aus. Die Autonomie der betroffenen Person kann derart eingeschränkt sein, dass viele Situationen nur noch in Begleitung vertrauter Personen aufgesucht werden. Dies kann den Verlust des Arbeitsplatzes sowie einen deutlichen Abbau des Selbstwertgefühls mit zunehmender Depression zur Folge haben. Auch hier gilt, dass die Einsicht in die Auslöser der Angst – z.B. eine ernsthafte Erkrankung, der Verlust wichtiger Bezugspersonen oder schwerwiegende Arbeitsplatzprobleme – noch keine Veränderung bewirkt. Bei Phobien nun hat sich aufgrund umfangreicher experimenteller Forschung gezeigt, dass die **Angstkonfrontationstherapie** (oder auch Überflutungstherapie (Flooding) oder Reizkonfrontation in vivo genannt) besonders effektiv ist.

Das Grundprinzip dieser Methode besteht in der Konfrontation des Klienten mit der gefürchteten Situation oder dem gefürchteten Objekt. Fliegel (1981, 213) nennt folgende Charakteristika:

- „Flucht- und Vermeidungsverhalten des Klienten wird grundsätzlich verhindert,
- der Klient muss die Konfrontation bis zum Rückgang der Angst ohne Entspannungshilfe – meist über längere Zeit – ertragen,
- das Abbruchkriterium der Therapiesitzung ist die Bewältigung bzw. das weitgehend angstfreie Ertragen der für den Klienten sehr unangenehmen Situation."

In Münster, in der Klinik der Christoph-Dornier-Stiftung, wird diese Behandlung stationär durchgeführt. Für den Klienten wird ein individuelles Programm zusammengestellt – z.B. eine Fahrt mit öffentlichen Verkehrsmitteln, der Besuch eines Kaufhauses oder die Besteigung eines Hochhauses. Da es bei der Durchführung dieses Programms, das sich ca. über 14 Tage unter Aufsicht eines Therapeuten vollzieht, zu extrem starken physiologischen Reaktionen kommen kann, erfolgt vorab eine ärztliche Untersuchung. Ist eine massiv Angst auslösende Situation bewältigt, erfolgt unmittelbar die Konfrontation mit der nächsten.

Welches nun sind die Erklärungen für die hohe Effektivität dieser Vorgehensweise? Zum einen wird auf *physiologische Theorien zur Erregung und Erschöpfung* zurückgegriffen. Ausgangspunkt bildet die Erkenntnis, dass eine physiologische Erregung nur eine begrenzte Zeit vom Organismus aufrechterhalten werden kann und sich dann abschwächt (d). Die Person ist aber aus der Situation geflohen, als die Erregung extrem war und hat den Angstabfall nicht miterlebt (a). Wenn sie nach dieser Erfahrung nur an die Situation denkt, steigt die Angst schon im Vorfeld stark an, was das Vermeidungsverhalten aufrechterhält (b). Zugleich stabilisiert sich die Vermutung, dass die Angst nicht nachlassen würde, wenn sie sich erneut in die Situation begeben würde (c). Nur indem sie sich dieser Situation aussetzt und erlebt, dass die Angst auch wieder absinkt, kann die Angst vor der Angst durchbrochen werden.

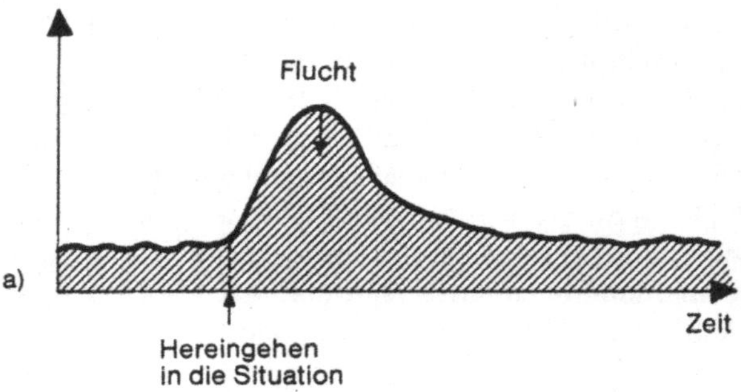

a) Verlauf bei schnellem Verlassen der gefährlichen Situation

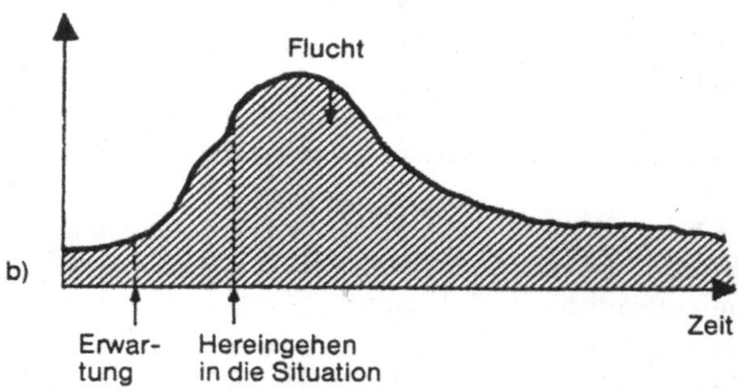

b) vorgezogener Verlauf aufgrund erwarteter Angst

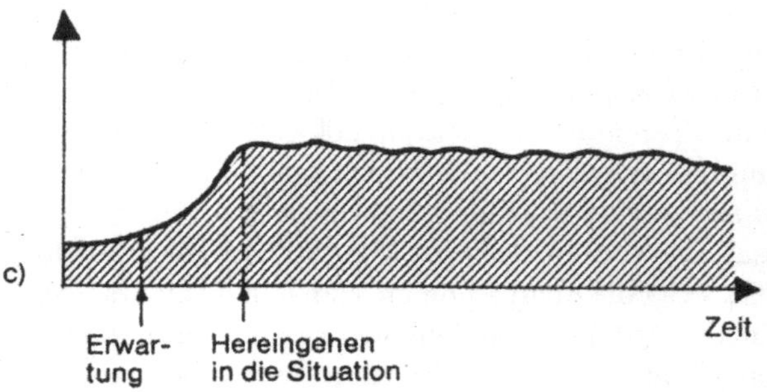

c) vorgestellter Verlauf der Angstintensität, falls die Situation nicht verlassen würde

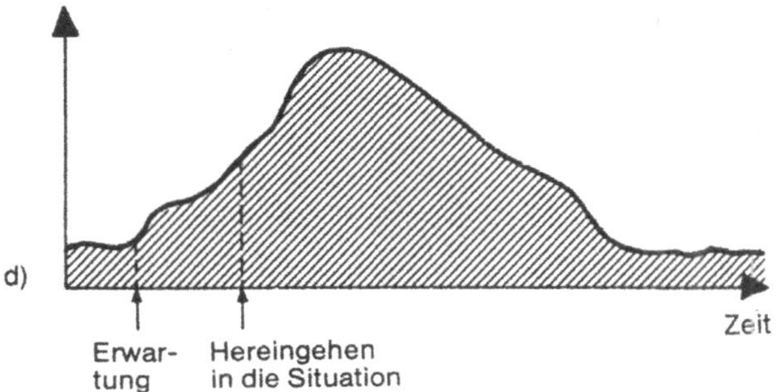

d) tatsächlicher Verlauf der Angst, wenn die Situation nicht verlassen wird

Abb. 30: Verlauf der Angstentwicklung bei Konfrontation mit einer gefürchteten Situation (nach Bartling et al. 198, in Revenstorf, 1989, 110/111)

Die größte Erklärungskraft für die Wirksamkeit der therapeutischen Vorgehensweise kommt *kognitiven Theorien* zu: Wenn der Klient sich der Situation erneut aussetzt und erfährt, dass die Angst nachlässt, ruft dies einen Widerspruch zu seiner bisherigen Bewertung hervor. Diese Diskrepanz kann nur durch eine Neubewertung (Attribution) erfolgen. Diese Neubewertung umfasst – unter Bezugnahme auf die Emotionstheorie von Lazarus – zwei Komponenten: Zum einen wird die Einschätzung dahingehend verändert, dass die Situation gar nicht so bedrohlich ist, wie anfangs vermutet wurde, und zum anderen registriert die Person, dass sie über hinreichende Bewältigungsstrategien in der Situation verfügt. Auch kann unter Bezugnahme auf Bandura die Rolle der Erwartung von großer Bedeutung sein. Wenn der Therapeut dem Klienten im Vorfeld ausführlich über das Verfahren, die Wirkung und die empirischen Wirkungsstudien der Angstkonfrontationstherapie informiert, stärkt dies das Vertrauen in die Therapie und trägt zur hilfreichen Selbstverbalisation (*„Meine Angst wird geringer werden!“ „Ich werde die Situation durchstehen!“*) bei.

In einem Übungsbuch für Betroffene und Angehörige zur Überwindung der Platzangst (Agoraphobie) finden sich **10 Regeln für ein Selbstgespräch**, die die Bewältigung von zuvor gemiedenen Angst auslösenden Situationen (Übungen) erleichtern sollen (Mathews u.a., 1988, 119):

1. Deine Angstgefühle und dabei auftretende körperliche Symptome sind verstärkte normale Stressreaktionen.
2. Angstreaktionen sind nicht schädlich für Deine Gesundheit.
3. Verstärke Deine Angstreaktion nicht selbst durch Furcht erregende Phantasievorstellungen.
4. Bleibe trotz der Panikgefühle in der Realität. Beobachte und beschreibe Dir, was wirklich geschieht.
5. Warte in der Situation, bis die Angst vorübergeht.
6. Beobachte, wann und wie die Angst von allein wieder abnimmt.
7. Gib Dir eine Chance, Fortschritte zu machen: Vermeide nicht!
8. Führe die Übung bis zum Abschluss durch.
9. Sei stolz auf Deine bisherigen Bemühungen und Erfolge (auch die kleinen!)
10. Nimm Dir Zeit für die Übungen.

9. Die Beurteilung der Glaubwürdigkeit

(speziell von Zeugen)

Der Polizei stellt sich im Umgang mit den BürgerInnen in verschiedenen Situationen immer wieder die Frage, ob sie dem, was diese an Gefühlen zeigen und an verbalen Äußerungen von sich geben, Glauben schenken kann oder nicht. Die Beantwortung dieser Frage hat bedeutsame Konsequenzen: Vermutet z.B. ein Polizeibeamter, dass sein Gegenüber ihn zu manipulieren versucht, wird er eher unfreundliche und abweisende Verhaltensweisen an den Tag legen.

Ein Beispiel:
Zwei Polizeibeamte werden von Detektiven eines großen Kaufhauses gerufen, weil eine Frau beim Diebstahl erwischt worden ist. Als die Polizeibeamten das Büro der Kaufhausdetektive betreten, spielt sich Folgendes ab: Eine kräftig gebaute, etwa 30jährige arabische Frau wird von zwei Männern festgehalten, derweil sie laut schreit, jammert und um sich schlägt. Der Kommentar der Kaufhausdetektive: „So geht es schon die ganze Zeit!" und mit fast bittendem Ton an die Polizei „Nehmen Sie die Frau bloß mit. Wir sind schon mit den Nerven fix und fertig!" Die Frau hat Modeschmuck – offenbar Geschenke für die Angehörigen ihres Herkunftslandes – im Wert von ca. 35 Euro gestohlen. Sie trägt des Weiteren ein Flugticket für den kommenden Tag bei sich.

Welche **Erklärungen** können von den Polizeibeamten für dieses Verhalten herangezogen werden?

„Sie spielt Theater und versucht, die Situation dadurch zu steuern. Vielleicht hofft sie, dass wir sie aufgrund dieses Verhaltens möglichst schnell wieder laufen lassen", *oder* „Die Situation ist für sie derart bedrohlich, dass sie sich in einem Zustand extremer Erregung befindet."

Wenn die Beamten die *erste Erklärung* zugrunde legen, werden sie mit hoher Wahrscheinlichkeit hart durchgreifen und damit eventuell zu einer weiteren Eskalation der Situation beitragen. Unter Bezugnahme auf die *zweite Erklärung* wird eventuell versucht, beruhigend auf die Frau einzuwirken, um eine zügige Bearbeitung des Diebstahls zu ermöglichen.

Aber welche dieser Erklärungen ist richtig? Oder trifft vielleicht eine gänzlich andere zu? Ist nicht sogar eine Verknüpfung beider Erklärungen denkbar? Aufgrund der Tatsache, dass sie beim Stehlen entdeckt worden ist, befindet sie sich in einer für sie schwer durchschaubaren Lage, die hohe Ängste auslöst. Vermutlich versucht sie unter Rückgriff auf das ihr zur Verfügung stehende Verhaltensrepertoire auf die Situation Einfluss zu nehmen. Dabei steigert sie sich derart in ihre Erregung hinein, dass eine Steuerung ihrer Gefühle und ihres Verhaltens – weder von ihr noch von der Umwelt – möglich ist.
De facto war es in der geschilderten Situation so, dass die Frau auf eine Ansprache nicht reagierte; ihre Erregung war derart hoch, dass sie auch im Funkwagen versuchte, mit dem Kopf auf den Tisch und gegen die Scheibe zu schlagen. Die Polizeibeamten klappten deshalb den Tisch herunter und banden ihr zur Verhinderung von Selbst- und Fremdverletzung Arme und Beine zusammen. Erst nachdem die hohe Erregung abgesunken war, konnte (auf Englisch) mit ihr ein ruhiges Gespräch geführt werden, in dessen Verlauf das weitere Vorgehen erläutert wurde und ihr zugesichert werden konnte, dass sie den Flug in ihr Heimatland am morgigen Tag nehmen könne – denn diesen zu verpassen, versetzte sie in größte Panik.

Situationen wie diese gestalten sich für die Polizeibeamten so schwierig, weil nur minimale Informationen über die Person vorliegen. Wenn dann noch Sprachbarrieren und kulturelle Unterschiede erschwerend hinzukommen, ist der Rückgriff auf „plausible“ Vermutungen (s. Hypothesentheorie der Wahrnehmung) verständlich. Plausibel bedeutet aber nicht unbedingt richtig: Aufgrund der in Mimik, Gestik und Stimmführung gezeigten Gefühle kann nur sehr bedingt die „Echtheit“ derselben entschlüsselt werden. Der als übersteigert erlebte Gefühlsausdruck der arabischen Frau erzeugt in unserem Kulturkreis den Verdacht der Unglaubwürdigkeit. Mit *der unterstellten Unglaubwürdigkeit* geht aber die Gefahr einher, dass bei der Person im Sinne einer sich selbst vollziehenden Prophezeiung genau die Verhaltensweisen herbeigeführt werden, die unterstellt worden sind.

Angestrebt wird keineswegs eine naive Grundhaltung im Sinne von „Wir glauben immer den Personen, mit denen wir es zu tun haben“, sondern eine genaue Beobachtung der gezeigten Verhaltensweisen und eine differenzierte Auswertung im Prozess verbunden mit der Offenheit, verschiedene Hypothesen auf ihre Gültigkeit hin zu überprüfen.

9.1. Der „Lügendetektor" *oder* Polygraph

Wer würde sich nicht wünschen über ein Verfahren zu verfügen, das sicher darüber Auskunft gibt, ob eine Person lügt oder die Wahrheit sagt! Schon im privaten Bereich hätte manch einer gerne Klarheit, so z.B. die Eltern, die befürchten, ihre Kinder könnten harte Drogen zu sich genommen haben, obwohl sie dies abstreiten; oder der Mann, der gerne Gewissheit hätte, ob er seiner Partnerin glauben kann, wenn sie behauptet, das Kind sei von ihm. Selbst bei Menschen, die wir gut kennen, ist es manchmal schwer zu sagen, ob sie uns nun anlügen oder nicht. Ein derartiger Test, der Lügner eindeutig überführt oder Verdächtigte entlastet, ist die **DNA-Analyse**, die heute immer stärker zum Einsatz kommt. Wer der Vater eines Kindes ist, lässt sich durch diese Methode zweifelsfrei feststellen.
Aber was tun, wenn im Rahmen der polizeilichen Vernehmung eine Person behauptet, sie habe das Geld nicht gestohlen oder den Überfall nicht begangen, aber kein Beweismaterial vorliegt? Die Hoffnung richtet sich auf ein Gerät, das anhand der körperlichen Veränderungen – wie z.B. Schwitzen, Erröten, schnelleres Atmen – den Lügner überführen soll. Geräte, die solche vom autonomen Nervensystem ausgehenden physiologischen Veränderungen messen, gibt es und sie haben in der Psychologie eine lange Tradition, so z.B. in der Angstdiagnostik und in der Angsttherapie.[27] Aber, so Steller (1997, 310): „Einen „Lügendetektor" gibt es nicht – sofern man hierunter eine Apparatur versteht, die es ermöglicht, die unwahre Aussage einer Person mittels Ableitung und Auswertung physiologischer Parameter unmittelbar als Lüge zu identifizieren."

Es gibt keine typischen physiologischen Muster, die auftreten, wenn eine Person lügt.

Was sich allerdings herausfiltern lässt, sind Unterschiede bei derselben Person (intraindividuelle Unterschiede): Bei einigen Fragen zeigt die Personen Erregung, bei anderen Fragen hingegen nicht. Und mit diesen Unterschieden arbeitet die Methode in ihren verschiedenen Variationen. Die wichtigste Unterscheidung ist die zwischen der direkten Methode des Kontrollfragentests (KFT) und der indirekten Methode des Tatwissenstests (TWT). Beim **Kontrollfragentest** werden neutrale (geschlossene) Fragen formuliert wie z.B. „Heißen Sie ...? Wohnen Sie in der ....Straße?, die mit dem Tatvorwurf nichts zu tun haben sollen. Die physiologische Reaktion auf diese Fragen wird gemessen. Des Weiteren werden *relevante Fragen* gestellt, die sich z.B. auf ein bestimmtes Detail des Tatgeschehen beziehen („Haben Sie am 15.10. um 16.15 Uhr

27 Zur Darstellung der verschiedenen methodischen Konzepte („direkte und indirekte Methoden") s. Steller, 1997, 312-315)

den Geldtransporter ... überfallen?"), und *Kontrollfragen*, die sich nicht direkt auf den Tatvorwurf beziehen, aber belastenden Charakter haben („Haben Sie vor Ihrem 20. Lebensjahr einen Einbruch verübt?"). Anschließend werden die physiologischen Reaktionen auf diese Fragen miteinander verglichen. Beim **Tatwissenstest** hingegen sind dem Untersucher bereits hinreichende Details des tatsächlichen Tatverlaufs bekannt. Der Beschuldigte wird nun mit mehreren zutreffenden Tatdetails einerseits und gleichartigen Alternativen (falschen Tatdetails) anderseits konfrontiert: „Handelt es sich bei der Tatwaffe um ein Messer...eine Pistole...einen Stock..?" Die Annahme lautet hier, dass der Beschuldigte stärkere physiologische Parameter (Orientierungsreaktion) aufweist, wenn ihm tatsächliche Tatdetails genannt werden.
Anhand dieser nur grob skizzierten Methode kann zu Recht abgeleitet werden, dass die Fragen für die Person unterschiedliche Bedeutsamkeit aufweisen. Aber sagt dies wirklich etwas über das Vorliegen einer Lüge aus? Besonders hinsichtlich des Kontrollfragentests ist hohe Skepsis angebracht: Wenn eine Person bei bestimmten Fragen eine hohe Erregung zeigt, dann kann dies der Fall sein, weil sie Angst hat, als Täter überführt zu werden oder weil sie Angst hat, fälschlicherweise als Täter überführt zu werden oder aufgrund ganz anderer Gründe, die für den Fragesteller nicht klar erkennbar sind. Fehler sind folglich keinesfalls ausgeschlossen: Eine unschuldige Person kann zu Unrecht für schuldig gehalten werden und umgekehrt. Aufgrund der hier angerissenen Fehlerhaftigkeit des Beweises zählt diese Methode zu den *verbotenen Vernehmungsmethoden* (§ 136 a StPO) und ist deshalb auch im Hauptverfahren ein völlig ungeeignetes Beweismittel. Mit dem BGH-Urteil vom 17.12.1998[28] hat sich die grundsätzliche Einschätzung dahingehend verändert, dass es sich nicht um einen Verstoß gegen Verfassungsgrundsätze oder § 136 a StPO handelt, wenn der Beschuldigte sich einer solchen polygraphischen Untersuchung freiwillig unterzieht.
1. „Wirkt der Beschuldigte freiwillig an einer polygraphischen Untersuchung mit, so verstößt dies nicht gegen Verfassungsgrundsätze oder § 136a StPO".
Des Weiteren heißt es im Urteils des Bundesgerichtshofs:
2. „Die polygraphische Untersuchung mittels des Kontrollfragentests und – ***jedenfalls im Zeitpunkt der Hauptverhandlung*** *– des Tatwissenstests führt zu einem völlig ungeeigneten Beweismittel i.S.d. § 244 Abs. 3 Satz 2 4. Alt. StPO."*
Knierim (2001) und Fuchs (2002) kommen aufgrund ihrer empirischen Untersuchung[29] der Tatwissenstechnik zum Ergebnis, dass der Einsatz des **Tatwissenstests** zu

28 BGH, Urt. V. 17.12.98 1 StR 156/98
29 Die Untersuchung wurde 2001 mit 48 Studierenden des Fachbereichs Polizeivollzugsdienst der Fachhochschule für Verwaltung und Rechtspflege in Berlin durchgeführt. Ca. die Hälfte der Studierenden sollte ein Scheinverbrechen durchführen, die andere Hälfte verbrachte die Zeit mit dem Mitarbeiter im Raum. Anschließend, d.h. 1 Stunde bzw. 7 Wochen nach der „Tat", wurde mit jedem Studierenden der Tatwissenstest durchgeführt (vgl. Fuchs, 2002, 56-60.

einem früheren Zeitpunkt als dem der Hauptverhandlung und unter bestimmten Vorraussetzungen doch zu einem brauchbaren Beweismittel führt. Durch die Aufhebung der Verfassungswidrigkeit dieser polygraphischen Untersuchung wird der Polizei die Möglichkeit eingeräumt, **Tatwissenstests im Rahmen ihrer Ermittlungen einzusetzen**. Es bedarf allerdings weiterer Forschung, um die Möglichkeiten zur Anwendung der Tatwissenstechnik für die polizeiliche Ermittlungsarbeit zu erschließen. Ein standardisierter „Lügendetektortest", der einfach aus der Schublade geholt wird, liegt nicht vor.

Bleibt auch der Einsatz von Lügendetektoren – zum Zeitpunkt der Hauptverhandlung – in Strafprozessen verboten, so ist die Anwendung in Familienrechtsangelegenheiten allerdings erlaubt.
Undeutsch (1997, 306) sieht einen besonders hohen Bedarf für den Einsatz der „psychophysiologischen Täterschaftsermittlung" bei Verdacht des sexuellen Missbrauchs, der im Rahmen von familienrechtlichen Streitigkeiten und vormundschaftsgerichtlichen Auseinandersetzungen vorgebracht wird. Um dem Gericht eine möglichst schnelle Entscheidung zu ermöglichen, ob eine konkrete Gefährdung des Kindes vorliegt und folglich der Kontakt zu dem beschuldigten Elternteil sofort zu unterbrechen ist, kann diese Methode seiner Auffassung nach eine große Hilfe sein. So verweist er auch auf eine Anzahl bereits vorliegender Beschlüsse von Gerichten, die die Polygraph-Untersuchungen zugunsten des Verdächtigten verwertet haben (Undeutsch, 1997, 308). Auch wenn die Notwendigkeit eines Verfahrens, das die zu Unrecht Verdächtigten schnell entlastet, insgesamt gesehen wird, teilen doch nur wenige den Optimismus von Undeutsch. Steller (1997, 322) weist darauf hin, dass keine Untersuchungen zur Gültigkeit der psychophysiologischen Methoden in sexuellen Missbrauchsfällen vorliegen und eine unveränderte Übertragung gängiger Verfahren auf dieses spezielle Anwendungsfeld zahlreiche Probleme nach sich zieht.

Interessant sind auch neuere Entwicklungen, die anhand des *Gesichtsausdruckes* erkennen wollen, ob die Person die Wahrheit sagt oder nicht (Beissmann, 1999, 38). Der amerikanische Emotionsforscher Paul Ekman hat ein Computerverfahren entwickelt, das herausfinden soll, ob ein Gesichtsausdruck echt oder gespielt ist. Grundlage ist die Erkenntnis, dass die willentliche Kontrolle der Muskulatur der oberen Gesichtshälfte nur sehr bedingt möglich ist. Auch ist der Bewegungsfluss bei gekünstelten Mienen langsamer und weniger geschmeidig als bei spontanen. Dieses neue Verfahren braucht keine aufwendige Verkabelung, sondern nur eine Kamera und einen Computer.

Wie unterscheiden sich „echte" von „unechten" Gefühlen?
„Unwillkürliche (primäre) Gefühle benutzen andere neuronale Verbindungen und andere Muskelgruppen als willkürlich erzeugte (z.B. ein miserables Lächeln): Unwillkürliche (eher subkortikal gesteuert) Gesichtsausdrücke sind symmetrisch auf beiden Seiten des Gesichts, willkürliche (eher kortikal gesteuert) stärker auf der linken Seite konzentriert" (Birbaumer / Schmidt, 1999, 643).

Noch unauffälliger funktioniert die Verwendung von *Stimmanalysegeräten*, die z.B. an Telefone angeschlossen werden und ohne Wissen des Sprechers seine Stimme untersuchen. Diese Vorgehensweisen werfen nicht nur Probleme hinsichtlich des Datenschutzes auf; auch bei diesen Verfahren bestehen die Interpretationsprobleme, die bei der „psychophysiologischen Täterschaftsermittlung" aufgezeigt wurden. Selbst wenn der Computer erkennen sollte, dass der Gefühlsausdruck einer Person gespielt ist, sagt dies noch lange nichts über die „Wahrheit" aus: Ich kann z.B. Traurigkeit angesichts des Todes einer Person vortäuschen, obwohl ich dies nicht so empfinde, aber deshalb habe ich diese Person noch lange nicht ermordet.

9.2. Hilfestellung durch die forensische Aussagepsychologie

Auch die forensische **Aussagepsychologie** betont die hohe Bedeutung der differenzierten Auswertungen der Beobachtungen. Wie Michaelis-Arntzen (1993, 119) ausführt, stand am Anfang der Glaubwürdigkeitsbegutachtung folgende Überlegung: Wir machen uns ein Bild über die Persönlichkeit der in Frage kommenden Person. Erscheint diese glaubwürdig, dann hat auch die von ihr gemachte Aussage Glaubwürdigkeit. Und umgekehrt: „Taugt der Zeuge nicht, so taugt auch seine Aussage nicht!" Dieses Vorgehen scheint dem intuitiven Vorgehen vieler Polizeibeamter zu entsprechen. Aber: Die Aussagepsychologie hat inzwischen erkannt, dass dieser Zusammenhang so nicht richtig ist: Z.B. konnte bezogen auf den Tatbestand der „Vergewaltigung" gezeigt werden, dass gerade Zeuginnen, die „intelligent sind, charakterlich einwandfrei wirken und sehr behütet in gutem Milieu aufgewachsen sind" (a.a.O.) fälschlicherweise die Anschuldigung einer Vergewaltigung erheben. Personen hingegen, die in einem ungünstigen Umfeld aufgewachsen sind und eine Schule für Lernbehinderte besuchen, können sehr zuverlässige Aussagen machen. Daraus folgt die wichtige Erkenntnis,
„dass auch ein Zeuge, der sich in vielen Fällen als unzuverlässig erwiesen hat, in einem bestimmten Fall die Wahrheit sagen kann – und umgekehrt" (a.a.O.).
Viele Untersuchungen konnten nachweisen, dass die meisten von „naiven" Lügendetektoren verwendeten Kriterien, die man als Alltagsheuristiken einstufen kann, kaum

erfolgreich sind! Selbst Gruppen von Personen – hierzu zählen auch Polizeibeamte –, von denen man annimmt, dass sie aufgrund ihrer Berufserfahrung in der Lage sein sollten, Lügen zu entlarven, schneiden im Allgemeinen nicht besser ab zufällig gewählte Vergleichspersonen (vgl. Sporer, 1997, 83).[30]

Deshalb gilt: **„Praktisch und wissenschaftlich haben sich ... personenbezogene Konzepte von Glaubwürdigkeit als nutzlos erwiesen."** (Steller/ Volbert, 1997, 15)

Die Annahme, bei der Glaubwürdigkeit einer Person handele es sich um ein stabiles Persönlichkeitsmerkmal, ist äußerst fragwürdig. Aus diesem Grunde hat man sich verstärkt der Frage zugewandt, ob eine spezifische Bekundung einer Person (speziell eines Zeugen) glaubhaft ist. Also: **Von der Glaubwürdigkeit der Person zur Glaubhaftigkeit der Aussage!** Der Schwerpunkt hat sich von der Person auf die Aussage selbst verlagert! **Die grundlegende Annahme der Aussagenanalyse lautet, dass Aussagen über selbst erlebte Ereignisse sich in ihrer Qualität von Aussagen unterscheiden, die nicht auf selbst erlebten Vorgängen beruhen.** (Da Undeutsch 1967 erstmals diese Hypothese äußerte, wird sie auch *Undeutsch-Hypothese* genannt.) Inzwischen liegen zahlreiche empirische Studien vor, die diese Hypothese untermauern und eine Anzahl von Qualitätskriterien einer Aussage (auch Realitätskriterien genannt) aufzeigen, die eine Differenzierung zwischen selbst erlebten und nicht selbst erlebten Berichten ermöglichen (vgl. Steller u.a., 1993). Von Steller und Köhnken (1989) wurden 19 Kriterien erarbeitet, die heute allgemein anerkannt sind, um die Glaubhaftigkeit einer Aussage zu überprüfen.[31]
Aber es wäre genauso missverständlich, würde nun die Aussage losgelöst von der Person betrachtet. Natürlich bleibt es grundsätzlich wichtig zu fragen, ob die Person überhaupt in der Lage ist, eine bestimmte Aussage zu machen. Die *Aussagetüchtigkeit* umfasst all die bereits genannten Momente wie z.B. die Wahrnehmungsfähigkeit der Person in der konkreten Situation, die intellektuelle Verarbeitungsmöglichkeit und Gedächtnisleistungen, die Fähigkeit zur sprachlichen Reproduktion etc.
Unter Bezugnahme auf den inzwischen schon als Klassiker der Aussagenpsychologie geltenden Psychologen Friedrich Arntzen und seine Frau und Mitarbeiterin Else Michaelis-Arntzen, die über 40 Jahre intensiver empirischer Forschung im Rahmen

30 Leseempfehlung: Ekman, P. / Sullivan, M.: Who can catch a liar? American Psychologist, 1992, 46, 913-920.
31 Diese 19 Merkmale, deren Bedeutung sich größtenteils den folgenden Ausführungen im Text entnehmen lassen, sind: logische Konsistenz, unstrukturierte Darstellung, Detailreichtum, Raum-Zeit-Verknüpfung, Handlungsketten, Gesprächsinhalte, Handlungsbarrieren, Ausgefallenes, Nebensächliches, Unverstandenes, Indirektes, Eigenseelisches, Täterseelisches, spontane Berichtigung, Zugeben von Lücken, Selbstanwendung, Selbstbelastung, Täterentlastungen und Deliktspezifisches.

ihrer gerichtspsychologischen Tätigkeit aufweisen, kann festgehalten werden: Zwar steht die Zeugenaussage selbst im Mittelpunkt der Untersuchung, aber bestimmte Aussageeigenarten werden erst vor dem Hintergrund bestimmter Persönlichkeitseigenarten zu Glaubwürdigkeitsmerkmalen (vgl. Arntzen, 1993, 14). Um den Realitätsbezug einer Aussage zu beurteilen, müssen folglich neben der Aussagequalität auch personale, situative und soziale Faktoren berücksichtigt werden. Die konkrete Frage lautet:

> *„Könnte dieser Zeuge mit den gegebenen individuellen Voraussetzungen unter den gegebenen Befragungsumständen und unter Berücksichtigung der im konkreten Fall möglichen Einflüsse von Dritten diese spezifische Aussage machen, ohne dass sie auf einem realen Erlebnishintergrund basiert?"* (Volbert, 1995 in Steller/Volbert, 1997, 25)

Nun sind Polizeibeamte keineswegs als Gutachter tätig, die ein kompliziertes Verfahren anwenden, um die Glaubhaftigkeit der Aussage festzustellen. Aber dennoch kann es hilfreich sein, gegenüber den Laienkriterien eine gesunde Skepsis anzumelden und diese o.g. Erkenntnisse der Aussagepsychologie aufzugreifen. Beispielhaft sollen deshalb auch einige **Aussageeigenarten** oder **Qualitätsmerkmale einer Aussage** dargestellt werden, die von Psychologen zur Beurteilung der Glaubhaftigkeit herangezogen werden. Allerdings sei nochmals unterstrichen, dass keine Aussageeigenart für sich genommen etwas für oder gegen die Glaubhaftigkeit einer Aussage sagt. *Erst wenn eine Aussageeigenart höher qualifiziert ist, wird sie zum Glaubhaftigkeitskriterium.*[32]

Ein Beispiel: Eine Aussageeigenart ist deren *Detaillierung*. Eine sehr detaillierte Aussage kann sich aber sowohl auf selbst Erlebtes als auch auf Erfundenes beziehen. Erst dadurch, dass diese detaillierte Beschreibung eines Geschehens sehr schnell auf eine Frage von einer Person vorgebracht wird, die eher als minderbegabt einzustufen ist, wird die Detaillierung zu einem Glaubhaftigkeitskriterium. D.h., die Aussageeigenart ist unter Bezugnahme auf das Persönlichkeitskriterium höher qualifiziert. Um eine Aussage näher zu beschreiben, kann auf verschiedene Kategorien zurückgegriffen werden: Eine Kategorie ist die des **Inhalts**: Was ist der Inhalt der Aussage?

32 „Aussageeigenarten werden erst zu Glaubwürdigkeitsmerkmalen, wenn sie höher qualifiziert sind und damit Steigerungsformen darstellen, wenn keine Minderungsfaktoren vorhanden sind und wenn sie im Zusammenhang eines Komplexes von mindestens drei Aussagearten, die Glaubwürdigkeitsmerkmale darstellen, und zu verschiedenen Kategorien (Motivfeld, Inhalt, Aussageweise, Geschichte der Aussage usw.) gehören, stehen." (Arntzen, 1993, 24)
Es sei an dieser Stelle angemerkt, dass die Begriffe „Glaubwürdigkeit" und „Glaubhaftigkeit" in der Literatur keineswegs einheitlich gebraucht werden. Erst langsam, vor allem nach dem Urteil des Bundesgerichtshofes vom 30.09.1999 zu den wissenschaftlichen Anforderungen an aussagepsychologische Begutachtungen, hat sich der Begriff der Glaubhaftigkeit stärker durchgesetzt (s. Praxis der Rechtspsychologie 10, 2000, 117-130).

Hierzu zählt deren bereits erwähnter Detailreichtum. Weitere Aspekte dieser Kategorie lassen sich in Frageform formulieren. Mit jeder dieser Fragen, die bejaht werden kann, steigt die Wahrscheinlichkeit der Glaubhaftigkeit der Aussage.

- Wird über eigenes Erleben berichtet? („Schilderung eigenpsychischer Vorgänge" oder „Eigenseelisches") Wird über das Erleben des Täters berichtet? („Täterseelisches")
- Werden äußere Phänomene „naiv" geschildert, ohne dass sie verstanden oder gedeutet werden können? („phänomengebundene Schilderung" oder „Unverstandenes")
- Wird über ausgefallene, orginelle Details berichtet? („ausgefallene, orginelle Einzelheiten" oder „Ausgefallenes")
- Werden Gespräche und/oder Interaktionen (Kette von wechselseitigen Aktionen und Reaktionen) vorgebracht? („Handlungsketten" und „Gesprächsinhalte")
- Wird über abgebrochene Handlungsabläufe berichtet, über Hindernisse oder Misserfolge? („negative Komplikationsketten" oder „Handlungsbarrieren")
- Wird der Aussageinhalt vielfältig mit *veränderlichen* Umständen verflochten? Unveränderliche Gegebenheiten, wie z.B. die Einrichtung einer Wohnung, sind eher von geringerer Bedeutung, aber auch dies hängt von dem konkreten Fall ab. („Verflechtungskriterium" oder „Raum-Zeit-Verknüpfung")
- Beschreibt die Aussageperson bestimmte delikttypische Verhaltensmuster, die ihr eigentlich so zu schildern nicht möglich wäre, wenn nicht ein wirkliches Erlebnis zugrunde liegen würde? („delikttypischer Inhalt" oder „Deliktspezifisches")

Eine weitere Kategorie ist die der **Struktur oder auch der Ausdrucksweise**. Dies umfasst z.B. die Fragen:

- Weist die Aussage grundsätzlich eine Gleichheit bzw. Konstanz in der Struktur auf – z.B. zwischen erwiesenen Tatsachen einerseits und möglichen Phantasieprodukten anderseits? Sind z.B. der Satzbau, die Ausdrucksweise und die begleitende Körpersprache grundsätzlich gleich? (Hier sei allerdings bereits auf eine wichtige Ausnahme hingewiesen, die unter der Behandlung der Traumathematik noch ausführlicher zu bearbeiten sein wird: Bei Ereignissen, die eine Person stark traumatisiert haben, kann das Gefühl von dem Erlebnis abgekoppelt sein, folglich ein deutlicher Bruch in der Aussagenart auftreten) („Strukturgleichheit")
- Ist die Aussage durch eine unzusammenhängende, ungeordnete Darstellungsweise charakterisiert? („Inkontinenz" oder „unstrukturierte Darstellung")?
- Gibt die Person sehr unmittelbar, ohne längere Überlegenspausen, Antworten auf die Fragen? („ungesteuerte Ausdrucksweise")
- Lassen sich die inhaltlichen Details der Aussage, auch wenn sie über die Aussage verstreut vorgebracht werden, letztendlich zu einem stimmigen Ganzen zusammenfügen? („Homogenität" oder „logische Konsistenz")

Auch die *Gefühlsbeteiligung der Aussageperson beim Vorbringen der Aussage* wird von Michaelis-Arntzen (1993, 70-73) als spezielle Eigenart der Zeugenaussage genannt. Hierbei ist allerdings nicht so sehr die Intensität des Gefühlsausdrucks ausschlaggebend, sondern vor allem die „ablaufentsprechende Gefühlsbeteiligung", d.h. inwieweit die Abfolge der zum Ausdruck kommenden Gefühle dem geschilderten Geschehensablauf entspricht. Aber gerade die Interpretation der Gefühlsbeteiligung verlangt besonders stark die Berücksichtigung der Persönlichkeit der Aussageperson und die Bezugnahme auf die situativen Umstände: Konkrete Hemmfaktoren in der Situation, in der die Aussage gemacht wird, aber auch der zeitliche Abstand zwischen dem Geschehen und der Aussage sind zu berücksichtigende Faktoren. Bender / Nack (1981) nennen noch einige weitere Merkmale der Ausdrucksweise, die – bei aller genannten Vorsicht ! – *Verdachtsmomente für fehlende Glaubhaftigkeit der Aussage* darstellen können:

- Die Auskunftsperson benutzt in relevanten Ausschnitten der Aussage auffallend viele Füllwörter wie „eigentlich", „hm" etc. und verspricht sich häufig.
- Sie verhält sich besonders unterwürfig, übertrieben hilfsbereit gegenüber der die Befragung durchführenden Person.
- Sie gibt sich in der Darstellung der Aussage übertrieben bestimmt und betont die Sicherheit der Erinnerung.
- Sie verhält sich gegenüber der vernehmenden Person besonders dreist und teilt Unverschämtheiten aus.
- Es werden mehr Begründungen, Vermutungen und Schlussfolgerungen statt Fakten angeboten.

Eine Kategorie, die der **Aussageentwicklung**, lässt sich von Polizeibeamten nur anwenden, wenn sie z.B. eine Person mehr als einmal vernehmen. Es handelt sich hierbei um den Vergleich zwischen zwei Aussagen. (Bei Bender / Nack (1981) wird in diesem Zusammenhang von *Wiederholungskriterien* gesprochen).

- Werden die Tatsachen, die im ersten Kontakt der Aussageperson am wichtigsten waren, auch beim zweiten Kontakt sinngemäß so wiederholt? („Konstanz der Aussage")
- Bringt die Aussageperson beim zweiten Kontakt spontane Präzisierungen und nachträgliche Verbesserungen vor? („Erweiterung")

Besonderes Gewicht legt Arntzen (1993) auf folgende Kategorie: **die Aussagemotivation.** Hiermit wird eindeutig die Analyse der Aussage selbst verlassen und der Blick auf das Umfeld der Aussage gerichtet. Hier bedarf es wichtiger Zusatzinformationen, die dem Polizeibeamten häufig fehlen, die aber durchaus (s. Ausführungen über Vernehmung von Kindern und Beschuldigten) Berücksichtigung finden. Beispielhaft sind folgende Fragen zu stellen:

- Ist die Aussage der Person an persönliche Interessen gebunden?
- Welche Folgen könnte die Aussage für wichtige Personen im Umfeld der Aussageperson haben? Sind dem Zeugen diese Folgen bekannt?
- Liegen Hinweise auf Motive für eine Falschaussage vor, z.B. Geltungsbedürfnis, Rachebedürfnis, sexuelles Wunschdenken, Not und Verlegenheit oder Hilfsbereitschaft?

Zusammenfassend lässt sich festhalten, wie kompliziert die Beurteilung der Frage ist, ob eine Person wirklich das sagt, was sie erlebt hat oder ob sie (bewusst) die Unwahrheit sagt. Weder ein Rückschluss von der Person auf die Aussage noch eine reine Beschränkung auf die Aussage losgelöst von der Person ist anzustreben. Glaubhaftigkeitsbeurteilung umfasst immer

- eine Persönlichkeitsanalyse („**Aussagetüchtigkeit**"),
- eine Beurteilung der **Aussagequalität** und
- eine Motivanalyse („**Aussagezuverlässigkeit**")[33].

Es sollte aber vor allem deutlich werden, dass Kriterien von Laien (hierzu zählen auch Polizeibeamte) besonders hohe Fehlerquoten aufweisen. In der weitaus größten Zahl von Fällen ist es im Zusammenhang mit der Vernehmung von Zeugen für die Polizei zunächst einmal sinnvoll davon auszugehen, dass die Person sich auf Selbsterlebtes bezieht.[34] Die dadurch entstehende Gesprächsatmosphäre wird mit wesentlich größerer Wahrscheinlichkeit auch zur Aufdeckung von Falschaussagen beitragen, als es bei der gegenteiligen Hypothese der Fall ist. Grundsätzlich gilt unter Bezugnahme auf Stern (1902): „Die fehlerfreie Aussage ist nicht die Regel, sondern die Ausnahme".

33 Ausführlich hierzu: Greuel (2001, 15-20): Die aussagepsychologische Konstrukt-Trias.

34 Die wissenschaftliche Vorgehensweise des psychologischen Sachverständigen geht zunächst von der Hypothese aus, dass die Aussagen nicht auf realem Erleben beruhen. Erst wenn genügend Hinweise gefunden werden, dass das Geschilderte auf realem Erleben beruht, kann diese Hypothese verworfen werden. Es wäre aber ein Missverständnis aus dieser Vorgehensweise den Schluss zu ziehen, der Sachverständige würde der zu begutachtenden Person generelles Misstrauen entgegen bringen (s. Steller/Volbert, 2000, 105).

10. Die Vernehmung

10.1. Die Brauchbarkeit des „Instrumentenkoffers“

Unter dem Begriff der Vernehmung wird „die Entgegennahme der Aussage einer Beweisperson nach Bekanntgabe des Beweisthemas“ (Brodag, 2001, 162) verstanden. Bei der Vernehmung handelt es sich um eine besonders dichte soziale Situation; anhand dieser Situation lässt sich die Komplexität menschlichen Erlebens und Verhaltens verdeutlichen. Alle bereits dargestellten theoretischen Perspektiven der Psychologie und die Erkenntnisse psychologischer Forschung können dazu beitragen, die im Rahmen der Vernehmung ablaufenden Prozesse besser zu verstehen sowie den Prozess und das Ergebnis zu optimieren. Es sollen deshalb einige zentrale Aussagen der vorausgegangenen Kapitel nochmals kurz zusammengefasst werden:

Wahrnehmung

- Die die Vernehmung durchführende Person weiß um die Fehlerhaftigkeit der Wahrnehmung ihres Gegenübers. Selbst wenn der Zeuge oder Beschuldigte sich subjektiv sehr sicher ist, dass das von ihm Berichtete so und nicht anders stattgefunden hat, können viele Faktoren im Wahrnehmungsprozess eine bedeutende Rolle gespielt und zu erheblichen Verzerrungen beigetragen haben. Wir können folglich von der subjektiven Wahrnehmung keinen sicheren Rückschluss auf die zugrunde liegende objektive Realität treffen. Wir können aber versuchen herauszufinden, ob die Aussage einen „Erlebnishintergrund in der Wachwirklichkeit“ hat (Stadler, 1997, 69). Aufgrund der Beschaffenheit der Reize und der Sinnesorgane („Bottom-up“-Prozesse) ist feststellbar, ob unter den gegebenen Bedingungen überhaupt eine bestimmte Empfindung möglich war. Des Weiteren kann im Gespräch versucht werden herauszufinden, welche Einflüsse in der Person („Top-down“-Prozesse) auf die Wahrnehmung einen Einfluss gehabt haben können. Grundsätzlich gilt festzuhalten, dass zwischen der irrtümlichen Falschinformation, der Selbsttäuschung und der bewussten Falschaussage ein fließender Übergang besteht.
- Auch für den Vernehmungsbeamten besteht eine große Gefahr, wenn „Top-down“-Prozesse zu stark seine Verarbeitung der eingehenden Informationen in der Vernehmung bestimmen. Dies ist besonders der Fall, wenn mit Vertretern bestimmter Personengruppen negative Erfahrungen vorliegen (z.B. mit Beschuldigten ausländischer Herkunft) oder Erfahrung mit bestimmten Themenbereichen und Hintergrundwissen fehlt (z.B. mit Prostituierten als Opfer von Gewalttaten).
  Entsprechend der Hypothesentheorie der Wahrnehmung besteht die Gefahr, dass bei besonders starken Hypothesen die Offenheit der Wahrnehmung deutlich eingeschränkt ist. Die vernehmende Person filtert dann aus den Aussagen der Zeugen

oder Beschuldigten das heraus, was ihre vorgefasste Meinung bestätigt. Der Erwerb von solidem Fachwissen und die selbstkritische Reflexion von Hypothesen kann dazu beitragen, eine weitgehende Offenheit für eingehende Wahrnehmungen zu erzielen und somit den Ermittlungsprozess zu optimieren.

- Die Fehlerquellen in der sozialen Wahrnehmung (z.B. „Primacy-Effekt / Halo-Effekt / Akteur-Beobachter-Verzerrung / Verzerrung in der Verantwortungsattribution) können den Vernehmungsablauf stark negativ beeinflussen. Der vernehmenden Person sollte beispielsweise bewusst sein, dass einzelne Merkmale ihres Gegenübers wie schlampiges oder gepflegtes Erscheinungsbild nicht auf dessen Gesamtbeurteilung unreflektiert übertragen werden dürfen. Das Wissen um die Bedeutung des ersten Eindrucks kann vom Beamten auch dahingehend genutzt werden, sein Äußeres dem Gegenüber in gewissem Ausmaß anzupassen. Eine Vernehmung eines Bankdirektors, dem Korruption vorgeworfen wird, lässt ein anderes Äußeres hilfreich erscheinen als die Anhörung von Kindern. Die konkrete Räumlichkeit, die Sitzmöglichkeit und die Art der Begrüßung können so gewählt werden, dass sie einen positiven ersten Eindruck schaffen und somit den weiteren Vernehmungsverlauf günstig beeinflussen.

Gedächtnis

- Auch wenn eine Person in der Lage sein müsste, über ein Ereignis zu berichten, weil sie selbst körperlich anwesend war, hängt ihr Erinnerungsvermögen entscheidend davon ab, ob sie diesem Ereignis überhaupt Aufmerksamkeit geschenkt hat (Übergang der Informationen vom Ultrakurzzeit- ins Kurzzeitgedächtnis) und ob sie es als subjektiv bedeutsam bewertet hat (Übergang vom Kurzzeit- ins Langzeitgedächtnis).
- Um möglichst viel Informationen abzurufen, sollte die Vernehmung am besten unmittelbar nach dem Ereignis erfolgen. Je mehr Zeit zwischen dem Ereignis und der Vernehmung verstreicht, desto größer die Gefahr, dass Erinnerungsspuren zerfallen oder sich mit anderen Erinnerungen, die bereits im Langzeitgedächtnis gespeichert sind, vermischen.
- Besonders Beschuldigte geben gerne an, dass sie sich nicht mehr an ihre Handlungen erinnern können; hierbei handelt es sich häufig um simulierte Amnesien. Allerdings kann ein hoch traumatisches Erlebnis wirklich nicht mehr zugänglich sein, da die Person dieses Erlebnis „verdrängt“ hat – eine Art Selbstschutz; oder die Übertragung der Informationen vom Kurzzeit- zum Langzeitgedächtnis war aufgrund biochemischer Prozesse nicht möglich.
- Um auch nach einem längeren Zeitraum noch Erinnerungen an ein Ereignis zu Tage treten zu lassen, sollten viele verschiedene Hinweisreize angeboten werden. Sinnvoll ist aus diesem Grund auch die Methode des „kognitiven Interviews“. Die Person wird aufgefordert, sich in den Wahrnehmungskontext zurückzuversetzen,

um möglichst viele Zugriffsmöglichkeiten auf die Gedächtnisinhalte zu schaffen.
- Die Reproduktion einer Erinnerung ist grundsätzlich schwieriger als der Vergleich mit vorgegebenem Material. Zum Wiedererkennen von Personen ist das sequenzielle Video-Wiedererkennungsverfahren besonders sinnvoll. Aus eben diesem Grunde kann auch ein Aufsuchen des Tatortes wichtige Erinnerungen wachrufen.
- Unter Umständen sind bestimmte Informationen – z.B. Routinehandlungen, die die Person quasi automatisch ausübt – zwar nicht verbal reproduzierbar, können aber durch die Ausführung dieser Handlungen zugänglich gemacht werden (implizit-prozedurales Gedächtnis = Wissen ohne Bewusstsein).
- Besonders wichtig ist zu beachten, dass das Erinnern nicht mit dem Abruf einer Datei im Computer zu vergleichen ist. Ausgelöst durch die momentanen Bedingungen des Abrufs (z.B. die Stimmung, in der sich die Person befindet/ der soziale Druck, unter dem sie steht), werden Informationen zu einem neuen Gesamtgefüge zusammengebaut. Vergleichbar mit Steinen, aus denen wir ein Mosaik zusammenlegen, umfasst dieses neue Bild auch Elemente, die aus verschiedenen anderen Dateien entliehen sind. Besonders Kinder und ältere Personen (ca. ab 60 Jahren) wissen oft nicht, woher die Erinnerungen stammen, die sie erzählen (Quellengedächtnis).

Emotionen
- Der Beamte nimmt bei seinem Gegenüber im Rahmen der Vernehmung bestimmte physiologische Reaktionen (Schwitzen, Erröten oder Erblassen, Atmung etc.) und Ausdrucks- und Verhaltensweisen (Mimik, Gestik, Lautstärke des Redens, Geschwindigkeit des Redens, Körperhaltung etc.) wahr, aufgrund derer er versuchen wird, auf Gefühle zu schließen. Um zu einer angemessenen Deutung zu kommen, ist es wichtig, um den komplexen Entstehungszusammenhang von Emotionen zu wissen:
- Zum einen stellen Emotionen eine universelle Sprache dar, um Botschaften zu vermitteln. Grundlegende Gefühle wie Freude, Traurigkeit, Überraschung, Wut, Ekel, Furcht und Verachtung werden auf gleiche Weise von allen Menschen ausgedrückt.
- Des Weiteren verfügen die Menschen über eine emotionale Notfallreaktion: Die Reize werden in Sekunden ausgewertet und es erfolgt eine schnelle, aber ungenaue Reaktion (Thalamus-Amygdala-Verbindung). So können z.B. die erste Reaktion auf eine Frage, die Konfrontation mit einem Tatbeweis oder die Gegenüberstellung mit einer Person eine derartige Spontanreaktion auslösen.
- Auf der anderen Seite aber lernen wir im Laufe der individuellen Geschichte, bei welchen Anlässen wir welche Gefühle auf welche Art und Weise ausdrücken sollen! Diese sozialisationsbedingte Gestaltung der Emotionen verweist auf den wichtigen Zusammenhang von Denken und Fühlen. Ganz entscheidend ist, wie die konkrete

Situation beurteilt wird. Entsprechend diesem Beurteilungsprozess wird auf das limbische System eingewirkt und somit der Ausdruck der Gefühle gesteuert. Das Ausmaß der Beeinflussung des eigenen Gefühle hängt auch stark von den individuellen intellektuellen Möglichkeiten ab – Kinder und minderbegabte Personen verfügen deshalb nur über eingeschränkte Gestaltungsmöglichkeiten. Dieser Zusammenhang macht deutlich, dass hinsichtlich des Rückschlusses vom Verhalten auf Gefühle Vorsicht geboten ist, wie bereits bei der Beurteilung der Glaubwürdigkeit gezeigt wurde.

Lernen

- Bestimmte Reize in der Vernehmungssituation können aufgrund der Lerngeschichte des Zeugen oder Beschuldigten Signalcharakter haben: Z.B ruft allein der Umstand, einem Polizeibeamten in Uniform gegenüber zu stehen, bei einem ausländischen Bürger, der in seinem Heimatland aus politischen Gründen gefoltert geworden ist, schlimme Assoziationen an selbst erlebte Situationen von extremer Hilflosigkeit hervor. Uniform, lange hohe Gänge, kahle Räume etc. können solche Reize sein, die mit negativen Gefühlen gekoppelt sind. Aber auch die große Bedeutung positiver Signale ist zu beachten: z.B. kann die vernehmende Beamtin ohne Uniform, das Anbieten eines Getränks und eine freundliche Begrüßung ein positives Signal darstellen.
- Indem der vernehmende Beamte auf das Verhalten des Zeugen oder Beschuldigten mit bestimmten Konsequenzen reagiert, steuert er ganz entscheidend den Vernehmungsablauf. Was im konkreten Fall die Funktion eines positiven bzw. negativen Verstärkers oder einer Bestrafung hat, muss jeweils durch genaue Beobachtung und Informationserhebung ermittelt werden; allerdings kann hierbei häufig auf bestimmte Erfahrungen mit bestimmten Personengruppen zurückgegriffen werden. Grundsätzlich gilt, dass Anerkennung und Wertschätzung (als positive Verstärker) die Auskunfts- und Kooperationsbereitschaft erhöhen, moralische Wertungen und Vorhaltungen (Bestrafungen) hingegen eher in die entgegengesetzte Richtung wirken.
- Das in der konkreten Situation gezeigte Verhalten ist nicht nur von selbst gemachten Erfahrungen abhängig, sondern kann auch auf Beobachtung bzw. Erzählungen von Verhalten anderer Personen und den darauf erfolgten Konsequenzen basieren. So hat z.B. ein Jugendlicher erlebt, dass sein Freund, der bei der Polizei als Zeuge ausgesagt hat, von den durch seine Aussage belasteten Personen zusammengeschlagen wurde. Obwohl die Polizeibeamten bei der Vernehmung sehr freundlich zu ihm sind, kann er sich „an nichts mehr erinnern“. Diese komplexen intrapsychischen Verarbeitungsprozesse zeigen, dass der Einflussnahme von Polizeibeamten auf Zeugen und Beschuldigte im Rahmen der Vernehmung deutliche Grenzen gesetzt sind.

10.2. Die Vernehmung als soziale Situation

Schauen wir uns die soziale Situation der Vernehmung etwas genauer an: Zwei (oder mehr) Menschen treffen aufeinander und zwischen ihnen spielt sich ein vielschichtiges Beziehungsgeschehen ab. Vergegenwärtigen wir uns zunächst einmal die *Situation des Vernehmenden*: Im Verlauf dieses Prozesses wird vom Vernehmenden versucht, eine von ihm nicht miterlebte oder nur indirekt (über das Wissen der Aussageperson) zugängliche Wirklichkeit zu rekonstruieren. Seine Position scheint zunächst einmal die Überlegene zu sein: Er führt eine gesetzlich legitimierte Handlung aus, indem er versucht, wichtige Informationen für die weitere Ermittlung zu gewinnen und dazu beizutragen, dass die „Wahrheit" erforscht werden kann, damit vom Richter eine gerechte Strafbewertung und Strafbemessung erfolgen kann. Er verfügt des Weiteren über eine interaktive Dominanz, d.h. er kann festlegen, *wo* die Vernehmung stattfindet und *wie* die soziale Situation zu gestalten ist. Hierzu zählt z.B. zu bestimmen, *wer wann worüber* sprechen darf, wann ein Thema eingeführt oder beendet wird, welches Aussageverhalten akzeptiert wird, wie lange die Vernehmung dauert etc.

Aber bei näherer Analyse zeigt sich, auf welch wackeligen Beinen diese Überlegenheit steht: Weder der Zeuge noch der Beschuldigte sind verpflichtet, bei der Polizei zu erscheinen und eine Aussage zu machen! Nur gegenüber der Staatsanwaltschaft besteht eine solche Pflicht (§ 161a StPO). Zwar muss der *Zeuge* – wenn er zur Aussage bei der Polizei bereit ist – die Wahrheit sagen, aber ob und in welchem Umfang es ihm gelingt und er innerlich dazu bereit ist, den Sachverhalt zu rekonstruieren, hängt ganz entscheidend vom Beziehungsgeschehen in der Vernehmung ab. Hier ist die Fähigkeit des Vernehmenden gefragt, sich in die Situation des Zeugen hineinzuversetzen, um mögliche Hindernisse für eine Rekonstruktion des Sachverhaltes zu erkennen und zu beseitigen.

In noch weit größerem Umfang stellt sich die Frage, wie es gelingt, den *Beschuldigten* zur Kooperation zu bewegen. In der Regel liegt bei der Beschuldigtenvernehmung eine extreme Interessenkollision vor, die zu hohem Stress auf beiden Seiten führt. Der Beschuldigte möchte möglichst wenig belastendes Material preisgeben, der Vernehmende hingegen macht seinen persönlichen Erfolg und sein Ansehen im Kollegenkreis sehr stark davon abhängig, wie weit es ihm gelingt, Informationen aus dem Beschuldigten herauszulocken. Würde nicht die Achtung der Menschenwürde auch im Umgang mit den Beschuldigten den Beamten dazu verpflichten, nur solche Maßnahmen einzusetzen, die die Freiheit der Willensentschließung und -betätigung nicht in verbotener Weise einschränken, würde in der Situation gerne zu den Methoden gegriffen, die einen Erfolg wahrscheinlicher machen. Foltermethoden wie die sensorische Deprivation oder die Reizüberflutung wären in diesem Zusammenhang zu nennen (Möller, 1999, 185). Aber auch ohne Foltermethoden, sondern unter Anwendung erlaubter taktischer Maßnahmen, können sich Vernehmungen zu einem stundenlangen Machtkampf entwickeln, in dessen Verlauf das Aggressionspotenzial anwächst. Je höher jedoch der Druck und Zwang, desto größer auch die Gefahr, dass der Beschuldigte sich ganz verweigert oder Aussagen produziert, die keine angemessene Rekonstruktion des Sachverhaltes darstellen. Den Extremfall bildet der Beschuldigte, der ein Geständnis am Ende einer Vernehmung ablegt, ohne diese Tat verübt zu haben. Folglich findet sich in der Literatur immer wieder die Forderung, die so zusammengefasst werden kann:

Es sollte jeder äußere Umstand und jede Einflussnahme der vernehmenden Person vermieden werden, die geeignet sind, diese „Zwangssituation" zu verstärken. Denn nur so kann der Gefahr entgegengewirkt werden, dass eine verfälschte und nicht dem realen Geschehen entsprechende Aussage das Ergebnis der Vernehmung sein wird.

Unter Bezugnahme auf Löhner (1990) lassen sich psychologische Regeln formulieren, um subjektive Hindernisse abzubauen und die Motivation für eine ehrliche Aussage zu schaffen und zu verstärken:

- **Nimm Dir Zeit für die Befragung!**
- **Halte äußere Störungen und Ablenkungen fern!**
- **Strahle auf verbaler und nonverbaler Ebene Sicherheit und Ruhe aus!**
- **Übe Dich in aktivem Zuhören!**
- **(Sende Zustimmungssignale aus, höre genau zu, frage nach; stelle möglichst offene Fragen!)**
- **Führe die Vorteile von Offenheit und Ehrlichkeit vor Augen!**
- **Spiele die moralische Bedeutung des Sachverhaltes herunter!**
- **(Vermeide bewertende Äußerungen! Vermeide Fragen und Interaktionen, die Angst, Scham und Schuld zuweisen!)**
- **Baue goldene Brücken, die das Gegenüber entlasten!**
- **Lobe die Ehrlichkeit, stärke das Selbstwertgefühl!**

Ein Blick auf Forschungsergebnisse (vgl. Weber / Berresheim 2001, 786-788) zum Geschehen in Vernehmungen zeigt, dass diese im Grunde trivialen Prinzipien in der Praxis keineswegs umgesetzt werden:

- Polizeibeamte mit langjähriger Berufserfahrung forderten zwar die Zeugen zur freien Schilderung der Erlebnisse auf, unterbrachen diese aber im Durchschnitt nach 7.5 Sekunden – übten sich also keineswegs in aktivem Zuhören!
- Es wurden von den vernehmenden Beamten eine große Anzahl an geschlossenen Fragen gestellt.
- Häufig schienen die Beamten nervöser zu sein als die zu Vernehmenden.

10.3. Die Anhörung oder Vernehmung von Kindern

Die Vernehmung von Kindern stellt an den Ermittlungsbeamten spezielle Anforderungen. Besonders wenn Kinder Opfer von Gewalt geworden sind, ist ein Höchstmaß an Einfühlungsvermögen und psychologischer Kompetenz notwendig. Aus diesem Grund wird auch von einigen Fachdienststellen die enge Kooperation mit Fachvertretern (z.B. Psychologen und Pädagogen) gesucht. Es wird allerdings auch deshalb ausführlich auf die Kindervernehmung eingegangen, da die Sensibilität für die intellektuelle (und emotionale) Entwicklung von Kindern und die damit untrennbar verknüpfte Suggestibilitätsgefahr auch für die Vernehmung anderer Personengruppen (z.B. Personen mit unterdurchschnittlichem Intelligenzquotienten oder emotionaler Labilität) von besonderer Bedeutung ist. So werden unter der Überschrift „Hilfen zur Durchführung der Vernehmung von Kindern" (10.3.3.) wichtige *Fragearten* und deren Problematik angesprochen. Die Ausführungen zur Eigenart kindlichen Denkens nach Jean Piaget ist für die LeserInnen, die beruflich intensiver mit Kindern beschäftigt sind, wichtig. Wird dieser Punkt allerdings übersprungen, ergeben sich für das Verständnis des nachfolgenden Textes keine Schwierigkeiten.

Sie sind Kriminalbeamtin oder -beamter und wollen zunächst ein Gespräch mit Mutter und Tochter und dann mit der Tochter alleine führen. Was wäre Ihrer Ansicht nach für eine erfolgreiche Gesprächsführung zu beachten?

Frau Paul, 45 Jahre alt, Mutter von vier Kindern, kommt mit ihrer ältesten 9-jährigen Tochter Luise zur Kriminalpolizei. Sie wirkt sehr aufgeregt und ängstlich; die Tochter ist blass und wortkarg und vermeidet es, Blickkontakt mit Ihnen aufzunehmen. Frau Paul berichtet, dass sie lange gezögert habe, ob sie zur Kriminalpolizei gehen solle, da sie Angst vor schlimmen Folgen – wie z.B. Diskriminierung im Dorf – habe. Jedoch sei anderseits ihre Wut auf den Täter so groß und sie befürchte, dass wenn sie nicht etwas unternehmen würde, dann ginge das Spiel so weiter.
Was ist passiert: Familie Paul ist vor zwei Jahren aus der Großstadt aufs Land gezogen, um sich hier ein Eigenheim für die große Familie leisten zu können. Grundsätzlich haben sie diese Entscheidung nicht bereut, jedoch ist das Freizeitangebot auf dem Dorf für die älteste Tochter deutlich geringer als in der Stadt. Um so mehr freuten sich die Eltern, als der 60-jährige Rentner im Dorf Luise anbot, sie könne sein Pferd reiten, wenn sie ihm dafür bei der Pflege des Tieres helfe. Es entwickelte sich ein freundschaftliches Verhältnis der Familie zu dem Rentner, da sie sehr dankbar waren, dass ihre introvertierte Tochter mit Begeisterung dem Reiten nachgehen konnte; das Reiten gab ihr Antrieb, sie schien anfangs wie ausgewechselt, wollte nur noch zum Pferd Ronja, das ihr ein und alles war und ist. Für ein eigenes Pferd hatte die Familie kein Geld.
Vor ca. einem Monat nun hat Luise sich ihrer Freundin anvertraut: Sie wisse nicht mehr ein noch aus: einerseits wolle sie ihr geliebtes Pferd nicht verlieren, aber jedes Mal wenn sie in den Stall gehe, habe

sie Angst, dass Herr W., der Rentner, komme, der von ihr eine „Gegenleistung" fordere, sich ihr nähere, ihr in die Hose fasse und sie auch am Busen berühre und sich dabei ekelig an sie drücke...
Die Freundin hat Luise bedrängt, sie solle das nur ihrer Mutter erzählen, was Luise daraufhin auch – wenn auch unter großen Schwierigkeiten – getan hat. Allerdings so oft die Mutter auch bohre, sie könne nichts Genaueres von ihrer Tochter erfahren. Auch verstehe sie nicht, warum ihre Tochter sich ihr nicht schon eher mitgeteilt habe. Sie sei immer im Glauben gewesen, ihre Tochter könne und würde ihr alles mitteilen und sei zutiefst verletzt, dass ihr so etwas passieren konnte...

10.3.1. Die Eigenart kindlichen Denkens nach Jean Piaget

Um besser nachvollziehen zu können, wie der bestmögliche Umgang mit Kindern im Rahmen der Vernehmung zu gestalten ist, lohnt sich die Beschäftigung mit dem bedeutendsten Entwicklungspsychologen des 20. Jahrhunderts, dem Schweizer Jean Piaget (1896-1980).

Abb. 31: Jean Piaget (in: Jean Piaget – Werk und Wirkung 1976, 15)

In jedem Lehrbuch der Entwicklungspsychologie finden sich umfangreiche Ausführungen zu seiner Theorie (vgl. Montada, 1995/ Steiner, 1978 / Trautner, 1978; 1992). Piagets hauptsächlicher Untersuchungsgegenstand ist die Entwicklung des kindlichen Denkens. Eine zentrale Aussage seiner Theorie lautet, dass sich beim Mensch als Ergebnis der aktiven Auseinandersetzung mit seiner Umwelt vom ersten Lebenstag an eine innere Struktur herausbildet und sich so lange verwandelt, bis eine „optimale" Passung von innerer Denkstruktur und äußerer Realität erreicht ist. Diese Anpassungsaktivität des Menschen ist biologisch fundiert, bedarf aber der Anregung aus der Umwelt. Diese (grundsätzlich lebenslange) selbstregulierte Anpassungsaktivität vollzieht sich in einem permanenten Wechselspiel zwischen Assimilation und Akkomodation. **Assimilation** bedeutet, dass der Versuch gestartet wird, die äußere Welt mit den vorhandenen Konzepten zu verstehen. So geht z.B. das fünf Jahre alte Kind aufgrund seiner bisherigen Erfahrung des eigenen Wachstumsprozesses davon aus, dass Berge einst kleine Steine waren, die groß geworden sind (Piaget, 1969, 313). Es handelt sich hierbei um eine für das kindliche Denken typische fehlerhafte Assimilation, die so lange beibehalten wird, bis die Widersprüche mit den Ansichten anderer oder mit konkreten Erfahrungen eine Veränderung notwendig machen. Diese Veränderung der kognitiven Struktur (**Akkomodation**) führt in diesem konkreten Fall zu der Unterscheidung zwischen lebender und „toter" Materie: Menschen wachsen, Steine aber nicht. Aufgrund umfangreichen Studien – diese umfassen sowohl detaillierte Beobachtungen seiner drei Kinder als auch originelle Experimente mit einer großen Anzahl weiterer Kinder – kam Piaget zu der Unterteilung des Entwicklungsverlaufs in vier universell gültige qualitative Stufen, die aufeinander aufbauen und grundsätzlich von jedem Kind – wenngleich auch in unterschiedlicher Geschwindigkeit – nacheinander durchlaufen werden. Die erste Stufe (oder Phase bzw. Stadium genannt), die die ersten zwei Lebensjahre umfasst, die **sensomotorische Stufe**, soll nicht näher dargestellt werden, da in diesem Alter Kinder noch nicht als Zeugen auftauchen. Von besonderem Interesse hingegen sind die Eigenarten des kindlichen Denkens, die Piaget als Charakteristika für die zweite und die dritte Phase der kognitiven Entwicklung herausarbeitet: die präoperationale Stufe (ca. von 2-6 Jahren) und die Stufe der konkreten Denkoperationen (ca. von 6-9).
Indem die vernehmende Person um diese Besonderheiten des kindlichen Denkens weiß, steigt die Fähigkeit, sich besser auf das Kind einzustellen und das eigene Vorgehen den Denkmöglichkeiten des Kindes anzupassen!

Unterteilung des Entwicklungsverlaufes nach Piaget

1. Stufe oder Phase	2. Stufe oder Phase	3. Stufe oder Phase	4. Stufe oder Phase
sensomotorische Stufe	*präoperationale Stufe* (Robert Kegan: impulsive Gleichgewicht souveräne Gleichgewicht)	*Stufe der konkreten Operationen*	*Stufe der formalen Operationen*
1-2 Lebensjahr	2-6. Lebensjahr	6-9. Lebensjahr	Beginn zwischen 9-11. Lebensjahr
	Egozentrismus Zentrierung **Naiver Realismus:** Anthropomorphismus Finalismus Magisches Denken	Distanz zum Eigenleben Mengenkonstanz **Kritischer Realismus:** Logische Operationen	Abstraktes Denken

Welches sind nun die Besonderheiten des kindlichen Denkens im Kindergarten- und Vorschulalter (**präoperationale Stufe**)? Um dies zu verdeutlichen, soll ein klassisches Experiment von Piaget (Piaget/ Inhelder, 1969) dargestellt werden:

Umschüttungsaufgabe

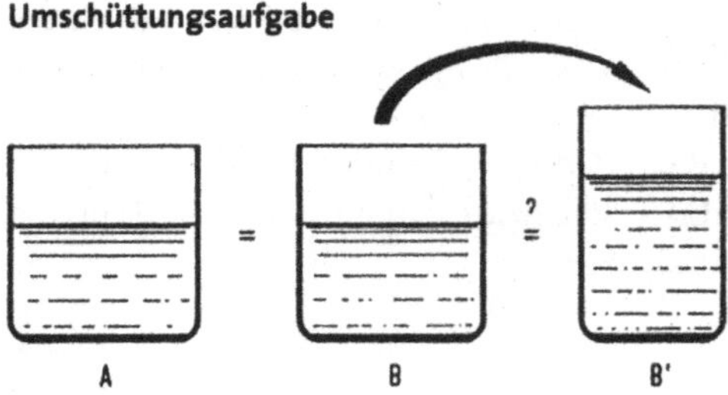

Abb. 32: Versuch zur Prüfung der Einsicht in die Invarianz der Menge bei Operationen des Umfüllens (Montada, 1995, 526)

Ein Kind hat vor sich zwei identische Gefäße (A und B) stehen, die die gleiche Menge einer farbigen Flüssigkeit enthalten. Das Kind wird gefragt, was es sieht und wird äußern, dass vor ihm zwei Gefäße stehen, in denen gleich viel „Saft" sei. Nun wird vor den Augen des Kindes die Flüssigkeit von einem Glas (B) in ein schmales, hohes Gefäß umgefüllt (B'). Das Kind soll nun die Frage beantworten, ob in dem Glas (B') mehr, weniger oder gleich viel Saft sei wie in dem Glas A.
Welche Antwort werden 4-5 jährige Kinder geben?

Die überwiegende Zahl der Kinder in diesem Alter wird behaupten, es sei nicht gleich viel Saft in den beiden Gläsern, obwohl sie selbst dem Umschütten zugeschaut haben! (Die Mehrheit dieser Kinder wird sagen, dass in B' mehr Saft sei als in A, einige kommen aber auch zum Ergebnis, dass in A mehr sei als in B').

An diesem Experiment wird ein Merkmal des kindlichen Denkens dieser Entwicklungsphase deutlich, das Piaget **Zentrierung** nennt: Es ist dem Kind nur möglich, seine Aufmerksamkeit auf einen Gegenstand bzw. ein einzelnes Merkmal zu richten, z.B. auf die Höhe der Flüssigkeitssäule, nicht aber auf die Breite. Höchstwahrscheinlich sind die Möglichkeiten des Kindes zur Informationsverarbeitung noch nicht so weit entwickelt, dass es mehrere Merkmale zueinander in Beziehung setzen kann. Auch gelingt es ihm im Moment der Urteilsfindung noch nicht, sich den Prozess zu vergegenwärtigen, sondern es wird jeweils der einzelne Zustand für sich beurteilt. Kinder mit vier Jahren sind auch noch fest davon überzeugt, dass ein Junge ein Mädchen werden kann, wenn er Mädchenkleider anzieht. Mit sechs Jahren hingegen sind sie sich sicher, dass eine derartige äußere Veränderung die geschlechtliche Identität nicht beeinflusst. D.h. erst am Ende dieser Stufe hat das Kind sicher gelernt, dass sich etwas im Aussehen verändern kann und trotzdem in seiner Identität erhalten bleibt.

Das Phänomen der Zentrierung lässt sich noch anhand anderer Beispiele verdeutlichen. Für ein 4-jähriges Kind ist es äußert schwierig, die *Länge der Zeit* einzuschätzen. Piaget (1955) verdeutlicht dies an folgendem Experiment:

Zwei Spielzeugautos (A und B) starten auf das Signal des Kindes hin gemeinsam von der Startlinie und halten an, wenn das Kind „Stopp" ruft. Der Experimentator lässt aber das Auto A schneller, d.h. in der gleichen Zeit weiter fahren. Nun wird das Kind gefragt, ob beide Autos gleich lang unterwegs gewesen seien oder nicht. Die Mehrzahl der Kinder dieses Alters wird antworten, dass das Auto A länger unterwegs gewesen sei, weil es ja weiter gefahren sei.

Ebenfalls können Kinder im Vorschulalter mit dem abstrakten *Begriff des Alters* wenig anfangen: Einem Kind werden drei Kinder vorgestellt und es erhält die Information, dass Thomas vier Jahre, Martin fünf Jahre und Susanne sechs Jahre alt sei. Nun ist aber Martin größer als Thomas und Susanne. Wenn das Kind sagen soll, wer von den dreien der Älteste sei, dann gibt es die Antwort: „Martin, weil er am größten ist."

Thomas (4 Jahre) Martin (5 Jahre) Susanne (6 Jahre)

Wie sich anhand dieser Ausführungen nachvollziehen lässt, urteilt das Kind zu Beginn dieser Entwicklungsphase noch sehr stark in Abhängigkeit von seinen Anschauungen, weshalb diese Phase auch die des *intuitiv-anschaulichen Denkens* genannt wird: *Das Kind glaubt, was es sieht* oder *so, wie es sich ihm darstellt, so ist es.* Das umfassende Charakteristikum dieser Entwicklungsphase ist folglich der sogenannte **Egozentrismus.** Egozentrismus ist nicht mit Egoismus gleichzusetzen, sondern meint, die Unfähigkeit des Kindes, die Dinge von „außen" zu sehen, einen anderen Blickwinkel einzunehmen oder sich in die Rolle einer anderen Person hineinzuversetzen. (Egoistisch hingegen ist jemand, der hierzu in der Lage ist, allerdings keine Bereitschaft hat, dies zu tun.) Robert Kegan (1986, 126) charakterisiert diese Phase als ein *impulsives Gleichgewicht,* das mit ungefähr fünf bis sieben Jahren von einem souveränen Gleichgewicht abgelöst wird: In dieser Phase des impulsiven Gleichgewichts *ist* das Kind noch ganz seine Wahrnehmungen und seine Impulse, und erst im Übergang zur nächsten Phase beginnt es langsam, sich zu sich und diesen Wahrnehmungen und Impulsen zu verhalten. Sehr deutlich wird dies auch an der Untersuchung von Kindern, die in der Phase des impulsiven Gleichgewichts ein Körperteil verloren haben: Sie entwickeln noch nicht das später bei Verlusten auftretende Gefühl, ein Phantomglied zu haben. Erst in der nächsten Phase, der des *souveränen Gleichgewichts,* gibt es offenbar ein beständiges Selbst, das in eine Beziehung zu sich selbst treten kann.

Ebenfalls als Folge des kindlichen Egozentrismus lassen sich weitere Eigenarten des kindlichen Denkens erklären: So statten die Kinder – wie bereits oben beschrieben –

die gegenständliche Umwelt mit ähnlichen Fähigkeiten oder Eigenschaften aus wie die, über die sie selbst verfügen (**Anthropomorphismus**). Ein Tisch, an dem sie sich gestoßen haben, ist ein „böser" Tisch und eine Blume blüht nicht mehr, weil sie traurig ist. Des Weiteren hat das Kind dieser Altersstufe die Tendenz, alles was passiert als zweckbestimmt zu erklären (**Finalismus**): Steine sind z.B. da, damit Häuser gebaut werden können und der Wind weht, um die Wolken zu jagen. Als letztes Charakteristikum sei eine uns auch von Naturvölkern vertraute magische Art des Denkens angeführt (**magisches Denken**): Die Geschehnisse haben nicht nur alle einen Zweck, sondern werden dem Wirken einer höheren Macht zugeschrieben oder irgendwelchen Kräften, die den Dingen selbst innewohnen.

Im Grundschulalter zeichnet sich in der Regel ab, dass das Kind ein qualitativ neues Stadium erreicht hat. Allerdings muss auch hier nochmals betont werden, dass die interindividuellen Unterschiede sehr groß sind, weshalb die Altersangaben nur eine grobe Orientierung geben sollen. **Die Phase der konkreten Operationen** ist durch den Übergang vom naiven Realismus zum kritischen Realismus charakterisiert. Es gelingt dem Kind, sich vermehrt von seinem Eigenerleben zu distanzieren und hinter die Erscheinungen zu blicken. Die Einschränkungen der vorangegangenen Phase werden überwunden. Mehrere Faktoren können zusammen berücksichtig werden: So kann z.B. verstanden werden, dass *die Menge* konstant bleibt, selbst wenn sich die Form verändert (**Invarianz**). Dies ist auch die Grundlage für den Umgang mit Zahlen. Die Fähigkeit, logische Operationen durchzuführen, zeigt sich auch an der Bildung von Oberbegriffen: Bananen und Pfirsiche sind unter dem Oberbegriff „Obst" zusammen zu fassen, Bananen, Pfirsiche, Kartoffeln, Fleisch und Milch hingegen unter dem der „Nahrung". Auch die Orientierung im *Raum* gelingt besser; die einzelnen Wege, die das Kind zurücklegt, sind nicht mehr isolierte Bahnen, sondern werden miteinander verbunden. Die *Zeitvorstellung* erweitert sich; das Interesse an der Vergangenheit nimmt zu und näher liegende Zeiträume sind gut überschaubar. Insgesamt gewinnt das Kind größere Selbstständigkeit, erweitert seinen Interessenhorizont und bewältigt komplexere Aufgaben. Aber die Grenzen sind dennoch deutlich: Die Schlüsse werden aus dem gezogen, was unmittelbar gegeben ist. Die Möglichkeit, unabhängig von den bisherigen Erfahrungen abstrakte Denkprozesse mit Hilfe formal logischer Operationen durchzuführen, setzt in der Regel erst mit ca. 9-11 Jahren (die nach Piaget letzte qualitative Stufe des Denkens – die **Phase der formalen Operationen**) ein. Auch im Umgang mit anderen Menschen sind Kinder in der Phase der konkreten Operationen zwar in der Lage, sich in die Rolle des anderen hinein zu versetzen, aber es fällt ihnen noch sehr schwer, die Gefühle und Bedürfnisse des anderen mit den eigenen zu verbinden: Die eigenen Bedürfnisse sind sehr stark handlungsbestimmend (s. Kegan, 1986, 134).

Piagets Theorie hat nicht nur Zustimmung, sondern auch heftige Kritik erfahren. Vor allem wird ihm vorgeworfen, dass er soziale und emotionale Aspekte der Entwicklung vernachlässige. Allerdings hat er selbst die hohe Bedeutung der Affektivität nicht geleugnet und sich mit großem Interesse der psychoanalytischen Theorie zugewandt. Von besonderem Interesse ist in diesem Zusammenhang die von ihm im Jahr 1953/54 an der Sorbonne gehaltene Vorlesung über die Beziehung von Intelligenz und Affektivität in der Entwicklung des Kindes. In dieser Vorlesung macht er deutlich, dass er um den Zusammenhang von Gefühlszustand und Intelligenz weiß und er vertritt die These, dass

„die Affektivität die Rolle einer Energiequelle spielt, von der zwar das Funktionieren, nicht aber die Strukturen der Intelligenz abhängen, so wie der Kraftstoff den Motor antreibt und damit bewirkt, dass das Automobil fährt, nicht aber die Konstruktion der Maschine ändert." (Piaget, 1995, 23)

Auch in seinem 1970 gehaltenen Vortrag über „Das affektive und das kognitive Unbewusste" äußert er die Hoffnung auf einen Zusammenschluss der Psychoanalyse mit der Psychologie der kognitiven Funktionen (s. Leber, 1995, 12).
Neuere Untersuchungen zeigen des Weiteren, dass Kinder schon in einem Alter über kognitive Fähigkeiten verfügen, in denen dies Piaget noch nicht für möglich hielt; sie sind lediglich häufig noch nicht in der Lage Zusammenhänge zu erklären, die sie aber bereits verstehen. Auch konnte nachgewiesen werden, dass Kinder in der präoperationalen Phase durchaus die Fähigkeit besitzen, die Perspektive anderer Personen einzunehmen (s. Zimbardo/ Gerrig, 1995, 466f).
Hinsichtlich der Entwicklung im Erwachsenenalter wurde die Annahme Piagets in Frage gestellt, dass mit der Phase der formalen Operationen die letzte Stufe des Denkens erreicht sei. Auch im Erwachsenenalter vollzieht sich noch ein weiterer kognitiver Wandel. Bereits Flavell (1970) verwies auf graduelle Veränderungen in den bestehenden Denkstrukturen Erwachsener. Besonders ausgelöst durch einschneidende Erfahrungen im Lebensprozess (Paarbeziehung, Kindererziehung und Berufstätigkeit) verändern sich die Annahmen über sich selbst, über andere und über das menschliche Leben generell. Im Erwachsenenalter ist nicht so sehr die abstrakte und absolute Denkweise gefragt, sondern für allem die Fähigkeit, emotionale Mehrdeutigkeiten in Alltagssituationen zu erkennen und mit diesen umzugehen. Dieser pragmatische kognitive Stil wird mit dem Begriff des **postformalen Denkens** bezeichnet (Basseches, 1984/ Labouvie-Vief, 1985).

Trotz dieser hier nicht näher auszuführenden Kritik an Piagets Theorie leistet seine Theorie viel, um die Übernahme der kindlichen Perspektive durch den Erwachsenen zu erleichtern. Kinder sind aufgrund ihrer bisherigen Erfahrung mit spezifischen Hypothesen ausgestattet, mittels derer sie versuchen, ihre Umwelt zu begreifen. Die Möglichkeit ihres Denkens unterliegt noch wichtigen Einschränkungen, die in der Gesprächsführung zu berücksichtigen sind.

10.3.2. Die Beeinflussbarkeit (Suggestibilität) von Kinderaussagen

Wenn sich die Psychologie mit der Vernehmung von Kindern[35] beschäftigt, sind vor allem zwei wichtige Fragen zu beantworten:
In welchem Maße sind Aussageinhalte von Kindern durch absichtliche oder unabsichtliche Einflussnahme anderer Personen (z.B. durch wichtige Bezugspersonen) bestimmt?
Was konkret muss im Rahmen der Vernehmung getan werden, um eine absichtliche oder unabsichtliche Einflussnahme so unwahrscheinlich wie möglich zu machen?

Bereits der französische Psychologe Alfred Binet (1857-1911) führte im Jahr 1900 interessante Untersuchungen mit Kindern durch, in denen er zeigte, wie stark die Aussagequalität der Kinder mit der Art der Frage in Zusammenhang steht. Er zeigte Kindern unterschiedlichen Alters einen Karton, auf dem verschiedene Gegenstände befestigt waren, die sie zehn Sekunden betrachten durften. Anschließend wurde eine Gruppe *nicht suggestiv*, eine Gruppe *mäßig suggestiv* und die dritte Gruppe *stark suggestiv* befragt. Zu den nicht suggestiven Fragen gehören die 5 W-Fragen bzw. die offenen Fragen: Was hast Du gesehen? Wer...? Wie...? Wann...? und Wo ...? (Die „Warum"- bzw. „Weshalb"- Frage nimmt hierbei allerdings – wie noch in 10.3.3. erläutert wird – eine Sonderstellung ein.) **Suggestiv** ist eine Frage dann, wenn dem Befragten bestimmte Aussageinhalte nahegelegt werden. Das Ausmaß der Suggestibilität steigt in Abhängigkeit von dem, was vorgegeben wird und der Art und Weise, wie der Person bereits mit der Frage eine Information nahegebracht oder sie unter Druck gesetzt wird, in einer bestimmten Art ihre Antwort zu formulieren. In der Untersuchung von Binet lautet z.B. eine stark suggestive Frage zu einem Foto, das einen Mann nur mit dem Oberkörper abgebildet zeigt: „Hat der Mann auf dem Bild das rechte Bein über das linke geschlagen oder andersherum?" Die Kinder, die nicht suggestiv befragt wurden, gaben 27% Falschantworten, die mäßig suggestiv Befragten 38% Falschantworten und die stark suggestiv Befragten 62% falsche Antworten (s. Endres, Scholz, Summa, 1997, 191).

35 Die folgenden Ausführungen gelten auch für die Personen, die hinsichtlich ihrer intellektuellen und emotionalen Entwicklung mit Kindern vergleichbar sind.

Art der Frage	Beispiel	Falschantworten in %
Nicht-suggestive Frage	„Was hast Du gesehen?“ Wer? Wie? Wann? Wo?	27 %
Mäßig suggestive Frage	„Hat der Mann auf dem Bild einen Hut auf dem Kopf?“ (Auf dem Bild trägt er keinen!)	38 %
Stark suggestive Frage	„Hat der Mann auf dem Bild das rechte Bein über das linke geschlagen oder andersherum?“ (Auf dem Bild ist nur der Oberkörper abgebildet!)	62 %

Kinder sind suggestibler als Erwachsene (Ceci/Bruck, 1995)[36]. Anhand von zwei umfangreichen Untersuchungen von jeweils ca. 500 Kindern im Zeitraum von 1967-1973 und von 1990-1995 des Bochumer Instituts für Gerichtspsychologie (s. Michaelis-Arntzen, 1997, 206) konnte gezeigt werden, dass mit dem Alter der Kinder der Prozentsatz an brauchbaren und zuverlässigen Aussagen steigt.

Alter der Kinder	Prozentsatz an brauchbaren, zuverlässigen Aussagen
4 Jahre	ca. 35 %
5 Jahre	ca. 42 %
6 Jahre	ca, 48 %

nach Michaelis-Arntzen, 1997, 206

Bei den Vierjährigen der Untersuchungen lag der Anteil der Kleinkinder, die brauchbare und zuverlässige Aussagen machten, ungefähr bei 35%, bei den Fünfjährigen bei ca. 42% und bei den Sechsjährigen bei ca. 48%. Die Suggestibilität von Kindern soll aber keineswegs zu dem Fehlurteil führen, dass Kinder keine brauchbaren Zeugen

36 Grundsätzlich gilt, dass die Suggestibilität deutlich erhöht ist bei Personen, die ein geringes Selbstwertgefühl und hohe Ängstlichkeit aufweisen.

seien. Ganz im Gegenteil: **Weil ihre Fähigkeit, bewusst zu täuschen, noch nicht so entwickelt ist, sind sie sogar in der Regel die besten Zeugen!**
In der letzten Zeit werden vermehrt Zweifel an der kindlichen Zeugenaussage laut. Dies hängt mit der Zunahme von Anschuldigungen wegen Sexualdelikten zusammen, die offenbar ohne Grundlage vor allem gegen Väter vorgebracht werden (Endres & Scholz, 1994). Auch wenn konstant insgesamt nur ein kleiner Anteil von Sexualdelikten überhaupt zur Anzeige kommt, ist im Rahmen von familienrechtlichen Streitigkeiten und vormundschaftsgerichtlichen Auseinandersetzungen die Zahl der Anschuldigungen wegen sexuellen Missbrauchs und die Zahl der offenbar unschuldig verdächtigten Männer gestiegen (s. Undeutsch, 1997, 304). Gerade Kinder, die unter der Trennung der Eltern leiden und in massive Loyalitätskonflikte geraten, zeigen häufig starke Verhaltensauffälligkeiten, die schnell als Folge des sexuellen Missbrauchs fehlinterpretiert werden können. Hat aufgrund dieser Auffälligkeiten eine Bezugsperson des Kindes, z.B. die Mutter, den Verdacht, das Kind könne sexuell missbraucht worden sein, ist die Gefahr eines „Aufdeckungsgespräches" groß, in dessen Verlauf viele suggestive Fragen gestellt werden. Dadurch wird die kindliche Aussage in ihrer Brauchbarkeit erheblich eingeschränkt, noch bevor die erste polizeiliche Vernehmung stattfindet. Wünschenswert hingegen wäre folgende Reihenfolge: Das Kind offenbart sich einer Person seines Vertrauens. Nach einiger Überlegung entscheidet sich diese Person für ein Strafverfahren und das Verfahren nimmt mit der polizeilichen Vernehmung seinen Lauf.

Um die Aussagequalität und deren Verwertbarkeit vor Gericht nicht (noch weiter) zu gefährden, muss *im Rahmen der polizeilichen Vernehmung* besonders darauf geachtet werden, die potenziellen Suggestiveinflüsse so gering wie möglich zu halten.[37] Das Schlimmste, was dem Kind passieren kann, ist, dass der Richter aufgrund der Protokolle der polizeilichen (Mehrfach-) Befragung kindlicher Opferzeugen zu dem Ergebnis kommt, dass die Aussage „kaputt suggeriert" sei (Greuel, 1997, 215).
Merke: Es ist ganz entscheidend von dem Verhalten des Beamten in der Vernehmungssituation abhängig, wie dieser vor allem durch seine Art zu fragen auf das Kind Einfluss nimmt!

37 Weitere stark suggestive Einflüsse bei Kindern sind: lange Zeitspanne zwischen Tatgeschehen und Befragung, Müdigkeit und Hunger zum Zeitpunkt der Befragung.

10.3.3. Hilfen zur Durchführung der Vernehmung (oder Anhörung) von Kindern

Die Anhörung bzw. Vernehmung von Kindern (und Jugendlichen) stellt besonders hohe Anforderungen an die soziale Kompetenz der vernehmenden Person. Zum einen geht es darum, trotz der altersbedingten Einschränkungen eine hoch zuverlässige Aussage zu erhalten. Zum anderen sollen die Belastungsfaktoren für das Kind möglichst gering gehalten werden. Arntzen und Michaelis (1970, 29) formulieren als Ergebnis langjähriger Erfahrung mit der Befragung von Kindern Folgendes:
„Diejenige Vernehmungshaltung und diejenigen Maßnahmen bei der Aussagegewinnung, die der Würde des Zeugen am besten gerecht werden, erweisen sich auf die Dauer auch als die Zweckmäßigsten."
In ihrem noch heute aktuellen Buch „Psychologie der Kindervernehmung", das speziell für die Polizei 1970 geschrieben wurde, finden sich folgende anschaulich geschriebene Hilfestellungen:

- **Schaffe eine günstige Vernehmungsatmosphäre!**

Um eine vertrauensvolle Beziehung zum Kind herzustellen, ist nicht so sehr der einzelne Satz entscheidend. Worauf es ankommt ist, ob es dem Beamten gelingt, sich dem Kind so zuzuwenden, dass es sich als vollwertiger Gesprächspartner erlebt.

- Begib dich für die Vernehmung auf die Höhe des Kindes!
- Erkläre dem Kind altersangemessen, warum es befragt wird!

Merke: Kinder haben ein ganz besonderes Gespür für Echtheit!

- **Beseitige alle Hemmnisse!**

Gerade bei Sexualdelikten wird Kindern von den Tätern mit massiven Folgen gedroht, wenn sie das gemeinsame „Geheimnis" preisgeben. Aber auch die Angst vor Bestrafung durch die Erziehungsberechtigten kann blockierend wirken. Da diese Angst durchaus begründet ist, weist Arntzen (1989, 59) auf die wichtige Aufgabe der Polizeibeamten nach der Vernehmung der Kinder hin, die Begleitpersonen anzuhalten, den Kindern keine Vorwürfe zu machen und sie nicht zu bestrafen.

- Sprich über die Ängste, die das Kind bzgl. der Folgen seiner Aussagen hat!
- Prüfe, ob die Anwesenheit oder Abwesenheit der Begleitperson hilfreicher ist!
- Rede mit der Begleitperson nach der Vernehmung über die für das Kind hilfreichen Verhaltensweisen!

Brockmann und Chedor (1999, 71) empfehlen der Begleitperson den Vorschlag zu unterbreiten, die Befragung des Kindes aus dem Nebenzimmer oder per Video zu verfolgen. Es sollte ihr deutlich gemacht werden, dass das Kind durch ihre Anwesenheit eventuell abgelenkt werden kann oder das Gefühl hat, bereits alles erzählt zu haben. Besteht die Begleitperson darauf, an der Befragung teilzunehmen, dann sollten mit ihr Regeln vereinbart werden:

- „Keine Fragen an das Kind.
- Keine Aufmunterung, das zu erzählen, was es der Begleitperson schon erzählt hat.
- Keine Vorwürfe gegenüber dem Kind, wenn es etwas berichtet, von dem die Begleitperson bisher nichts wusste.
- Keine Kommentierung der Fragen des Vernehmenden.
- Kein Abbruch der Befragung durch die Begleitperson"

In der Regel ist es sinnvoll, vor der Kindesvernehmung mit der Mutter oder einer vertrauten Person gesprochen zu haben, um wichtige Informationen über das Kind und dessen Alltag zu gewinnen. Welches sind die Namen der zentralen Personen im Umfeld? Welches sind Alltagsroutinen?

- **Vermeide jede vorwurfsvolle Frage und Äußerung!**

Generell hat die „*Warum-Frage*" bei Kindern eine bedrohliche Wirkung, da sie an die Elternfrage – „Warum hast du das gemacht?" – erinnert. Es sollten alle Formulierungen vermieden werden, die dem Kind Schuldgefühle vermitteln.

- **Lobe das Kind für die Offenheit und Aufrichtigkeit im Interesse der Wahrheitsfindung!**

Aber zuviel Lob für reichliche Aussagen kann auch gefährlich sein, weil so das Kind dazu verleitet werden kann, falsche Informationen zu geben oder unrichtige Details zu ergänzen. Aus diesem Grund ist auch Vorsicht geboten, wenn es um das Versprechen von Belohnungen für Aussagen geht.

- **Vermeide Suggestivfragen!**

Suggestive Fragetechniken können besonders bei jüngeren sowie bei schwachbegabten Kindern die Gedächtnisinhalte modifizieren und Erinnerungen an tatsächlich nie stattgefundene Erlebnisse entstehen lassen (vgl. 6.4.). Deshalb sollte versucht werden, möglichst offene oder W-Fragen bzw. Leerfragen zu stellen!

- Stelle offene Fragen (W-Fragen/Leerfragen): Was? Wann? Wie? Wo? Wie oft?

Das Problem besteht nun aber darin, dass Kinder auf diese Fragen häufig keine Antwort geben, da sie anschauliche Beispiele brauchen, um Gedächtnisinhalte abzurufen. Deshalb sind in vielen Fällen relativ konkrete Fragen notwendig. Allerdings kann auch hier versucht werden, die Suggestionsgefahr so gering wie möglich zu halten. Wenn z.B. das Kind auf die offene Frage: „Was hat der Mann zu dir gesagt?" keine Antwort gibt, kann eine Konträrfrage formuliert werden: *„Hat der Mann gesagt, dass du ruhig alles weitererzählen darfst, was geschehen ist?"* (Arntzen/Michaelis, 1970, 17). D.h. ausgehend von dem häufig auftretenden Geheimhaltungszwang wird das Gegenteil der erwarteten Antwort vorgegeben. Das Kind wird folglich nicht dazu verleitet, einfach „Ja" zu sagen, sondern fühlt sich durch die Frage zu einer korrigierenden Äußerung veranlasst. Der gleiche Effekt wird erzielt, wenn man einen Zusammenhang formuliert, der eigentlich unmöglich geschehen sein kann. Z.B. gibt ein Mädchen an, dass abends sein Vater ins Kinderzimmer geschlichen gekommen sei, will aber weiter nichts sagen. Folgende Frage mit einem Unmöglichkeitsvorbehalt kann eine Brücke bauen: *„Aber das konntest du doch gar nicht sehen, es war doch ganz dunkel?"*

- Stelle **Konträrfragen**: Frage nach den konkreten unwahrscheinlichen Möglichkeiten gleicher Kategorie, wie sie in der Antwort erwartet werden.

Einen etwas stärkeren Suggestivcharakter haben so genannte Mehrfachwahlfragen, die aber gerade bei wichtigen Details, die zu erzählen peinlich sind, die Antwort erleichtern. Es sollte vermieden werden, nur zwei Möglichkeiten (Alternativfragen) vorzugeben, da sonst nahegelegt wird, eine dieser beiden Möglichkeiten müsse zutreffen. Am besten ist folglich, in der Frage drei Möglichkeiten aufzuzeigen: *„Hast du dabei gestanden, gesessen oder gelegen?"* (Arntzen/Michaelis 1970, 17).

- Stelle **Mehrfachwahlfragen**! Vermeide Alternativfragen!

Bei der Mehrfachwahlfrage wird zwar auch ein Inhalt vorgegeben, aber es besteht noch eine größere Wahlmöglichkeit. Bei den Vorbehaltfragen hingegen, wie z.B. *„Das ...hat er bestimmt auch bei dir gemacht?"*, antworten Kinder besonders häufig mit *„ja"*, weil sie nicht zu widersprechen wagen oder weil sie wollen, das die Vernehmung bald zu Ende ist. Wenn es sich nicht vermeiden lässt, dass ein bestimmter Inhalt vorgegeben wird, dann sollte dies in minimaler Art und Weise durch ein Stichwort geschehen, z.B.: *„War einmal etwas mit einem Kissen?"* (Arntzen/Michaelis 1970, 19). Auch besonders präzise Fragen, die dem Zeugen ausdrücklich suggerieren, dass er es doch wissen müsse und die sehr bestimmt gestellt sind, beeinflussen Kinder stark.

- Vermeide auf jeden Fall **Vorbehaltfragen**, d.h. Fragen, in denen der Inhalt in der Frage schon enthalten ist. Wenn ein inhaltlicher Vorbehalt notwendig ist, dann wähle eine **Stichwortfrage**!

- **Formuliere verständliche Fragen !**

Bei der Vernehmung von Kindern werden die Fragen häufig so abstrakt formuliert, dass diese nicht verstanden werden. Es erfolgt dann unter Umständen eine Antwort, nur weil das Kind sich nicht traut, nachzufragen oder zu sagen, dass es die Frage nicht versteht. Dies gilt z.B. bei der Frage nach Häufigkeitsangaben, z.B.:
„Wie oft hast du das beobachtet?"
Besser wäre es z.B. die Frage so zu stellen:
„Wann hast du es noch gesehen? Wo noch? Kannst du dich noch an ein anderes Mal erinnern?"
Jüngere Kinder (bis zum Alter von ca. 6) sind auch mit der Frage nach genauer Datierung häufig überfordert. Sinnvoller ist es, nach konkreten Umständen zu fragen, die mit dem fraglichen Erlebnis in Beziehung stehen und an die sich das Kind noch erinnern kann:
„War dies vor, während oder nach den Ferien? Wie warst du angezogen? War Sommer oder Winter? Hattest du Geburtstag? War Ostern oder Weihnachten?"
Auch sollten Wörter wie „bevor" und „nachdem" vermieden werden. Statt z.B. zu fragen:
„Hat er dich angerufen, nachdem du ihn besucht hattest?"
ist es einfacher zu fragen:
„Hat er dich erst besucht und dich dann angerufen?"

Bei der Besprechung von Situationen, in die mehrere Personen verwickelt sind, sollten anstelle der Personalpronomen immer wieder die Namen der Personen in jedem Satz aufgegriffen werden.

- Stelle möglichst grammatikalisch und sprachlich einfache und konkrete Fragen!
- Frage in einem langsamen Tempo!

- **Vermeide eine gefühlsgeladene Befragungsweise!**

Ganz besonders wichtig ist, dass das Kind in einer ruhigen Art und Weise, frei von Gefühlsausbrüchen und Spannungen, befragt wird. Zwar kann es durchaus kurzfristig durch „hartes Anpacken" zu einem Erfolg kommen und das Kind Auskünfte geben, die es sonst nicht preisgegeben hätte. Es kann aber auch geschehen, dass unter dem Druck der Situation eine falsche Aussage gemacht wird. Vor allem hat die affektbeladene Frageweise den Nachteil, dass bei einer erneuten Befragung der Widerwillen sehr groß sein kann.

Sollte das Kind trotz einer ruhigen Befragung weinen, so ist zunächst wichtig sich zu verdeutlichen, dass es sich hierbei um eine ganz natürliche Reaktion handelt. Das Weinen kann mehrere Gründe haben, sei es, dass das Kind sich an belastende Geschehnisse erinnert, sich schämt oder schuldig fühlt, sich die Nähe einer Bezugsperson wünscht oder vielleicht Angst vor den Folgen der Aussage hat. Brockmann und Chedor (1999, 72f.) schlagen vor, dass die vernehmende Person zunächst eine Sprechpause einlegen soll, um abzuwarten, ob sich das Kind von selbst wieder beruhigt oder mitteilt, warum es gerade weint. Ist dies nicht der Fall, dann könnte eine der folgenden Formulierung hilfreich sein:

„Du kannst im Moment nicht weitersprechen. Irgendetwas macht dich im Moment noch ganz traurig"

„Dir wäre es lieber, wenn wir jetzt erst einmal über etwas anderes sprechen oder etwas anderes machen"

„Irgendetwas ist jetzt, weshalb du im Moment nicht weiterreden möchtest".

- **Achte auf die Vollständigkeit der Befragung!**

Es ist hilfreich einen Vorfall, von dem das Kind berichtet, erst ganz darstellen zu lassen, bevor zu einem anderen Thema übergewechselt wird. In der Regel bietet es sich an, die Vorgänge nach ihrem chronologischen Ablauf schildern zu lassen. Zahlreiche Untersuchungen (Bull, 1997) belegen allerdings, dass die Methode des kognitiven Interviews, die bereits dargestellt wurde (s. 6.5.2), auch in der Befragung von Kindern, die eine „learning disability" aufweisen, zu besseren Ergebnissen führt als das normale strukturierte Interview.

- **Abschluss der Befragung**

Zum Abschluss sollte das Gespräch auf ein neutrales oder positives Thema gelenkt werden. Die vernehmende Person sollte sich für die Mühe bzw. Anstrengung des Kindes bedanken. Wichtig ist, dass auch dem Kind in verständlicher Weise vermittelt wird, wie der weitere Verlauf des Prozesses sein wird und es Gelegenheit erhält, noch seinerseits Fragen zu stellen.

10.4. Der Normalfall der Vernehmung:
Die Sondierungsmethode

Wie bereits bei der genaueren ersten Betrachtung der Vernehmungssituation deutlich wurde, muss es das vorrangige Ziel des vernehmenden Beamten sein, *eine nicht bedrohliche Gesprächsatmosphäre* aufzubauen. Zunächst einmal ist es aus psychologischer Perspektive aus diesem Grunde **nicht** so relevant, ob es sich bei dem polizeilichen Gegenüber um eine geschädigte Person, einen Zeugen oder eine tatverdächtige Person handelt. Sinnvoller erscheint hingegen eher die *Unterscheidung zwischen kooperativen und nicht kooperativen Personen* in der Vernehmung.

Jedes Vernehmungsgespräch beginnt mit einem *kurzen Vorgespräch*, in dem die Situation definiert wird und die Kommunikationsbedingungen erläutert werden. Es folgt die *Erhebung der Personalien* und die *Belehrung der Person*. Die Art und Weise nun, wie bereits diese Kommunikation gestaltet wird, kann den weiteren Verlauf der Vernehmung stark beeinflussen. Unter Rückgriff auf das bekannte Kommunikationsmodell von Schulz von Thun (1989) sind mit der Vermittlung eines **Sachinhaltes** zugleich auch drei weitere Aspekte verbunden:

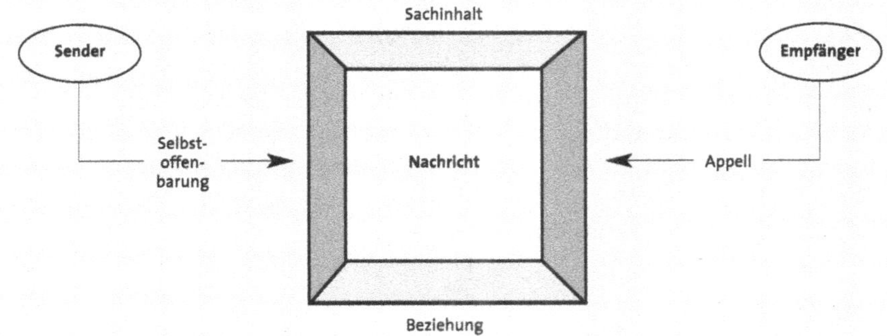

Abb. 33: Kommunikationsmodell von Schulz von Thun (1989, 30)

- der **Beziehungsaspekt**: Ich teile dem Gesprächspartner mit, was ich von ihm halte und wie wir zueinander stehen;
- der **Selbstoffenbarungsaspekt**: Ich gebe etwas von mir selbst kund;
- der **Appellaspekt**: Ich teile meinem Gegenüber mit, wozu ich ihn veranlassen möchte.

Wünschenswert wäre folglich, dass der Ermittlungsbeamte durch die Art und Weise, wie der Sachinhalt (die Situationsdefinition und die Belehrung) vermittelt wird, bereits deutlich macht, dass er

- seinen Gesprächspartner grundsätzlich akzeptiert (Beziehungsaspekt) – was keineswegs damit verwechselt werden darf, dass damit zugleich das Verhalten gut geheißen wird,
- ihn fair behandeln wird (Selbstoffenbarungsaspekt),
- von ihm hinsichtlich des zu ermittelnden Sachverhaltes größtmögliche Offenheit und Ehrlichkeit erwartet (Appellaspekt).

Nach der Erhebung der Personalien und der Belehrung ist es sinnvoll, einige *weitere Angaben zur Person* zu erheben; hierzu zählen z.B. Fragen nach dem familiären und beruflichen Umfeld. Als Nächstes wird die Person dann aufgefordert und ermutigt, ihre Sicht des Sachverhaltes in freier und zusammenhängender Art zu erzählen. Die Rolle der vernehmenden Person besteht zunächst einmal nur darin, den Erzählprozess zu unterstützen: Dies kann dadurch geschehen, dass verbale und nonverbale ermunternde Reaktionen gezeigt werden („hm" oder Kopfnicken) oder dass wichtige Aussageinhalte oder Gefühle nochmals kurz wiederholt werden (Paraphrasieren). Diese Phase der Vernehmung ist in ihrer Bedeutung nicht hoch genug einzuschätzen: Der Ermittlungsbeamte kann sich auf diese Art ein Bild von der Person machen: Wie schnell oder langsam redet sie? Welche persönlichen Eigenarten drücken sich in der Erzählart aus? Nimmt sie Blickkontakt auf? etc. Weil auf diese Art eine optimale Möglichkeit gegeben ist, eine Art „baseline" zu erheben, sollte der Vernehmende keinesfalls dieses freie Erzählen durch Detailfragen zu früh unterbrechen.

Erst im Anschluss folgt die *Frage-Antwort-Phase*, in der der Polizeibeamte detailliert nachfragt, Unverständliches klärt und Widersprüche anspricht. Gerade der Vergleich von Verhaltensweisen der Person in der Frage-Antwort-Phase mit den zuvor in der Phase des freien Erzählens gezeigten Verhaltensweisen kann wichtige Hinweise auf die Glaubhaftigkeit der Aussage vermitteln.

Sondierungsmethode	Aktivität des Ermittlungsbeamten
kurzes Vorgespräch Erhebung der Personalien Belehrung der Person	hoch
Erzählphase (Sachverhalt aus der Perspektive der zu vernehmenden Person)	niedrig (aktives Zuhören!)
Frage- und Antwortphase	hoch

In Großbritannien wird ein vergleichbares Vernehmungsmodell – das sogenannte PEACE-Modell – als Grundlage für ein Basistraining für Polizeibeamte im Ermittlungsdienst verwendet, das in Anlehnung an Weber (2001, 791-792) kurz dargestellt werden soll. Die Abkürzungen stehen für die aufeinander folgenden Elemente der Vernehmung:

P = Planning and Preparation (1)
E = Engage and Explain (2)
A = Account (3)
C = Closure (4)
E = Evaluate (5)

(1) Der Vernehmung geht eine intensive Planung und Vorbereitung voraus. Der Vernehmende muss sich genau darüber klar sein, welches Ziel er mit der Vernehmung verfolgt. Hierzu müssen alle bereits vorhandenen Informationsquellen gewissenhaft ausgewertet werden.
(2) Die Kontaktaufnahme mit der zu vernehmenden Person sollte so gestaltet werden, dass ihr der Zweck und der Ablauf der Vernehmung transparent gemacht werden, um mögliche Ängste und Widerstände abzubauen.
(3) In der Hauptphase wird durch die freie Berichterstattung versucht, umfangreiche Informationen zu erhalten. Hier bietet sich der Einsatz der Methode des kognitiven Interviews[38] an. Dieser freie Bericht wird anschließend durch gezielte Fragen ergänzt.

38 Die Methode des „kognitiven Interviews“ wurde in Punkt 6.5.2. bereits ausführlich dargestellt.

(4) Die Vernehmung soll derart abgeschlossen werden, dass die Kooperationsbereitschaft der vernommenen Person erhalten bleibt bzw. sogar noch gesteigert wird. Sinnvoll ist es in dieser Phase, die erhaltenen Informationen nochmals zusammenzufassen und einen Verständnisabgleich anzubieten.
(5) Wichtig ist, dass der Vernehmende den abgeschlossenen Vernehmungsprozess sowohl hinsichtlich der Inhalte als auch in Bezug auf die angewandte Methode einer kritischen Auswertung unterzieht.

10.4.1. Die Reid-Technik der Befragung: Das Behavioural Analysis Interview

Einen in vieler Hinsicht von dieser Methode abweichenden Weg beschreitet die allerdings als überaus erfolgreich beurteilte „**Reid-Technik von Befragung und Vernehmung**" (im Folgenden kurz Reid-Technik genannt). Diese Methode, die bereits in den 40er Jahren des letzten Jahrhunderts von dem Amerikaner John E. Reid (Inbau et al., 1986) entwickelt wurde und in Amerika seit den siebziger Jahren starke Verbreitung findet, besteht aus drei Komponenten:

1. der *Analyse der Fakten*
2. der ***Befragung*** **(Behaviour Analysis Interview)** und
3. der *Vernehmung.*

Und eben die zweite Komponente, das etwa 30-40-minütige nicht-anschuldigende Frage- und Antwortgespräch mit Zeugen, Opfer oder Verdächtigen, wird Befragung genannt. Besonders im Umgang mit Verdächtigen ist (neben der Analyse der Fakten) diese Befragung für den Ermittlungsbeamten so wichtig, weil sie es ermöglicht, *zu Unrecht Verdächtigte* auszusortieren. Es wird bewusst auf die Anwendung von Zwang und Einschüchterung verzichtet, um nicht eine unschuldige Person zu einem Geständnis zu verleiten. Die Methode wird als ein Prozess beschrieben, der „in keinster Weise auf Zwang und Einschüchterung angewiesen (ist), um die Wahrheit zu erhalten" (Bernsee, 2001,440). Im Rahmen der Befragung (bzw. des Behaviour Analysis Interviews) werden zunächst Hintergrundfragen zur Person gestellt, die dann durch *„verhaltensprovozierende Fragen"* abgelöst werden, die unterschiedliche verbale und nonverbale Verhaltensweisen des Verdächtigen zu Tage treten lassen sollen. Wie das folgende Beispiel zeigt, handelt es sich bei diesen verhaltensprovozierenden Fragen sowohl um zu erhebende Fakten als auch um Einstellungen, Gedanken und Gefühle:

Ein Angestellter, Andy, wird verdächtigt, einen größeren Geldbetrag (3000 Dollar) aus der Firma gestohlen zu haben. Zunächst werden ihm Fragen zu seiner Person (Name, Vorname, Adresse, Wohnumstände, Arbeitsverhältnis, Verdienst) gestellt, um dann zum Sachverhalt verschiedene Reaktionen hervorzulocken. Hierbei handelt es sich z.B. um folgende Fragen (vgl. Bernsee, 2001, 442-444):

- „Andy, was ist nach Ihrem Verständnis der Zweck der heutigen Befragung?" **(Zweck der Befragung)**
- „Wissen Sie, wer das Geld gestohlen hat?" **(Wissen um Täter)**
- „Wen verdächtigen Sie, dass er das Geld gestohlen haben könnte? ...Die Person wird nicht erfahren, dass Sie mir den Namen genannt haben. Wer, glauben Sie, hat dies getan?" **(Verdacht)**
- „Lassen Sie mich fragen – gibt es irgendjemanden, der Zugang zu dem Geld hatte und den Sie gut genug kennen, um für ihn zu bürgen, von dem Sie sagen, dass Sie nicht denken, dass diese Person es getan hat?" **(Bürgen für Unschuld verdächtiger Person)**
- „Denken Sie, dass die 3.000 Dollar wirklich gestohlen wurden?" **(Gedanken an Diebstahl)**
- „Wer würde die beste Gelegenheit haben, dieses Geld zu nehmen, wenn er möchte?" **(Gelegenheit)**
- „Wie fühlen Sie sich, dass Sie über diesen fehlenden Betrag befragt werden?" **(Einstellung zur Befragung)**
- „Wenn es uns nicht gelingt, dieses Problem durch diese Befragung zu lösen, denken sie, dass die Polizei gerufen werden sollte, um ihre eigenen Ermittlungen durchzuführen?" **(Befugnis der Polizei)**
- „Ich hätte gerne, dass Sie mit mir genau durchgehen, was Sie (zu dem besagten Zeitpunkt) getan haben." **(Alibi)**
- „Andy, haben Sie zu irgendeiner Zeit, egal aus welchem Grund, zufällig die Einnahmen nach Hause mitgenommen und sie dann am folgenden Morgen in den Safe zurückgelegt?" **(Leihe)**
- „Was war Ihre erste Reaktion, nachdem Sie herausgefunden haben, dass die Einnahmen fehlen?" **(erste Reaktion)**
- „Was denken Sie über die Person, die das Geld gestohlen hat?" **(Einstellung gegenüber dem Schuldigen)**
- „Haben Sie während der Zeit, in der Sie bei... gearbeitet haben, zu irgendeiner Zeit nur einmal daran gedacht, Geld von dort zu nehmen?... **(Gedanke an Durchführung der Handlung)**
- „Andy, sagen Sie mir, warum Sie diese 3.000 Dollar nicht stehlen würden ?" **(Einspruch)**
- „Wenn ich meine Befragung von all diesen Leuten ... beendet habe und alle ermittlungstechnischen Informationen und Beweise noch einmal betrachte, was, denken Sie, werden die Ermittlungen über Sie ergeben?" **(Ergebnis aller Befragungen)**
- „Wurden Sie jemals zuvor darüber befragt, ob Sie Geld oder Waren von irgendwoher genommen haben?" **(frühere Erfahrungen)**

- „Ist es bereits irgendeinmal vorgekommen, dass Sie Geld oder Waren von irgendwoher ohne Erlaubnis genommen haben?" **(Kontrolle – ähnliche Handlungen in der Vergangenheit)**
- „Was sollte Ihrer Meinung nach mit der Person, die die 3.000 Dollar gestohlen hat, geschehen?" **(mögliche Bestrafung der schuldigen Person)**
- „Denken Sie, dass die Person, die das Geld genommen hat, unter bestimmten Umständen eine zweite Chance erhalten sollte? **(zweite Chance für schuldige Person)**
- „Warum glauben Sie, dass jemand dieses Geld gestohlen hat?" **(Motiv)**
- „Haben Sie N.N. über den Diebstahl erzählt oder darüber, dass Sie deswegen befragt werden?" **(Informationsweitergabe an nahestehende Personen)**
- „Auf einer Skala von 1 bis 10, 10 ist das Beste und 1 das Schlechteste, wie würde Sie Ihren Arbeitsplatz einschätzen?" **(Firmeneinschätzung)**

Wie an diesem Beispiel gezeigt wurde, kann sich der vernehmende Beamte eine Liste an möglichen Fragen bereitlegen, die seiner Befragung eine klare Struktur geben. Die Vertreter der Reid-Methode betonen, dass der Verdächtige keinesfalls – auch wenn sich bereits der Verdacht verstärkt – der Lüge beschuldigt werden soll. Während dieses nicht-anschuldigenden Interviews geht es vor allem um die *Erarbeitung einer Beziehung*, um die Gewinnung von Verständnis für den Verdächtigen und die Tat und somit um die Beurteilung der Glaubhaftigkeit seiner Aussagen. Die Konfrontation mit belastenden Fakten erfolgt erst im dritten Teil der Methode, die als Vernehmung bezeichnet wird. D.h. im Rahmen der Reid-Methode wird erst dann von Vernehmung gesprochen, wenn aufgrund des Sach- und Personenbeweises die Hinweise auf die Schuld des Verdächtigten sich erhärtet haben.

Diese Methode wird allerdings – trotz des angeblich hohen Erfolges – stark kritisiert (vgl. Gudjonsson, 1994; Vrij, 1998, Milne & Bull, 1999; Weber & Berresheim, 2001). Bezogen auf die Befragung werden folgende Kritikpunkte angeführt: Die zu vernehmende Person wird in das Frageschema des Beamten hineingezwängt, was vor allem aufgrund der Erkenntnisse der Gedächtnispsychologie die Genauigkeit der Erinnerungen und den Zugang zu diesen beeinträchtigen kann. Besonders aber wird der Anspruch der Vertreter der Methode kritisiert, anhand der Beobachtungen des verbalen und nonverbalen Verhaltens mit hoher Sicherheit unter Rückgriff auf ein von ihnen entwickeltes Klassifikationssystem Lügen von wahren Aussagen unterscheiden zu können. Indikatoren für Täuschung liegen nach diesem Klassifikationssystem z.B. dann vor, wenn die Person dem Augenkontakt ausweicht, wenn die Antwort verzögert gegeben wird oder verallgemeinernd geantwortet wird. Wie bereits unter Rückgriff auf die Erkenntnisse der forensischen Aussagepsychologie (9.2.) ausgeführt wurde, ist die Annahme von universellen, person- und situationsspezifischen Lügensymptomen äußerst problematisch. Manchen Personen gelingt es, eine

Lügengeschichte zu erzählen und dabei einen ehrlichen Eindruck zu vermitteln, andere hingegen berichten die Wahrheit und wirken dennoch unehrlich. Es gibt folglich, wie zahlreiche Forschungsergebnisse belegen, kein verbales und nonverbales Verhalten, das eindeutig eine Person als Lügner entlarvt.

Dennoch soll damit das Behavioural Analysis Interview nicht gänzlich disqualifiziert werden. Sinnvoll erscheint es, zunächst die Vorgehensweise der Sondierungsmethode bzw. PEACE-Methode aufzugreifen und zu versuchen, die zu vernehmende Person durch aktives Zuhören zu einem freien Erzählen anzuregen. Sollte dies nicht gelingen, dann kann zu den verhaltensprovozierenden Fragen von Reid übergegangen werden. Auch lassen sich für die auf die Phase des freien Erzählens folgende Frage- und Antwortphase gute Anregungen für die Art der Fragen aus dieser Methode ableiten. Die von den Vertretern der Reid-Methode postulierte Sicherheit der Einordnung der vernommenen Personen in täuschende und nicht-täuschende ist allerdings als äußerst problematisch zu betrachten und sollte nur als *Hypothese* für die weitere Vernehmung dienen.

10.5. Die Beschuldigtenvernehmung

Der Beschuldigte befindet sich rechtlich in einer völlig anderen Situation als der Zeuge. Ihm wird ein Tatvorwurf gemacht und er hat im Rahmen der Vernehmung die Möglichkeit, dazu Stellung zu beziehen. Allerdings besteht die Aufgabe des vernehmenden Beamten auch darin, alle den Beschuldigten entlastenden Momente zu ermitteln. Dies ergibt sich aus § 136 Abs. 2 StPO: „Die Vernehmung soll dem Beschuldigten Gelegenheit geben, die gegen ihn vorliegenden Verdachtsmomente zu beseitigen und die zu seinen Gunsten sprechenden Tatsachen geltend zu machen."

Um nun das Ziel der Wahrheitserforschung zu erreichen, wird an die vernehmende Person die fundamentale Anforderung gestellt, sich so in ihr Gegenüber hineinzuversetzen (Empathie), dass eine optimale Passung zwischen beiden entsteht. Die handlungsleitende Frage lautet auch hier – wie bei der Vernehmung von Zeugen:

> *„Was kann ich tun, um die Aussagebereitschaft des Beschuldigten zu schaffen, zu fördern oder aufrechtzuerhalten?"*

In der Vernehmungsliteratur wird gerne auf Tätertypologien Bezug genommen, um ausgehend von einer solchen Typisierung praktische Vernehmungshinweise folgen zu lassen (s. Rottenecker, 1976/ Bender, Röder /Nack, 1981). Allerdings muss hier immer wieder darauf hingewiesen werden, dass es nicht *den* typischen Täter gibt, für den quasi nach Kochrezept die passende Vernehmungsmethode zu wählen wäre.

Deshalb sollte das Interesse der vernehmenden Beamtin oder des Beamten darauf gerichtet sein, bereits im Vorfeld der Vernehmung alle Information über den Beschuldigten zu gewinnen, die die Erschließung der *individuellen Nutzenstruktur* des Beschuldigten ermöglichen. Hierzu zählt das Alter des Beschuldigten, der soziale Hintergrund, die möglicherweise bereits bestehende kriminelle Vorgeschichte, die konkreten Tatumstände etc. Je umfangreicher die Kenntnisse des Beamten über die Person, die Tat und das Recht, desto höher die Wahrscheinlichkeit, durch das eigene Verhalten den optimalen Vernehmungsverlauf herbeizuführen. Wie bereits ausgeführt wurde, bietet der Regelverlauf einer Vernehmung – die so genannte Sondierungsmethode – wichtige Möglichkeiten, Hypothesen über den Beschuldigten aufzustellen: Gerade die Aufforderung an den Beschuldigten, zunächst einmal frei über den Sachverhalt zu berichten, lässt erkennen, ob der Beschuldigte grundsätzlich bereit ist, eine umfassende und wahrheitsgemäße Aussage zu machen oder nicht. Brockmann und Chedor (1999, 77f.) führen unter Bezugnahme auf Belitz (1991) einige dominierende Motive an, die für den zu Recht Beschuldigten handlungsleitend sein können und seine geringe Aussagebereitschaft erklären:

- *Die Angst vor strafrechtlichen Sanktionen*: Der Beschuldigte hofft, dass ein Abstreiten der Tatbeteiligung das Ausmaß der drohenden strafrechtlichen Sanktionen reduzieren könnte.
- *Die Angst vor Aberkennung des Sozialstatus*: Der Beschuldigte versucht Rechtfertigungen bzw. gute Gründe für sein Handeln anzuführen, um den drohenden Entzug von Wertschätzung und Anerkennung zu minimieren.
- *Schamgefühle – Angst vor sozialer Ausgrenzung – Selbstschutz*: Besonders bei gesellschaftlich tabuisierten Normverstößen kann sich der Beschuldigte für seine Tat schämen und deshalb durch massive innere Barrieren daran gehindert werden, über Details zu sprechen. Die von ihm an den Tag gelegten Strategien der Leugnung versuchen einen letzten Rest seines positiven Selbstbildes aufrechtzuerhalten und drohende soziale Sanktionen zu reduzieren.
- *Bedürfnis nach Macht / Dominanz*: Der Beschuldigte genießt das mit der Aussageverweigerung oder -verfälschung verbundene Machtgefühl gegenüber den Vertretern einer Einrichtung.
- *Bilanzierung*: Der Beschuldigte wägt die Kosten und Nutzen, die mit einer Aussage verbunden wären, rational ab; sein Aussageverhalten hängt besonders von dem seiner Auffassung nach seitens der vernehmenden Person zur Verfügung stehenden Beweismaterials ab.

10.5.1. Die Problematik der Überrumpelungsstrategie und der Ausübung von Druck

Gerade dann, wenn die Polizeibeamten es mit einer Person zu tun haben, die bereits über viel Erfahrung mit der Vernehmung verfügt, kann die zwangskommunikative *Überrumpelungsstrategie*, mittels derer der Beschuldigte aus einer Position der Stärke heraus bewusst verwirrt und eingeschüchtert werden soll, um ihn dann zum reumütigen Einlenken zu bewegen, ohne Erfolg bleiben. Als Ergebnis der Auswertung von 42 Beobachtungs- und Vernehmungsprotokollen von deutschen Beschuldigten und deutschsprachigen türkischen Beschuldigten kommt Schroer (2000, 31-44) zu folgendem Ergebnis: Die deutschsprachigen Türken sind mit den Kommunikationsroutinen und Haltungen der vernehmenden Beamten vertraut und können mit diesen so spielen, dass der gewünschte Ermittlungserfolg ausbleibt. Die erzieherische autoritäre Gesprächsführung der Beamten bestätigt die türkischen Migranten in ihrer Sichtweise von der Polizei. Diese stellt für sie eine Ordnungsmacht im Dienste des übermächtigen gegnerischen Lagers dar, der keinesfalls zu trauen ist. Die Überrumpelungsstrategie der Polizei ist ein Beweis für die fest verankerte Überzeugung, ein unerwünschter Teil der Gesellschaft zu sein, der ausgegrenzt und verachtet wird. Diese Sichtweise führt zu einer unkooperativen Verteidigungshaltung; so wird z.B. auf jede Stellungnahme zur unterstellten Straftat verzichtet, die Offenlegung der Beweise gefordert und beharrlich eine sachliche Aushandlung des zur Debatte stehenden Sachverhaltes verlangt. Folglich ist die Überrumpelungsstrategie nur dann erfolgreich, „wenn der Beschuldigte irritierbar ist und zumindest unterschwellig der Polizei nach und nach so etwas wie Vertrauen entgegenbringt" (Schroer 2000, 37). Deshalb sollte diese subgesellschaftliche Perspektive der Migranten zunächst einmal zur Kenntnis genommen und akzeptiert werden, um dann zu versuchen, das bestehende Misstrauen zu durchbrechen. Geschieht dies nicht, dann fühlt sich der Beschuldigte in seiner Sichtweise als Ausgegrenzter bestärkt. Die Ermittlungsbeamten erzielen keinen Ermittlungserfolg, sondern sehen sich ebenfalls nur in ihren Vorurteilen gegenüber den deutschsprachigen Türken bestätigt.

Auch Kraheck-Brägelmann (1997, 296) kommt aufgrund der Auswertung einer Befragung von 59 inhaftierten jugendlichen Straftätern in ihrer Untersuchung zu deren Geständnisbereitschaft und -motivation im Zusammenhang der polizeilichen Vernehmung zu folgendem Ergebnis:

„Wurden polizeiliche Verhaltensweisen eher als positiv bewertet, zeichnete sich eher die Bereitschaft zu einem Geständnis ab; wurden diese eher als negativ bewertet, bestand die Tendenz zu Teilgeständnissen."

Zu den negativ bewerteten Verhaltensweisen zählt vor allem, wenn eine Vorgehensweise der Polizei als Taktik erkannt, wenn mit Drohungen, Erpressungen sowie Schreien und mit der Isolierung im Polizeigewahrsam gearbeitet wird.

Welche Probleme die Vorgehensweise der vernehmenden Beamten mit sich bringt, die durch *Ausübung von Druck* versuchen, den Beschuldigten zu einem Geständnis zu bewegen, soll anhand des folgenden Beispiels gezeigt werden: Vier junge Männer wurden beschuldigt, im Jahr 1993 in Solingen das Haus einer dort lebenden türkischen Familie in Brand gesteckt zu haben. Fünf Mitglieder der Familie starben bei diesem Brand. Einer der Beschuldigten legte nach der Vernehmung ein umfangreiches Geständnis ab. Die Journalistin und Prozessbeobachterin Ingrid Müller-Münch (1998, 118) berichtet Folgendes:

„Kein gutes Licht fiel immer wieder auf die Vernehmungsmethoden der BKA-Beamten, über die sich vor allem der Angeklagte Chris heftig beschwerte. Im Juni 1994 räumte ein BKA-Kommissar vor Gericht dann ein, dass Kollegen dem 17-jährigen seinerseits angedroht hatten, wenn er nicht bald gestehe, dann steckten sie ihn in eine Zelle, „zu den schwulen Türken, und die werden dir den weißen Arsch versilbern". Außerdem hätte man versucht, Chris mit den Worten einzuschüchtern: „Du bist tot, du bist tot, du bist tot", und ihm gesagt, wenn er jetzt freikäme, dann würden sie ihn „zwei Tage später, von Türken totgeschlagen, aus der Gosse fischen.""

Eine derartige Vorgehensweise kann zur Folge haben, dass das Geständnis im weiteren Verlauf des Verfahrens nicht verwertbar ist, weil die Beamten zu verbotenen Vernehmungsmethoden gegriffen haben, d.h. den Beschuldigten unter Druck gesetzt, bedroht und eingeschüchtert haben. In dem Prozess gegen die Brandstifter von Solingen wurde dann auch gegen Beamte wegen des *Verdachts der Aussagenerpressung* ermittelt. Des Weiteren kann passieren, was in diesem Verfahren auch geschehen ist, dass das Geständnis im Rahmen der Hauptverhandlung widerrufen wird.
Zu bedenken bleibt aber auch, welches Bild in der Öffentlichkeit von der Polizei entsteht: So bedeutsam es auch ist, eine Tat aufzuklären, so rechtfertigt das Ziel jedoch nicht den Einsatz von Methoden, die ethisch nicht vertretbar sind. Wie die Forschung zeigt, sind diese Methoden auch nicht effektiv, da sie ein falsches Geständnis hervorbringen können! Was immer der Beschuldigte auch getan haben mag, die Akzeptanz der Polizei als Vertreter des staatlichen Gewaltmonopols hängt entscheidend davon ab, dass sie die Würde des zu Vernehmenden respektiert und sich dies in der Art und Weise des Umgangs mit ihm manifestiert.

Exkurs: **„Ein Kommissar muss Menschenfreund sein"**
So die Aussage von Achim Ciupka, Professor für Kriminalistik an der Fachhochschule für Verwaltung und Rechtspflege in Berlin, der sechs Jahre als Leiter einer Mordkommission in Berlin tätig war. Auch Manfred Vogt, seit 1973 Leiter der 4. Mordkommission in Berlin, der inzwischen 540 Fälle behandelt hat, ist Menschenfreund geblieben. Das Ziel, das ihn antreibt, ist, *„dass der Täter die höchstmögliche Strafe bekommt."* Und das – so erfahren wir weiter im Artikel – „geht nur mit einem Geständnis, das nach allen Seiten hin abgesichert ist. Sein Prinzip bei Verhören: die eigenen Gefühle zurückstellen. Feinfühlig, jedem gegenüber, fast mitfühlend. *„Wut und Aggression gehören nicht in ein Verhörzimmer"*, sagt er. ... Vogt ist der Beichtvater mit müden Augen, der zum Geständnis rät. Er appelliert an das Gewissen; nach der Beichte werde jeder sich besser fühlen...."

(„Der Kommissar" von Hugo Rupp. In: Die Zeit, Nr. 2, 3. Januar 2002, S. 49)

10.5.2. Die RPM-Methode

Zunächst einmal sollte alles getan werden, um die Ängste des Beschuldigten zu beseitigen. Dies setzt voraus, dass es der vernehmenden Person gelingt, diesem gegenüber eine *Grundhaltung* zu entwickeln, die zwar dessen Tat nicht verharmlost, aber dennoch ihm als Person eine grundlegende Akzeptanz entgegen bringt. Indem der Beschuldigte erkennt, dass wirklich das Bemühen vorhanden ist, seine Beweggründe für die Tatausführung zu verstehen, steigt die Bereitschaft für ein Geständnis. Diese Vorgehensweise kommt recht gut in der in den USA von Napier & Adams (1998) entwickelten RPM-Methode (s. Brockmann & Chedor, 1999, 85f.) zum Ausdruck. Die Buchstaben R-P-M stehen für die drei Abwehrmechanismen: Rationalisierung, Projektion und Minimierung. Mittels dieser Abwehrmechanismen versucht der Beschuldigte, sein Selbstwertgefühl vor weiterer Beschädigung zu schützen.

Nehmen wir das Beispiel eines arbeitslosen 55-jährigen Mannes, der drei Jahre lang zu einem jetzt neunjährigen Jungen aus der Nachbarschaft ein Verhältnis unterhielt und diesen Jungen sexuell missbrauchte.

Rationalisierung: Dieser Beschuldigte rationalisiert sein Verhalten, indem er aufzeigt, aus welch problematischer Familie der Junge kommt und was er nicht alles für diesen Jungen getan hat, um dessen schlechte materielle und emotionale Situation zu verbessern. D.h. es werden Gründe angeführt, mit denen er sein Verhalten zu rechtfertigen versucht.

„Sie wissen gar nicht, wie miserabel die Situation des Kleinen war: Der ist nach der Schule mit dem Schlüssel um den Hals rumgelaufen. Keiner hat sich um den richtig gekümmert. Bei mir hat er wenigstens eine Person gefunden, die für ihn Zeit gehabt hat. Und eine warme Mahlzeit hat er auch oft bekommen."

Projektion: Nicht der Beschuldigte hat als erwachsene Person seine sexuellen Bedürfnisse am Jungen befriedigt, sondern die Verantwortung für den sexuellen Kontakt wird auf den Jungen übertragen:

„Sie hätten mal sehen sollen, wie sehr der meine Nähe gesucht hat. Er hat nie nein gesagt, er ist ja schließlich immer wieder von selbst gekommen."

Minimierung/Bagatellisierung: Die Auswirkungen der eigenen Handlungen auf die betroffene Person oder Personen werden verharmlost.

„Die Mutter regt sich jetzt so auf und redet dem Jungen ein, wie schlimm das ist. Aber die spinnt sowieso. Ohne mich ginge es dem Jungen viel schlechter. Von mir hat er viel bekommen, was für ihn wichtig war."

Indem nun die vernehmende Person auf die vorgetragene Sichtweise eingeht, dem Beschuldigten durch aktives Zuhören seine Sichtweise spiegelt und durch Nachfragen Interesse signalisiert, noch differenziertere Informationen über seine Sicht des Tatgeschehens zu erhalten, wird der Widerstand mit hoher Wahrscheinlichkeit reduziert. Keineswegs ist mit dieser Vorgehensweise verbunden, dass die Sichtweise des Beschuldigten vom Vernehmungsbeamten als Schilderung der „Wahrheit" übernommen oder die Tat dadurch verharmlost wird. Aber ihm wird die Gelegenheit gegeben, seine subjektive Sicht zu verdeutlichen, ohne diese Darstellung durch bewertende Kommentare zu unterbrechen und letztendlich damit zu behindern. Es sei hier nochmals betont, dass diese Methode nur sinnvoll eingesetzt werden kann, wenn es dem Vernehmungsbeamten bzw. der Vernehmungsbeamtin gelingt, eine – trotz der Schwere der Tat – akzeptierende oder zumindest neutrale Grundhaltung dem Beschuldigten als Person gegenüber zu entwickeln.

10.5.2.1. Abwehr – Abwehrmechanismen – Schutzmechanismen

Diese Begriffe stammen aus der Psychoanalyse und haben vor allem im Zusammenhang mit der Erklärung von störendem Verhalten (11.5 / 11.6) eine hohe Bedeutung. **Abwehr** (in den frühen Schriften von Sigmund Freud noch weitgehend als Synonym für *Verdrängung* gebraucht) umfasst alle Versuche des „Ich", unlustvolle oder Angst auslösende Vorgänge, die entweder von Außen oder von Innen kommen, zu vermeiden. Freud, der als erster systematisch den Prozess untersucht hat, wie Vorstellungen unbewusst gemacht werden oder vom Bewusstsein abgehalten werden, nennt deshalb die Verdrängungslehre den Grundpfeiler, auf dem das Gebäude der Psychoanalyse ruht. Es handelt sich bei der Abwehr keineswegs um etwas Krankhaftes, sondern um eine überlebenswichtige Schutzfunktion, die jede Person braucht. Grundsätzlich gibt es unendlich viele Möglichkeiten, Unangenehmes von sich fern zu halten: So kann sich eine Person z.B. mit Arbeit überhäufen, um sich davor zu schützen, die Traurigkeit zu spüren, oder sie kann durch ständiges Reden unangenehme Fragen anderer verhindern. Deshalb gilt: *„Alles kann mit allem abgewehrt werden"* (Hoffmann/Hochapfel, 1995, 58). Einige dieser Formen der Abwehr finden sich allerdings mit großer Regelmäßigkeit wieder. Anna Freud, die Tochter Sigmund Freuds, unterscheidet in ihrem wichtigen Buch „Das Ich und die Abwehrmechanismen" aus dem Jahr 1936 zehn zur damaligen Zeit gut bekannte Abwehrmethoden: Verdrängung, Regression, Reaktionsbildung, Isolierung, Ungeschehenmachen, Projektion, Introjektion, Wendung gegen die eigene Person, Verkehrung ins Gegenteil und Sublimierung (1980, 36). Diese Formen, die zur Reduzierung der Unlust offenbar besonders wirkungsvoll sind, werden erst dann zum Problem, wenn sie übermäßig stark eingesetzt werden. In Anlehnung an Hoffmann und Hochapfel (1995, 62) sollen die folgenden Abwehrmechanismen kurz beschrieben werden:

- **Verdrängung und Verleugnung:** Impulse, die von innen kommen, und Reize, die von außen kommen, werden unbewusst gemacht.

- **Projektion:** Der Unlust erregende Impuls wird in die Außenwelt verlagert, als im Anderen, nicht im Selbst entstanden erlebt. In der einfachsten Form handelt es sich um die Zuschreibung eigener Triebregungen an den anderen. *„Nicht ich bin zu dir aggressiv, sondern du bedrohst mich ständig mit deiner Wut."*

- **Reaktionsbildung** oder auch **Verkehrung ins Gegenteil:** Ein Unlust erregender Impuls wird durch sein praktisches Gegenteil ersetzt. Am bekanntesten geworden ist die zur „Übergüte" umgewandelte Aggressivität.

- **Intellektualisierung:** Die unlustvollen Impulse werden aus dem emotionalen Bereich in den intellektuell-theoretischen verlagert. *„Ich habe keine Angst. Mich interessiert nur generell das Problem der Ängste des Menschen in unserer Zeit".*

- **Rationalisierung:** Das von einem abgewehrten Motiv veranlasste Handeln oder Empfinden wird im Nachhinein durch eine andersartige Begründung ersetzt. Ein klassisches Beispiel hierfür ist z.B. die Rationalisierung des Fuchses, der nicht an die Trauben herankommt und dann sein Desinteresse an denselben mit ihrem sauren Geschmack begründet.

- **Isolierung (oder auch Abspaltung) von Inhalten und vom Affekt:** Bei der Isolierung von Inhalten werden zusammengehörende Inhalte auseinandergehalten, um Unlust zu vermeiden. Bei der Isolierung des Inhalts vom Affekt wird die den Inhalt begleitende emotionale Tönung abgetrennt bzw. nicht mit erinnert. Wir treffen dies z.B. an, wenn Personen etwas sehr Belastendes geschehen ist, sie aber total sachlich davon berichten.

- **Verschiebung:** Der (meist aggressive) Impuls wird von der Person, die eigentlich gemeint ist, auf eine andere, aber weniger bedrohliche, verschoben. Dies kommt in dem Sprichwort zum Ausdruck: *„Er schlägt den Sack und meint den Esel"*.

- **Wendung gegen das Selbst:** Hierbei handelt es sich um eine Sonderform der Verschiebung; aggressive Impulse, die eigentlich gegen andere gerichtet sind, werden auf sich selbst zurückgelenkt.

- **Identifizierung mit dem Aggressor:** Um die unerträgliche Angst erträglicher zu gestalten, stellt sich die bedrohte Person gleichsam emotional auf die Seite des Angreifers. Wir finden diese Phänomen z.B. bei der Geiselnahme unter dem Begriff des „Stockholm-Syndroms".

- **Regression:** Die Person greift auf Verhaltensweisen aus früheren Entwicklungsphasen zurück, um in der Regel unlustvollen Impulsen auszuweichen. Das typische Beispiel liegt vor, wenn ein Kind, das bereits trocken war, wieder einnässt, weil ein neugeborenes Geschwisterkind als Bedrohung erlebt wird. (Auch in der Vernehmung – vor allem von Beschuldigten – tritt häufig der Rückgriff auf nicht altersangemessene Verhaltensweisen auf.)

- **Ungeschehenmachen:** Mit magischen Mitteln oder Symbolhandlungen wird ein nicht akzeptables Verhalten als nicht geschehen erklärt. So kann z.B. ein Waschzwang als ein symbolisches Reinwaschen von schuldhaft erlebten Sexual- und Aggressionswünschen bzw. Handlungen interpretiert werden.

10.5.3. Die Reid-Technik: Die neun Stufen der Vernehmung[39]

Es wurde bereits (s. 10.4.1.) ausgeführt, dass die Reid-Technik sich aus drei Komponenten zusammensetzt: der Analyse der Fakten, der Befragung und der Vernehmung. Nachdem im Verlauf der nicht-anschuldigenden Befragung die unschuldig Verdächtigten mit einiger Gewissheit ausgeschlossen werden konnten, wendet sich im Rahmen der Vernehmung der Ermittlungsbeamte der Person zu, von der mit hoher Wahrscheinlichkeit angenommen wird, dass sie die fragliche Tat begangen hat. Diese Vernehmung ist in neun aufeinanderfolgende Stufen aufgebaut und weist eine hohe Übereinstimmung mit der RPM-Methode auf:

1. Stufe: Die positive Konfrontation mit dem Schuldvorwurf
Der Ermittlungsbeamte *stellt* sich vor den Verdächtigen und trägt kurz, genau und eindeutig den Schuldvorwurf vor. Auch wenn – wie zu erwarten ist – daraufhin eine Ablehnung dieses Vorwurfs erfolgt, wird dieser nochmals entschieden wiederholt. Danach verändert der Ermittlungsbeamte seine Position und setzt sich neben den Verdächtigten und macht diesem ein Angebot, dass ungefähr folgenden Inhalt hat: „Ich möchte mich mit Ihnen zusammensetzen und sehen, ob wir die Sache wieder gerade biegen können."

2. Stufe: Themenbildung *oder* Entwicklung von Rechtfertigungen für das Täterverhalten
Der Ermittler bietet dem Verdächtigen eine moralische Rechtfertigung für sein Verhalten an; diese wird „Thema" genannt. In einem längeren Monolog macht er deutlich, dass er sein Gegenüber als Mensch akzeptiert und sich das Zustandekommen der als problematisch zu bewertenden Handlung nur so erklären kann, dass äußere widrige Umstände oder andere Personen hierzu beigetragen haben. Es wird der Person ermöglicht, die Selbstachtung aufrechtzuerhalten, indem für sie bedeutungsvolle psychologische (nicht rechtliche) Rechtfertigungsgründe benannt werden.

3. Stufe: Handhabung der Ableugnung
Grundsätzlich ist davon auszugehen, dass jeder Verdächtige – ob schuldig oder unschuldig – die Täterschaft leugnen wird. Das Bemühen des Ermittlungsbeamten sollte grundsätzlich darauf gerichtet sein, zu verhindern, dass ihr Gegenüber seine Ableugnung formulieren kann. Er sollte statt dessen weitere Rechtfertigungsgründe für die Tat auf wohlwollend bevormundende Art vortragen. Hintergrund für diese Vorgehensweise sind folgende Erfahrungswerte:

39 Die Ausführungen beziehen sich auf den Artikel von Bernsee (2001, 440-451).

Je häufiger jemand eine Tat bzw. Tatbeteiligung leugnet, desto schwieriger wird es im weiteren Verlauf für die Person, die Wahrheit zu sagen.
Mit der Zeit wird normalerweise bei dem *schuldig Verdächtigten* die Ableugnung schwächer und es werden nur noch Einwände vorgebracht.
Der *unschuldig Verdächtige* hingegen wird in seiner Weigerung, die Tat einzugestehen, hart bleiben. Seine Ableugnung der Tat wird sogar in der Regel immer stärker, statt schwächer.

4. Stufe: Überwältigung der Einwände bzw. Einsprüche
Ein schuldig Verdächtiger, der merkt, dass er in der Ableugnung seiner Tatbeteiligung nicht erfolgreich ist, wird Einwände vorbringen, um seine Unschuld zu verdeutlichen. Man unterscheidet drei typische Arten von Einsprüchen (Bernsee, 2001,448):
1. emotionale Einsprüche: z.B. „Ich könnte so etwas nie tun, ich bin viel zu ängstlich dafür."
2. tatsächliche Einsprüche: z.B. „Ich besitze gar kein Gewehr." „ Ich brauche kein Geld."
3. moralische Einsprüche: z.B. „Ich bin ein guter Christ, ich würde so etwas nie tun."
Der Ermittlungsbeamte geht auf diese Einsprüche so ein, als ob er ihnen glauben würde. Wenn möglich greift er sie sogar positiv auf und baut sie in die Darlegung weiterer Rechtfertigungsgründe ein, wie folgendes Beispiel deutlich macht:

> „Gerade weil Sie ein gläubiger Mensch sind, der so etwas normalerweise nicht tun würde, ist es so schwer für Sie sich einzugestehen, dass Sie in dieser Situation von Ihren Gefühlen überwältigt wurden."

5. Stufe: Wiederherstellung der Aufmerksamkeit
Ist es dem Ermittlungsbeamten erfolgreich gelungen, die Einwände des schuldig Verdächtigen zu überwinden, wird dieser sich vermutlich in sich zurückziehen. Seine Gedanken kreisen z.B. um die Folgen, die die Straftat für ihn nach sich ziehen wird. Das Bemühen des Vernehmenden sollte deshalb darauf gerichtet sein, ihn aus dieser nach innen gerichteten Aufmerksamkeit heraus zu holen. Um die Aufmerksamkeit wieder nach außen, d.h. auf den Ermittlungsbeamten zu richten, bietet sich die Verringerung der körperlichen Distanz zwischen dem Verdächtigen und dem Ermittlungsbeamten an: Indem der Ermittlungsbeamte bis auf ca. 30 cm an sein Gegenüber heranrückt, dringt er in dessen „intime Zone" ein. Zugleich fährt er fort, die als relevant erkannten Rechtfertigungsgründe für die Tat zu thematisieren.

6. Stufe: Handhabung passiver Einstellung des Verdächtigen
Die emotionale Situation des schuldig Verdächtigten ist in dieser Phase durch Passivität und Niedergeschlagenheit charakterisiert. Der Ermittlungsbeamte sollte

Verständnis für diese Gefühle zeigen und versuchen, die Verlegenheit zu verringern. Um dies zu erreichen, kann es durchaus angebracht sein, Gesten des Mitgefühls zu zeigen, wie z.B. das Auflegen der Hand. Die psychologischen Rechtfertigungsgründe werden nochmals in komprimierter Form vorgetragen, um das Eingeständnis der Schuld zu erleichtern, wie folgendes Beispiel zeigt:

> „Joe, ich bin mir sicher, dass Sie viele tausend verschiedene Sachen im Kopf hatten – die Rechnungen, die Kinder, keine Arbeit, kein Licht am Ende des Tunnels – und dieses Geld schien all Ihre Probleme lösen zu können; es schien der einzige Ausweg, die einzige Chance, die Sie nur ergreifen mussten, um auf Ihre Familie zu schauen, zu versuchen, sie zu unterhalten und die Dinge in Gang zu setzen – Sie sahen keine andere Alternative – keinen Ausweg aus der schrecklichen Situation, in der Sie waren." (Bernsee, 2001, 449)

7. Stufe: Präsentieren der alternativen Frage
Nun stellt der Vernehmungsbeamte dem Verdächtigen die sogenannte „alternative Frage": Es werden zwei Antwortmöglichkeiten vorgegeben, die allerdings lediglich unterschiedlich belastende Aspekte der betreffenden Straftat anbieten. Am besten wird diese alternative Frage mit einer unterstützenden Frage verknüpft, um dem schuldig Verdächtigen das Eingeständnis seiner Schuld zu erleichtern:

> „Sind Sie zu dem Ort gegangen *mit der Absicht*, es zu tun, oder haben Sie in der Situation die *Kontrolle verloren*? Die Situation ist Ihnen gewiss außer Kontrolle geraten?"

> „War es *Ihre Idee* oder die *Idee Ihrer Freunde*? Es war bestimmt die Idee Ihrer Freunde, oder?"

8. Stufe: Das mündliche Geständnis
Vielleicht hat der Verdächtige als Antwort auf die alternative Frage nur mit dem Kopf genickt und somit ein erstes Eingeständnis seiner Schuld gemacht. Deshalb sollte der Vernehmende dieses Schuldgeständnis bekräftigen, etwa folgendermaßen: „Gut, Jim, das ist es, was ich die ganze Zeit gedacht habe". Diese Bestätigung sollte in einer erfreuten Stimmlage erfolgen. An dieser Stelle könnte es eine Überforderung des Schuldigen darstellen, von ihm eine umfassende Aussage zu erbitten, wie „Sagen Sie mir nun alles, was geschehen ist!" Sinnvoller hingegen ist die Erfragung weiterer Details, indem auf dem Hintergrund bereits vorhandener Informationen Vorgaben gemacht werden. Während dieser Befragung sollte der Ermittlungsbeamte in der Nähe des Verdächtigen bleiben und Blickkontakt aufrechterhalten. So wird Schritt für Schritt ein komplettes mündliches Geständnis erarbeitet; hierzu zählen auch der mit

der Tat verfolgte Zweck und die Absicht zur Zeit der Tatbegehung. Der Ermittlungsbeamte ermutigt den Schuldigen, die ganze Wahrheit zu sagen.

9. Stufe: Vernehmung zur Protokollaufnahme
Hat der Ermittlungsbeamte den Eindruck, einen genauen, umfassenden mündlichen Bericht vom Schuldigen erhalten zu haben, kann das mündliche Geständnis in ein schriftliches überführt werden. Hierzu ist es sinnvoll, eine weitere Person, die bereits mit dem Sachverhalt vertraut ist, als Zeuge hinzuzuziehen. Der Ermittlungsbeamte stellt den Zeugen dem Schuldigen kurz vor und wiederholt das mündliche Geständnis des Täters in dessen Gegenwart. Anschließend stellt der Zeuge noch einige Fragen, um sich die Tat bestätigen zu lassen. Es kann dann mit der Protokollierung der Aussage begonnen werden.

Diese Methode ist so ausführlich dargestellt worden, da sie verstärkt auch in Deutschland als Vernehmungsmethode vermittelt wird; in Bayern ist sie seit 2001 Teil der Polizeiausbildung. Auch wenn es sinnvoll ist, dem Beschuldigten goldene Brücken zu bauen, ihn und seine Handlungsmotive zu verstehen, ist die Gefahr groß, dass der in der Vernehmung aufgebaute psychologische Druck dazu führt, dass auch Unschuldige zu einem Geständnis verleitet werden können. Es handelt sich um eine gefährliche Gratwanderung zwischen legitimer Taktik und der verbotenen bewussten Täuschung![40] Die Attraktivität dieser Methode liegt in der Vermittlung von klaren Handlungsanleitungen, die offenbar mit hoher Wahrscheinlichkeit zum Geständnis führen. Es ist eine wichtige Aufgabe für die Ausbildung der Polizei, eine qualifizierte praxisnahe Ausbildung zur optimalen Vernehmung zu vermitteln, die die Handlungssicherheit erhöht, ohne auf manipulative Methoden zurückzugreifen.[41]

40 Derartige Methoden scheinen nicht gerade das Vertrauen in die Polizei zu erhöhen. So berichtet die FRANKFURTER ALLGEMEINE SONNTAGSZEITUNG über die Reid-Methode ausführlich unter der Überschrift: „Schmutzige Tricks im Verhör. Deutsche Polizeibeamte werden darin ausgebildet, mit fragwürdigen Methoden Geständnisse herbeizuführen" (von Jochen Paulus, 23. 06.02, Nr. 25, S. 63).
41 Hierzu auch: „Einige Anmerkungen zur Reid-Technik in http://www.polizei-psychologie.de/themen/vernehmung.htm. (Stand: Juli 2002)

10.6. Statt einer Zusammenfassung: Eine Empfehlung zur Vernehmungsstrategie von Paul Britton

Der britische Kriminalpsychologe Paul Britton schildert in seinem Buch „Das Profil der Mörder" (2000) sehr anschaulich, wie der Erfolg der Vernehmung von der Auswahl der passenden Vorgehensweise abhängt. Gegen den 19-jährigen Paul Kenneth Bostock, der den Eindruck eines sanftmütigen Hünen macht, liegt der dringende Verdacht vor, zwei junge Frauen vermutlich aus sexuellen Motiven brutal ermordet zu haben. Aber zwei Vernehmungen sind bisher derart verlaufen, dass die Vernehmungsbeamten auf die relevanten Fragen entweder keine Antwort oder die Äußerung des Beschuldigten, er könne sich an nichts erinnern, erhielten. Nach Sichtung des gesamten zur Verfügung stehenden Materials der Ermittlungsarbeit entwirft Paul Britton für die vernehmenden Beamten eine Vernehmungsstrategie, die die verschiedenen Aspekte der bisherigen Ausführungen zur Psychologie der Vernehmung sehr gut illustriert und deshalb hier wörtlich wiedergegeben werden soll:

„Jetzt kam es darauf an, eine Strategie zu entwickeln, ohne dabei irgend jemanden auf die Füße zu treten. „Ich habe absolut keine Ahnung, wie man Verhöre führt. Da sind Sie die Fachleute. Ich gehe allein von meinem Wissen darüber aus, wie der menschliche Verstand arbeitet. Nach Ihren Berichten zu urteilen, wird dieser Mann sich nicht als triumphierender Verfechter sadistischer Perversionen zu erkennen geben. Es ist ihm lange Zeit gelungen, ungeschoren davonzukommen, ohne die Menschen seiner Umgebung auf sich aufmerksam zu machen. Daraus kann man schließen, dass er sich im gewöhnlichen Rahmen mit größtem Entsetzen gegen diese Art von Verhalten ausspricht.

Er gehört nicht zu denen, die einfach dasitzen und sich im Stillen denken: „Ich weiß genau, wer ich bin und was ich getan habe, und ich werde diesen Leuten kein Wort erzählen. „Er kann womöglich nicht zugeben, was er diesen beiden Frauen angetan hat und warum. Er kann das Gefühl der Schande und der Verurteilung nicht ertragen, die er vor allem seitens seiner Angehörigen befürchtet, und schreckt deshalb davor zurück, über das Geschehene zu sprechen."

„Und wie gehen wir nun vor?"

„Was das Allerwichtigste ist – Sie müssen permanent weiter ermitteln und sich gründlichst vorbereiten. Die Verhörenden müssen alles wissen, was es über das Delikt, die Opfer und den Verdächtigen zu wissen gibt. Sie müssen es ihm leicht machen, mit Ihnen zu reden, und ihn so behandeln, als ob er Ihnen wirklich erzählen möchte, was geschehen ist, und es nur gefühlsmäßig als schwierig empfindet. Behandeln Sie ihn nicht so, als ob sie über ihn urteilten. Begegnen Sie ihm nicht herausfordernd oder feindselig. Zeigen Sie keine Abscheu."

Ich begann, eine Strategie darzulegen, die jener glich, die ich in meinem Sprechzimmer bei Patienten anwandte, die davor zurückschreckten, Vorkommnisse aus ihrer Vergangenheit preiszugeben.

„Stellen Sie sich's einmal so vor, dass die Wahrheit in der Mitte einer Reihe von konzentrischen Kreisen liegt. Sie können aber nicht direkt aufs Wesentliche zugehen – der Verdächtige wird es nicht zulassen. Also fangen Sie von ganz weit her an und reden über seine Familie, Kindheit, Schulferien und Freunde. Gewöhnen Sie ihn daran, ganz detailliert über diese Dinge zu sprechen, damit Sie dann später, wenn Sie den Morden nahe kommen, nicht plötzlich von allgemeinen Themen auf konkrete Details umschalten müssen. Solch ein abrupter Wechsel würde ihn aus dem Konzept bringen.

Dabei bildet sich ein positiver Kontakt aus, und er wird sich im Gespräch mit Ihnen schließlich wohl fühlen. Er sieht sich nicht mehr gefährdet. Er weiß immer noch, dass es Konsequenzen gibt, aber er glaubt nicht, dass Sie sich gegen ihn wenden und ihn als Bestie oder Ungeheuer beschimpfen werden. Er begreift, dass Sie verstehen möchten, was geschehen ist und wie es dazu kam.

Wenn er keine Probleme mehr hat, über die Einzelheiten seiner Beziehungen und Empfindungen zu sprechen, führen Sie ihn einen Schritt weiter. Dann bringen Sie ihn immer näher zu der Woche, dem Tag und der Stunde, als Caroline Osborne ermordet wurde.

Wenn Sie zu nahe kommen, wird er Ihnen sagen: „Ich weiß es nicht", oder: „Ich war nicht dabei", oder: „Ich kann mich nicht erinnern." Sie können dagegen angehen, doch dann wird er Sie jedoch nur noch stärker zurückdrängen. Geben Sie Ruhe, gönnen Sie sich eine Pause, kommen Sie später wieder darauf zurück. Diesmal machen Sie einen kleinen Schritt zurück, indem Sie ihn auf schon vertrauten, alten Gebieten wandern lassen, bevor Sie wieder zur Sache kommen. Sie müssen ihn in allen Details durch den Tag begleiten – wann sind Sie fortgegangen? Sind Sie nach rechts oder links abgebogen? Hatten Sie vielleicht die Hände in den Taschen?

Anschließend lassen Sie ihn die Geschichte weitererzählen, und Sie werden sehen, dass er ein bisschen weitergeht und zugibt: „Doch, es kann sein, dass ich sie auf dem Treidelpfad gesehen habe."

Schauen Sie nicht überrascht drein. Sagen Sie auf keinen Fall: „He, Moment mal, das haben Sie aber bisher immer bestritten." Erwidern Sie statt dessen: „O.K., prima. Wo genau hat sie gestanden? Wie war sie angezogen?"

Und so fahren Sie fort, bis Sie einen weiteren Punkt erreichen, wo er sich nicht erinnert oder nichts weiß. Bedrängen Sie ihn nicht. Machen Sie wieder einen Schritt zurück und verwenden Sie wieder genau das gleiche Verfahren wie beim letzten Mal. Sagen Sie nicht: „Also, das bringt uns nicht weiter, das ist eine Sackgasse, sondern sagen Sie zu ihm: „Na toll, heute sind wir gut vorangekommen, machen wir jetzt eine Pause."

Es war auch sehr wichtig, dass die Interviewer Bostock das Wesen devianter Sexualität erklärten. Sie mussten ihm begreiflich machen, dass er damit nicht allein stand, dass andere Menschen Verständnis hatten. Ich fuhr fort: „Sagen Sie ihm, dass Sie wissen, wie schwer es für ihn ist, dass Sie aber schon ähnliche Dinge gehört haben und er nicht der erste ist, der solche Gefühle hat, auch wenn er Mühe hat, sie zu verstehen."

Je näher sie der Wahrheit kämen, um so höher würden die Barrieren werden, bis am Ende ein Punkt erreicht war, wo eine davon unversehens nachgeben und das Gespräch direkt aufs Wesentliche kommen würde. Das geschieht dann sehr rasch, weil endlich alles mit einem

Gefühl der Erleichterung herausströmt. „Unterbrechen Sie ihn nicht, lassen Sie ihn frei sprechen. Später können Sie ihn dann noch einmal zurückführen und ihm spezifische, beweisrelevante Fragen stellen.
Nachdem Sie diesen Punkt erschöpft haben, können Sie jene Aspekte seiner Aussage in Frage stellen, die unwahr klingen. Vielleicht sagt er: „Ich war dort, ich habe mit ihr gesprochen, ich habe sie getötet, aber die Sachen, von denen Sie reden, die habe ich nicht getan, so nicht."
Jetzt dürfen Sie mehr auf Konfrontationskurs gehen und ihn stärker herausfordern. Er wird nicht bereit sein, die sadistischen oder grausamen Handlungen zu erwähnen – er will nicht, dass sie jemand erfährt –, aber Sie benötigen genaue Details." (Britton, 2000, 51-54)

11. Die normale und abweichende menschliche Entwicklung

aus der Sicht der Psychoanalyse und unter Einbeziehung aktueller psychologischer Forschungsergebnisse

11.1. Die Psychoanalyse – ein überholtes Modell?

In unserem Instrumentenkoffer befinden sich bereits einige Werkzeuge, um menschliches Erleben und Verhalten besser zu erklären und zu verstehen. Es handelt sich hierbei um empirisches Material, das Psychologinnen und Psychologen durch systematische Beobachtung und durch experimentelle Forschung zusammengetragen haben und um Theorien, mittels derer sie versucht haben, dieses Material in einen sinnvollen Zusammenhang zu bringen. Für das Selbstverständnis der wissenschaftlichen Psychologie war von Anfang an und ist auch heute noch diese *an der Naturwissenschaft orientierte Vorgehensweise* richtungsweisend.
Eine wichtige und interessante theoretische Perspektive fehlt noch in diesem Instrumentenkoffer. Es handelt sich um die untrennbar mit **Sigmund Freud** (1856-1939), aber auch mit seiner Tochter Anna Freud verbundene Psychoanalyse. Die Psychoanalyse umfasst (nach Freud) drei abgrenzbare Bereiche:

- eine Methode zur Erforschung psychischer Vorgänge
- eine Theorie menschlichen Erlebens und Verhaltens
- eine Methode zur Behandlung psychischer Störungen.

Abb. 34: Freud und seine Tochter Anna (In: Mannoni, 1991, 155)

Sie wird von vielen FachvertreterInnen massiv abgelehnt, weil angeblich die empirische Überprüfung zentraler Aussagen des theoretischen Modells fehlt. Eschenröder (1986), ein bekannter Kritiker der psychoanalytischen Theorie und Praxis, sieht in Freud einen der am meisten überschätzten Denker unseres Jahrhunderts. Eschenröders Kritik lautet: Die von Freud angewandten Forschungsmethoden sind unwissenschaftlich, seine theoretischen Modelle in wesentlichen Punkten falsch und die von ihm entwickelte Behandlungsmethode ist langwierig und ineffektiv.

Diese Kritik passt überhaupt nicht zu dem Selbstverständnis von Freud: Er deutete die von ihm gemachten Beobachtungen unter Rückgriff auf damals vorherrschende physikalische und medizinische Modellvorstellungen[42] und wollte die Psychoanalyse immer als Naturwissenschaft verstanden wissen. Freud verwendet in seinem Werk Begriffe wie „psychischer Apparat", redet von Energien, die erzeugt, transformiert und entladen werden, um nur einige Beispiele zu nennen. Diese naturwissenschaftlichen Begriffe dürfen aber – hier ist den Kritikern Recht zu geben – nicht mit naturwissenschaftlichen Erklärungen verwechselt werden. Vermutlich hat auch Freud dies nicht getan, sondern sich lediglich der damals vorherrschenden Bilder bedient, um seine Gedanken auszudrücken. Wer die Psychoanalyse kritisiert, muss aber auch beachten, dass die Psychoanalyse heute nicht mehr mit den theoretischen Überlegungen von Freud gleichzusetzen ist, sondern sie vielfach weiterentwickelt wurde. Viele Psychoanalytiker stimmen mit zentralen Kritikpunkten an der psychoanalytischen Theorie überein und fordern, die aus der intensiven Beschäftigung mit Einzelfällen gewonnenen Einblicke in die innere Welt und in die realen Lebensbedingungen der Menschen als Hypothesen zu formulieren, die dann in gut kontrollierten Untersuchungen empirisch überprüft werden.[43] Psychoanalytiker haben empirische Forschung betrieben und führen den Dialog mit den Naturwissenschaften (s. Koukkou u.a., 1998). Wenn im Folgenden der Versuch unternommen wird, die menschliche Entwicklung aus psychoanalytischer Perspektive nachzuzeichnen, werden die aktuellen empirischen Forschungsergebnisse einbezogen, die die Gültigkeit von Hypothesen untermauern, die aus psychoanalytischer Perspektive gewonnen worden sind.[44]

42 Freud – so der Vorwurf von Bowlby (1995, 67) – gründete große Teile seiner Metapsychologie und seine gesamte Entwicklungspsychologie auf schon damals antiquierten biologischen Hypothesen: Lamarcks Theorie von der Vererbung erworbener Eigenschaften und Haeckels biogenetischem Grundgesetz.

43 John Bowlby (1995, 61), Psychoanalytiker, äußert hierzu Folgendes: „Ich bin immer für die naturwissenschaftliche Ausrichtung der Psychoanalyse eingetreten, weshalb mich die von einem seltsamen Wissenschaftsverständnis geleitete Forderung, rein hermeneutisch vorzugehen, stets befremdet hat und mir zuweilen als beinahe hilflose Empfehlung erschienen ist, weil die Hermeneutik nun einmal keine objektiven Kriterien zur Beseitigung unterschiedlicher Auffassungen bereitstellt." Er verweist (1995, 62) auf eine Anzahl von Forschern, die versucht haben, die psychoanalytische Theorie modernen Wissenschaftskriterien anzupassen.

44 Die von den Lerntheorien und der Psychoanalyse verwendete Terminologie ist zwar sehr unterschiedlich, dennoch kommen die Vertreter dieser Perspektiven bezogen auf viele Phänomene (z.B. die Auswirkung von Bestrafung/Gewalt auf die weitere Entwicklung) zu identischen Aussagen!

Aber es gibt noch einen anderen Grund, sich mit der Psychoanalyse eingehend zu beschäftigen: Für Schmidbauer, der eine „Liebeserklärung an die Psychoanalyse" ablegt, hat die Psychoanalyse als Forschungs- und Therapiemethode einen „handwerklich-künstlerischen" Charakter. Die von ihr hervorgebrachten Aussagen dürfen seiner Auffassung nach nicht mit dem „Bewältigungs- und Reduktionsanspruch der experimentellen Naturwissenschaft ausgerüstet werden" (1988, 18). Was Freud und seine Schülerinnen und Schüler taten, ist eher mit dem *hermeneutischen Ansatz der Geisteswissenschaftler* zu vergleichen. So wie diese zu einem besseren Verständnis von Texten vorzustoßen versuchen, hören die Analytiker sehr aufmerksam ihren Patientinnen und Patienten zu, um folgende Fragen zu beantworten:

- Was sind deren Gedanken, Gefühle und Fantasien?
- Wie sind äußere Geschehnisse im Laufe der Entwicklung verarbeitet worden?
- Welche Bedeutung haben die Erfahrungen in der Kindheit und Jugend auf das Erleben und Verhalten in der Gegenwart?

Es wird gemeinsam mit dem Patienten versucht, zu dem verloren gegangenen Originaltext vorzudringen. (Vielleicht wird aber nur ein neuer Text erstellt, der für den Patienten verstehbar und dem Selbstverständnis förderlich ist, der deshalb aber nicht dem „Originaltext" zu entsprechen braucht.) Aufgrund des intensiven Zuhörens im therapeutischen Prozess entstand ein Modell, das typische Entwicklungsverläufe zu rekonstruieren versuchte. **Dieses Modell und seine Weiterentwicklung stellt ein Angebot dar, die komplexe psychische Realität zu ordnen und den Prozess der Selbstverständigung zu fördern.** Auch Eva Jaeggi, die einen langen Weg von der Verhaltenstherapie über viele andere Therapieformen hin zur Psychoanalyse zurückgelegt hat, kommt zu folgender Stellungnahme:
„Ich glaube allerdings, dass die Psychoanalyse in einer bisher noch nicht überbotenen Art es im Prinzip ermöglicht, Erkenntnisse zu gewinnen, die besonders vielfältig und tiefgreifend sind und dem Bedürfnis nach Selbstaufklärung besonders gut Rechnung tragen."...
„Ich sehe die Psychoanalyse als die theoretisch interessanteste, in ihren Wirkungen für das moderne Empfinden weitreichendste Theorie und in vielen auch überpersönlichen Belangen als das schärfste Instrument eines jeden analytischen Vorgehens." (1995, 17)

Aus diesem Grund ist es meiner Auffassung nach *für Polizeibeamtinnen und -beamte* nicht wichtig zu wissen, was die einzelnen Facetten der Freudschen psychoanalytischen Theorie sind und wie sich diese weiterentwickelt haben. Brauchbar aber ist es, ein Grundverständnis des Menschen aus psychoanalytischer Perspektive zu erwerben, um die Komplexität des Ineinanders von äußerer Realität und innerer Verarbeitung nachzuvollziehen und zu einem vertieften Verständnis von sich und anderen vorzudringen. Deshalb sollen in einem ersten Schritt die von Freud entwickelten Modelle dargelegt werden, die die Funktionsweise des Psychischen aus psychoanalytischer Sicht verdeutlichen: das topographische Modell bzw. Eisbergmodell und das Instanzenmodell bzw. Konfliktmodell.

11.1.1. Das topographische Modell *oder* Eisbergmodell

Der Begriff des „Unbewussten" wird untrennbar – und auch zu Recht – mit dem psychoanalytischen Paradigma in Verbindung gebracht. Zwar ist es falsch, von Freud als dem Entdecker des Unbewussten zu reden; er hat dies auch nie für sich in Anspruch genommen. Die Beschäftigung mit den unbewussten Seiten des Menschen war gerade Ende des 19. Jahrhunderts in der Literatur[45] und Philosophie[46] stark vertreten. Die Herausforderung für die damalige Zeit war nicht, *dass* Freud über das Unbewusste zu sprechen begann, sondern *wie* er es tat (vgl. Müller-Pozzi, 1995, 55)! Er wollte das, was bisher mit einem Hauch von Mystik umgeben war, nachvollziehbar und verständlich machen. Warum z.B. litten viele Menschen seiner Zeit plötzlich unter schweren körperlichen Ausfallerscheinungen wie Lähmungen und Sehstörungen (**Hysterie**), obwohl sich kein körperlicher Grund finden ließ? Die Hysterie ist nur eine von vielen unverständlichen Erscheinungen, die Freud und die in seiner Tradition stehenden Psychoanalytiker aufzuklären versuchten und auch heute versuchen. Um eine Antwort zu finden, reicht eine Auseinandersetzung mit den bewussten Motiven nicht aus; werden die Betroffenen selbst gefragt, so können sie in der Regel keine Antwort geben. Die zentrale These lautet, dass diese Symptome dennoch einen Sinn haben. Sie sind mit einer wichtigen Botschaft zu vergleichen, die in einer fremden Sprache gesprochen wird. Und diese Sprache möchte die Psychoanalyse entschlüsseln. Hierzu ist das topographische Modell, das die Psyche in verschiedene Bewusstseinszustände einteilt, eine erste Hilfe (s. Freud: „Der Begriff des Unbewussten", 1915[47]).

45 z.B. Hugo von Hoffmansthal (1874-1929) und Arthur Schnitzler (1862-1931)
46 z.B Arthur Schopenhauer (1788-1860) und Friedrich Nietzsche (1844-1900)
47 Freud, 1915, 133: „In positiver Darstellung sagen wir nun als Ergebnis der Psychoanalyse aus, dass ein psychischer Akt im allgemeinen zwei Zustandsphasen durchläuft, zwischen welche eine Art Prüfung (Zensur) eingeschaltet ist. In der ersten Phase ist er unbewusst und gehört dem System Ubw an; wird er bei der Prüfung von der Zensur abgewiesen, so ist ihm der Übergang in die zweite Phase versagt; er heißt dann verdrängt und muss unbewusst bleiben. Besteht er aber diese Prüfung, so tritt es in die zweite Phase ein und wird dem zweiten System zugehörig, welches wir das System Bw nennen wollen. ..."

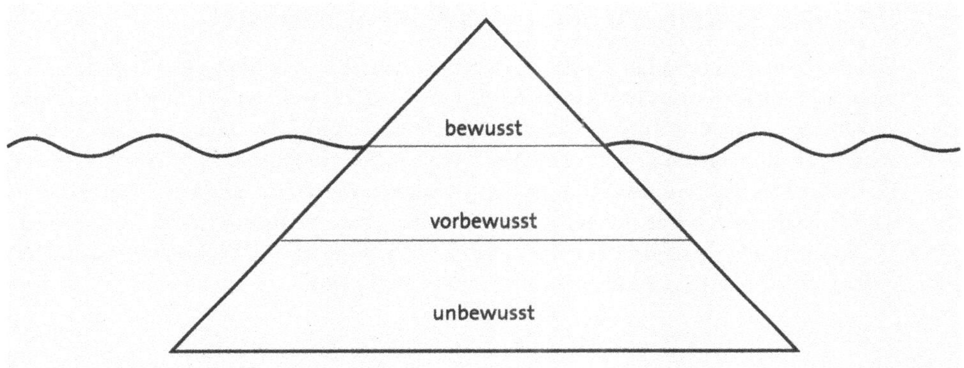

Abb. 35: Das topographische Modell oder das Eisbergmodell

Vergleichen wir das menschliche Bewusstsein mit einem Eisberg. Nur die Spitze ragt aus dem Wasser hervor, der größte Teil aber liegt unter der Wasseroberfläche. Diese Spitze des Eisberges ist das, was uns in jedem Moment *bewusst* ist. Unterhalb der Wasseroberfläche befindet sich der weitaus größte Teil des Eisberges. Einen Teil davon können wir durch die Wasseroberfläche erkennen: Es handelt sich hierbei um bewusstseinsfähige, d.h. jederzeit verfügbare und abrufbare Inhalte; deshalb bezeichnet Freud diese als *vorbewusst*; so können wir uns z.B. Erinnerungen von zeitlich weit zurückliegenden Ereignissen wieder bewusst machen. Das uns Bewusste und Bewusstseinsfähige bildet zusammen ein System, das *System Bw*. Einen großen Teil des Eisberges aber können wir auch mit großen Anstrengungen durch die Wasseroberfläche nicht mehr erkennen: *das Unbewusste oder System Ubw*. Im Unbewussten scheinen sich die drängenden Wünsche zu verbergen, die auf unerklärliche Weise gefährlich sind. Unter Bezugnahme auf die Erkenntnisse der neueren Gedächtnisforschung (s. Ausführungen zu dem implizit-prozeduralen Gedächtnis) können wir zu diesem System auch die Gesamtheit der Erinnerungsspuren zählen, die unmittelbare Erfahrungen unabhängig von Sprache bzw. lange bevor der Mensch Sprache hat, speichern. Eindrücke und Affekte sind assoziativ miteinander verbunden. Das Unbewusste selbst ist nicht greifbar, sondern eine Barriere, eine Art Schranke oder Zensur trennt die beiden Systeme Ubw und Bw voneinander. Aber in das Bewusstsein dringen Vorstellungen und Fantasien ein und vom Bewusstsein werden Symptome bemerkt, die nicht so ganz zu der Realität passen wollen. Die Wünsche drängen an die Oberfläche, um realisierbar zu werden; um die Zensur zu überwinden sind bestimmte Tricks notwendig.

11.1.2. Das Strukturmodell *oder* Konfliktmodell

Um das menschliche Erleben und Verhalten zu verstehen, reicht das Eisbergmodell nicht aus, sondern muss um das Strukturmodell ergänzt werden. Wichtig ist auch hier zu betonen, dass es sich um ein *Modell* handelt, also eine Hilfe, um komplexe Beobachtungen zu sortieren und ein besseres Verstehen zu ermöglichen: Die psychische Persönlichkeit wird aus drei Hauptsystemen oder Instanzen bestehend konstruiert: dem Es, dem Ich und dem Über-Ich. Das beobachtbare Verhalten ist das Ergebnis der Wechselwirkung dieser drei Systeme. Die Untersuchung dieser Wechselwirkung bildet den zentralen Gegenstand der psychoanalytischen Theorie.

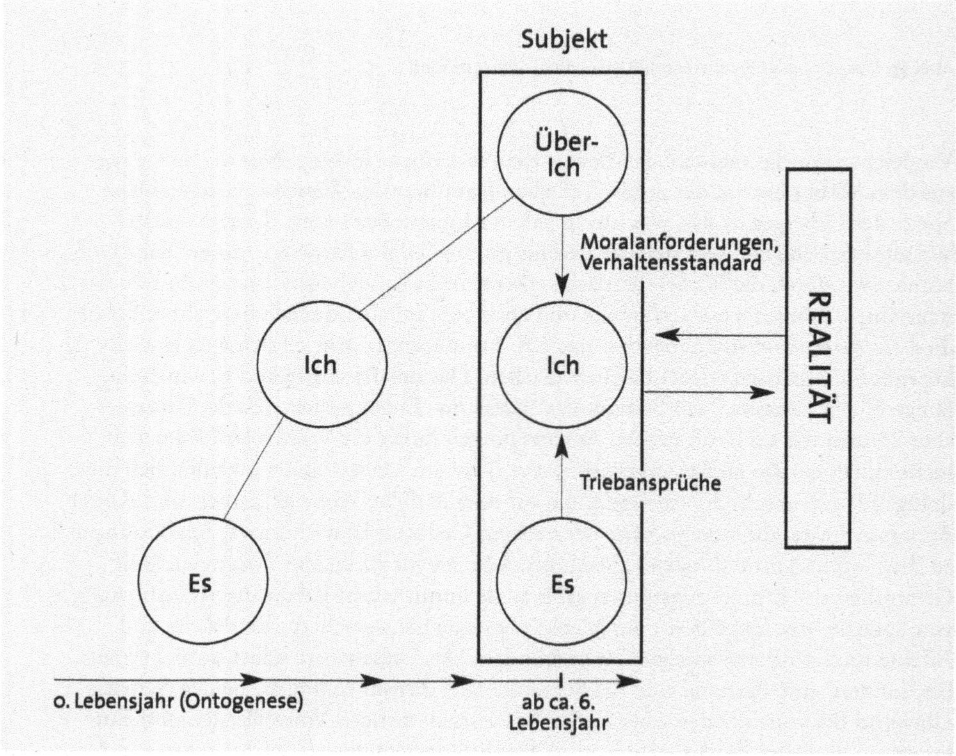

Abb. 36: Herausbildung des psychischen Apparats nach Freud (Tillmann, 1991, 58)

Beschreiben wir in groben Zügen die Eigenschaften der drei Instanzen:

11.1.2.1. Das Es

Es heißt das ursprüngliche System der Persönlichkeit. Zu Beginn seines Lebens ist das Kleinkind ein „Es- oder Bedürfnis-Knubbel", auch wenn das *Ich* bereits rudimentär ausgebildet ist. Das Es umfasst alles Psychische, das ererbt ist und somit bereits von Geburt an vorhanden ist. Es ist das Reservoir der psychischen Energie, die notwendige Kraft zum Funktionieren. Oder mit einem Bild beschrieben, kann das Es als „ein von den Stoffwechselprozessen des Körpers gespeister Dynamo angesehen werden, welcher die psychische Kraft zum Antrieb der mannigfaltigen Leistungen der Persönlichkeit liefert" (Hall/Lindzey, 1978, 57). Die biologischen Prozesse (oder *auch Triebe* genannt) stellen die Quelle alles Psychischen dar. Diese Vorgänge im Körper, die wahrgenommene Erregung oder Spannung, werden psychisch als Verlangen oder Wunsch repräsentiert. Das Es verfolgt nun vor allem das Ziel, dieses Verlangen zu befriedigen. Wurden in der akademischen Psychologie des 19. Jahrhunderts bis zu 140 Triebe unterschieden, so reduzierte Freud in seiner letzten Fassung der Triebtheorie zwei große, einander widerstreitende Kräfte: *Lebenstriebe (Eros)* und *Todestriebe (Thanatos)*. Die Lebenstriebe dienen dem individuellen Überleben und der Fortpflanzung der Art. Die Energie, mittels derer die Lebenstriebe ihre Arbeit leisten, heißt *Libido*. Freud redet in diesem Zusammenhang vom Lustprinzip, d.h. alles ist darauf ausgerichtet, Schmerz zu vermeiden und Lust zu gewinnen. Die Todestriebe scheinen hingegen mit den stoffabbauenden Prozessen im Körper zusammenzuhängen. Im Aggressionstrieb, einem Abkömmling der Todestriebe, wird die Tendenz zur Selbstzerstörung nach außen gegen ein Ersatzobjekt gewendet. Allerdings können sich – so Freud – die Lebens- und Todestriebe miteinander vermischen, einander neutralisieren oder ersetzen. Diese duale Triebtheorie zählt allerdings zu einem sehr umstrittenen Erbe der Freudschen Theorie. Moderne Psychoanalytiker, wie z.B. Lichtenberg (1989), integrieren Ergebnisse empirischer Forschung und postulieren *fünf Motivationssysteme* oder Antriebssysteme. Es handelt sich hierbei um

1. *das Bedürfnis nach Regulierung physiologischer Erfordernisse*
2. *das Bedürfnis nach Bindung und Zuneigung*
3. *das Bedürfnis nach Exploration und Selbstbehauptung*
4. *das Bedürfnis nach Aversion (d.h. nach Abwendung von Unangenehmen) sowie*
5. *das Bedürfnis nach sinnlichem Genuss und sexueller Erregung.*

Unter Rückgriff auf Hoffmann und Hochapfel (1995, 32), die ebenfalls verschiedene Grundbedürfnisse[48] auflisten, wären noch

6. *die narzisstischen Bedürfnisse*

48 Hoffmann und Hochapfel (1995, 32) unterscheiden: a) Abhängigkeitsbedürfnisse, b) Autonomiebedürfnisse, c) sexuelle Bedürfnisse, d) aggressive Bedürfnisse und e) narzisstische Bedürfnisse.

zu ergänzen. Hiermit sind die starken Kräfte gemeint, „die den Menschen nach der Erhaltung eines für ihn erträglichen Bildes von sich selbst um praktisch jeden Preis streben lassen."

Dass das Streben nach sexueller Erregung – von Freud als *Libido* bezeichnet – ein derart dominantes Motivationssystem zu sein scheint, erklärt Lichtenberg dadurch, dass sich die Sexualität sehr gut zur Befriedigung auch anderer Bedürfnisse missbrauchen lässt: So kann z.B. mittels nahezu süchtig praktizierter Selbstbefriedigung innere Leere und Langeweile überdeckt werden. Wenn andere Formen der Annäherung nicht zur Verfügung stehen, kann Sexualität die einzige Sprache sein, um Bindung zu erzielen. Nicht zuletzt kann mittels sexueller Handlungen die eigene Überlegenheit demonstriert und eine andere Person diszipliniert werden.
Der Mensch verfügt nur über wenige angeborene automatische Reaktionen, so genannte Reflexe, um die durch die Triebe oder Motivationssysteme vorgegebenen Ziele zu erreichen. Eine wichtige psychische Reaktion auf diese Spannung ist die Erzeugung von inneren Bildern. Dieser Vorgang wird als *Primärvorgang* bezeichnet und findet sich z.B. im Traum und in den Halluzinationen. Es gelingt uns aber nur, diesen Primärvorgang zu erfassen, wenn er in unser bewusstes Denken eindringt. Wenn wir z.B. plötzlich aus dem Schlaf gerissen werden, dann können wir uns noch für kurze Zeit an das wirre Traumgebilde erinnern. Die Sprache dieses Primärprozesses ist für das Bewusstsein eine Fremdsprache, sie folgt einer eigenen Logik: Vorstellungen, die für das Bewusstsein unvereinbar sind, stehen hier unbeeinflusst nebeneinander. Sobald folglich derartiges unbewusstes Material in unser Bewusstsein dringt, wird es einer psychischen Bearbeitung unterzogen – Freud nannte dies *Traumarbeit*. Trotz der hohen Bedeutung der inneren Bilder bewirken sie keine hinreichende Bedürfnisbefriedigung. Um die vielfachen Wünsche zu erfüllen, bedarf es einer Kontaktaufnahme mit der Außenwelt!

11.1.2.2. Das Ich

Das *Ich* nun soll den inneren Wunsch und die äußere Realität zusammenbringen. Es lernt die Reize der Außenwelt kennen und speichert die Erfahrungen mit dieser im Gedächtnis. Überstarke Reize wird es vermeiden, letztendlich aber versuchen, sich dieser Außenwelt in bestmöglicher Weise anzupassen oder sie zum eigenen Vorteil zu verändern. Die Aufgabe des Ichs ist folglich eine doppelte: Wahrnehmung und Bewältigung der psychischen Realität einerseits und der äußeren Realität andererseits. Um diese Aufgabe zu erfüllen, wird das Lustprinzip entthront und durch das *Realitätsprinzip*, das mehr Sicherheit und größeren Erfolg verspricht, ersetzt. Um herauszufinden, wie am besten eine Befriedigung der Antriebe in Anbetracht der konkreten Umstände in der Außenwelt zu realisieren ist, bedarf es der integrierenden und organisierenden Funktionen der Psyche, des *Sekundärvorganges*: Wahrnehmung und Aufmerksamkeit, Denken und Urteilsfähigkeit, Lernen und Gedächtnis, Motorik und rationales Handeln: Mittels des für den Sekundärvorgang charakteristischen realistischen Denkens wird ein Plan zur Befriedigung der Antriebe entworfen, die Umsetzung derselben gesteuert und geprüft. Wichtig ist die Erkenntnis, dass beim Menschen anders als beim Tier das „Objekt des Triebes“, also dasjenige, „an welchem oder durch welches der Trieb sein Ziel erreichen kann“, besonders variabel ist (Freud, „Triebe und Triebschicksale, 1915, 170). Dies ermöglicht eine sehr hohe Verhaltensplastizität: Entscheidend ist, ob eine Befriedigung möglich ist. Wenn dies der Fall ist, kann sogar eine besonders „innige Bindung“ des Triebes an das Objekt erfolgen, was Freud als *Fixierung* bezeichnet.

Versuchen wir an dieser Stelle bereits das topographische mit dem Strukturmodell zu verbinden und einem häufigen Missverständnis entgegen zu treten. Freud weist in „Das Es und das Ich“ (1923) darauf hin, dass es falsch wäre, das Es mit dem Unbewussten und das Ich mit dem bewussten Erleben gleichsetzen. Wie bereits aufgezeigt wurde, kann das primärprozesshafte Denken ins Bewusstsein treten. Aber auch ein Teil des Ichs ist unbewusst! Hierzu zählen die so genannten *Abwehrmechanismen*: Sie sind Teil der zielgerichteten intentionalen Aktivität des Menschen.[49]

Wurde das Ich in der psychoanalytischen Theorie zunächst nur als Erfüllungsgehilfe des Es gesehen, rückte vermehrt die intensive Beschäftigung mit der eigenständigen Bedeutung dieser Instanz in den Mittelpunkt; dieser psychoanalytische Forschungszweig wird als *„Ich-Psychologie“* bezeichnet.[50] Für die von der Ich-Psychologie vertretene Selbständigkeit der Ich-Funktionen gibt es hinreichende Belege in der empirischen Forschung: Schon beim Fötus ist ab dem sechsten Monat eine Aktivität der Sinnesorgane und Lernfähigkeit nachweisbar und auch das Neugeborene ist von Anfang an auf seine soziale Existenz programmiert (vgl. Schenk-Danzinger, 1992, 14f./34f.). Mitte der 60er Jahre rückten einige Autoren vor allem die Problematik des Selbstwertgefühls in den Mittelpunkt ihrer Theorie. Es sei hier vor allem Heinz Kohuts (1966/1971) *Psychologie des Selbst* erwähnt; er versucht z.B. aufzuzeigen, welche Versuche das Individuum startet, um mit der wahrgenommenen Unzulänglichkeit des Selbst fertig zu werden. Wie noch bei der Beschäftigung mit der menschlichen Entwicklung zu zeigen sein wird, nimmt das Bestreben des Menschen nach Identität, d.h. der Wunsch, er selbst zu sein und sein zu dürfen, in der Ich- und Selbstpsychologie eine besondere Stellung ein.

49 s. hierzu die Ausführungen 10.5.2.1.: Abwehr – Abwehrmechanismen – Schutzmechanismen

50 Müller-Pozzi (1995, 71) zählt hierzu besonders folgende Personen: Erik H. Erikson, Anna Freud, Ralph R. Greenson, Heinz Hartmann, Edith Jacobson, Otto W. Kernberg, Heinz Loewald, David Rapaport, Joseph Sandler und Rene A. Spitz.

11.1.2.3. Das Über-Ich

Als Ergebnis der Auseinandersetzung des Ichs mit der Außenwelt – besonders mit den wichtigen Bezugspersonen des heranwachsenden Menschen – erkennt das Ich bestimmte Regeln für die effektive Steuerung seines Verhaltens: Diese dem Handeln Orientierung gebenden Regeln werden *internalisiert*, von „außen" nach „innen" genommen. Die Inhalte des Über-Ichs unterliegen einer Entwicklung: Das System von Belohnung und Bestrafung der wichtigen Bezugspersonen wird nicht passiv abgebildet, sondern vom Individuum je nach den zur Verfügung stehenden intellektuellen Möglichkeiten aktiv verarbeitet. Allerdings geht die psychoanalytische Theorie davon aus, dass die in den ersten sechs Lebensjahren verinnerlichten Orientierungen eine besondere Bedeutung für die Persönlichkeitsentwicklung aufweisen. Aber auch beim Jugendlichen und beim Erwachsenen verändert sich das Über-Ich noch: Es stellt die „sittliche Instanz" oder das Gewissen der Persönlichkeit dar und enthält auch gesellschaftliche Normen und Werte. Aus diesem Grund wird das Über-Ich als „soziologische Komponente der Persönlichkeit" bezeichnet (Hall, Lindzey, 1978,55). Aber auch ein weiterer Teil des Über-Ichs ist wichtig zu erwähnen: Das *Ich-Ideal*. Es stellt einen Entwurf dessen dar, was bzw. wie das Individuum einmal werden möchte, worauf es hinstrebt. Zusammenfassend kann festgehalten werden, dass die Hauptfunktion des Über-Ichs darin besteht, Impulse des Es zu hemmen und das Ich zu überreden, realistische Ziele durch ethische zu ersetzen.

Aufgrund dieser Ausführungen wird hoffentlich nachvollziehbar, welche Konflikte zwischen den Instanzen bestehen bzw. bestehen können und warum das Strukturmodell auch *Konfliktmodell* genannt wird. Es ist vor allem das Ich, diese zentrale Schalt- und Funktionsstelle, das den Ausgleich zwischen den inneren Bedürfnissen des Menschen, den verinnerlichten Normen und der äußeren Realität bewerkstelligen muss. Obwohl die Meinungen der psychoanalytischen Autoren in vielen Punkten stark voneinander abweichen, verbindet sie doch folgende Gemeinsamkeit: Ausgehend von nicht unmittelbar zugänglichen emotionalen Grundbedürfnissen des Menschen wollen sie das Schicksal und die Verarbeitung dieser Bedürfnisse in der Auseinandersetzung mit den inneren und äußeren Bedingungen nachvollziehen. Und hierzu stellt das Modell der drei Instanzen und der zwischen diesen bestehenden Wechselwirkung eine Hilfe dar. Wenn ein Kind z.B. aufgrund besonders strenger Bezugspersonen erfahren musste, dass die Befriedigung seiner Antriebe unter den von den Eltern festgelegten Bedingungen nur minimale Unterstützung fand, dann wird sich mit hoher Wahrscheinlichkeit ein strafendes und verbietendes Über-Ich ausbilden. Selbst wenn das Ich in späteren Jahren registriert, dass die strengen Bezugspersonen keine Gefährdung mehr darstellen, wird sich das Über-Ich häufig sowohl dem Es als auch dem Ich entgegen stellen und die Welt seinen eigenen Vorstellungen anpassen. So lässt sich erklären, warum streng religiös erzogene Erwachsene heftige Schuldgefühle empfinden, wenn sie sexuelle Handlungen ausführen, die ihnen als Kind und Jugendlicher verboten worden waren. Ebenso problematisch gestaltet sich aber auch das andere Extrem: Fehlen klare Orientierungen für das Ich in der Außenwelt, dann wird kein starkes Über-Ich aufgebaut und das Ich von Es-Impulsen überflutet. Für diese Personen wird es schwer, langfristige Ziele anzustreben, die mit vorübergehendem Lustaufschub verbunden sind. Es fehlt sozusagen die Unterstützung des Über-Ichs, um die Energie umzuleiten.

11.1.3. Die Phasen bzw. Stadien der menschlichen Entwicklung (von Freud bis Erikson)

Freud entwarf ausgehend von seinen Erfahrungen mit den Patienten eine Theorie über die menschliche Entwicklung. Die Grundannahme besagt, dass die „Libido" verschiedene Entwicklungsstufen durchläuft, die gesetzmäßig und zu bestimmten Zeiten aufeinander folgen. Es handelt sich hierbei um einen festgelegten physiologischen Reifungsprozess.

- Die erste Phase wurde von ihm als **orale Phase** bezeichnet, weil der Mund für die ersten Lusterlebnisse und die Entdeckung der Welt eine zentrale Rolle spielt. Sie umfasst das erste Lebensjahr.
- Die zweite Phase nannte Freud die **anale Phase**. „Anal" leitet sich von *Anus = After* ab und verweist darauf, dass im zweiten und dritten Lebensjahr das Ausstoßen oder Zurückhalten des Darminhaltes besonderen Lustgewinn bereitet.
- Die ungefähr vom vierten bis zum sechsten Lebensjahr dauernde dritte Phase, **phallische oder ödipale Phase** genannt, schreibt dem männlichen Glied – Phallus – für den Lustgewinn eine bedeutende Rolle zu.[51]
- Nach den stürmischen Jahren tritt die Entwicklung zwischen dem sechsten und zehnten Lebensjahr in eine relative Ruhephase – die **Latenzphase** – ein.
- Die **genitale Phase** bildet den Abschluss der Entwicklung: Der Lustgewinn der vorausgegangenen Phasen wird in eine genitale Sexualität integriert.

In diesem Prozess sollte es dem Ich immer besser gelingen, die biologischen Antriebe zu kontrollieren; allerdings kann dieser Versuch auch scheitern und sich in psychischen Problemen oder Störungen manifestieren (s. 11.5. und 11.6.).

51 Allein dieser Begriff für eine Entwicklungsphase, die von Jungen und Mädchen durchlaufen wird, weist auf eine besondere Problematik der Freudschen Psychoanalyse mit dem weibl chen Geschlecht hin, die erst sehr spät systematisch aufgearbeitet worden ist. Besonders empfehlenswert ist die feministisch orientierte Psychoanalysekritik von Christa Rohde-Dachser (1991): „Expedition in den dunklen Kontinent". Weiblichkeit im Diskurs der Psychoanalyse.

Die Freudsche Phasenbezeichnung betont die biologischen Grundlagen der Persönlichkeitsentwicklung. Freud beschreibt in seinen Schriften jedoch ebenfalls differenziert die Wechselwirkungen zwischen dem Heranwachsenden und seinen Bezugspersonen – allerdings steht hierbei die Betrachtung der inneren Konflikte im Mittelpunkt.

Einer der bekanntesten Psychoanalytiker des 20. Jahrhunderts, **Erik H. Erikson (1902-1994)**, hebt diesen fundamentalen Zusammenhang zwischen den biologischen und psychischen Aspekten einerseits und den „äußeren" gesellschaftlichen Aspekten anderseits für die Entwicklung der Persönlichkeit wesentlich deutlicher hervor. Seine Theorie stellt eine – vielleicht sogar die wichtigste und anerkannteste – Erweiterung und Modifikation der Freudschen Theorie dar. Zum einen ergänzt er die fünf Phasen oder Stadien von Freud um drei Stadien des Erwachsenenlebens und bringt damit zum Ausdruck, dass die menschliche Entwicklung nur als lebenslanger Entwicklungsprozess – *ein Prozess der Identitätsentwicklung* – zu verstehen ist. Des Weiteren arbeitete er heraus, dass jede Phase an das Individuum und an seine Umwelt besondere psychosoziale Herausforderungen stellt, die es zu bewältigen gilt. Jedes Stadium geht mit speziellen Konflikten einher, die aufgrund des „Grundplans" der Entwicklung für einige Zeit im Zentrum stehen. In dieser kritischen Zeit ist von besonderer Bedeutung, welche Lösung das Individuum und seine soziale Umwelt für diesen zentralen Konflikt erarbeiten. Zum Ende eines jeden Stadiums sollte ein relatives Gleichgewicht zwischen positiven und negativen Erfahrungen gefunden worden sein. Neigt sich die Waagschale mehr zum Positiven, dann sind die Chancen, die späteren Krisen zu überwinden, günstiger. Aber nie wird deshalb eine Persönlichkeit für die inneren und äußeren Krisen im weiteren Lebenslauf unangreifbar! Gelingt die Bewältigung der jeweiligen Krise, geht die Person gestärkt, mit einem „Gefühl der inneren Einheit" aus der Phase hervor:

> *„Das menschliche Wachstum soll hier unter dem Gesichtspunkt der inneren und äußeren Konflikte dargestellt werden, welche die gesunde Persönlichkeit durchzustehen hat und aus denen sie immer wieder mit einem gestärkten Gefühl innerer Einheit, einem Zuwachs an Urteilskraft und der Fähigkeit hervorgeht, ihre Sache „gut zu machen", und zwar gemäß den Standards derjenigen Umwelt, die für diesen Menschen bedeutsam ist"* (Erikson, 1973, 56).

Erikson wählt bewusst den Begriff „ein Gefühl von", um zu verdeutlichen, dass solche Gefühle Oberfläche und Tiefe, Bewusstsein und Unbewusstes durchdringen: Ich erlebe dieses Gefühl bewusst, es drückt sich in von anderen beobachtbaren Verhaltensweisen aus und es geht mit unbewussten inneren Zuständen einher (s. Erikson, 1973, 62). Für jede Phase lässt sich dieser Grundkonflikt beschreiben sowie die positiven wie negativen Ausprägungen, die das Individuum als Grundhaltung, als „Gefühl von", ausbildet:

I.	Säuglingsalter: („orale Phase")	**„Urvertrauen – Urmisstrauen"**
II.	Kleinkindalter („anale Phase")	**„Autonomie – Scham und Selbstzweifel"**
III.	Spielalter („phallische Phase")	**„Initiative – Schuldgefühl"**
IV.	Schulalter („Latenzphase")	**„Werksinn – Minderwertigkeitsgefühl"**
V.	Adoleszenz („genitale Phase")	**„Identität – Identitätsdiffusion"** (Vorhandensein bzw. Fehlen eines Gefühls von innerer Einheitlichkeit und Kontinuität)
VI.	Frühes Erwachsenenalter:	**„Intimität** (und Distanzierung) – **Isolierung"**
VII.	Erwachsenenalter	**„Generativität – Selbstabsorption"** (Erbringung einer schöpferischen Leistung oder Stillstand)
VIII.	Reifes Erwachsenenalter	**„Integrität – Lebensekel (Verzweiflung)"**

In den folgenden Ausführungen wird der Versuch unternommen, ausgewählte Abschnitte der menschlichen Entwicklung aus psychoanalytischer Perspektive darzustellen. Die von der klassischen Psychoanalyse ausgegangenen Impulse werden mit neueren psychologischen Forschungsergebnissen verbunden, um auch heute gültige Erkenntnisse über den Entwicklungsprozess zu vermitteln und somit das Verständnis der psychischen Entwicklung zu vertiefen.

11.2. Die Bedeutung der ersten Lebensjahre
unter besonderer Berücksichtigung der Ergebnisse der Bindungsforschung

Das Verständnis von der Bedeutung der frühen Kindheit ist auch für Polizeibeamte fundamental: Immer häufiger sitzen sie mit anderen Berufsgruppen an „runden Tischen", um Wege für eine Prävention von Gewalt zu erkunden. Aber auch eine begründete Stellungnahme in der Diskussion um Resozialisierung und Strafvollzug sowie die Art und Weise des polizeilichen Umgangs mit einem Straftäter hängt unter anderem mit der Beantwortung dieser grundlegenden psychologischen Fragen zusammen.

Trotz der heftigen Kritik an der Psychoanalyse, die bereits erwähnt wurde, besteht Einigkeit hinsichtlich der Erkenntnis, dass es ihr zu verdanken ist, die besondere Rolle der ersten Lebensjahre und die Bedeutung der Eltern-Kind-Beziehung für die weitere

Persönlichkeitsentwicklung besonders herausgestellt zu haben. Die **Grundaussage der Psychoanalyse** kann heute[52] als empirisch belegt gelten:

Kinder brauchen von Geburt an eine Bezugsperson, die versucht, den Bedürfnissen des Kindes gerecht zu werden. Die Erfahrung einer konstanten, verlässlichen und einfühlsamen Bezugsperson legt das Fundament für eine stabile psychische Entwicklung.

Rene Spitz (1965) war einer der ersten Psychoanalytiker, der ab 1935 die Prozesse zwischen Mutter und Kind einer eingehenden Untersuchung unterzog: Sein Beobachtungsort waren Säuglingsheime, Gefängnisse und Familien; er filmte über einen längeren Zeitraum Mutter-Kind-Interaktionen und unterzog sie einer genauen Analyse. Des Weiteren führte er Tests zur objektiven Beurteilung des kindlichen Verhaltens durch und sprach mit Müttern und Pflegepersonal. Aufgrund dieser Beobachtungen von mehreren hundert Kindern kam er zu dem Ergebnis, dass die Qualität der emotionalen Beziehung zwischen Mutter und Kind, das *„affektive Klima"* (Spitz, 1946), entscheidenden Einfluss auf die frühen Entwicklungsvorgänge hat. Er zeigte Verbindungen zwischen der feindseligen, ablehnenden (häufig unbewussten) Haltung der Mutter gegenüber dem Kind[53] – die sich auch in einer übertrieben ängstlichen Besorgnis ausdrücken kann – und problematischem Säuglingsverhalten (wie Nahrungsverweigerung, Säuglingsekzem etc.) auf. Es sei an dieser Stelle aber bereits vor einem einfachen Umkehrschluss gewarnt: Hautprobleme oder Dreimonatskoliken eines Säuglings dürfen deshalb keineswegs kausal mit einer feindseligen Haltung der Bezugsperson verknüpft werden. Diese Verhaltensauffälligkeiten können auch vielfältige andere Gründe haben!

Besondere Auswirkung auf die Art der Unterbringung von Säuglingen und Kleinkindern hatten seine Beobachtungen an Säuglingen, die in einem hygienisch einwandfreien amerikanischen Heim aufwuchsen, allerdings ohne die Möglichkeit, zu einer Pflegeperson eine emotionale Bindung aufzubauen. Bei seinen Untersuchungen in amerikanischen Säuglings- und Waisenheimen konnte er auch eingehend Kinder untersuchen, die erst nach dem Alter von 6-8 Monaten von ihrer Bezugsperson getrennt wurden und im Heim aufwuchsen. Aufgrund der damaligen Heimbedingungen verbrachten die Säuglinge Tag und Nacht in ihren Gitterbettchen, ohne dass Zeit

52 Allerdings führte bereits Friedrich II. ein Experiment durch, das als erster empirischer Beleg für die lebenswichtige Funktion von hinreichender Zuwendung gelten kann: Um herauszufinden, was die eigentliche Sprache der Menschheit ist, wurden Säuglinge direkt nach der Geburt von ihren Müttern getrennt und von Pflegepersonen lediglich gefüttert und gewickelt. Das Ergebnis: Sie sprachen weder Latein noch Griechisch, sondern starben nach einiger Zeit.

53 Es wird im Folgenden häufiger von der Mutter gesprochen. Es kann sich grundsätzlich hierbei auch um den Vater oder eine andere Pflegeperson handeln, die eine zentrale Rolle im Leben des Kleinkindes einnimmt.

für eine intensive Beschäftigung bestanden hätte. Es fand also – so die psychoanalytische Sprache – eine längere ununterbrochene Trennung vom ersten libidinösen Objekt statt; ein adäquates Ersatzobjekt stand nicht zur Verfügung. Die Folge bei den Säuglingen war erschreckend und unterlag einem fast typischen Verlauf:

- *Im ersten Trennungsmonat* weinten die Kinder viel und klammerten sich an die erwachsenen Personen, die an ihr Bettchen kamen.
- *Im zweiten Trennungsmonat* ging dies Weinen in Schreien über. Darüber hinaus war ein deutlicher Gewichtsverlust zu verzeichnen.
- *Im dritten Trennungsmonat* verweigerten die Kinder den Kontakt; sie lagen meistens in ihrem Bettchen auf dem Bauch mit weit geöffneten Augen und gelähmtem Gesichtsausdruck. Spitz (1946) nannten diesen Zustand „anaklitische Depression".
- *Im vierten und fünften Trennungsmonat* wurden die Symptome noch ausgeprägter und verfestigten sich. Kam die primäre Bindungsperson Ende des 5ten Trennungsmonats wieder, dann war ein Rückgang dieser Symptome möglich.

Bestand aber die Trennung weiter fort, d.h. *länger als fünf Monate*, dann zeigten die Kinder Symptome, die von Spitz (1945) als **Hospitalismus** bezeichnet wurden: Sie wurden völlig unansprechbar – auch nach Rückkehr der Mutter – und passiv. Die Anfälligkeit für Infektionserkrankungen stieg enorm an und der Entwicklungsquotient sank auf die Stufe eines Schwachsinnigen. Hospitalismus tritt generell auf, wenn man Kindern im ersten Lebensjahr alle Objektbeziehungen länger als fünf Monate vorenthält (Stork, 1976, 905).

Besonders aufschlussreich bezüglich der Frage, wie eine „ideale Mutter" beschaffen sei, sind auch die Ergebnisse der Studien von **Harlow** (1958/1962/Harlow & Harlow 1966) mit kleinen Rhesusaffen. Zwei Gruppen von Rhesusäffchen wuchsen ohne ihre Mutter in einem Testraum auf. Bei der einen Gruppe (A) befand sich im Testraum als Muttersatz eine mit flauschigem Stoff überzogene Drahtpuppe, die allerdings keine Milch hatte. Bei der anderen Gruppe (B) hingegen war im Testraum ein nacktes, aber milchspendendes Drahtgestell. Wurde nun in den Testraum ein lärmender Roboter gestellt, so zeigten die Äffchen folgende Verhaltensweisen: Die Äffchen der Gruppe A suchten Schutz bei der Stoffmutter, die Äffchen der Gruppe B hingegen verkrochen sich in eine Ecke, zogen den Kopf ein und erstarrten.
Wuchsen die Äffchen in einem Raum mit einer weichen, nicht fütternden Mutterattrappe und einer harten, fütternden Mutterattrappe auf, dann wurde die weiche Mutterattrappe bei jeglicher Bedrohung als Zufluchtsort gewählt, nicht aber das Futter spendende Drahtgestell (Harlow/Zimmermann, 1959). Ist nun die *ideale Mutter* ein mit Stoff überzogenes Drahtgestell, an das sich die Äffchen jederzeit ankuscheln können und das zudem noch Milch spendet? Dass auch eine optimal konstruierte Mutterattrappe keine echte Mutter ersetzen kann, zeigen die weiteren

Ergebnisse der Untersuchungen (Harlow & Harlow, 1966): Die ohne echte Mutter aufgewachsenen Äffchen waren sozial inkompetent, d.h. sie konnten mit anderen Rhesusäffchen, die sich später zu ihnen gesellten, wenig anfangen. Sie waren auch unfähig, eine sexuelle Verbindung mit einem Partner einzugehen. Wurden die Weibchen künstlich befruchtet, waren sie auch nicht in der Lage, sich um ihren Nachwuchs zu kümmern.

Der psychoanalytisch ausgebildete **John Bowlby** (1907-1990), dessen Hauptwerk zwischen 1950[54] und 1970 entstand, leistet mit seiner durch die Ethologie[55] angeregten Forschung einen wichtigen Beitrag zur Bindungstheorie. Auch ihn interessiert, welche Bedeutung reale Ereignisse[56] wie z.B. Trennung und Verluste auf die Persönlichkeitsentwicklung haben. Er kommt übereinstimmend mit den bereits behandelten Autoren zu der Erkenntnis, dass Mutterliebe in frühester Kindheit für die geistige Gesundheit ebenso wichtig sei wie Vitamine und Proteine für das körperliche Gedeihen. Aber den wichtigsten von ihm und seiner Schülerin Mary Ainsworth geleistete Beitrag stellt die differenzierte Analyse der Mutter-Kind-Beziehung dar (s. Bowlby, 1969). Er war beeindruckt von den vom Verhaltensforscher Konrad Lorenz (1935) durchgeführten Arbeiten zum frühen Bindungsverhalten von Jungtieren an ihre Eltern, in denen Lorenz zeigt, welche starke Bindung Gänse- und Entenküken an eine Mutterfigur entwickeln, obwohl sie von ihr kein Futter erhalten! Wie die Tiere sind wir Menschen mit einem Bindungsstreben ausgestattet, einem vom Nahrungs- und Sexualtrieb abzugrenzenden „Überlebensmuster“, den nicht nur Säuglinge und Kleinkinder, sondern auch Jugendliche und Erwachsene vor allem in Bedrängnis- und Stresssituationen zeigen.
Und **Bindungsstreben** definiert Bowlby folgendermaßen:

> *„...jegliches Verhalten, das darauf ausgerichtet ist, die Nähe eines vermeintlich kompetenteren Menschen zu suchen oder zu bewahren, ein Verhalten, das bei Angst, Müdigkeit, Erkrankung und entsprechendem Zuwendungs- oder Versorgungsbedürfnis am deutlichsten wird.“* (1995, 36)
> *ein gezieltes Handeln, das durch „somatisch gespeiste und von spezifischen Signalen aktivierte bzw. deaktivierte Regelsysteme gesteuert wird“* (1995, 41).

Bereits das Kleinkind verfügt über zahlreiche Verhaltensmöglichkeiten, wie z.B.

54 Im Jahr 1951 fertigte Bowlby im Auftrag der Weltgesundheitsorganisation eine Studie an, die die kindlichen Entwicklungsschäden bei fehlender mütterlicher Zuwendung beschreibt.
55 Ethologie: Wissenschaft vom Verhalten der Tiere oder biologische Verhaltensforschung
56 Reale Ereignisse wie Misshandlungen und sexueller Missbrauch spielen in seiner Forschung erst zu einem späteren Zeitpunkt eine wichtige Rolle, was er selbst rückblickend sehr bedauert (1995, 11). Er erklärt dies mit der eingeschränkten Sichtweise der Psychoanalyse, die lange Zeit ihr Augenmerk zu stark auf die unbewussten Phantasien der Patienten gerichtet hatte, und somit die offensichtlichen Geschehnisse in der kindlichen Entwicklung ausblendete.

Schreien, Festklammern, Sich-Anschmiegen, Lächeln und später auch zu der Mutter Krabbeln, mittels derer es dafür sorgen kann, dass die Hauptpflegeperson in der Nähe bleibt. Seitens der Erwachsenen entspricht diesem kindlichen Bindungsstreben ein Repertoire an **Fürsorgeverhalten** wie z.B. Auf-den-Arm-Nehmen, Wiegen und kindgerechte Sprachmelodie. Elterliches Fürsorgeverhalten und kindliches Bindungsstreben stellen folglich ein vorprogrammiertes spezifisches Verhaltensrepertoire dar, das allerdings nur ansatzweise vorhanden ist und erst gelernt werden muss.[57] In Abhängigkeit von situationsspezifischen Merkmalen kann sich das kindliche Bindungsstreben durchaus auf mehrere Personen richten, aber dauerhafte Bindung knüpfen Kinder nur zu wenigen Menschen.

Der Begriff **Bindung** im eigentlichen Sinne nun besagt, dass ein starkes Kontaktbedürfnis gegenüber bestimmten Personen besteht. Hierbei handelt es sich um ein weitgehend stabiles, relativ situationsunabhängiges Merkmal. Wenn Personen ein Minimum an Interaktionsmöglichkeiten mit einem Partner haben – dies können auch Geschwister oder Tiere sein – dann bauen sie eine Bindung auf. Aufgrund der Forschungsergebnisse untergliederte Bowlby[58](1984, 247f.) die Entstehung der Bindung in vier Phasen, zwischen denen es allerdings keine klare Abgrenzung gibt:

- In den ersten drei Lebensmonaten liegt eine allgemein hohe soziale Ansprechbarkeit vor.
- Vom 3-8. Lebensmonat richtet das Kind seine Signale bevorzugt auf eine oder mehrere vertraute Personen und erweitert deutlich das Repertoire an zur Verfügung stehenden Bindungsverhaltensweisen.
- Zwischen dem achten Lebensmonat und dem dritten Lebensjahr entsteht und verfestigt sich das, was wir im eigentlichen Sinne als Bindung bezeichnen.
- Ungefähr ab dem dritten Lebensjahr versucht das Kind sehr gezielt je nach situativer Gegebenheit das Verhalten der wichtigen Bezugspersonen zu beeinflussen.

In ihren direkten Beobachtungen von Mutter-Säugling-Interaktionen stellte **Mary Ainsworth** (1974) große Unterschiede in der Art fest, wie die Mütter auf die Bindungsbedürfnisse der Säuglinge eingingen:

Feinfühlige Mütter reagierten sofort auf die Signale des Kindes; sie trösteten es, wenn es schrie, gingen auf die Kontaktwünsche ein und freuten sich über sein Erkundungsstreben.

57 Hier sind die Forschungen von Klaus und Kennell (1972 etc.) zur frühen Mutter-Kind-Interaktion zu nennen, die zeigen, dass sich sowohl der Säugling als auch die Mutter direkt nach der Geburt in einer sensiblen Phase der erhöhten Ansprechbarkeit füreinander befinden, die offenbar hormonell bedingt ist.
58 Bowlby nimmt hier bereits auf Arbeiten seiner Schülerin Mary Ainsworth (1963/1967) Bezug. Sie untersuchte die Mutter-Kind-Interaktion eines Stamms in Uganda.

Andere als *zurückweisend* zu bezeichnende Mütter hingegen versorgten ihre Kinder zwar, aber reagierten eher ablehnend auf die Kontaktwünsche ihrer Kinder. Diese lernten aufgrund des mütterlichen Verhaltens, dass ihr Bindungsverhalten eher unerwünscht war und sie ihren Wunsch nach Nähe und Kontakt einschränken mussten. Die dritte Gruppe von *launischen* Müttern war in ihrem Verhalten sehr schwankend, wechselhaft: Sie wurden mehr von den eigenen Stimmungen als von den Bindungsbedürfnissen des Kindes geleitet. Die Kinder wurden mal liebevoll umsorgt, mal mussten sie lange schreien. Weil sich diese Kinder stark nach der Mutter richten mussten, war ihr Bindungssystem chronisch aktiviert und das Neugierverhalten litt darunter.

Um den Zusammenhang zwischen mütterlichem Pflegeverhalten und der psychosozialen Entwicklung von Kindern zu erforschen, beobachtete Mary Ainsworth nicht nur Mütter zu Hause, sondern führte auch einen Test durch, der zu sehr aufschlussreichen Ergebnissen führte:

Der Fremde-Situations-Test nach Mary Ainsworth (in Rauh, 1995, 242)
„In einem durch Einwegscheiben beobachtbaren Raum mit Spielzeug und zwei Stühlen finden nacheinander die folgenden acht dreiminütigen Episoden statt:
Mutter und Kind werden vom Beobachter in den Raum geführt. Mutter setzt Kind auf den Boden.
Mutter und Kind sind allein. Mutter liest Zeitschrift. Kind kann die Umgebung und die Spielzeuge erkunden.
Eine Fremde tritt ein, setzt sich, unterhält sich mit der Mutter und beschäftigt sich auch mit dem Kind.
Mutter verlässt unauffällig den Raum, Fremde bleibt mit dem Kind allein, beschäftigt sich mit ihm und tröstet es, wenn notwendig.
Mutter kommt wieder, Fremde geht. Mutter und Kind sind allein. Mutter beschäftigt sich mit dem Kind und versucht, es für das Spielzeug zu interessieren.
Mutter verlässt mit Abschiedsgruß den Raum und lässt Baby allein.
Fremde tritt ein. Versucht Kind zu trösten, wenn notwendig.
Mutter kommt wieder und Fremde verlässt den Raum."

Das Verhalten des Kindes in Szene 5 und 8 wird auf Skalen eingeschätzt und bildet zusammen mit dem Gesamteindruck des Kindes die Grundlage für die Beurteilung der Qualität seiner Bindung.

Aufgrund der Auswertung des Verhaltens von Kindern im Alter von 12 Monaten in dieser Testsituation kam Ainsworth (1978) zu der Unterscheidung von sicher gebundenen und unsicher gebundenen Bindungsbeziehungen.
Kinder mit einer sicheren Bindung: Diese Kinder zeigen in Gegenwart der Mutter ein großes Interesse am Spielzeug. Dabei halten die Kinder aber häufig Ausschau nach der Mutter. Besonders bei Belastungen suchen sie den Kontakt zur Mutter. Wenn sie allein gelassen werden, zeigen sie im ersten Moment kaum Trauer, so als würden sie darauf vertrauen, dass die Mutter wieder kommt. Wenn sie allerdings ihr Unbehagen ausdrücken, dann tun sie dies deutlich und lassen erkennen, dass sie die Mutter vermissen. Für fremde Personen ist es in dieser Situation schwer, sie zu trösten. Wenn die Mutter dann wiederkommt, dann gilt ihr die ganze Aufmerksamkeit und die Freude über ihre Gegenwart ist eindeutig. Im engen Kontakt mit der Mutter kann sich das Kind entspannen.
Kinder mit einer unsicheren Bindung: Ainsworth unterscheidet zwei Arten von unsicherer Bindung:

Kinder mit vermeidend-unsicherer Bindung: Diese Kinder wirken eher passiv; sie nehmen weniger Anteil an ihrer Umgebung. Wenn die Mutter den Raum verlässt, zeigen sie wenig Unmut über das Alleinsein. Für außenstehende Betrachter wirken sie besonders unabhängig und selbstständig. Auch wenn die Mutter wiederkommt, wird sie entweder ignoriert oder nur beiläufig beachtet. Die Nähe der Mutter wird nicht aktiv gesucht. Wenn die Mutter sie auf den Arm nimmt, dann zeigen sie zwar keinen Widerstand, aber sie schmiegen sich auch nicht so entspannt an, wie die Kinder mit sicherer Bindung.
Kinder mit ambivalent-unsicherer Bindung: Im Gegensatz zu den vermeidend-unsicher gebundenen Kindern protestieren diese stark, wenn sie allein gelassen werden. Aber wenn die Mutter zurückkehrt, kommt die Ambivalenz deutlich zum Ausdruck: Zum einen suchen sie Kontakt zu ihr, gleichzeitig aber widersetzen sie sich ihren Interaktionsbemühungen.

War bisher nur von der Mutter die Rede, so zeigt sich, dass das Kind zum *Vater* ebenfalls eine spezifische Bindungsqualität aufbauen kann. Die Vater-Kind-Beziehung läuft unabhängig von der Mutter-Kind-Beziehung und kann somit eine zentrale eigenständige Wirkung für die kindliche Entwicklung darstellen. Der Bindungsforschung wurde zu Recht vorgeworfen, sich einseitig auf die Mütter zu konzentrieren und den Vater außer Acht zu lassen. Allerdings sind auch heute leider noch zu selten Väter die primäre Bezugsperson des Kindes; dennoch kommt ihnen für die Persönlichkeitsentwicklung des Kindes große Bedeutung zu.

Es lassen sich folglich drei Bindungsqualitäten unterscheiden: sicher, vermeidend und ambivalent, die in enger Beziehung zum Beziehungsverhalten der Hauptbezugsperson stehen:

feinfühlige Bezugsperson – **sichere Bindung (Typ B)**
zurückweisende Bezugsperson – **vermeidende Bindung (Typ A)**
launisch, wechselhafte Bezugsperson – **ambivalente Bindung (Typ C)**

Eine vierte Bindungsqualität, die desorganisierte Bindung, muss noch ergänzt werden. Hier liegen offenbar seitens der Bezugspersonen ungelöste traumatische Erfahrungen vor, die bei den Kindern in seltsamen und bizarren Verhaltensweisen zum Ausdruck kommen, wie Grimassieren und Erstarren (Main/Solomon, 1990; Main/Hesse, 1990).

traumatisierte Bezugsperson – **desorganisierte/desorientierte Bindung (Typ D)**

Die anhand des Fremde-Situations-Tests zu beobachtende Bindungsqualität ist so bedeutsam, weil sie eine erstaunliche Stabilität aufweist. Dies konnte in den Längsschnittuntersuchungen von **Grossmann und Grossmann** (1991/1995) nachgewiesen werden:

- *Im Alter von 3 Jahren:* Die bindungsunsicheren Einjährigen konnten als Dreijährige ein Verlieren im Spiel schlecht verkraften, derweil sich die sicher Gebundenen mehr anstrengten, um beim nächsten Mal zu gewinnen.
- *Im Alter von 5 Jahren:* Die Kinder, die im Alter von 12 Monaten eine unsicher-vermeidende Bindungsqualität aufwiesen, waren im Kindergarten übertrieben um die Anerkennung der Kindergärtnerinnen bemüht und wirkten eher gehemmt und ängstlich. Im Spiel waren sie wenig konzentriert und wenig erfindungsreich. Im Umgang mit anderen Kindern unterstellten sie diesen häufig feindselige Absichten, obwohl objektive Hinweise fehlten. Sie verhielten sich Gleichaltrigen gegenüber misstrauisch und verringerten dadurch ihre Chancen, zu diesen gute Beziehungen aufzubauen.
- *Im Alter von 6 Jahren*: Erzählte man den Kindern eine Geschichte, in der ein Kind ihres Alters von den Eltern getrennt wurde, dann hatten die sicher gebunden Kinder trotz der negativen Gefühle Möglichkeiten, sich aktiv und konstruktiv mit der Situation auseinander zu setzen. Die unsicher gebundenen Kinder leugneten teilweise den Trennungsschmerz und dachten sich eher destruktives Tun als Rache aus.
- *Im Alter von 10 Jahren*: Die 10-jährigen, die als Einjährige sicher gebunden waren, hatten gute Freunde und keine nennenswerten Probleme mit diesen. Die ehemals unsicher gebundenen Kinder hatten mit 10 Jahren die wenigsten guten Freunde

und die meisten Probleme mit diesen. Generell fiel es ihnen schwer, leidvolle Gefühle zu äußern und sich bei einer vertrauten Person Hilfe und Unterstützung zu organisieren.

Diese große Stabilität der Bindungsqualitäten[59] schließt aber nicht aus, dass dennoch Veränderungen im Selbstbild sowohl im positiven – z.B. durch neue Liebesbindungen – als auch im negativen Sinn – z.B. durch große Enttäuschungen oder Lebenskrisen – möglich sind. So blicken z.B. Erwachsene, die sich als feinfühlige Bindungspersonen ihrem Kind gegenüber verhalten, nicht nur auf positive Erfahrungen in ihrer Kindheit zurück. Entscheidend ist offenbar, welche **Bindungshaltung** sie als Erwachsene ausgebildet haben.[60] Wenn sie sich z.B. an ihre Kindheitsgefühle der Enttäuschung und Angst erinnern und die mangelnde Nähe zu ihren Eltern betrauern, aber dennoch Verständnis den Eltern gegenüber aufbringen und Bindung wertschätzen, können sie sich durchaus zu einfühlsamen Eltern entwickeln. Häufig konnten diese Erwachsenen über korrektive Erfahrungen in ihrem Lebenslauf berichten, die ihnen den Wert von Bindung deutlich gemacht haben. Wenn es – z.B. in einer wichtigen Beziehung – gelingt, die inneren Arbeitsmodelle von sich und anderen zu erkunden und sie aufgrund eines neuen Verständnisses anders zu bewerten und folglich zu verändern, kann die Wiederholung der eigenen negativen Bindungserfahrung in der Weitergabe an die Kinder unterbunden werden.
Problematisch gestaltet sich die Beziehung der Eltern zu ihrem Kind vor allem dann, wenn sie über eine *negative Bindungshaltung* verfügen: Dies ist z.B. der Fall, wenn sie Gefühle der Verbundenheit als Anzeichen von Schwäche erleben oder innerlich von ihren Erfahrungen als Kind abgeschnitten sind. Oder aber, wenn sie noch als Erwachsene in ihre Bindung der Kindheit so *verstrickt* sind, dass sie in der Gegenwart starke Gefühle von Angst, Wut und Schmerz ihren Eltern gegenüber empfinden.
Zusammenfassend stellen Grossmann und Grossmann (1995, 184) fest, dass Bezugspersonen mit einer *positiven und reflexiven Bindungshaltung* wesentlich feinfühliger gegenüber ihren Kindern sind als solche mit einer *negativen oder verstrickten Bindungshaltung*.

59 Grossmann & Grossmann (1995, 179) konnten eine Stabilität der Bindungsqualitäten zwischen Mutter und Kind zwischen ein und sechs Jahren für 80-85% der Kinder feststellen.
60 Die unterschiedlichen Bindungshaltungen der Eltern lassen sich anhand des von Main und Goldwyn (1985) entwickelten „Adult Attachment Interview“ erfassen.

Fassen wir die Ausführungen zur Bindungsforschung zusammen: Auf dem langen Weg vom Kleinkindalter bis zum Erwachsenenalter wirken sich vielfältige Einflüsse aus. Eine sichere Bindung ist ein Schutzfaktor gegenüber den Belastungen auf dem Lebensweg. Es bilden sich in den ersten Lebensjahren innere Arbeitsmodelle von uns und anderen aus, die die Tendenz haben, sich zu verfestigen und zu stabilisieren. Unter Bezugnahme auf die in 5.4. dargestellte Hypothesentheorie der Wahrnehmung sind es diese inneren Arbeitsmodelle, aus denen sich viele starke Hypothesen ableiten lassen. Es bedarf intensiver emotionaler Erfahrungen, um einmal gebildete Hypothesen durch neue Hypothesen zu ersetzen. Die moderne Bindungsforschung kann empirisch die hohe Bedeutung der bereits von der Freudschen Psychoanalyse betonten Kindheitserfahrung belegen. Dies gilt aber vor allem für extreme Mangelerfahrungen. Generell handelt es sich – wie auch die Ausführungen über Bindungshalten von Erwachsenen verdeutlichen sollten – *nicht um einen deterministischen Zusammenhang zwischen der Bindungsqualität des Kleinkindes und dessen Persönlichkeitsentwicklung.*

11.2.1. Exkurs:
Argumente zur Widerlegung eines Grundirrtums der Psychologie – des Kindheits-Determinismus

Einer der bedeutendsten Entwicklungspsychologen unserer Zeit, **Jerome Kagan**, Professor an der Harvard University, hat sich sehr eingehend mit der Rolle auseinandergesetzt, die den frühen Erfahrungen für den weiteren Lebensweg zukommen. Seine überaus lesenswerten Ausführungen (Kagan, 2000, 119-209) sollen im Folgenden dargelegt werden.

Kagan bestreitet nicht, dass kindliche Erfahrungen Einfluss auf die Persönlichkeitsentwicklung haben. Aber keineswegs sind die frühkindlichen Erfahrungen so unabänderlich, wie manche Vertreter der Bindungstheorie behaupten. Die frühkindlichen Erfahrungen stellen *einen* von vielen Faktoren dar, die zur sozialen Stellung eines Heranwachsenden beitragen. Selbst frühere traumatische Erfahrungen – wie z.B. verschiedene wechselnde Bindungspersonen und eine anregungsarme Umwelt in den ersten zwei Lebensjahren – müssen keine unveränderbaren negativen Folgen haben. Als Beleg führt er Untersuchungen (Rathburn et al., 1958/ Winick et al., 1975) an, in denen Kinder, die im Zweiten Weltkrieg oder im Koreakrieg unter derartigen Belastungen litten, durch fürsorgliche Pflegeeltern adoptiert wurden und sich gut entwickelten (Kagan, 2000, 126). Auch eine Schweizer Studie (Ernst, 1988) führt zu ähnlichen Ergebnissen (Kagan, 2000, 152). Daraus leitet er folgende Erkenntnis ab: „Einige der psychologischen Produkte der ersten Jahre können erhalten bleiben, doch nur wenn die Umwelt sich weiterhin gleich verhält, und nicht weil die ursprüngliche Reaktion aus sich selbst heraus stabil bleibt" (Kagan, 2000, 179).

Viel entscheidender sind folglich die zahlreichen Einflüsse, die das Profil der Heranwachsenden *nach* dem zweiten Lebensjahr prägen. Besonders aufschlussreich ist in

diesem Zusammenhang die von ihm vorgenommene Auswertung einer groß angelegten Längsschnittstudie, in der Kinder von der frühen Kindheit bis ins Erwachsenenalter hinein begleitet wurden (Kagan, 1962). Hierbei stellte sich heraus, dass viele einflussreiche Ereignisse in der späteren Kindheit und in der Adoleszenz vor allem *mit der sozialen Klassenzugehörigkeit* zusammenhängen.[61] Besonders nach dem fünften Lebensjahr beginnen Kinder, Ähnlichkeiten und Unterschiede zwischen sich und anderen festzustellen. Ca. ab dem sechsten und siebten Lebensjahr identifizieren sie sich mit der ethnischen und sozialen Gruppe. Und vor allem die Diskrepanzen zwischen sich und anderen sowie zwischen der eigenen Gruppe und anderen Gruppen werden interpretiert und führen zu heftigen Gefühlen. Dies kann am besten am *Erleben der Armut* verdeutlicht werden: Nicht das Ausmaß des absoluten Mangels ist für die Persönlichkeitsentwicklung am ausschlaggebendsten, sondern die Erkenntnis der eigenen relativen Armut. Und es sind vor allem diese Interpretationen unserer Erfahrungen und Erlebnisse, die die Persönlichkeit formen. Die Ereignisse der ersten Lebensjahre bringen das Kleinkind auf einen bestimmten Weg. Aber selbst wenn es ein hohes Ausmaß an elterlicher Fürsorge erhält, stellt dies keine Garantie für ein erfülltes und glückliches Erwachsenenleben dar.
Kagan vermutet, dass viele Menschen an dem Glauben festhalten, die ersten zwei Lebensjahre würden die menschliche Entwicklung bestimmen, weil dies eine hohe Stimmigkeit mit moralischen Wertvorstellungen aufweist. Wir müssen nur den kleinen Kindern genug Liebe geben – und am besten bleibt hierzu die Mutter ganz zu Hause – und schon ist die Zukunft maßgeblich bestimmt. Des Weiteren wollen viele Menschen (– und hiermit sind vor allem Menschen in ökonomisch gesicherten sozialen Verhältnissen gemeint –) „lieber an einen Kindheits-Determinismus glauben, weil er erlaubt, von der starken Macht der sozialen Klassenzugehörigkeit abzusehen" (2000, 205). Die empirischen Daten zeigen aber, dass die berufliche Zukunft und die psychische Gesundheit sich anhand des sozialen Hintergrunds am besten voraussagen lassen.

11.3. Typisch Mädchen – typisch Junge *oder* die Entwicklung der Geschlechtsidentität

Von Anfang an ist es nicht richtig, von *dem Kind* zu sprechen, sondern schon mit dem Wissen um das biologische Geschlecht setzt eine spezifische Art und Weise des Umgangs der Erwachsenen mit dem Säugling ein. Dies lässt sich gut anhand der

61 Weitere mächtige Einflüsse sind der Vergleich mit den älteren und jüngeren Geschwistern und wichtige historische Ereignisse.

Gesellschaften verdeutlichen, die einen Jungen für wertvoller erachten als ein Mädchen; die Geburt des ersehnten Stammhalters wird zu einem Freudenereignis; bei der Geburt des Mädchens ist mit entgegengesetzten Gefühlen zu rechnen. Aber auch in Gesellschaften, in denen diese Wertung nicht so offensichtlich ist, wird von Beginn an das Kind mit spezifischen Erwartungen konfrontiert, die untrennbar mit seinem Geschlecht verbunden sind. Da sich die psychoanalytische Theorie mit den unbewussten und bewussten Interaktionsprozessen zwischen dem Heranwachsenden und dessen wichtigen Bezugspersonen sowie der weiteren Umwelt und der damit verbundenen Entwicklung der psychischen Strukturen intensiv beschäftigt, ist von ihr ein wesentlicher Beitrag zur Klärung der Herausbildung der Geschlechtsidentität zu erwarten.

Bereits in *Freuds Theorie* kommt der Beschäftigung mit den Beziehungserfahrungen (vor allem) von Jungen und von Mädchen eine herausragende Bedeutung zu. Seiner Ansicht nach ist die mit der Entwicklung der genitalen Sexualität einsetzende soziopsychische Dynamik vor allem zwischen dem vierten und sechsten Lebensjahr entscheidend für die Umstrukturierung der kindlichen Persönlichkeit und die Ausbildung der Geschlechterdifferenzierung verantwortlich.

Die Ausführungen von Freud über diesen als **ödipal oder phallisch** bezeichneten Entwicklungsabschnitt sind zu Recht massiv kritisiert und in weiten Teilen revidiert worden und sollen deshalb auch hier nicht detailliert dargestellt werden.[62] Die Erfahrungen, die die Klientel von Freud machte und die ihn zur Konstruktion seiner Theorie veranlassten, beziehen sich auf Prozesse in der bürgerlichen Kleinfamilie zum Ende des neunzehnten bzw. zu Beginn des zwanzigsten Jahrhunderts. Für diese bürgerliche Kleinfamilie war eine geschlechtsspezifische Arbeitsteilung und eine klare Vormachtstellung des Mannes charakteristisch. Des Weiteren war die Haltung zur Sexualität mit wesentlich mehr Tabus verknüpft als heutzutage. Nur vor diesem Hintergrund konnten Begriffe wie Kastrationsangst[63] bzw. Kastrationskomplex und Penisneid[64] entstehen. Wie auch empirische Untersuchungen zeigen (vgl. Greve / Roos, 1996), kann die von Freud vertretene Auffassung,

> dass jedes Kind (vor allem jeder Junge) im Alter zwischen vier und sechs den Wunsch entwickelt, die eigene genitale Sexualität mit dem andersgeschlechtlichen Elternteil auszuleben *und*
>
> dass es ausgelöst durch diesen Wunsch eine dramatische Entwicklungskrise durchläuft,

62 Eine kurze, aber äußerst informative Darstellung des Erwerbs der Geschlechtsidentität aus psychoanalytischer Sicht findet sich bei Tillmann (1995, 55-74). Er stellt sowohl die klassische Theorie Freuds als auch deren Kritik und Weiterführung dar.

63 Kastrationsangst: die Angst des Jungen, seinen Penis zu verlieren

64 Penisneid: der Neid des Mädchens auf den Penis des Jungen

so **nicht** aufrechterhalten werden. Die von Freud beschriebene „ödipale“ Konstellation ist eher die Ausnahme als die Regel.

Wie aber kommt es zu den Unterschieden zwischen Männern und Frauen?
Es sei bereits an dieser Stelle angemerkt, dass die Unterschiede zwischen Männern und Frauen tagtäglich im Polizeialltag von immenser Aktualität sind. Der Polizeiberuf selbst ist immer noch eine klassische Männerdomäne[65]; die Gefahren, die die Polizei abzuwehren hat, und die Straftaten, die sie verfolgt, gehen – wie auch noch im zweiten Teil dieses Buches besonders deutlich werden wird – überwiegend von Männern aus. Aber auch in den tagtäglichen Begegnungen haben Männer und Frauen häufig den Eindruck, dass sie von verschiedenen Planeten abstammen, wie in dem Bestseller „Männer kommen vom Mars und Frauen von der Venus“ zum Ausdruck kommt:

Exkurs: Männer kommen vom Mars, Frauen von der Venus (Gray, 1993, 31-34)

„Eigenheiten der Marsianer
Männer schätzen es, Macht zu haben, kompetent zu sein, effizient zu arbeiten und etwas zu leisten. Sie machen ständig etwas, um sich selbst zu beweisen, dass sie etwas können, und entwickeln dabei ihre Fertigkeiten und ihre Kraft. *Männliches Selbstverständnis definiert sich durch die Fähigkeit, etwas Greifbares hervorzubringen.* Erfüllung finden sie in erster Linie im Erfolg.
Alles auf dem Mars war auf diese Werte ausgerichtet. Die Leidenschaft der Marsmänner galt Gegenständen und Dingen, nicht etwa Menschen und Gefühlen....Marsianer sind stolz darauf, Dinge ganz allein zu tun. Autonomie ist für sie ein Symbol von Effizienz, Macht und Kompetenz....

Eigenheiten der Venusianerinnen
Frauen haben andere Prioritäten. Sie schätzen Liebe, Kommunikation, Schönheit und Beziehungen. Sie verbringen einen Großteil ihrer Zeit, indem sie einander helfen und pflegen. *Das weibliche Selbstbewusstsein definiert sich durch Gefühle und die Qualität von Beziehungen.* Frauen erleben Erfüllung durch Teilen und Mitteilen.
Alles auf der Venus war auf diese Werte ausgerichtet. Kommunikation war für sie von vorrangiger Bedeutung. Ihre persönlichen Gefühle mitzuteilen, war viel wichtiger für sie als aller Erfolg und das Durchsetzen ihrer Ziele. Statt zielbewusst zu sein, sind Frauen eher beziehungsbewusst.“

65 Besonders aufschlussreich ist in diesem Zusammenhang das Buch von Behr (2000): Cop Culture. Der Alltag des Gewaltmonopols. Männlichkeit, Handlungsmuster und Kultur in der Polizei.

Auch die **empirische Psychologie** hat intensiv nach systematisch auftauchenden Geschlechtsunterschieden geforscht: Große Gruppen von Jungen und Mädchen wurden miteinander hinsichtlich verschiedener grundlegender Merkmalsausprägungen – allgemeine Intelligenz, sprachliche Fähigkeit, räumliche Fähigkeit, mathematische Fähigkeit und Ängstlichkeit – verglichen. Dabei fanden sich lediglich folgende systematischen Unterschiede:

	Jungen		**Mädchen**
(+)*	räumliche Vorstellungskraft (bes. ab 10. Lebensjahr)	(+)	sprachlicher Bereich (Artikulationsfähigkeit, Wortschatz, grammatikalische Fähigkeit
		(+)	feinmotorische Fertigkeiten im Vorschulalter
(+)	direkte aggressive Verhaltensweisen[66]	(+)	höhere Ängstlichkeit bzw. Bereitschaft, Ängstlichkeit zuzugeben

* (+) bedeutet, dass das betreffende Merkmal stärker ausgeprägt ist

Tillmann (1995, 51) kommt zusammenfassend zu dem Ergebnis, dass nur wenige Unterschiede als empirisch gesichert gelten können. *Keine* systematischen Geschlechtsunterschiede konnten in folgenden Bereichen gefunden werden: „allgemeine Intelligenz, Wahrnehmungsfähigkeit, Leistungsmotivation, Lern- und Gedächtnisleistungen und Teilbereiche der Intelligenz wie problemlösendes und analytisches Denken."

Allerdings sagt die Tatsache, dass ein Merkmal bei Jungen im Durchschnitt stärker ausgeprägt ist als bei Mädchen (oder umgekehrt) nichts über das einzelne Individuum aus, noch lässt es einen zwingenden Rückschluss auf die Art und Weise zu, wie es zu diesem Unterschied gekommen ist!

66 Mädchen neigen im Gegensatz zu Jungen stärker zur indirekten Aggression, d.h. sie richten ihre Aggression nicht unmittelbar gegen eine Person, sondern schädigen sie dadurch, dass sie die Gegenstände aus ihrem Besitz verunglimpfen, zerstören oder stehlen (vgl. Petermann/Petermann, 1993, 5 u. 10).

Der Versuch, das Zustandekommen der Unterschiede zwischen den Geschlechtern zu beantworten, lässt die bekannte Anlage- und Umweltdebatte, wie sie bereits am Beispiel der Intelligenzentwicklung (4.2.) diskutiert wurde, wieder bedeutsam werden. Die klassischen Gegenpositionen können wie folgt beschrieben werden (Tillmann, 1995, 42):

- Die Biologie bestimmt weitgehend die Ausprägung von männlichem und weiblichem Verhalten. Die gesellschaftlichen Einflüsse haben innerhalb der vorgegebenen Grenzen nur minimalen Einfluss *(Anlage)*.
- Lediglich die körperlichen Unterschiede sind biologisch vorgegeben. Die uns bekannten Eigenschaften des „Männlichen" und des „Weiblichen" werden diesem anatomischen Unterschied im Entwicklungsprozess gesellschaftlich angeheftet *(Umwelt)*.

Psychologen, die den verschiedenen theoretischen Perspektiven des Faches zuzuordnen sind, haben intensiv nach Antworten auf diese Frage gesucht. Bevor aktuelle Antworten aus psychoanalytischer Perspektive dargelegt werden, sollen zunächst die Vertreter der biologischen, der kognitiven und der lerntheoretischen Perspektive zu Wort kommen:

11.3.1. Biologische Perspektive

Unstrittig ist, dass die Geschlechtschromosome diejenigen Gene enthalten, die für die Entwicklung männlicher und weiblicher (primärer und sekundärer) Geschlechtsmerkmale verantwortlich sind: Zwei X-Chromosome führen zur Ausbildung weiblicher Geschlechtsmerkmale, ein X- und ein Y-Chromosom zur Ausbildung männlicher Geschlechtsmerkmale. Wie aber sieht es mit den Unterschieden im Verhalten zwischen den Geschlechtern aus? Um hinsichtlich der Verhaltensunterschiede auf angeborene Grundlagen Rückschlüsse ziehen zu können, müssten drei Kriterien vorliegen:

1. die Unterschiede sollten in allen Kulturen zu finden sein (*Universalität*);
2. sie sollten sich auch bei den stammesgeschichtlichen Vorfahren, den Primaten, finden lassen (*phylogenetische Kontinuität*);
3. sie sollten eine physiologische Basis haben (*Gen- oder Hormonausstattung*).

Alle drei genannten Kriterien treffen lediglich auf einen fundamentalen, empirisch nachgewiesenen Unterschied zu: die bei den Männern *deutlich höhere Ausprägung aggressiver Verhaltensweisen.*

ad 1: diese höhere Neigung tritt kulturübergreifend auf;
ad 2: sie ist auch bei den tierischen Verwandten stärker anzutreffen;
ad 3: sie hat eine hormonelle Basis, das männliche Geschlechtshormon Testosteron, das 6-7x so häufig bei dem Mann vorkommt wie bei der Frau.

Wir wissen allerdings (s. 4.1), dass Hormone sich nicht direkt in Verhalten umsetzen, sondern selbst bei einer vorhandenen Disposition Lernprozesse einen wesentlichen Einfluss spielen. Deshalb gilt: ***„Niemand ist der Sklave seiner Hormone"*** (Tillmann, 1995, 54).

11.3.2. Kognitive Perspektive
oder die Identifikation mit dem Geschlecht als kognitive Leistung (Lawrence Kohlberg)

Die Vertreter der kognitiven Perspektive liefern einen wichtigen Beitrag zum Verständnis des Erwerbs der Geschlechtsidentität. Die Theorie des bekanntesten Vertreters dieser Perspektive – Jean Piaget – wurde in groben Zügen bereits unter 10.3.1. behandelt. Es ist nun die besondere Leistung von Lawrence **Kohlberg** (1974), das Grundkonzept von Piaget auf den Erwerb der Geschlechtsidentität übertragen zu haben. Er hat Regelmäßigkeiten im Entwicklungsverlauf herausarbeitet, die verdeutlichen, *wie das Kind seine Geschlechtsrolle selbst in aktiver Auseinandersetzung mit der Umwelt gestaltet.* Schauen wir uns diese aufeinander aufbauenden Schritte an:

- ***„Es gibt Jungen und Mädchen, Vater und Mutter, Männer und Frauen"***
Schon sehr früh erkennt das Kind, dass es zwei Geschlechter mit unterschiedlichen Aufgaben in der sozialen Welt gibt.

- ***„Ich bin ein Junge" oder „Ich bin ein Mädchen"***
Spätestens mit 3 Jahren können sich Kinder eindeutig als Mädchen oder Junge bezeichnen. Allerdings sind solche Bezeichnungen noch stark von äußeren Merkmalen abhängig, wie z.B. der Kleidung und den Haaren. Es ist dem Kind noch nicht so eindeutig klar, dass die Geschlechtszugehörigkeit gleich bleibt, auch wenn die äußeren Merkmale sich verändern. Erst ca. ab dem 5. Lebensjahr ist das Kind sich sicher, dass es zu einem bestimmten Geschlecht gehört und auch immer gehören wird, d.h. es kann sich mit hoher Sicherheit selbst einer Kategorie zuordnen.

- ***„Was ist typisch für ein Mädchen?" und „Was ist typisch für einen Jungen?"***
Das Erkennen der eigenen Geschlechtzugehörigkeit bildet die Voraussetzung, um nach Informationen über das eigene Geschlecht zu suchen. Zunächst werden im Vorschulalter sehr rigide Konzepte aufgebaut; ausgehend von äußeren beobachtbaren Unterschieden werden klare Zuordnungen angestrebt, um so Orientierung zu erhalten. Die Kinder wollen sich möglichst die Merkmale und Eigenschaften aneignen, die mit ihrem Geschlecht übereinstimmen. Dies verstärkt den Wunsch, sich an dem

gleichgeschlechtlichen Elternteil oder an gleichgeschlechtlichen Verhaltensmodellen zu orientieren und diese nachzuahmen. Grundsätzlich ist für diese Entwicklungsphase typisch, dass das eigene Geschlecht deutlich positiver als das gegengeschlechtliche Geschlecht beurteilt wird. Mit zunehmender sozialer und kognitiver Entwicklung aber wird etwa ab dem Grundschulalter die Zuordnung von positiven und negativen Merkmalen, die mit dem Geschlecht verbunden sind, *langsam* flexibler. Inwieweit die Geschlechtsstereotype weiter differenziert werden, hängt allerdings auch deutlich von dem ab, was die Umwelt dem Kind an Erfahrungen anbietet, mit dem es sich auseinandersetzen muss.

- ***„Wie möchte ich als Mädchen/als Junge sein?“***
Erst mit dem Verlassen der Phase der konkreten Operationen und dem Eintritt in die Phase der formalen Operationen nimmt die Frage an Bedeutung zu, wie man selbst als Junge oder Mädchen sein möchte. Gerade in der Pubertät kommt der Gleichaltrigengruppe (Peergroup) eine hohe Bedeutung für die Geschlechtsidentifikation zu. Die Auseinandersetzung mit dieser Frage ist zwar im Jugendalter besonders zentral, hat aber auch in der Postadoleszenz noch einen hohen Stellenwert.

Kohlbergs Theorie stellt ein plausibles Modell dar, das die kognitiven Prozesse beim Erwerb der Geschlechtsrollenidentität hervorhebt. Die Kritik an Kohlberg bezieht sich allerdings auf folgende Punkte (vgl. Bönisch, 1997, 49):

- Das Geschlechtsspezifische ist bei Kohlberg nur *ein* Entwicklungssegment neben anderen; zu fragen wäre, ob ihm nicht eine fundamentale Rolle für die gesamte Identitätsbildung zukommt.
- Des Weiteren lassen sich Prozesse der Entwicklung der Geschlechtsidentität vermuten, „die unterhalb der „Schicht“ kognitiver Rationalitätsentwicklung zu liegen scheinen und deshalb mit dem kognitionspsychologischen Modell nicht hinreichend erfassbar sind.“

11.3.3. Lerntheoretische Perspektive

Die lerntheoretische Perspektive fragt danach, wie der Mensch anhand der Informationen, die er aus der Umwelt gewinnt, sein Verhalten steuert. Es wird davon ausgegangen, dass jeder Mensch das fundamentale Bestreben hat, das eigene Überleben (und das der ihm nahestehenden Personen) zu garantieren. Unter Rückgriff auf das unter 8.2. dargestellte *operante oder instrumentelle Konditionieren* lernt der Mensch anhand der Konsequenzen, die auf sein Handeln folgen. Ein Verhalten wird am ehesten durch positive und negative Verstärkung aufgebaut. Allerdings geschieht dies

nicht mechanisch, sondern die Person wertet ihre Erfahrungen aus und trifft Entscheidungen. Welches sind grundlegende Erfahrungen, die zu typisch männlichen und typisch weiblichen Verhaltensmustern geführt haben können? Ein Blick auf die *Geschichte der Menschheit* kann unter lerntheoretischer Perspektive erklären, warum es bei den Jägern und Sammlern ausgehend von den biologischen Unterschieden zu einer Arbeitsteilung kam, die sich auch heute noch bei Völkern, die ähnlichen Lebensbedingungen unterworfen sind, finden lässt: Die außerhäusliche Beschaffung von Fleisch und Fisch ist Männersache, die Versorgung der kleinen Kinder und die Zubereitung der Nahrung ist Frauensache. Diese Arbeitsteilung ist in den „vormodernen Gesellschaften“ absolut notwendig, um zu überleben! Da die Frau schwanger wird, die Kinder gebärt und diese in der Regel die ersten zwei Jahre stillt, ist sie in ihrer Beweglichkeit erheblich eingeschränkt. Die Jagd hingegen ist mit hohem körperlichen Einsatz verbunden und verlangt, um erfolgreich zu sein, regelmäßiges Training und Übung. Allein aus der Gebärfähigkeit der Frau und den Lebens- bzw. Überlebensbedingungen einfacher Gesellschaften ergibt sich die Notwendigkeit, die Aufgaben zwischen Männern und Frauen entsprechend aufzuteilen.[67] Ausgehend von dieser Notwendigkeit haben sich Gewohnheiten gebildet, die eine hohe Stabilität und Eigendynamik aufweisen und die auch noch in Zeiten Bestand haben, in denen sich aus der Gebärfähigkeit der Frau **keine** Zuweisung von Haushalt und Kindern mehr rechtfertigen lässt. Aus dieser Feststellung leitet sich das Anliegen der Vertreterinnen der *feministischen Sichtweise* ab: Sie wollen die Interessen entlarven, die dazu führen, dass rigide Rollenvorschriften und die damit für die Entwicklung von Frauen verbundenen Entwicklungsbehinderungen auch heute noch bestehen. Das Bemühen ist darauf gerichtet, die notwendigen Veränderungen herbeizuführen, damit Frauen und Männer ihr Potenzial verwirklichen können (s. Greenglass, 1995, 16).
Die Lerntheoretiker versuchen aber auch zu erklären, wie typisch männliche und typisch weibliche Verhaltensweisen in der *Individualgeschichte* erworben werden. Hierbei wird zum einen untersucht, wie die Umwelt – besonders die primären Bezugspersonen – durch die Auswahl von Kleidung, Spielzeug und die Verstärkung spezifischer Verhaltensweisen in Abhängigkeit von dem Geschlecht zur Ausprägung typisch männlicher und typisch weiblicher Verhaltensweisen beiträgt. Greenglass (1995, 54-88) führt zahlreiche Beispiele an, u.a. das Folgende:

67 Margret Mead (1901-1978), die für ihre kulturanthropologische Forschung bekannt ist, berichtet von einem Inselvolk in der Südsee, den Tschambulis, die eine ungewöhnliche Arbeitsteilung haben: Die Frauen fischen, derweil die Männer viel Zeit damit verbringen, sich zu schmücken und sich auf die Durchführung des Tauschhandels beschränken. Allerdings konnten umfangreiche Studien „vormoderner“ Gesellschaften zeigen, dass derartige Arbeitsteilungen nur eine seltene Ausnahme darstellen (vgl. Tillmann, 1995, 43-48).

Das Schreien eines männlichen Säuglings wird anders wahrgenommen als das Schreien eines weiblichen Säuglings; bei Jungen wird als Ursache für das Schreien überwiegend *Ärger*, bei Mädchen hingegen *Angst* vermutet. Interessant ist, dass es sich bei dieser Studie um die Beurteilung von Videoaufnahmen desselben schreienden Babys handelt, das einmal als Junge, das andere Mal als Mädchen ausgegeben wurde.

Zahlreiche Untersuchungen belegen, dass Eltern bei Jungen stärker Leistungs- und Wettbewerbsverhalten, Unabhängigkeit und Affektkontrolle unterstützen und Jungen generell mehr strafen. Gegenüber Mädchen zeigen sie mehr Zuwendung und Zärtlichkeit, sie unterstützen Sauberkeit und unterbinden wilde Spiele. Mädchen werden in ihrer Bewegungsfreiheit stärker eingeschränkt und stärker kontrolliert. Aber es finden sich auch zahlreiche Untersuchungen, die *keinen* Nachweis für Unterschiede in der elterlichen Zuwendung zu Söhnen und Töchtern sehen (Maccoby, 1974). Wird hingegen nach Schichtzugehörigkeit unterschieden, dann finden sich eindeutigere Befunde: *Mütter und Väter aus der Unterschicht neigen zu ausgeprägteren Geschlechtstypisierungen als solche aus der Mittel- und Oberschicht (Trautner, 1991, 375).* Es wäre hier allerdings auch zu überlegen, inwiefern diese Erziehung aufgrund der sozioökonomischen Verhältnisse eine hohe Funktionalität aufweist.
Den wichtigsten Beitrag zum Erwerb des geschlechtsspezifschen Verhaltens leistet allerdings das *Modelllernen* bzw. *das Lernen durch Beobachtung* (s. 8.3.): Wie bereits von Kohlberg betont wurde, ist es für das Kind von großer Bedeutung, ein „richtiger Junge“ bzw. ein „richtiges Mädchen“ zu sein. Deshalb orientiert es sich besonders an Vorbildern in seinem Umfeld bzw. an den symbolischen Modellen in Büchern und in Filmen. Weil es *das Kind* als belohnend erlebt, dem eigenen Geschlecht zu entsprechen, ist es besonders empfänglich für die gleichgeschlechtlichen Modelle in seinem Umfeld! Betrachtet man allerdings die de facto vorhandene Möglichkeit, gleichgeschlechtliche Modelle im eigenen Umfeld anzutreffen, dann besteht besonders für *Jungen* in unserer Gesellschaft ein großes Problem: *Es herrscht ein eklatanter Mangel an greifbaren männlichen Vorbildern* (Böhnisch, 1997, 61)! Die Jungen verbringen die ersten Lebensjahre in einer von Frauen dominierten Alltagswelt. Es fehlen die Männer, mit denen sie sich identifizieren können. Väter sind häufig nicht da – wie die hohe Zahl allein erziehender Mütter belegt – oder verschanzen sich hinter einem Berg an Arbeit und kehren heim, wenn der Nachwuchs schläft. Sind die realen Männer nicht greifbar, dann wird diese Lücke durch Medienmänner gefüllt; und diese entsprechen in der Regel dem männlichen Rollenstereotyp.

11.3.4. Aktuelle psychoanalytische Erklärungsansätze

Keine der bisher dargelegten Perspektiven kann isoliert betrachtet werden: Erst das Zusammenwirken biologischer, sozialer und individueller Faktoren führt zur Herausbildung geschlechtstypischer Verhaltensmuster: Biologisch begründete Unterschiede zwischen den Geschlechtern rufen differenzierte Umweltreaktionen hervor, die allerdings erst aufgrund der kognitiven Verarbeitungsvoraussetzungen des Heranwachsenden ihre jeweilige Bedeutung erlangen. Wenden wir uns nun nach der kurzen Darlegung des Erwerbs der Geschlechtsrollenidentität aus biologischer, kognitiver und lerntheoretischer Perspektive wieder der psychoanalytischen Perspektive zu. Die **psychoanalytische Betrachtungsweise**[68] bietet einen Blick in die *inneren Prozesse der Entwicklung der Geschlechtsidentität* an, die alle bisherigen Ausführungen – wie auch die bereits dargelegte Kritik von Böhnisch an Kohlberg zeigt – vermissen lassen: Ausgangspunkt der Betrachtung bildet die Erfahrung der psychischen Verschmelzung von Mutter und Kind in der Zeit direkt nach der Geburt. Zwar sind Mutter und Kind durch die Geburt physisch getrennt, aber psychisch besteht die Einheit noch weiter fort. Selbst wenn der Vater in dieser ersten Phase wichtige Aufgaben in der Kinderpflege übernimmt, ist er doch in der Regel im Hintergrund. Diese emotionale Ausgangslage der Mutter-Kind-Symbiose, die den Säugling in einen Zustand des paradiesischen Wohlbefindens versetzt, ist – sofern sie überhaupt entsteht – für beide Geschlechter grundsätzlich gleich. Die Schwierigkeiten beginnen mit der Herauslösung aus dieser symbiotischen Beziehung, dem sogenannten „Loslösungs- und Individuationsprozess".[69] Auf dem Weg der Ichwerdung wird das Kind, wie bereits dargelegt, sehr früh empfänglich für die sozialen Anforderungen, die an es als Junge bzw. als Mädchen gerichtet werden. Der Prozess der Loslösung gestaltet sich besonders schwierig für den *Jungen*. Sobald er erkennt, dass er ein Junge ist, nimmt er sich als grundsätzlich verschieden von seiner Mutter wahr. Das bedeutet für ihn: „Um ein „richtiger" Junge zu sein, darf ich nicht so werden wie meine Mutter!"

68 Im Folgenden wird auf einige Postfreudianer Bezug genommen: Erik Erikson, Ralph Greenson, Edith Jacobson, Margret Mahler, Gregory Rochlin, Robert Stoller und D.W. Winnicott.

69 Margret Mahler (1985) unterscheidet in ihrem Buch „Die psychische Geburt des Menschen. Symbiose und Individuation" drei Phasen, in denen sich die psychische Geburt des Menschen vollzieht: 1. die autistische Phase (0-3 Monate), in der der Säugling noch kein Bewusstsein von der Welt außerhalb seiner selbst hat, 2. die symbiotische Phase, in der Mutter und Kind durch eine unsichtbare Hülle von der Außenwelt getrennt sind, und 3. die Phase der Loslösung und Individuation, in der ca. ab Ende des 1. Lebensjahres das Kind der Symbiose entschlüpft, aber immer wieder der Rückversicherung bedarf.

„Um eine eigenständige Person zu werden, muss der Junge eine große Tat vollbringen. Er muss eine Probe bestehen, er muss die Ketten sprengen, die ihn an seine Mutter fesseln. Er muss auf seine Bindung an sie verzichten und seinen eigenen Weg in der Welt suchen. Seine Männlichkeit steht somit für seine Trennung von der Mutter und seinen Eintritt in einen neuen und unabhängigen Status, der als unterschiedlich und gegensätzlich zu ihrem begriffen wird...
Die unauflösliche Wunschvorstellung zielt auf die Rückkehr zur ursprünglichen Symbiose mit der Mutter. Untrennbar ist damit die Angst verknüpft, dass das Wiederherstellen des Einsseins mit der Mutter das eigene unabhängige Selbst zerstöre" (Gilmore, 1993, 30).

Die Wünsche, wieder in diesen paradiesischen Zustand zurückzukehren, stellen also eine Bedrohung dar, gegen die angekämpft werden muss. Die Gesellschaften bieten allerdings Männlichkeitsideologien, institutionalisierte Leitbilder an, die bei diesem Kampf gegen die regressiven Wünsche und Phantasien Unterstützung bieten. Und – so könnte ergänzt werden – diese Leitbilder sind um so wichtiger, wenn der Vater als Unterstützung und Hilfe bei dem Versuch, eine Antwort auf die Gestaltung der männlichen Identität zu finden, nicht zur Verfügung steht. Ohne den Vater als sicheren Landeplatz und zweite Geborgenheit hat es der Junge besonders schwer, sich aus der Symbiose herauszulösen.
Das *Mädchen* hat es wesentlich besser als der Junge: Um die eigene weibliche Identität zu bestimmen, ist eine radikale Trennung nicht notwendig. Ganz im Gegenteil: Die Erkenntnis „ich bin ein Mädchen" führt zu einer verstärkten Identifizierung mit der Mutter. Für die Herausbildung der weiblichen Identität ist die Mutter von zentraler Bedeutung und die symbiotische Einheit findet eine sinnvolle Verlängerung. Allerdings wird dennoch zu einem späteren Zeitpunkt für das Mädchen die Frage in den Mittelpunkt rücken, wie die eigene weibliche Identität in klarer Abgrenzung zur Mutter zu gestalten ist. Die Entwicklung der weiblichen Geschlechtsidentität hängt folglich in einem weit größeren Ausmaß von der Qualität der Mutter-Tochter-Beziehung ab, als dies bei dem Sohn der Fall ist.

Mit dem Eintritt in die **ödipale Phase** (ca. ab dem dritten bis zum fünften Lebensjahr) hat sich das Kind schon deutlich aus der symbiotischen Beziehung herausgelöst und das „*Besitzenwollen*" tritt als wesentliches Thema in den Vordergrund. Die Initiative des Jungen, der – ebenso wie das Mädchen mit kindlichen Allmachtsvorstellungen ausgerüstet ist – entfaltet sich in die Richtung, die Mutter ganz für sich haben zu wollen. Alle anderen, die ebenfalls Ansprüche auf die Mutter erheben – seien es die Geschwister oder der Vater bzw. Partner der Mutter –, werden als Konkurrenten und Rivalen erlebt. Starke Gefühle von Eifersucht und Neid sind deshalb typisch für diese Phase. Es ist für die Entwicklung der Geschlechtsidentität von entscheidender Bedeutung, wie die Erwachsenen auf die heftigen Gefühle des Jungen reagieren. Wünschenswert wäre, dass es der Mutter gelingt, die ihr von ihrem Sohn entgegen gebrachten Gefühle positiv zu erwidern, ohne ihn auszulachen oder ihn zu kränken, wenn er ihr z.B. sagt, dass er sie einmal heiraten will. Böhnisch (1997, 53) weist darauf hin, dass „Kränkungen der Jungen aus dieser Zeit später zu gewalttätigen sexuellen Bewältigungsformen und -phantasien führen können." Ebenso problematisch ist allerdings die Auswirkung auf die Entwicklung des Jungen, wenn die Mutter auf die Allmachtsvorstellungen des Sohnes eingeht und ihn in der Rolle des Partnerersatzes bestätigt*: „Du bist schon jetzt oder wirst mein Traumpartner sein!"*

Exkurs: Das Kind als Substitut für einen anderen Partner
Horst E. Richter hat in seinem inzwischen als Klassiker zu bezeichnenden Buch „Eltern, Kind und Neurose" die traumatisierende Rolle des Kindes als „Gatten-Substitut" beschrieben. Anhand der Krankengeschichte von Karl zeigt er auf, wie der kleine Karl bereits im Alter von 3-4 Jahren aufgrund der Krankheit des älteren Vaters und des sich dramatisch verschlechternden Zustandes der ehelichen Beziehung der Eltern in die Rolle des Beschützers seiner Mutter hineinwuchs: „Einmal ging der Vater auf die Mutter und K. mit dem Beil los. Hinterher sagte der Junge voller Hass zur Mutter: „Schlag ihn doch tot!" Die ängstliche, unreife Mutter klammerte sich um so fester an ihren kleinen Sohn, je mehr sie sich von ihrem alternden Mann entfremdete. K. wuchs ihr gegenüber in die Position eines Beschützers hinein" (1987, 119f.).

Je besser die Mutter eingebunden ist in eine zufrieden stellende Beziehung, um so eher ist ihr eine angemessene Reaktion auf die ihr seitens ihres Sohnes entgegen gebrachten Wünsche möglich: die Liebe des Jungen anzunehmen, ohne seine Allmachtsfantasien zu unterstützen. Ebenso ist der Vater oder der Partner der Mutter gefordert. Schafft er es, auch wenn der Sohn sich in dieser Phase oft schwierig verhält und aus nichtigen Gründen Streit sucht, den Sohn nicht abzuweisen, sondern ihm bei der Lösung der inneren Spannungen zur Seite zu stehen? Wenn dies der Fall ist, dann kann sich als Ausweg aus den inneren Konflikten eine (vertiefte) Identifikation mit dem Vater vollziehen.
Auch für das *Mädchen* steht das „Besitzenwollen" im Vordergrund: Es will sowohl die Mutter weiterhin ganz für sich haben als auch die Aufmerksamkeit des Vaters auf sich ziehen. Die Bewunderung durch den Vater stärkt das Selbstbewusstsein und ermöglicht zugleich eine wachsende Unabhängigkeit von der Mutter. Neid und Rivalität – auch auf die Beziehung der Eltern untereinander – spielen eine große Rolle und führen zu heftigen inneren Spannungen. Entscheidend ist, wie die unbewussten und bewussten Interaktionen in der Triade sich gestalten. Besonders problematisch für die

Entwicklung des Mädchens ist es, wenn sein Wunsch nach Bestätigung durch den Vater bzw. Partner der Mutter von diesem zum sexuellen Missbrauch ausgenutzt wird. *Zusammenfassend* gilt für diese ödipale Phase, dass die symbiotische Beziehung (Mutter-Kind-Dyade) zu einer Triade bzw. zu einem größeren Beziehungsgefüge hin geöffnet wird. Die hierbei auftretenden starken Gefühle von Neid, Eifersucht, Rivalität und Wut (und den vor allem für das noch stark von den Eltern abhängige Kind damit verbundenen Ängsten) stellen für *alle* Beteiligten eine große Herausforderung dar! Mertens (1994, 14), der sehr differenziert die bewussten und unbewussten Fantasien, Einstellungen und Verhaltensweisen von Eltern, Kindern und deren Wechselbeziehung untersucht hat, kommt zu dem Ergebnis:
„Ödipuskomplex ist nicht gleich Ödipuskomplex! Je nach den ichstrukturellen Voraussetzungen, die ein Kind mitbringt, und je nach den Sozialisationsverhältnissen, die sich familiendynamisch konkretisieren (und zu einer ganz spezifischen Psychodynamik führen), gestaltet sich das Erleben der ödipalen Situation und der ödipalen Konflikte anders."
Folglich können keine allgemeingültigen Aussagen getroffen werden, aber die dargestellte Sichtweise ermöglicht einen Einblick in den schwierigen Weg der Entwicklung der Geschlechtsidentität.

11.4. Die Adoleszenz (ca. 10. – ca. 21. Lebensjahr)

Die Entwicklung im Jugendalter ist eine Phase innerhalb des Lebenszyklus, die durch das Zusammenspiel biologischer, intellektueller und sozialer Veränderungen zur Quelle vielfältiger Erfahrungen wird. Mehrere Begriffe werden für diese Altersphase gebraucht: Man redet von Pubertät, Jugend und Adoleszenz. Wenn von *Pubertät* gesprochen wird, dann steht der körperliche Reifungsprozess im Mittelpunkt. Der Begriff *Jugend* betont stärker das soziokulturelle Phänomen, das in seiner Erscheinung stark von gesellschaftlichen Rahmenbedingungen abhängt.[70] Der Begriff *Adoleszenz* hingegen stellt die psychologische Kategorie dar: Das Interesse konzentriert sich auf die subjektive Verarbeitung der körperlichen und sozialen Veränderungen.

70 Die Sozialhistoriker zeigen auf, dass die uns heute bekannte Erscheinungsform von Jugend gemeinsam mit dem Bürgertum entstanden ist und zunächst nur von einer Minderheit männlicher Gymnasiasten aus privilegierten Elternhäusern gelebt wurde. Für die Arbeiterjugend hingegen war die Jugendzeit durch den reglementierten Lebenslauf – frühe Schulentlassung, Fabrikarbeit und meist frühe Heirat – stark eingeschränkt. Erst die Bildungsexpansion hat für weite Kreise der Heranwachsenden eine Verlängerung der Jugendphase gebracht. Dennoch bleibt die konkrete Lebenslage auch weiterhin von immenser Bedeutung für die Gestaltung der Jugendphase (s. Tillmann, 1995, 193-197).

11.4.1. Die soziologische Perspektive auf die Adoleszens

Gerade an dieser Entwicklungsphase lässt sich verdeutlichen, dass alle Aspekte – biologische, soziologische und psychologische – notwendigerweise zusammen betrachtet werden müssen, um zu einem vertieften Verständnis vorzudringen. Auch wenn die psychologische Perspektive in diesem Buch im Mittelpunkt steht, soll zunächst die *soziologische Perspektive* an den Anfang der Ausführungen über diese Entwicklungsphase gesetzt werden: Die jeweilige Gesellschaft bzw. das konkrete Umfeld bestimmt, welche Erwartungen an die Jugendlichen herangetragen werden, welche **Lern- bzw. Entwicklungsaufgaben** sie zu bewältigen haben. Unter Rückgriff auf Havighurst (1982) lassen sich mit Dreher und Dreher (1985,36) folgende allgemein akzeptierte Entwicklungsaufgaben beschreiben:

- Aufbau eines Freundeskreises: zu Altersgenossen beiderlei Geschlechts werden neue, tiefere Beziehungen hergestellt;
- Akzeptieren der eigenen körperlichen Erscheinung: Veränderungen des Körpers und des eigenen Aussehens annehmen;
- sich das Verhalten aneignen, das man in unserer Gesellschaft von einem Mann bzw. von einer Frau erwartet;
- Aufnahme intimer Beziehungen zum Partner (Freund/Freundin);
- von den Eltern unabhängig werden bzw. sich vom Elternhaus loslösen;
- Wissen, was man lernen will und was man dafür können (lernen) muss;
- Vorstellungen entwickeln, wie der (Ehe-)PartnerIn und die zukünftige Familie sein sollen;
- über sich selbst im Bild sein: Wissen, wer man ist und was man will;
- Entwicklung einer eigenen Weltanschauung: sich darüber klar werden, welche Werte man hoch hält und als Richtschnur für eigenes Verhalten akzeptiert;
- Entwicklung einer Zukunftsperspektive: sein Leben planen und Ziele ansteuern, von denen man glaubt, dass man sie erreichen kann.

Die Analyse der konkreten gesellschaftlichen Bedingungen, die Jugendliche antreffen, zeigt sehr deutlich, dass sich die Lebenschancen von Jugendlichen in dieser Gesellschaft klassen- bzw. lebenslagenspezifisch massiv voneinander unterscheiden. Gerade Jugendliche mit einem schlechten Bildungsabschluss sind von Statusverlust und sozialer Ausgrenzung stark bedroht. Lange schon schlagen PädagogInnen Alarm: besonders Migrantenkinder zählen zu den so genannten Bildungsverlierern. Die Anzahl ausländischer Hauptschüler ist im Schnitt fast dreimal so hoch wie die der deutschen – und immer größer wird der Anteil derjenigen, die den Hauptschulabschluss nicht schaffen; besonders deutlich ist dies an den schlechten Sprachkenntnissen der Migranten erkennbar, die häufig sogar schlechter sind als die ihrer Eltern. In den Großstädten bilden sich Ghettos heraus, die zur Verschärfung der Probleme führen:

Ein Beispiel: „Senol wohnt mit den Eltern und Geschwistern in Köln-Ehrenfeld, einem ethnischen Ghetto. Die Nachbarn sind überwiegend Türken. Die lange Einkaufsstraße, die sich durchs gesamte Viertel zieht, könnte mit den vielen türkischen Geschäften, Reisebüros, Imbissstuben und Änderungsschneidereien auch irgendwo in seinem Heimatland liegen. Daheim wird fast nur Türkisch gesprochen. Die Mutter, obwohl sie seit etwa zwanzig Jahren hier lebt, hat nie Deutsch gelernt – sie konnte ihm also nie bei den Hausaufgaben helfen. Seine Eltern haben nur Kontakte zu türkischen Verwandten und Freunden und noch nie ein deutsches Kino besucht. Auch Senol verbringt seine Freizeit häufig mit türkischen Gleichaltrigen." (Der Tagesspiegel, 18.09.00, S. 32)

Für diese Jugendlichen stellt sich nicht die Frage, welche Ausbildung sie wählen wollen, sondern ob sie überhaupt einen Ausbildungsplatz finden. Die Verarbeitung dieser schwierigen Situation wird häufig durch Deprivations- und Mangelerfahrungen in der eigenen Kindheit und durch fehlende Rückendeckung im familiären Umfeld erschwert.

Trotz dieses starken Einflusses der umgebenden Umwelt gilt dennoch, dass das Individuum immer als *Produkt und Produzent* seiner Umwelt zu sehen ist; es geht trotz allem um die aktive Bearbeitung von Entwicklungsaufgaben! Zunächst einmal ist es wichtig festzuhalten, dass entgegen der viel verbreiteten Annahme die Adoleszenz nicht eine besonders gefährdete Lebensperiode darstellt! Wie auch Fend (1994) unter Bezugnahme auf seine umfangreiche entwicklungspsychologische Forschung deutlich macht, erleben 70 – 80% aller Jugendlichen diese Entwicklungsphase ebenso harmonisch wie die Kindheit. Je günstiger die Ressourcen – wie z.B. die familiäre Unterstützung, die Intelligenz, die Ich-Stärke etc. – bereits in der Kindheit waren, desto eher sind Adoleszente vor einer Risikoentwicklung geschützt. Die Polizei wird überwiegend mit den 20 – 30% der Jugendlichen zu tun haben, für die diese Entwicklungsphase vermehrt mit Problemen verbunden ist und die deshalb auch verstärkt Probleme machen: Sie treten als Drogenkonsumenten in Erscheinung und legen verstärkt kriminelles Verhalten an den Tag.[71]

71 Unter dem Stichwort „Jugendkriminalität" findet sich hierzu eine Fülle an Untersuchungen im Internet.

11.4.2. Die biosexuelle Entwicklung (Pubertät) und deren Verarbeitung

Das Größen- und Breitenwachstum, aber auch die Entwicklung der primären und sekundären Geschlechtsmerkmale, erfolgt in einer ziemlich festgelegten Reihenfolge:

Jungen	Altersspanne		Mädchen
beginnendes Wachstum der Hoden, des Skrotums und des Penis Pigmentierung, Veränderung der Brüste (verschwindet später)	12-13 J.	10-11 J.	Beginn der Rundung der Hüften, Fettablagerung, Brüste und Warzen wachsen
Schamhaare (glatt); früher Stimmbruch rasches Wachstum des Penis, der Hoden, des Skrotums, der Vorsteherdrüse (Prostata) und der Samenblasen; erster Samenerguss (Ejakulation) Schamhaare werden gelockt Alter des größten Körperwachstums	13-16 J.	11-14 J.	Schamhaare (glatt) Stimme etwas tiefer rasches Wachstum der Eierstöcke, der Vagina, der Gebärmutter und der Schamlippen Schamhaare werden gelockt Alter des größten Körperwachstums, Aufrichtung der Brustwarzen, Formung des primären Bruststadiums, Menarche (Eireifung und Menstruation)
Wachsen der Achselhaare, Bartwuchs, Einbuchtung des Haaransatzes, markanter Stimmwechsel	16-18 J.	14-16. J	Wachsen der Achselhaare, Brüste erhalten ihre Erwachsenenform (sekundäres Bruststadium)

Abb. 37: In: Oerter/ Dreher, 1995, 333 nach Rice, 1975, 64

Die korrespondierenden Entwicklungsabschnitte liegen bei den Mädchen ungefähr zwei Jahre früher als bei den Jungen. Auch wenn dieser Prozess der körperlichen Reifung in bestimmten, biologisch festgelegten Sequenzen erfolgt, ist er keineswegs von gesellschaftlichen Einflüssen unabhängig. Dies lässt sich besonders gut an dem Eintritt der ersten Regelblutung von Mädchen in westlichen Ländern verdeutlichen: Liegt er heute im Durchschnitt im Alter von 12 – 13 Jahren, so lag er 1920 ungefähr im Alter von 15 – 16 Jahren. Insgesamt gilt, dass die Pubertät heute deutlich früher stattfindet als noch vor wenigen Generationen (**säkulare Akzeleration**).
(Soziologisch betrachtet verschiebt sich der Eintritt in die Jugendphase durch die immer früher einsetzenden körperlichen Veränderungen nach vorne, zugleich wird immer unklarer, wann das Ende dieser Phase erreicht wird, d.h. wann der Status eines „vollgültigen" Erwachsenen übernommen wird.)
Auch die interindividuellen Unterschiede in der Reifungsgeschwindigkeit sind sehr groß; man spricht von (individueller) **Akzeleration**, wenn die körperliche Reifung in Bezug zur Vergleichsgruppe beschleunigt ist, von **Retardation**, wenn sie verlangsamt ist; man kann allerdings von der körperlichen Reife keineswegs auf die kognitive, emotionale und soziale Entwicklung rückschließen: Eine Person, die äußerlich verglichen mit Gleichaltrigen noch am kindlichsten aussieht, ist möglicherweise sozial am weitesten entwickelt.
Der Verlauf der Geschlechtsreife hat starke Auswirkung auf die psychische Entwicklung des Jugendlichen; die Umwelt reagiert auf diese körperliche Veränderung – und zwar offenbar unterschiedlich in Abhängigkeit vom Geschlecht. So weisen mehrere Untersuchungen darauf hin, dass männliche „Frühentwickler" dies stärker positiv erleben als weibliche „Frühentwickler". Die Wahrnehmung der eigenen körperlichen Veränderungsprozesse im Vergleich zu Personen im Umfeld und der Umweltreaktion muss verarbeitet werden.
Mit der Pubertät sind hierfür andere kognitive Voraussetzungen gegeben: Der Jugendliche ist in der Regel zu *formalen Denkoperationen*[72] fähig. Dies bedeutet, dass von den konkreten Begebenheiten stärker abstrahiert werden kann, verschiedene Standpunkte und Perspektiven berücksichtigt werden können. Komplexe Zusammenhänge und hypothetische Modelle können gedacht werden sowie das Denken selbst zum Gegenstand des Denkens gemacht werden. Entscheidend ist, dass auf dem Weg von der Kindheit in die Adoleszenz das handelnde Ich und das reflektierende Ich auseinanderdriften: Der Jugendliche vermag in zunehmendem Maße über sich als handelndes Subjekt nachzudenken. Interessanterweise findet sich hier zunächst eine besondere Form des Egozentrismus: Der Adoleszente meint ständig im Mittelpunkt der Aufmerksamkeit anderer Menschen zu stehen!

72 vgl. hierzu 10.3.1: die Ausführungen zur Entwicklungstheorie von Jean Piaget.

Inwieweit die Person ihr verändertes Aussehen akzeptieren kann, d.h. ob sie ein mehr oder weniger positives Selbstkonzept des Aussehens erreicht, hängt von mehreren Faktoren ab, wie folgendes Schaubild (Fend, 1994, 140) zeigt:

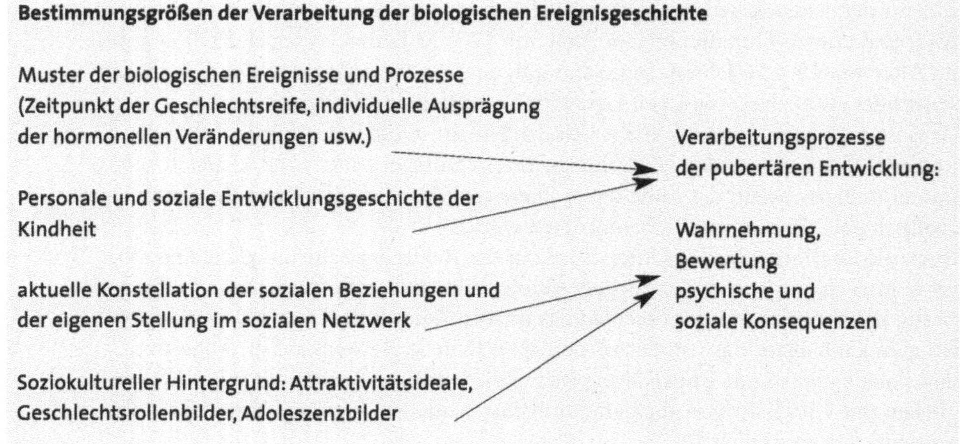

Abb. 38

11.4.3. Psychoanalytische Sicht auf die Adoleszenz

Grundsätzlich sind sich auch die VertreterInnen der Psychoanalyse darin einig, dass gerade die Entwicklungsphase der Adoleszenz nur dann zu verstehen ist, wenn soziokulturelle und sozioökonomische Faktoren einbezogen werden. Dennoch kann im Folgenden in Anlehnung an Mertens (1994, 130-178) versucht werden, einige zentrale Themen dieser Altersspanne grob zu skizzieren – es handelt sich hierbei um Erfahrungen, die so allgemein sind, dass sie nahezu alle Heranwachsenden betreffen:

- Die körperliche Entwicklung bringt eine *Zunahme der Triebaktivität* mit sich; der sich massiv verändernde Körper erzwingt eine Veränderung des eigenen Körperbildes.

- *Die kindlichen Bindungen an die elterlichen Bezugspersonen müssen tendenziell aufgelöst werden*; die Gleichaltrigen, aber auch außerfamiliäre Erwachsene werden für das narzisstische Erleben besonders wichtig. Die Adoleszenz kann als Prototyp eines *Trauerprozesses* betrachtet werden. Erst das Gelingen dieses Trauerprozesses führt zu einer gefestigten Erwachsenenidentität. Die Beziehungen zu den Eltern erfahren eine qualitative Veränderung und dies ist zugleich die notwendige Voraussetzung dafür, dass sich der Jugendliche ein außerfamiliäres Liebesobjekt suchen kann. Die Psychoanalyse redet in diesem Zusammenhang von „Besetzungsabzug": „In einem langwierigen und schmerzhaften Prozess muss der Jugendliche seine liebevollen Gefühle für seine Eltern von den inneren Interaktionsrepräsentanzen abziehen und sie auf eine ungewisse, vorerst nur in Tagträumen existierende Beziehungsrealität projizieren." (134) Im Mittelpunkt der eigentlichen Adoleszenz steht das Sich-Verlieben und die Trauer; überquellende Lebensgefühle und tiefe Leeregefühle wechseln sich ab. Indem sich die Jugendlichen in dieser Altersphase häufig verlieben und sich wieder trennen, erproben sie den Umgang mit den eigenen Gefühlen von Wut und Trauer; hierdurch wird der Prozess der Loslösung und Individuation Schritt für Schritt vorangetrieben. Im Rahmen dieses Ablösungsprozesses werden auch die elterlichen Werte und Ideale in Frage gestellt. Dies bedeutet zugleich eine Schwächung des Über-Ichs und damit verbunden eine Schwächung der Selbstwertregulation.

- Die aus den verschiedenen Entwicklungsphasen stammenden Selbstaspekte müssen in eine *stabile Identität* integriert werden: Die Erfahrungen der Kindheit werden nun bedacht und neu bewertet. Adoleszenz wird deshalb als eine zweite Chance verstanden, als *zweiter entscheidender Individuationsprozess*. Es ist keineswegs eine bloße Wiederholung oder Verlängerung der frühen Kindheit. Die Bedeutung der Adoleszenz als Phase der Individuation bzw. Identitätsentwicklung wird besonders von Erik Erikson herausgestellt; es wurde bereits dargelegt, dass Erikson die gesamte Entwicklung als Prozess der Identitätsentwicklung versteht. Besonders aber in der Adoleszenz steht die Identitätsthematik im Mittelpunkt: Der Grundkonflikt der (fünften) Entwicklungsphase ist mit den Begriffen „Identität gegen Identitätsdiffusion" beschrieben. In der Pubertät werden alle bisherigen Identifizierungen erneut in Frage gestellt und die Integration, „die nun in Form der Ich-Identität stattfindet, ist mehr als die Summe der Kindheitsidentifikationen" (Erikson, 1973, 107). Erikson weist besonders darauf hin, dass der positive Ausgang dieser Entwicklungsphase entscheidend davon abhängt, ob die Kultur dem Jugendlichen ein Gefühl von Zugehörigkeit vermittelt, ihm die Chance einräumt, zu erfahren, dass seine Leistungen für die bestehende Kultur von Bedeutung sind! Es ist die Leistung von Erikson, die Einflüsse der sozialen Umwelt stärker in die Theoriebildung einbezogen zu haben.[73]

73 In Anlehnung an Erikson wurde von Marcia (1966/1980) eine Methode entwickelt, um den aktuelle Identitätsstatus des Individuums zu erfassen. Die vier verschiedenen Identitätsformen – die **diffuse Identität, das Moratorium, die übernommene Identität und die erarbeitete Identität** – unterscheiden sich dahingehend, wie stark die Unsicherheit bzw. Krise ausgeprägt ist, wie hoch das Engagement bzw. die Bindung ist, die in den verschiedenen Lebensbereichen besteht und wie intensiv die verschiedenen Lebensbereiche erkundet werden. Keineswegs durchlaufen alle Jugendlichen diese verschiedenen Identitätszustände, aber im positiven Fall wird die Person für sich eine zumindest vorläufige Antwort auf die Frage geben können, wie sie sich selbst hinsichtlich von zentralen existenziellen Fragestellungen positioniert.

- Die Gefahr der *Identitätsdiffusion* und des damit verbundenen bedrohlichen Leeregefühls und der Fragmentierungszustände drohen besonders dann, wenn in der vorausgegangenen Entwicklung ein einigermaßen gefestigtes Selbst-System nicht entstanden ist. Ein Kind z.B., dass versucht hat, sein bedrohtes Selbstwertgefühl dadurch zu sichern, das es verstärkt zu dem *Abwehrmechanismus der Spaltung* gegriffen hat, d.h. „Gut" und „Böse" deutlich voneinander getrennt hat, wird diesen Spaltungsmechanismus in der Pubertät verstärkt wiederbeleben. Die eigenen als minderwertig erlebten Selbstanteile werden dann in die Umwelt projiziert und dort bekämpft. Fehlen zusätzlich noch die hilfreichen Sozialisationsinstanzen im konkreten Umfeld, kann die Adoleszenz zu einer äußerst kritischen Phase werden, was sich besonders in nach innen oder nach außen gerichteter Aggression manifestiert. Grundsätzlich gilt festzuhalten, dass es sich bei der Spaltung in nur „gut" und nur „böse" um einen typischen Vorgang in der Adoleszenz handelt, der auch wichtige gesellschaftliche Veränderungsprozesse einleiten kann. Energie wird in Handlung freigesetzt, um verlogene Strukturen und menschenfeindliche Institutionen zu verändern. Es ist vor allem der wichtige Beitrag von Erdheim (1982), der auf den entscheidenden Beitrag der Adoleszenz zur Initiierung eines Kulturwandels hingewiesen hat. Dennoch ist es eine zentrale Aufgabe der Jugendlichen bis zum Eintritt in das Erwachsenenalter diese Spaltung zu überwinden und in eine „reife Ambivalenztoleranz" zu überführen.

- In der Pubertät wird die ödipale Thematik wieder aktuell. Deshalb muss hinsichtlich der Erfahrung von Jungen und Mädchen unterschieden werden. Für *Jungen* hat der Vater in dieser Altersphase eine besondere Bedeutung. Der Sohn erspürt einen Wunsch nach dem starken Vater; allerdings wird der Wunsch nach besonderer Nähe zum Vater auch als bedrohlich erlebt und nicht selten durch zwanghafte heterosexuelle Aktivität zu überwinden versucht. Die Sehnsucht nach dem Vater wird des Weiteren häufig durch negativistische Haltung und aggressive Äußerungen abgewehrt. Der Wunsch nach besonderer Nähe zum Vater steht in innerem Widerspruch zu dem Bemühen, sich allmählich vom Vater loszulösen und die eigene Männlichkeit zu behaupten. Der Versuch, die eigene männliche Identität aufzubauen, geht häufig mit einer Frauenabwertung einher. Für das *Mädchen* ist in der Pubertät die Auseinandersetzung mit der eigenen Mutter zentral. Mit der ersten Menstruation hat das Mädchen einen „eindeutigen" und auch immer wiederkehrenden Beweis, eine Frau zu sein! Hier stellt sich die entscheidende Frage, inwieweit es dem Mädchen positiv möglich ist, sich mit der Weiblichkeit der Mutter zu identifizieren. Häufige psychische Störungen in der Adoleszenz, wie z.B. Magersucht, lassen sich als Weigerung interpretieren, Frau zu werden und sich mit der Mutter und deren als unglücklich erlebter Situation zu identifizieren. Auch für das

Mädchen ist es wichtig, sich einerseits mit der Mutter zu identifizieren, anderseits sich klar von der Mutter abzugrenzen und sich selbst als aktiv begehrende Frau zu erleben, eigene sexuelle Empfindungen zuzulassen. Inwieweit dieser Prozess gelingt, hängt ebenfalls stark von der Mutter ab: Je besser sie mit sich und ihrer Lebenssituation zurecht kommt, umso eher wird es ihr gelingen, die Frauwerdung ihrer Tochter zu begleiten. Rivalität und Neid können es der Mutter erschweren, der Tochter zu helfen, zu einer gelingenden weiblichen Identität und befriedigenden Sexualität zu finden. Aber auch die Gestaltung der Vater-Tochter-Beziehung ist für den Verlauf der weiblichen Adoleszenz von großer Bedeutung: Inwieweit betrachtet der Vater die Tochter als „Selbstobjekt", als seinen (sexuellen) Besitz? Wenn er dies tut, dann fällt es ihm schwer, der Tochter eine autonome sexuelle Existenz zu ermöglichen. Der Vater hat häufig mit der inneren Ambivalenz zu kämpfen, einerseits seine Tochter in die Autonomie entlassen, anderseits sie als seine „kleine Geliebte" weiterhin festhalten zu wollen. Optimal wäre, wenn es dem Vater gelingen würde, sich des eigenen Wechselspiels von regressiven und progressiven Beziehungswünschen zu seiner Tochter bewusst zu werden und so die optimale Distanz zu finden: ihr einerseits zur Seite zu stehen und die notwendige Anerkennung als heranwachsende Frau zu Teil werden zu lassen, sie anderseits aber loszulassen und in ihrer Autonomie zu unterstützen.

Wie die Ausführungen bereits verdeutlichen, hängt der Verlauf der Adoleszenz von der Art und Weise ab, wie *Eltern und Kinder* diesen Loslösungsprozess als von beiden zu bewältigende Aufgabe meistern: Nochmals sei hier betont, wie fundamental wichtig die Einbindung des Jugendlichen in seinen Kontext – Familie, Schule (bzw. Beruf) und Peergroup – ist. Oerter und Dreher (1995, 362) weisen darauf hin, dass irrtümlicherweise häufig angenommen wird, dass die *Familie* im Jugendalter keine große Rolle spiele. Zahlreiche Untersuchungen belegen aber genau das Gegenteil: Die günstigsten Entwicklungsbedingungen haben die Jugendlichen, die die Familie als hilfreiche, aber auch Grenzen setzende Umwelt erleben. Sowohl für den Jungen als auch für das Mädchen sind liebevolle, unterstützende Eltern für die Festigung eines positiven Selbstwertgefühls und für die Ausbildung der Beziehungs- und Liebesfähigkeit von immenser Bedeutung. Auch während der Adoleszenz ist das familiäre Umfeld die „einbindende Kultur", die drei Funktionen übernehmen sollte (vgl. Kegan, 1986, 165):
1. sie vermittelt dem Jugendlichen **Bestätigung** und hält ihn fest, d.h. die Zeichen von Eigenständigkeit, Kompetenz und Rollendifferenzierung werden akzeptiert und zugelassen;
2. sie stellt sich der Auseinandersetzung mit dem Jugendlichen, leistet **Widerspruch**, d.h. es wird z.B. als unangemessen angesehen, dass nur die eigenen Interessen berücksichtigt werden und die Übernahme von Verantwortung wird verlangt;

3. sie garantiert eine **Fortdauer,** d.h. es wird zugelassen, dass das familiäre Bezugssystem an Bedeutung verliert und zweitrangig wird, ohne deshalb den Jugendlichen auszustoßen.
Es ist die besondere Leistung des Psychoanalytikers Helm Stierlin (1980), das Jugendalter als diesen Prozess der *wechselseitigen* Individuation und Abgrenzung zwischen Eltern und Kindern anschaulich dargestellt zu haben. Die Bewältigung der Adoleszenz ist eine Herausforderung zur Selbstentwicklung im emotionalen, kognitiven und moralischen Bereich sowohl für Eltern als auch für ihre Kinder. Wie diese Herausforderung bewältigt wird, hängt zum einen von den Lebensumständen der Eltern und der Art ihrer Partnerbeziehung ab, die dem Ablösungsprozess eine besondere Gestalt gibt. Zum anderen aber ist die Art der Beziehung zwischen Eltern und Kindern fundamental. Besonders problematisch gestaltet sich der Ablösungsprozess, wenn bestimmte Beziehungsmodi unzeitgemäß und zu intensiv vorherrschen. Stierlin unterscheidet drei problematische Beziehungsmodi:
1. Wenn die **Bindung** zu stark ist, dann wird der Jugendliche in ein Familienghetto eingeschlossen und die wichtige Realität der Gleichaltrigen tritt zurück. Stierlin beschreibt das so: „Es ist, als wäre er (der Jugendliche) mit ihnen (den Eltern) in einem inzestuösen Treibhaus eingesperrt, wo sich die Ambivalenzen nur um so heftiger entwickeln" (1980, 128). Oder unter Bezugnahme auf die Funktion der Familie nach Kegan wird hier die Funktion der Fortdauer exzessiv betont und damit Entwicklung behindert.
2. Wenn die **Delegation** zu stark ist, dann darf sich der Jugendliche zwar aus dem Elternhaus hinausbewegen, wird aber durch die lange Leine der Loyalität extrem stark festgehalten und soll Aufträge der Eltern unterschiedlichster Art erfüllen, z.B. für die Verwirklichung der unerfüllten Wünsche und Hoffnungen eines Elternteils sorgen.
3. Wenn die **Ausstoßung** zu stark ist, d.h. wenn die Eltern auf die vorzeitige Ablösung des Jugendlichen drängen, hat der Jugendlich nicht die Möglichkeit, die Konflikte in der Beziehung mit seinen Eltern zu bearbeiten. Er wird gezwungen, sein Heil außerhalb der Familie zu suchen. Stierlin berichtet aufgrund seiner Erfahrungen, dass bei diesen Jugendlichen, denen intime und liebevolle Erfahrungen mit den Eltern fehlen, libidinöse und aggressive Wünsche abrupt und überraschend zum Vorschein kommen. Nochmals unter Bezugnahme auf Kegan leistet hier die familiäre Umwelt weder den notwendigen Widerspruch noch bleibt sie als unterstützende und haltende Kultur in der Nähe.

- Zwar kommt der *Peergroup* eine wichtige Entwicklungsfunktion im Jugendalter zu, aber keineswegs löst sie die Bedeutung der Familie vollständig ab. Vor allem die altershomogenen Gruppen stellen ein wichtiges Lernfeld dar, um mit neuen Verhaltensformen zu experimentieren. Bei den so genannten *Gangs bzw. Jugendgruppen,* d.h. Gruppen mit einem starken Normengefüge, fester Mitgliedschaft und strenger Rollenverteilung, sieht es hingegen anders aus: Besonders Jugendliche, deren Beziehung zu den Eltern gestört ist und die häufig über eine geringere Ich-Stärke verfügen, schließen sich diesen Gruppen an, um neue Sicherheiten und Ersatzbindungen zu finden. Die Rigidität der Regeln und die Intoleranz nach außen stellt häufig einen Versuch dar, die subjektiv stark erlebte Bedrohung, das Gefühl der Identitätsdiffusion, abzuwehren.

11.5. Das psychoanalytische Neurosenverständnis

Entwicklung ist grundsätzlich ohne Konflikte nicht denkbar, denn die Wünsche und Interessen der Menschen lassen sich häufig nicht miteinander vereinbaren. Und – wie Karen Horney bereits 1945 in ihrem heute immer noch aktuellen Buch über Neurosen schreibt – werden „*Wesen, Ausmaß und Intensität solcher Konflikte hauptsächlich von der Zivilisation bestimmt, in der wir leben*" (1997, 19). Der Heranwachsende muss im Laufe seiner Entwicklung lernen, wo die Verwirklichung der eigenen Bedürfnisse auf Grenzen stößt und welche Kompromisse notwendig sind, um ein weitgehend friedliches Miteinander zu ermöglichen. Problematisch wird es erst dann, wenn die Konflikte zu krankhaften (pathogenen) Konflikten werden: Dies ist vor allem der Fall, wenn zwei Strebungen aufeinander stoßen, z.B. der Wunsch, unabhängig zu sein und der Wunsch, dennoch die Zuwendung von bestimmten Personen nicht zu verlieren, und sich diese Strebungen aufgrund der Umweltbedingungen – hierbei handelt es sich meistens um Verhaltensweisen wichtiger Personen im Umfeld – nicht miteinander verbinden lassen. Zwei gleich starke Kräfte ziehen in entgegengesetzte Richtungen und drohen die Person zu zerreißen. Weil das Kind von den Bezugspersonen in starkem Maße abhängig ist, lebt es in großer Angst, diese ganz zu verlieren, keine Zuwendung von ihnen zu erhalten bzw. von ihnen bestraft oder verletzt zu werden. Je nach den alters- und persönlichkeitsentsprechenden Möglichkeiten wird das Kind versuchen, eine Lösung für diesen Konflikt zu finden – es wird vorrangig nachgeben, kämpfen oder sich absondern.

Zunächst ist bewundernswert, zu wie vielen verschiedenen Möglichkeiten die Menschen greifen, um mit den häufig extrem schwierigen Situationen zurechtzukommen. Wie bereits dargelegt, stehen dem *Ich* die als Abwehrmechanismen (10.5.2.1.) bezeichneten Strategien zur Verfügung, um die mit der Konfliktspannung einher gehende Angst zu bewältigen. Ob diese gewählten Bewältigungsversuche als gesund oder als krank zu beschreiben sind, hängt ganz entscheidend auch von der Beurteilung der jeweiligen Umwelt mit den ihr eigenen Normen bzw. Spielregeln ab, die für die individuelle Verschiedenheit in sehr unterschiedlichem Maße offen sind.

Für den **psychoanalytischen Neurosenbegriff** ist allerdings diese von außen zu beschreibende Auffälligkeit nicht so entscheidend. Bei der neurotischen Störung handelt es sich eher um eine quantitative als um eine qualitative Abweichung von der Norm, d.h. eine bestimmte Art zu denken, zu fühlen und zu handeln ist ausgeprägter vorhanden als bei vielen Menschen im Umfeld. Trotz dieser ausgeprägteren Verhaltensweisen sind die Personen aber grundsätzlich in das soziale Gefüge eingegliedert. **Es ist vor allem die Person selbst, die unter ihrer Störung leidet!** Sie leidet an sich und an ihrer Umwelt; ihre Liebes-, Arbeits- und Genussfähigkeit ist subjektiv deutlich eingeschränkt, sie leidet unter massiven inneren Widersprüchen, schwankt zwischen Zuwendung und Abwendung gegenüber anderen Menschen. *Dieser subjektive Leidensdruck* kann sich an einem bestimmten Symptom festmachen. In diesem Fall reden wir von **Symptomneurosen.** Das Symptom kann hierbei sowohl im psychischen Bereich (Psychoneurosen) oder im körperlichen Bereich (Konversionsneurose, Psychosomatose oder funktionelles Syndrom) liegen. Bei den Störungen mit psychischer Symptomatik unterscheidet man wiederum klassisch die Hysterie, die phobische Neurose, die neurotische Depression und die Zwangsneurose. Der subjektive Leidensdruck kann aber auch diffuser sein und die Störung somit die ganze Persönlichkeit erfassen. In diesem Fall sprechen wir von **Charakterneurosen oder Persönlichkeitsstörungen.** Jeder Mensch hat bestimmte Eigenarten herausgebildet, wie er mit den im Entwicklungsprozess auftauchenden Ängsten umgeht, und diese stellen seine Individualität dar. Für Fritz Riemann (1984) handelt es sich bei diesen Persönlichkeitsstrukturen grundsätzlich um spezifische Antworten auf die großen Forderungen, die an uns gestellt werden und den damit einher gehenden vier Grundformen der Angst. Die neurotischen Persönlichkeiten, so Riemann (1984, 18), „spiegeln also jeweils nur in zugespitzter oder extremer Form allgemeinmenschliche Daseinsformen, die wir alle kennen“:

- die Angst vor der Selbsthingabe, die als Angst vor Ich-Verlust und Abhängigkeit erlebt wird *(die schizoide Persönlichkeit)*
- die Angst vor der Selbstwerdung, die als Angst vor Ungeborgenheit und Isolierung erlebt wird *(die depressive Persönlichkeit)*
- die Angst vor der Wandlung, die als Angst vor Vergänglichkeit und Unsicherheit erlebt wird *(die zwanghafte Persönlichkeit)*
- die Angst vor der Notwendigkeit, die als Angst vor der Endgültigkeit und Unfreiheit erlebt wird *(die hysterische Persönlichkeit)*

Abb. 39: Die vier Grundstrebungen der Persönlichkeit. In: Schulz von Thun, 1998, 263

In einem weiteren Sinne gehören zu den neurotischen Störungen auch **die schweren Persönlichkeitsstörungen,** die in der Regel *Folge eines Entwicklungsschadens* sind, der bereits auf einem frühen Entwicklungsstadium stattgefunden hat. Ein derartiger Entwicklungsschaden wird durch schwere und häufig sich über einen längeren Zeitraum erstreckende Missachtung basaler emotionaler Bedürfnisse, wie es z.B. bei Kindesmisshandlung (s. Teil 2), ausgelöst. Zu den schweren Persönlichkeitsstörungen – auf die noch gesondert eingegangen wird – zählen Psycho- bzw. Soziopathien, Süchte, die narzisstische Persönlichkeit, die Borderline-Störung, (psychogene) Psychosen, sexuelle Perversionen und delinquentes Verhalten. Bei diesen schweren Persönlichkeitsstörungen liegt in der Regel das für die Symptom- und Charakterneurosen bestehende Leidensgefühl *nicht* vor; sehr viel stärker ist es die Reaktion der Umwelt auf das gezeigte Verhalten, die soziale Ächtung, die Leiden verursacht.

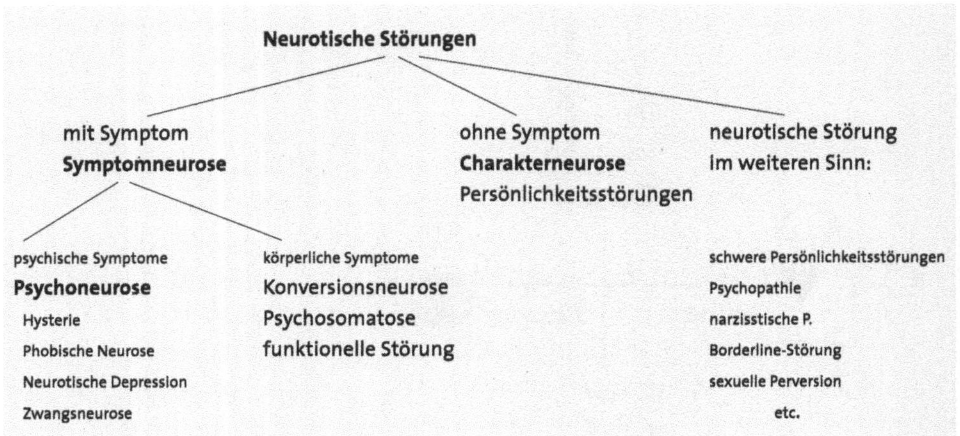

Abb. 40

Gehen wir noch etwas genauer auf die Entstehung der neurotischen Störung ein: Aus der Perspektive der psychoanalytischen Theorie ist die neurotische Störung untrennbar mit einem **inneren Konflikt** verbunden, dem in der Regel ein äußerer Konflikt, ein Beziehungskonflikt, vorausgegangen ist. Dieser Konflikt war für das Kind nur unter massivem Einsatz der ihm zur Verfügung stehenden Abwehrmechanismen zu bewältigen, um nicht von den negativen Gefühlen wie Hilflosigkeit, Furcht und Feindseligkeit überrollt zu werden. Deshalb lautet ein Kernsatz der psychoanalytischen Neurosenlehre:
„Angst ist die Basis jeder Neurose und alle Neurosen sind beschreibbar als fehlgeleitete Versuche des Ichs, Angst, Unlust und Schmerz zu vermeiden" (Hoffmann/Hochapfel, 1995, 57).
Dem Ich gelingt es zwar, die unguten Gefühle zu vermeiden, aber der Konflikt ist damit nicht gelöst oder verarbeitet. Es ist so, als ob dieser Konflikt wie ein gefährliches Tier in einen Käfig eingeschlossen worden ist und die Wächter (die bevorzugten „Abwehrmechanismen") achten darauf, dass dieses Tier nicht entweichen kann. Die Zeit geht voran und die Person lebt mit diesem gefährlichen Tier in dem Käfig, kann sich aber an den Grund, warum es irgendwann einmal eingesperrt wurde, gar nicht mehr so richtig erinnern. Eine weitere Kernaussage der psychoanalytischen Neurosentheorie besagt, dass dann eine auslösende Situation auftritt, z.B. eine starke Belastung im privaten oder beruflichen Bereich – eine sogenannte Versuchungs- und Versagungssituation – die den alten Konflikt wieder aktiviert. Bleiben wir in unserem Bild: Das gefährliche Tier droht auszubrechen! Nun müssen die Wächter wieder aktiv

werden und versuchen, die Situation in den Griff zu bekommen. Höchstwahrscheinlich gäbe es zum gegenwärtigen Zeitpunkt für die Person viel sinnvollere Mittel, die Gefahr zu bannen, und vielleicht ist das Tier – wenn dies von außen einer objektiven Prüfung unterzogen würde – auch gar nicht mehr so gefährlich: Aber die Person ist in höchster Alarmbereitschaft und bekämpft die Bedrohung mit den „altbewährten" Mitteln. Leider wird aber dadurch in der Regel die Gefahr nicht wirklich verkleinert, sondern häufig sogar subjektiv größer. Allgemein formuliert handelt es sich bei dem neurotischen Konflikt um die **Reaktualisierung eines Entwicklungskonfliktes:** *„Durch den aktuellen Konflikt kommt es zu einer Reaktivierung des infantilen Konfliktes, das heißt infantile Versuchungen und Versagungen entstehen erneut. Der Patient versucht, die gegenwärtige Belastungssituation mit eben den Mitteln zu lösen, die er in infantilen Belastungssituationen anwandte bzw. von denen er damals phantasierte, dass sie geeignete Mittel sein müssten. Er versucht, einen Konflikt, den er als Erwachsener erlebt, mit kindlichen Mitteln zu lösen. Dieses Zurückgreifen auf infantile Erlebnisformen bezeichnen wir als* ***Regression****. Die Regression, von der sich der Patient unbewusst eine Erleichterung erhoffte, führt zu einer Verschlimmerung und Verstärkung des Konfliktes. Aus dem Konflikt heraus entsteht soviel Angst, dass ein Modus der Spannungsabfuhr um praktisch jeden Preis gefunden werden muss. Dieser unlösbare Konflikt ist die Basis der* ***Symptombildung****" (Hoffmann/Hochapfel, 1995, 67).*

Das Symptom schafft also – selbst wenn es als belastend erlebt wird – eine gewisse Erleichterung des durch den inneren Konflikt hervorgerufenen Spannungszustandes. Aber *diese im Symptom gefundene Lösung bleibt suboptimal!*

Gerade wenn wir uns der Frage zuwenden, warum ein bestimmtes Symptom entsteht und warum es erhalten bleibt, ist der *Rückgriff auf die Lerntheorien* sinnvoll und wird auch seitens der Psychoanalytiker als Erklärungsansatz anerkannt. Für ein ganzheitliches Verständnis der neurotischen Störung erscheint eine Verbindung der psychoanalytischen mit der lerntheoretischen Perspektive durchaus sinnvoll. Eine integrierende Neurosendefinition, wie sie Hoffmann (1986) vorschlägt, könnte wie folgt lauten:

„**Neurosen** sind psychogene, überwiegend umweltbedingte Erkrankungen, die eine Störung im psychischen und/oder körperlichen und/oder charakterlichen Bereich bedingen. *Das psychoanalytische Verständnis* sieht in den Neurosen unzureichende Verarbeitungsversuche unbewusster, in ihrer Genese infantiler Konflikte oder Traumen. *Die Lerntheorie* betont die genetische Bedeutung von Konditionierungen in der Folge verfehlter, zu starker oder zu schwacher Lernvorgänge" (Hoffmann, 1986 in Hoffmann, Hochapfel, 1995, 9).

Wichtig erscheint allerdings gerade *für den Polizeivollzugsdienst* das vertiefte Verständnis der neurotischen Störung. Denn dies lässt begreifen, dass die von außen manchmal schwer nachvollziehbaren Verhaltensauffälligkeiten der Personen im beruflichen Umfeld – aber auch die eigenen – einen, wenn auch unzureichenden, Versuch darstellen, subjektive Konflikte in einen einigermaßen erträglichen Zustand zu verwandeln. Vielleicht kann eine Umwelt, die etwas mehr Verständnis für diesen suboptimalen Lösungsversuch entwickelt, hilfreich sein, um zu entdecken, dass das „gefährliche Tier" in Wirklichkeit gar nicht mehr so gefährlich ist und dass andere Strategien durchaus einen besseren Schutz ermöglichen.

11.5.1. Die neurotische Depression

Aus der Gruppe der Psychoneurosen zählt die neurotische Depression zusammen mit den Angststörungen, mit denen sie sich unabgrenzbar überschneidet, zu den am häufigsten vorkommenden neurotischen Störungen. Frauen sind mehr als doppelt so oft von dieser Störung betroffen, die gehäuft zwischen dem dreißigsten und fünfzigsten Lebensjahr auftritt. Natürlich gibt es nicht *die* neurotische Depression, sondern „jeder Betroffene hat seine Depression mit individueller Färbung" (Tölle, 2000, 9).[74]
Dennoch lassen sich bestimmte Formen von Depressionen erkennen, die sich wesentlich voneinander unterscheiden: zum einen die so genannte *reaktive Depression oder Anpassungsstörung*, die noch eingehender unter der Überschrift „posttraumatische Belastungsreaktion" besprochen wird. Besonders wichtig ist es, die *endogene oder melancholische Depression* von der neurotischen Depression zu unterscheiden.[75] Für alle depressiven Störungen aber gilt, dass das Erkennen der Symptome ein erster Schritt ist, um Hilfsmöglichkeiten einzuleiten und somit das Leiden der Betroffenen und ihrer Angehörigen zu lindern. Es stehen heute zahlreiche Erfolg versprechende Behandlungsmöglichkeiten zur Verfügung (s. Tölle, 2000, 72-100). Hierzu zählen vor allem die bereits bekannte kognitive Verhaltenstherapie, des Weiteren die psychoanalytische Therapie sowie begleitende medikamentöse Verfahren.

74 Wichtig ist auch der Hinweis von Yagdiran und Boyali (2000, 33), dass es in Abhängigkeit von dem kulturellen Hintergrund der jeweiligen Person verschiedene Formen gibt, wie sich Depressivität ausdrückt. Besonders bei türkischen Migranten in westlichen Ländern stehen die körperlichen Symptome viel stärker im Vordergrund, weil diese eine gesellschaftlich akzeptiertere Ausdrucksform der depressiven Gefühlslage darstellen.
75 Die melancholische Depression gehört zu den affektiven Psychosen; es handelt sich hierbei um genetisch bedingte, biologisch fundierte Krankheiten, zu deren Ausbruch aber auch psychische Faktoren beitragen können.

Ein Fallbeispiel

Wenn Herr B., Polizeibeamter, 32 Jahre alt, von den zurückliegenden drei Jahren berichtet, dann stehen seine durchgehend eher gedrückte Stimmung, seine verringerte Leistungsfähigkeit und sein Gefühl von Überforderung – sowohl beruflich als auch privat – im Vordergrund. Ein Gefühl von Hoffnungs- und Sinnlosigkeit hat sich bei ihm ausgebreitet, das zugleich von einer hohen inneren Unruhe begleitet wird. Eigentlich, so Herr B., sei er in seinem Leben noch nie so richtig glücklich gewesen. Nur als er sich in seine jetzige Frau verliebte, die er bald darauf heiratete, schien sich das Leben zu verändern. Aber schon nach der Geburt des ersten Sohnes, dem kurz darauf die Geburt des zweiten Sohnes folgte, kam wieder das Gefühl der Unsicherheit und Überforderung. Anfangs hatte er vermutet, dass die Unzufriedenheit am Arbeitsplatz die Hauptursache seines schlechten Befindens sei. Er wechselte daraufhin in kürzeren Abständen mehrmals die Dienststellen, aber keiner dieser Wechsel brachte den gewünschten Erfolg. Weder Vorgesetzte noch Kollegen würdigten sein herausragendes fachliches Können entsprechend. Ganz im Gegenteil hatte er das Gefühl, von den anderen als Bedrohung wahrgenommen oder ausgenutzt zu werden. Immer traten ähnliche Probleme auf, ja es schien ihm so, als ob er die Probleme von einem Ort zum anderen mitnahm und ihnen nicht entfliehen konnte.

Die beruflichen Schwierigkeiten führten auch zu einer zunehmenden Belastung seiner Ehe. Seine Frau war immer weniger bereit, Verständnis für seine ständigen Sorgen aufzubringen. Ihre zunehmende Distanzierung und Selbstständigkeit führten zu einer verstärkten Verschlechterung seines Zustandes. Die Kinder wurden für ihn zu einer Belastung, zugleich aber war er tief gekränkt, dass sie sich von ihm abwandten. Er hatte immer stärker das Gefühl, sich in einer Sackgasse zu befinden, aus der er keinen Ausweg sah, sein ganzes Leben kam ihm verpfuscht vor. Die Gedanken, dass es wohl das Beste sei, wenn er nicht mehr leben würde, nahmen immer mehr Raum ein.

Ein Blick auf seine Kindheit macht deutlich, dass Herr B. sich daran erinnern kann, versucht zu haben, immer alles gut und richtig zu machen. Als er vier Jahre alt war, starb sein Vater durch einen Verkehrsunfall und seine Mutter stand mit drei kleinen Kindern alleine da. Er war darum bemüht, seiner Mutter nicht noch mehr Sorgen zu bereiten und versuchte in jeder Hinsicht, es der Mutter Recht zu machen. War er dennoch einmal „ungehorsam", reagierte seine Mutter mit starken Herzproblemen, die ihn mit Schuldgefühlen erfüllten. Um so stärker war sein Verhalten in der Folgezeit darauf ausgerichtet, die in ihn gesetzten Erwartungen optimal – vor allem durch Leistung – zu erfüllen. Dies führte zwar zu viel Anerkennung, aber auch zu einer permanenten Überforderung, da er immer befürchtete, den in ihn gesetzten Erwartungen nicht gerecht werden zu können.

Welches sind nun die **charakteristischen Symptome der neurotischen Depression**? Die Person, die unter einer neurotischen Depression leidet, weist in der Regel folgende Merkmale auf:

Sie ist stark von den Liebes- und Zuneigungsbeweisen der Umwelt abhängig und fordert diese auch stark ein: *„Ich brauche Dich, deshalb musst Du in meiner Nähe bleiben!*[76]

Sie stellt sehr hohe Anforderungen an sich selbst, deren Nichterfüllung Schuldgefühle hervorrufen: *„Ich muss perfekt sein. Wenn ich nicht perfekt bin, dann kann ich mich nicht wertschätzen, erlebe ich mich als Versager"*.

Sie hat Schwierigkeiten, mit den Frustrationen des täglichen Lebens umzugehen: *„Ich kann nicht ertragen, wenn es nicht so läuft, wie ich es will"*.

Diese dargestellten Persönlichkeitsmerkmale sind *Schutz- und Bewältigungsversuche*, um mit Verlusten im Bereich des Selbstwertgefühls umzugehen: Indem die Person eine ausgeprägte Abhängigkeitsbeziehung zu einem Menschen in ihrem Umfeld herstellt, will sie sich vor (erneuten) Verlusten schützen. Indem sie von sich Perfektion fordert, will sie ihre Unabhängigkeit unter Beweis stellen – denn wer perfekt ist, braucht die anderen nicht.

Die in der Regel unbewussten Verlustphantasien können häufig mit realen Deprivationen in der Kindheit in Verbindung gebracht werden. Erinnern wir uns an das Fallbeispiel: Herr B. hat schon früh seinen Vater verloren und große Angst, durch seine Schuld auch die Mutter zu verlieren. (Allerdings kann auch als Ursache für die neurotische Depression das andere Extrem einer exzessiven Verwöhnung vorliegen. Aufgrund dieser Verwöhnung konnte die Person nicht die Erfahrung von Selbstständigkeit erwerben und somit nicht das notwendige Selbstbewusstsein aufbauen.[77]) Als Folge dieser biographischen Erfahrungen hat die Person ein ausgeprägtes Liebes- und Abhängigkeitsverlangen, das aber nur schwer zu erfüllen ist. Auch klaffen der An-

76 Hoffmann und Hochapfel (1995, 123) charakterisieren dies als fordernd und abhängig (engl. „dependent and demanding").

77 Martin E.P. Seligman (1999, 6) formuliert auf dem Hintergrund seiner Theorie der erlernten Hilflosigkeit folgende Überlegung: „...und ich behaupte, dass eine Kindheit, in der man alle begehrenswerten Dinge im täglichen Leben unabhängig vom eigenen Verhalten erhält, zu depressiven Reaktionen im Erwachsenenalter führen kann, weil man weitgehend unfähig ist, Stress zu bewältigen."

spruch, den sie an sich selbst stellt, und die Wirklichkeit oft stark auseinander. Die so entstehenden Frustrationen rufen Aggressionen hervor, die allerdings nicht gegen die Außenwelt gerichtet werden dürfen, da dies das *rigide Über-Ich* verbietet. *Folglich wendet sich die Aggression gegen das eigene Selbst*! Statt: „Ich bin so wütend auf das, was mir angetan wurde" lautet die gegen sich gerichtete Aussage: „Ich hasse mich selbst, ich bin ein schlechter Mensch; so wie ich bin, kann mich keiner lieben". Muss nun diese Person subjektiv bedeutsame Versagungen oder Verluste im Erwachsenenalter erleben – dies kann z.B. fehlende berufliche Anerkennung sein oder die geringere Zuwendung durch die Partnerin aufgrund der Geburt der Kinder etc. – dann kommt eine Dynamik in Gang, eine spiralförmig verlaufende Kettenreaktion, an deren Ende sich das Krankheitsbild der neurotischen Depression ausbildet, das alles auf den Kopf zu stellen scheint: Statt des Strebens nach Freude und Lust wird die Person durch Traurigkeit und Apathie beherrscht; statt Hunger und Freude an der Sexualität wird beides eher gemieden; statt spontan Handlungswünsche zu entwickeln, stehen Passivität und Fluchttendenzen im Vordergrund. Zusätzlich werden die Personen scheinbar dazu getrieben, sich so zu verhalten, dass sie ihr Leid noch vergrößern.

Aaron Beck (1981), der sich intensiv mit der Depression beschäftigt hat, stellt fest, dass für die an Depression leidende Person eine bestimmte Art zu denken, zu fühlen und zu handeln typisch ist. Beck (1981, 41) nennt dies das **„Konzept der kognitiven Triade"**. Das *Denken* kreist um negative Sichtweisen

- *über sich selbst:* Die Person neigt dazu, die unangenehmen Erfahrungen, die sie macht, sich selbst zuzuschreiben: „Ich bin dumm, schlecht, unfähig etc., deshalb ist dies passiert!"
- *über die Welt:* Sie sieht überall unüberwindliche Hindernisse, die der Verwirklichung ihrer Lebensziele entgegenstehen *und*
- *über die Zukunft:* Sie erwartet von der Zukunft nichts anderes als Benachteiligungen und Frustrationen.

In Anlehnung an Piagets Untersuchung des kindlichen Denkens bezeichnet Beck (1981, 46) das depressive Denken als „primitiv" und stellt es dem „reifen" Denken gegenüber:

	„Primitives" Denken	**„Reifes" Denken**
1.	**Eindimensional und global:** Ich bin ängstlich.	**Multidimensional:** Ich bin etwas ängstlich, ziemlich großzügig und ganz intelligent.
2.	**Invariabel:** Ich war immer ein Feigling und werde immer einer sein.	**Variabel:** Meine Angst ändert sich von Zeit zu Zeit und von Situation zu Situation.
3.	**Verabsolutierend und moralisch:** Ich bin ein jämmerlicher Feigling.	**Relativierend und nicht wertend:** Ich bin ängstlicher als die meisten Leute, die ich kenne.
4.	**Charakterdiagnose:** Ich habe einen Charakterfehler.	**Verhaltensdiagnose:** Ich gehe zu oft Situationen aus dem Wege und habe viele Ängste.
5.	**Irreversibel:** Da ich von Grund auf schwach bin, kann man nichts ändern.	**Reversibel:** Ich kann Methoden lernen, um Situationen standzuhalten und um meine Ängste zu bekämpfen.

Abb. 41: Gegenüberstellung von „primitivem" und „reifem" Denken

Stellen Sie sich nur für einen kurzen Moment vor, wie es Ihnen ergeht, wenn Sie die Gedanken der linken Spalte („primitives Denken") innerlich nachsprechen! Es ist ohne Schwierigkeiten nachvollziehbar, dass die in diesen Gedanken zum Ausdruck kommende ausgeprägte Neigung zu Selbstunsicherheit, Selbstzweifel zu einem intensiven depressiven Verstimmungszustand führen. Und diese negativen Gefühle hemmen die Aktivität und verringern das Interesse an der Umwelt; Müdigkeit und Abgeschlagenheit herrschen vor. Häufig treten auch Einschlafstörungen und Essstörungen auf. (Allerdings bleibt – anders als bei der endogenen Depression – die Reaktionsfähigkeit auf die Umwelt erhalten).Wer so denkt, wer auf das Negative fixiert ist, wird keinen Antrieb mehr verspüren, sich zu etwas aufzuraffen. Energie-

und Antriebslosigkeit sind die Folge des negativen Denkens. Zugleich wird diese Person auch zu einer Belastung für die Menschen in ihrer Umwelt. Unter Rückgriff auf das dargelegte psychoanalytische Neurosenverständnis kann dies so verdeutlicht werden: Im Jammern und Klagen sowie dem Rückzug von aller Aktivität verschafft sich die unterdrückte Aggression ein Ventil – auch wenn die Person selbst unter diesem Symptom leidet. Der Tatbestand, dass sich Angehörige, Freunde und Bekannte von der an Depressionen leidenden Person zurückziehen, ist deshalb gut nachvollziehbar. Allerdings bestätigt diese Umweltreaktion wiederum die negative Sichtweise, die die Person von sich hat. Eine Spirale kommt in Gang, die eine permanente Verschlechterung des psychischen und physischen Zustandes bewirkt. Aber diese Spirale kann durchbrochen werden, je früher, desto besser. Zum einen ist eine verständnisvolle Umwelt hierfür wichtig, die nicht moralisiert oder Vorhaltungen macht, sondern versucht, die Person dennoch in Aktivitäten einzubeziehen und Geduld und Verständnis aufbringt. Aber auch professionelle Hilfe sollte möglichst frühzeitig in Anspruch genommen werden, damit die Personen im Umfeld von der Belastung nicht erdrückt werden und die Zuspitzung der Dynamik im Suizid vermieden wird.[78]

11.6. Psychotische Störungen (Psychose)

Bei der **psychotischen Störung oder Psychose**, die mit den Begriffen Seelenkrankheit oder Geisteskrankheit übersetzt wird, handelt es sich um die
„allgemeinste psychiatrische Bezeichnung für viele Formen psychischen Andersseins und psychischer Krankheit, die teils durch erkennbare Organ- oder Gehirnkrankheiten hervorgerufen werden, oder deren organische Grundlagen hypothetisch sind (endogene Psychosen)" (Peters, 1984, 451).
Um einen ersten Überblick zu verschaffen, soll das folgende Schaubild helfen, das die psychotischen Störungen nach ihren Ursachen einteilt. Die identischen Erscheinungsbilder des psychischen Andersseins können verschiedene Gründe haben: So kann eine Person verwirrt und desorientiert sein und über Halluzinationen berichten, weil sie Drogen genommen hat oder weil Degenerationserscheinungen des Gehirns vorliegen, wie dies z.B. bei der Alzheimer Erkrankung der Fall ist (*organisch bedingte psychotische Störungen*). Es kann sich aber auch um eine kurzfristige Reaktion auf eine Extremsituation handeln, wie es z.B. bei der sensorischen Deprivation der Fall ist (*reaktive*

[78] Eine gute erste Information für Betroffene und ihre Angehörigen hat Martin Hautzinger (1999) verfasst: „Patientenbroschüre Depression". Er gibt konkrete Handlungsanweisungen, was man gegen Depression tun kann und was man nicht tun sollte.

psychotische Störung). Oder es handelt sich um eine Störung, an der zwar organische Prozesse beteiligt sind, aber psychosoziale Aspekte eine ebenfalls entscheidende ursächliche Bedeutung haben. Diese *endogenen Psychosen* – und hier vor allem die schizophrenen Störungen – werden uns im Folgenden besonders beschäftigen.

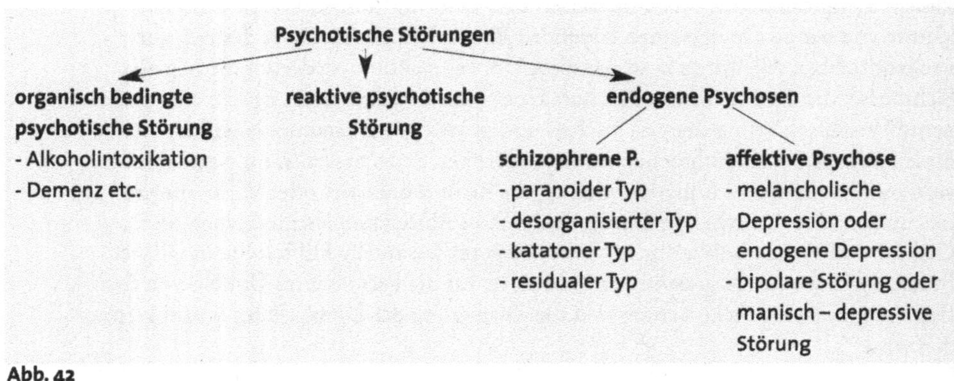

Abb. 42

Um Missverständnisse zu vermeiden, ist folgende Anmerkung wichtig: Eine Person kann sowohl eine neurotische als auch eine psychotische Störung aufweisen.[79] Wie ein Blick auf die aktuellen psychiatrischen Klassifikationssysteme zeigt, sind dies keine einander ausschließenden Kategorien. Um die Problematik bzw. Störung der Person möglichst ganzheitlich zu erfassen, stehen verschiedene Achsen zu Verfügung. Erst die Beurteilung der Person auf jeder dieser Achsen bildet zusammen die Gesamtdiagnose; genau dies ist mit dem Begriff der *multiaxialen Diagnosesystematik* gemeint: Eine Achse beschreibt die vorliegenden akuten Störungen, eine weitere die Persönlichkeits- und Entwicklungsstörungen. Darüber hinaus wird der körperliche Zustand sowie das Ausmaß der sozialen und psychischen Belastung und die insgesamt vorhandene soziale und berufliche Anpassung im zurückliegenden Zeitraum erfasst.[80]

79 Das gleichzeitige Vorkommen verschiedener Störungen, die Vergabe mehrerer Diagnosen, wird als **Komorbidität** bezeichnet.

80 Hiermit ist vor allem das **DSM IV**, das diagnostische System der Amerikanischen Psychiatrischen Vereinigung, gemeint, das seit 1994 vorliegt. Das DSM IV umfasst 5 Achsen (s. hierzu Fiedler, 1997)
Achse I: Klinische Syndrome
Achse II: Persönlichkeitsstörungen
Achse III: Körperliche Störungen und Zustände
Achse IV: Schweregrad psychosozialer Belastungsfaktoren
Achse V: Globalbeurteilung des psychosozialen Funktionsniveaus
Für den europäischen Raum gilt das **ICD 10** als verbindliches diagnostisches Kategoriensystem. Allerdings wurde versucht, beide Klassifikationssysteme möglichst gleichartig zu gestalten (s. Davison / Neale, 1998, 741-753).

Die psychotischen Störungen, diese Formen des psychischen Andersseins, sind häufig Anlass für Polizeieinsätze, wie folgendes Beispiel verdeutlichen soll:

Polizeihauptkommissarin Giese[81] schreibt über ihren Einsatz, den sie zusammen mit Polizeiobermeister Ludwig durchführte, folgende „Erläuterungen zum Sachverhalt" in den Polizeilichen Vordruck (Pol 655 – vorläufige Unterbringung):
„Anlässlich eines Einsatzes am heutigen Tage wurden wir, Funkstreifenwagen des Polizeiabschnittes xx, gegen 21.18 Uhr zur Schumacherstr. 10 gerufen. Dort erwartete uns die Berliner Feuerwehr (BF) und teilte uns mit, dass Hausbewohner die BF angerufen hatten, da Frau S. (38 Jahre alt) am heutigen Tage seit ca. 16.00 in ihrer Wohnung sitzt und Lieder singt bzw. schreit.
Nach Betreten der Wohnung stellten wir fest, dass die Wohnung sich in einem verwahrlosten Zustand befand. Die Betreffende machte auf uns einen stark geistig verwirrten Eindruck. Sie rief andauernd, *„Ihr seid doch nur gekommen, um mich zu vergewaltigen! Ihr seid doch alles Schweine! Ich rufe gleich meinen Anwalt Gregor Gysi an"*. Des Weiteren machte auch die Betreffende einen sehr verwahrlosten Eindruck; ebenfalls trug sie keine Schuhe. Nach Rücksprache mit dem Anrufer und einer weiteren Bewohnerin teilten uns diese mit, dass die Betreffende schon seit einigen Tagen barfuß durchs Haus, über die Wiese und auf den Straßen laufe.
In der Wohnung selbst roch es stark angebrannt und sehr penetrant (Fäkalien). Ein Gespräch mit der Betr. war nicht möglich, da diese immer wieder oben angegebene Äußerungen machte. Eine Zuführung zum Krankenhaus (Fachkrankenhaus für Neurologie und Psychiatrie) war nur durch die Unterstützung weiterer Kollegen möglich, da die Betr. nicht bereit war, freiwillig mitzukommen und sich stark wehrte.
Nach Angaben des Rettungswagens sei die Betr. nicht unbekannt bei der BF, da diese bereits des Öfteren solche Anfälle hatte und zum Krankenhaus verbracht wurde; sie stellt in diesem Zustand eine Gefahr für sich und andere dar. Der Zustand der Betr. setzte sich auch auf der Fahrt zum Krankenhaus fort, wo selbst eine Untersuchung durch den Bereitschaftsarzt nicht möglich war."

Dem Vordruck kann des Weiteren entnommen werden:
Gemäß §26 (2) PsychKG wurde Frau S. vorläufig untergebracht. „Die sofortige Unterbringung ist notwendig, weil die oben genannte Person aufgrund ihres krankheitsbedingten Verhaltens (☐ Geisteskrankheit / ☐ sich selbst gefährdet / ☐ besonders bedeutende Rechtsgüter anderer erheblich gefährdet) und die Gefahr nicht anders abgewendet werden kann. Der hinzugezogene Bereitschaftsarzt hält die vorläufige Unterbringung für erforderlich.

81 Die Namen und Angaben zur Person sind von der Verfasserin geändert worden.

Der beschriebene authentische Fall beschreibt einen typischen Einsatz. Die Nachbarn rufen die Polizei, weil sie sich durch das Verhalten der Person in ihrem Umfeld gestört oder vielleicht sogar bedroht fühlen. Psychische Störungen werden grundsätzlich erst dann zum Problem, wenn dadurch die sozialen Grundregeln des Miteinanders gestört werden. Frau S. nun weist viele Merkmale auf, die für eine psychotische Störung oder Psychose charakteristisch sind (s. Peters, 1984, 451):

- *mangelhafte soziale Anpassung*: Frau S. stört durch ihr Singen und Schreien, das bereits mehr als fünf Stunden andauert, die Mitbewohner erheblich;
- *Schweregrad der psychischen Veränderung*: die beobachtbare Abweichung ist so schwerwiegend, dass die Toleranzschwelle der Nachbarn überschritten worden ist;
- *fehlende Verstehbarkeit*: die von ihr gezeigten Verhaltensweisen (stundenlanges Singen und Schreien, barfuß durch das Haus und die Straßen laufen, Wiederholung der immer gleichen Sätze, die in dem konkreten Zusammenhang keinen Sinn machen) sind weder für die Nachbarn noch für die Polizeibeamten verstehbar und lösen dadurch diffuse Ängste aus;
- *Störung der Kommunikation*: nach Auskunft der Polizeibeamtin ist ein Gespräch mit Frau S. nicht möglich; sie wiederholt stereotyp die immer gleichen Sätze; ihr Umfeld ist in einem derart verwahrlosten Zustand, dass kaum jemand freiwillig eintreten würde – der Gestank stellt eine massive Kommunikationsbarriere dar.
- *Fehlen von Krankheitseinsicht:* derweil die Umwelt Frau S. als geisteskrank einstuft, scheint bei ihr allerdings keine Krankheitseinsicht vorzuliegen. Wir erfahren, dass sie sich von der Umwelt stark bedroht fühlt; sie befürchtet eine bevorstehende Vergewaltigung!

Um den angemessenen Umgang der Polizei mit Menschen aufzuzeigen, die eine psychotische Störung aufweisen, soll versucht werden, die Sichtweise dieser Personen, d.h. ihr Erleben, nachzuzeichnen. Die folgenden Ausführungen über das *innere Erleben* beziehen sich schwerpunktmäßig auf die schizophrenen Störungen. Die sich hieraus ableitenden Leitlinien für die angemessene Art des Umgangs mit psychotisch gestörten Menschen durch die Polizei sind allerdings auf alle psychotischen Störungen übertragbar.

11.6.1. Schizophrene Störungen (Schizophrenien)

„Schizophrenie" ist die am häufigsten vorkommende psychotische Störung. Über kaum eine psychiatrische Störung ist so viel und so kontrovers geschrieben worden – allerdings, und das ist besonders interessant, auch von den Betroffenen und deren Angehörigen selbst (s. Bock u.a., 1994a/b). Diese Krankheit geht mit einer umfassenden Veränderung der Erlebnis- und Verhaltensweisen eines Menschen einher und entfremdet die Person von sich selbst und von ihrer Umwelt. Ganz besonders wichtig ist zu wissen, dass es sich bei dieser Krankheit um *ein zeitweises Anderssein* handelt! Diese Phase, in der eine Reihe noch näher zu beschreibender Symptome auftaucht – die so genannte **akute oder floride Phase** – kann unterschiedlich lang anhalten und dann wieder abklingen. Die Störung kann sich langsam ankündigen oder plötzlich beginnen; sie kann einmal in einer besonders belastenden Umbruchsituation auftauchen und dann nie wieder; sie kann in bestimmten Phasen erneut ausbrechen und sie kann in einen chronischen Zustand übergehen. Welche der vielfältigen Verlaufsformen eintritt, hängt entscheidend von der Art der Behandlung und dem Ausmaß der psychosozialen Unterstützung ab.

Nicht nur der Verlauf der schizophrenen Störung, sondern auch das subjektive Erleben der Betroffenen während der Psychose ist extrem verschieden: „Jede Psychose ist ein sehr persönlicher Vorgang" (Bock u.a., 1994a, 85). So wie es gute und schlechte Träume gibt, können wir auch gute und schlechte psychotische Phasen unterscheiden. Einige Schizophrene sind in der floriden Phase extremen Ängsten ausgesetzt, andere empfinden den Zustand vor Ausbruch der Psychose als sehr unangenehm und die Psychose selbst als Befreiung von der unerträglichen Angst.
Die möglichen Veränderungen, die mit der schizophrenen Störung einhergehen, sind vielfältig – aber jede Person zeigt nur eine bestimmte Auswahl davon. Was genau ist an der Wahrnehmung, am Denken und am Verhalten verändert?

11.6.1.1. Veränderungen in der Wahrnehmung, im Denken und Verhalten

Scharfetter (1986) sieht vor allem die Wahrnehmung, die die Person von sich selbst hat, in ihren Fundamenten in Frage gestellt. Im Zentrum der schizophrenen Störung steht folgende **Ich-Psychopathologie**:

- Die Person ist sich nicht mehr sicher, ob sie überhaupt noch lebendig ist. Sie erlebt sich als eigentümlich tot und abgestorben **(Störung der Ich-Vitalität)**
  „Ich spüre mich nicht mehr lebendig"
  „Ich bin schon ganz eingetrocknet – morgen ist alles tot"
- Sie erlebt sich nicht mehr als eigenbestimmt. Nicht sie hat die Kontrolle über ihr Denken, Fühlen und Handeln, sondern andere steuern und beeinflussen sie **(Störung der Ich-Aktivität)**
  „Der Teufel hält mich besessen, macht die Bewegungen"
  „Ich kann mein Denken und Handeln nicht mehr selbst bestimmen"
  „Meine Gedanken werden gemacht, gelenkt, eingegeben, werden gestoppt, abgezogen"

- Sie erlebt sich nicht mehr als ein Ganzes, das aus zueinander gehörenden Teilen besteht, sondern alles scheint irgendwie auseinander zu brechen (**Störung der Ich-Konsistenz**)
  „Ich bin zerfallen"
  „Als die Tauben aufflogen, geriet ich in Panik; alles würde zersplittern"
- Sie hat den Eindruck, als ob die Grenze zwischen innen und außen, dieser wichtige Schutz, zusammenfällt (**Störung der Ich-Demarkation**)
  „Ich kann mich nicht abschirmen"
  „Meine Gedanken verbreiten sich überall hin"
- Sie weiß nicht mehr, ob sie überhaupt noch die Person ist, die sie bisher war. Es besteht eine fundamentale Unsicherheit hinsichtlich der eigenen Identität: (**Störung der Ich-Identität**)
  „Die Stimmen sagen: du bist nicht der ..."
  „Ich bin Mann und Frau zugleich"

Diese veränderte Wahrnehmung des eigenen Selbst, diese massive Form der Ich-Bedrohung, steht im Zentrum und einige Symptome ergeben einen Sinn, wenn man sie als Reaktionen auf diese Ich-Bedrohung versteht. Je nachdem wie schwer diese Bedrohung ist und welche Abwehrkräfte die Person aufgrund ihrer biologischen Grundausstattung und ihrer bisherigen Lebenserfahrung hat, lassen sich verschiedene Auswirkungen beobachten:

Halluzinationen: Es wird von Sinneswahrnehmungen berichtet, die für die Personen im Umfeld nicht nachvollziehbar sind. Besonders typisch sind *akustische Halluzinationen* – es werden Stimmen gehört, die Befehle geben und das eigene Handeln kommentieren – und *Geruchshalluzinationen*. Hierbei kann es sich um den Versuch handeln, die innere Bedrohung nach außen zu verlagern, um sie so besser ertragen und mit ihr umgehen zu können.

Wahn: Die Person hält hartnäckig an bestimmten Überzeugungen fest, obwohl alle vernünftigen Gründe dagegen sprechen. **Diese Überzeugungen sind durch Erfahrungen nicht beeinflussbar**. An Halluzinationen können wahnhafte Deutungen angeknüpft werden. Besonders typisch ist der *Verfolgungswahn, der Beeinflussungswahn und der Größenwahn*. Als Erklärung für den Verfolgungs- und Beeinflussungswahn kann die o.g. These ebenfalls herangezogen werden, dass dadurch die innere Bedrohung nach außen projiziert wird. Der Größenwahn kann als kompensatorische Leistung interpretiert werden: Statt der Unklarheit hinsichtlich der eigenen Identität und dem Zweifel an der eigenen Bedeutung erhält die Person nun eine eindeutige Identität und eine ganz besondere Bedeutung.

Zerfahrenheit oder auffallende Lockerung der Assoziationen: Die Person kann nicht mehr zusammenhängend denken, sondern sie springt von einem Gedanken zum anderen, ohne dass die Verbindung für Außenstehende nachvollziehbar ist. Diese Zerfahrenheit kann eine Strategie sein, um mit der Angst umzugehen; zugleich aber entzieht sich die Person dadurch ihrer Umwelt: Sie ist da und zugleich auch nicht; man kann mit ihr reden, jedoch sich nicht mit ihr verständigen.

Flacher und inadäquater Affekt: Die Person erscheint völlig abgestumpft und die von ihr gezeigten Reaktionen passen nicht zu den äußeren Reizen. Auch dies kann Ausdruck des totalen Rückzugs in die eigene Welt sein, um sich vor den zunehmenden Bedrohungen zu schützen.

Katatonie: Der Kranke erstarrt entweder wie eine Statue (*Stupor*) und ist stumm (*Mutismus*) oder schlägt bis zur Erschöpfung um sich und verletzt sich dabei selbst unter Umständen auch massiv. Scharfetter (1986, 60) sieht hierin die Folge von akuter, schwerer Überwältigung von Ich-Bedrohung. Die massive Erregung stellt einen Versuch dar, sich dieser Bedrohung zu entziehen. Einige Patienten berichten, dass die Selbstverletzung es ihnen ermöglicht, sich der eigenen Lebendigkeit zu vergewissern.

Häufig wird beobachtet, dass sich die Person mit Ausbruch der Krankheit zunehmend isoliert: Die Rollen, die sie zuvor ausgefüllt hat, werden nun nicht mehr oder nur noch sehr unzureichend wahrgenommen. Auch wenn viele schizophrene Verhaltensweisen merkwürdig und sonderbar wirken, sind sie aus der Sicht der Betroffenen in der Regel sinnvoll, wie folgendes Beispiel zeigt:

Die Innenansicht der Schizophrenie: Auszüge aus dem autobiographischen Bericht von Jörg von Bannsberc-Freiheit (1978): **„Wahrhaftige Anatomie eines normalen Wahnsinnigen"**
(Jörg ist mit Miriam verheiratet, beide haben zwei Kinder und er arbeitet im Ministerium.)

„Wie immer in letzter Zeit war meine Stimmung hervorragend. Obwohl ich nur drei Stunden geschlafen hatte, fühlte ich mich frisch und gelöst und merkwürdig glücklich. Im Ministerium erledigte ich die üblichen Routinearbeiten, schrieb ein paar Telegramme, war am Telefon jedoch übervorsichtig, um meinen Mithörern kein Material zu liefern....

Der Sonntagmorgen versprach wundervoll zu werden. Ich zog mich um fünf Uhr an, um etwas im Wald spazieren zu gehen, die Sonne war kaum aufgegangen, die Familie schlief. Ich ging zum Schloss hinauf, hatte keine Angst, obwohl ich wusste, dass ich ständig beobachtet wurde. Ein einsamer Fußgänger, der mir begegnete, hatte, ich war dessen sicher, seinen Auftrag vom Verfassungsschutz, mich zu beschatten. Jedes Auto, das in dieser frühen Morgenstunde durch das verschlafene Städtchen fuhr, hatte die Aufgabe, die Verbindung zu mir nicht abreißen zu lassen. Jeder meiner Schritte wurde registriert....Ich kam jetzt unbehelligt zu der Gedenkstätte für die 1897 gefallenen österreichischen Soldaten. Das Mahnmal war von einem Zaun mit spitzen Metallstäben umgeben. Auf einen der Metallstäbe, vorn in der Mitte, steckte ich eine meiner Roth-Händle Zigaretten. Ich fand mich in einem tranceartig erregten Zustand. Die Zigarette wollte ich als Symbol verstanden wissen, ein Rauchopfer für die gefallenen Soldaten.

Alles was ich tat, sollte eine bessere Welt, ohne Krieg, ohne Folter, ohne Ausbeutung herbeiführen. Ich war sicher, auf dem richtigen Weg zu sein, mein Ziel hatte ich klar vor Augen. Noch wurde ich verfolgt, war ständig in Gefahr, von einem übereifrigen Verfassungsschützer erschossen zu werden. Ein unsagbares Hochgefühl hatte sich eingestellt. Als die Glocken des Städtchens zu läuten begannen, fühlte ich mich wie betrunken. Dieser Rauschzustand brachte mich auf den Gedanken, dass ich mich ab jetzt damit abzufinden hätte, die Nachfolge Christi angetreten zu haben. Ich würde, diesmal erfolgreich, der Retter der Menschheit sein, aber bis es soweit war, würde ich leiden müssen.

Die Glocken läuteten, um meinen Einzug in die Stadt anzuzeigen, von der die Erneuerung der Welt ausgehen würde. So über alle Maßen frohgestimmt trat ich ins Haus ein.

Aber Miriam machte mir Vorwürfe, dass ich jetzt allein, ohne meinen Sohn, meine Waldspaziergänge mache. Ich hätte keine Zeit mehr für die Familie, wäre nur mit mir selbst beschäftigt. So könne es nicht weitergehen.

Meine frohe Stimmung gefror zu Eis. Ich legte mich in die Hängematte und gab mich abweisend. Welche Undankbarkeit von Seiten meiner Frau. Ich war dabei, der Retter der Menschheit zu werden und sie quälte mich mit kleinlichen Vorwürfen. ...

Miriam ließ mich nicht zur Ruhe kommen. Jetzt kam sie schon wieder zu mir und forderte, ich solle den Telefonhörer aus dem Teich holen. Am Vorabend hatte ich in Ruhe meditieren wollen, als mich das klingelnde Telefon ungemein störte... Die Störung ärgerte mich so, dass ich den Hörer aus dem Apparat riss und ihn in den Gartenteich warf. Jetzt forderte mich Miriam auf, ihn wieder herauszuholen.

Ich legte meine Kleider ab, zog die Badehose an, ging in den Keller, nahm die Schwimmflossen und setzte die Tauchermaske auf. Bei einem nur achtzig Zentimeter tiefen Teich wäre das nicht nötig gewesen. Auf dem Weg zum Teich gab mir Miriam eine Ohrfeige... und schrie: „Mach dass du verschwindest, du kommst hier nicht mehr rein". Da sah ich Svens Pfeil und Bogen in der Einfahrt liegen, erhob sie und zielte über Miriams Kopf hinweg in den Himmel. Laut rief ich dann: „Jetzt töte ich diese Frau", woraufhin Miriam schnell ins Haus ging und die Tür hinter sich verschloss. ...

Plötzlich stand das Polizeifahrzeug in unserer kleinen Straße. Zwei Polizisten und ein Zivilist sprangen heraus und kamen auf mich zu. Ich stand noch immer in der Badehose da. Sie wollten mich so mitnehmen, ich wollte mich aber zuerst anziehen. Miriam trat aus der Tür, die Polizisten drängten mich ins Haus. Ich ging ins Wohnzimmer, stellte mich hinter den Tisch, war immer darauf bedacht, zwischen den Polizisten und mir einen möglichst großen Abstand zu lassen. Ich hatte furchtbare Angst, sie könnten ihre Pistolen ziehen und auf mich schießen. Deshalb for-

derte ich immer wieder, sie dürften mir nicht zu nahe kommen, sonst würde etwas Furchtbares geschehen, es bestände die Gefahr, dass das ganze Haus in die Luft flöge. Meine absichtlichen Lügen schienen die Polizisten nicht zu beeindrucken. Miriam holte mir Bekleidung, unter unaussprechlichen Ängsten zog ich mich an, immer noch fürchtend, dass ein Polizist seine Pistole ziehen und mich kurzerhand erschießen könnte."

11.6.1.2. Ursachen der schizophrenen Störungen

Die Sichtung der umfangreichen Literatur zur Schizophrenieentstehung kommt eindeutig zu dem Ergebnis, dass *genetische Faktoren* eine bedeutsame Rolle spielen (s. Davison/Neale, 1998, 466). Diese prädisponierende Komponente allein reicht aber nicht aus, um die beobachtbare Pathologie zu erklären. Es bedarf zusätzlich bestimmter massiver *Stressfaktoren*, die im Umfeld der Schizophrenen zu suchen sind: Erst das Zusammenwirken dieser Prädisposition (Diathese) und der Stressfaktoren führt zu dem o.g. Störungsbild, bewirkt die typische Destabilisierung (**Diathese-Stress-Modell**).
Luc Ciompi (1982) hat ein überzeugendes Modell entworfen, das zeigt, wie bereits in der Biographie schizophrener Menschen Unstimmigkeiten vor allem in der Familie zu verinnerlichten Bildern von sich und anderen führen, die einen hohen inneren Spannungszustand hervorrufen. Er nennt dies eine fehlende Prägnanz relevanter „affektiv-kognitiver Bezugssysteme". Familiär-zwischenmenschliche Widersprüche im Laufe der Entwicklung finden ihren Niederschlag in innerpsychischen Widersprüchen.
Deshalb lautet seine These:
„Gewisse Schizophrene bzw. schizophreniegefährdete Menschen leiden an einer fundamentalen Unklarheit, Widersprüchlichkeit und Labilität von wichtigen, internalisierten affekt-logischen Bezugssystemen" (Ciompi, 1982, 238).
Grundsätzlich ist unsere Psyche so konstruiert, dass wir fortwährend die Bestätigung von außen brauchen, damit unser Gleichgewicht nicht aus den Fugen gerät.
Besonders die Phase der Adoleszenz ist mit hohen Ansprüchen an die Person verbunden: Wie bereits ausgeführt, steht das Individuum vor der schwierigen Aufgabe, sich von bisherigen Rollenmustern zu lösen und seine eigene Identität zu definieren. Wenn es zusätzlich in dieser Entwicklungsphase mit massiven familiären Konflikten und konfus-widersprüchlichen Verhaltens- und Kommunikationsweisen konfrontiert wird, kann ein bereits geschwächtes Ich überfordert werden und zusammenbrechen. Bereits in den 60er Jahren untersuchte die Forschergruppe um Gregory Bateson innerfamiliäre Kommunikationsmuster und entdeckte die so genannte **„Double-bind"-Situation**, der eine besondere Bedeutung für die Entstehung der schizophrenen Störungen zugeschrieben wurde. Hierbei handelt es sich um eine Beziehungsfalle: An das Individuum werden Handlungsaufforderungen herangetragen, die miteinander

grundsätzlich nicht vereinbar sind. Da die betreffende Person keine Möglichkeit hat, dieser Situation zu entweichen, stellt die schizophrene Symptomatik die einzige Lösung dar. Bateson schildert das folgende Beispiel:

„Ein junger Mann, der noch im Krankenhaus war, sich aber von einer akuten schizophrenen Episode recht gut erholt hatte, erhielt im Hospital Besuch von seiner Mutter. Er freute sich, sie zu sehen und legte ihr impulsiv seinen Arm um die Schulter, woraufhin sie erstarrte. Er zog seinen Arm zurück, und sie fragte: „Liebst du mich nicht mehr?". Er wurde rot und sie sagte: „Lieber, du musst nicht so leicht verlegen werden und Angst vor deinen Gefühlen haben." Der Patient war danach nicht in der Lage, länger als ein paar Minuten mit ihr zu verbringen, und nachdem sie weggegangen war, griff er einen Assistenten an und wurde ins Bad gesteckt.
Es liegt auf der Hand, dass dieser Ausgang vermieden worden wäre, hätte der junge Mann sagen können: „Mutter, es ist klar, dass du dich unbehaglich fühlst, wenn ich meinen Arm um dich lege, und dass es dir schwerfällt, eine zärtliche Geste von mir zu akzeptieren." Dem schizophrenen Patienten steht diese Möglichkeit jedoch nicht offen. Seine starke Abhängigkeit und Dressur hindern ihn daran, sich über das Kommunikationsverhalten seiner Mutter kritisch zu äußern, obwohl sie sich doch über das seine äußert und ihn zwingt, den komplizierten Ablauf zu akzeptieren, und zu versuchen, sich damit zu befassen...
Das unerträgliche Dilemma sieht damit so aus: „Wenn ich die Bindung zu meiner Mutter behalten will, darf ich ihr nicht zeigen, dass ich sie liebe, aber wenn ich ihr nicht zeige, dass ich sie liebe, werde ich sie verlieren" (Bateson u.a., 1984, 29-31).

Diese Theorie ist vor allem kritisiert worden, da sie die Mutter als die eigentlich Schuldige für die Schizophrenie hinstellt. Wie das Diathese-Stress-Modell verdeutlicht, greift eine derartige Schuldzuweisung eindeutig zu kurz. Dennoch kann festgehalten werden, dass widersprüchlichen Kommunikationsaufforderungen über einen längeren Zeitraum in einem System ausgesetzt zu sein, in das man emotional sehr stark eingebunden ist, durchaus einen gravierenden Stressfaktor darstellt. Erfahrungen mit Schizophrenen zeigen, dass viele von ihnen über einen längeren Zeitraum Opfer von sexuellem Missbrauch waren und dadurch in ihrem Umfeld extrem starken Belastungen ausgesetzt waren. Zusätzliche Stressfaktoren im weiteren Lebensweg können dann zu einem Zusammenbruch des affekt-logischen Bezugssystems führen. Die Leistung dieser familiendynamischen Herangehensweise besteht darin, den komplizierten Interaktionsprozess zu erfassen, der die Schizophrenie auslöst. Wenn nachweislich ein pathologisches Milieu (ob in Familie oder in anderen Institutionen) bei besonders prädisponierten Menschen psychopathologische Störungen hervorruft, dann ergeben sich hieraus auch zahlreiche hoffnungsvolle Überlegungen, wie ein optimales Milieu eine Verbesserung bewirken kann. Unter Rückgriff auf Ciompi (1982, 365-366) sollen beispielhaft einige Zusammenhänge aufgelistet werden:

pathologisches Milieu (z.B. Familie, Institution)	*psychopathologische Störungen bei Patienten*	*optimales therapeutisches Milieu*
Spannung, Angst, Unruhe, zu viele Stimuli	Spannung, Angst, Erregung	Entspannung, Sicherheit, Gelassenheit; Ruhe, Reduktion von Stimuli
komplexe, unklare, unübersichtliche Umgebung	Gefühl von Unwirklichkeit	einfache, klare, übersichtliche Umgebung
Anonymität, zuviel Wechsel	Verwirrung	personengebundene Atmosphäre, wenig Wechsel
Misstrauen Entwertung	Misstrauen Ärger, Wut, niedriges Selbstwertgefühl	Vertrauen Gültigkeit von Wahrnehmungen, Gedanken, Gefühlen anerkennen
Intoleranz		Toleranz
Verständnislosigkeit, Kälte, Gleichgültigkeit	Enttäuschung, gefühlsmäßiger Rückzug, Verflachung	Verständnis, Wärme, Engagement, Dialog, Erklärung
symbiotisch-narzisstische Beziehung, Verleugnung von Unter- schieden	unscharfe Ich-Grenzen,	klare Grenzziehung; Anerkennung von Unterschieden in Meinungen, Gefühlen und Verhalten
Irrationalität, Unklarheit	Irrationalität, Unklarheit	Rationalität, Klarheit, Eindeutigkeit
widersprüchliche Ge- und Verbote (double-bind), widersprüchliche unaus- gesprochene Erwartungen	Ambivalenz, Denk- und Fühlstörung, Halluzination, Wahn	Eindeutigkeit von Ge- und Verboten; eindeutige, offen ausgesprochene Erwartungen

Abb. 43: Der Zusammenhang von Milieu und Psychopathologie nach Ciompi

Auch wenn die *Rolle der Polizei* keineswegs darin besteht, therapeutisch zu wirken, so ergeben sich aus diesen Überlegungen doch wichtige Hinweise darauf, wie der Umgang mit den Personen konkret zu gestalten ist, damit eine Eskalation verhindert und somit die Gefährdung aller am Einsatz beteiligten Personen so gering wie möglich gehalten wird.

11.6.1.3. Hinweise für den Umgang mit einer schizophrenen Person

Aus der Beschäftigung mit schizophrenen Störungen leiten sich folgende Überlegungen für den Umgang der Polizei mit diesen Menschen ab:

- Die Person befindet sich in einer existentiellen Bedrohungssituation. Diese massive Angst kann – wie das Beispiel von Jörg von Bannsberc-Freiheit zeigt – durch die Ankunft der Polizei noch erheblich gesteigert werden. Wenn die Person unter starkem Verfolgungswahn leidet, besteht die Gefahr, dass sie alles Erdenkliche tut, um sich vor den Verfolgern zu schützen. Aus diesem Grund müssen die Polizeibeamten sich innerlich auf heftige emotionale Reaktionen einstellen. Grundsätzlich sollte die Vorgehensweise der Polizei darauf ausgerichtet sein, *die Angst des schizophrenen Menschen zu verringern*. Dies kann geschehen, indem zunächst versucht wird Personen zu finden, die dem Schizophrenen bekannt und vertraut sind und beruhigend auf ihn einwirken können. Ist dies nicht möglich, dann sollte die Polizei Folgendes beachten (s. Füllgrabe, 1992, 23-26):

- möglichst nur eine Beamtin oder ein Beamter als Gesprächspartner
- äußere Störfaktoren (wie z.B. Publikum) ausschalten
- eine ruhige Gesprächsatmosphäre schaffen
- langsam und ruhig ansprechen
- größere räumliche Distanz wahren
- keine plötzlichen und hektischen Bewegungen

- Die Halluzinationen und das Wahnsystem sind durch rationale Argumente nur sehr begrenzt beeinflussbar. Deshalb *sollte der Versuch unterbleiben, dem Schizophrenen Gegenbeweise liefern oder den Wahn ausreden zu wollen*. Allerdings ist auch davon abzuraten, das Wahnsystem noch zu bekräftigen, auch wenn dies in bestimmten Situationen eine durchaus kreative Problemlösung sein kann, wie folgendes Beispiel zeigt:

„Nur auf einen „Wink Gottes“ hin wollte eine Hausfrau aus dem Streifenwagen aussteigen. Der „liebe Gott“ habe ihr das verboten, beharrte sie vor den ratlosen Beamten. Doch die Polizeibeamten wussten sich zu helfen. Da sie die Frau in die Nervenklinik... bringen sollten, ließen sich die Männer schließlich von Kollegen anfunken, berichtete die Polizei... „Hier spricht der liebe Gott, verlassen Sie sofort das Polizeifahrzeug, sonst schlägt ein Blitz ein“, ertönte es aus dem Lautsprecher. Die Stimme aus dem Jenseits erzielte die gewünschte Wirkung“ (Füllgrabe, 1992, 25/26).

Zwar kann kurzfristig eine Entspannung der Situation herbeigeführt werden, langfristig steigt aber möglicherweise die Verwirrung für die Person noch mehr. Wie sollte nun mit dem Wahn umgegangen werden?
Die Polizeibeamtin bzw. der Polizeibeamte sollte grundsätzlich die Äußerungen der Person als Ausdruck ihrer Erlebniswelt ernst nehmen und Verständnis für das zeigen, was sie erlebt. In einem nächsten Schritt kann überlegt werden, was konkret getan werden kann, um die Person zu schützen und ihre Angst oder Bedrohungsgefühle zu verringern. Es muss auch immer die Möglichkeit bedacht werden, dass sich die Äußerungen der Person zwar für die Beamten bizarr und verrückt anhören, aber sich auf tatsächliche Tatbestände beziehen, die zu überprüfen sind – auch wenn dies nur in Ausnahmefällen zutreffen wird.

„Ich kann die Stimmen zwar nicht hören, aber ich verstehe, dass sie dadurch in starke Angst versetzt werden. Vielleicht können wir gemeinsam überlegen, was Sie in dieser Situation am besten schützen würde.“

Wenn der Kontakt zu der schizophrenen Person gefunden und Vertrauen aufgebaut werden kann, dann ist oft sogar die Bereitschaft zu gewinnen, sich freiwillig in psychiatrische Hilfe zu begeben. So kann eine Zwangseinweisung vermieden werden.

„Ich glaube, dass wir Sie am besten schützen können, wenn wir Sie nun an einen sicheren Ort bringen.“

11.6.2. Exkurs: Die Forensische Psychiatrie

Für einen Polizeibeamten ist zunächst einmal bedeutsam, ein Verständnis für die vielfältigen menschlichen Verhaltensweisen zu haben und entsprechend flexibel auf dieses Verhalten zu reagieren. Eine differenzierte Einordnung des Verhaltens ist nicht notwendig! Dies aber wird von den Psychiatern verlangt, die Straftäter begutachten müssen. Die forensische Psychiatrie ist als Hilfswissenschaft aufgefordert, dem Gericht die notwendigen Entscheidungsgrundlagen zu liefern, um die Schuldfähigkeit des Beschuldigten zu beurteilen. In einem umfassenderen Sinne handelt es sich bei der Forensischen Psychiatrie um „die Anwendung psychiatrischen Fachwissens auf Angelegenheiten des Rechts" (Von Oefele, 1998, 1).

Um zu beurteilen, ob die Person schuldfähig ist oder ob eine erhebliche verminderte Schuldfähigkeit oder Schuldunfähigkeit vorliegt, ist zunächst zu beurteilen, ob eine *psychische Störung zum Tatzeitpunkt* vorhanden war. Wird dies bejaht, dann ist zu klären, ob diese psychische Störung Auswirkung auf die *Einsichtsfähigkeit* (d.h. die Fähigkeit, das Unrecht der Tat einzusehen) und auf die *Steuerungsfähigkeit* (d.h. die Fähigkeit zu einsichtsmäßigem, normorientierten Verhalten) hat. Von Oefele (1998, 58) hebt besonders hervor, dass nicht die für den Tatzeitraum festgestellte psychische Störung an sich für eine erheblich verminderte Schuldfähigkeit oder Schuldunfähigkeit entscheidend ist, sondern erst ihre Auswirkung auf die Fähigkeit zur Erkenntnis und Einhaltung von Rechtsnormen.

Die schwierige Aufgabe des Psychiaters besteht darin, ein möglichst klares Bild über den psychischen Zustand des Beschuldigten, sein Motivationsgefüge und die situativen Faktoren zum Tatzeitpunkt herauszuarbeiten. Um wirklich verwertbare Informationen vom Beschuldigten – z.B. über dessen Lebensgeschichte, seine sexuelle Entwicklung, seinen Drogenkonsum und vieles mehr zu erhalten – ist der Psychiater auf dessen aktive Mitwirkung angewiesen. Denn die psychiatrische Untersuchung kann zwar gerichtlich angeordnet werden, aber es gibt keine Möglichkeit, sie zwangsweise durchzusetzen. Ob es sich bei den Aussagen des Beschuldigten um Selbsttäuschung oder Lüge handelt, ist nicht immer leicht einzuschätzen, zumal einige Straftäter über umfangreiche Erfahrung im Umgang mit Professionellen verfügen. Des Weiteren entsteht auf der Grundlage der psychiatrischen Untersuchung ein aktuelles psychisches Zustandsbild, aus dem erst unter Hinzuziehung weiterer Informationen das psychische Zustandsbild zum Zeitpunkt der Tat erschlossen werden muss.

Der Psychiater hat die psychiatrische Diagnose den jeweiligen juristischen Merkmalen, wie sie im § 20 StGB aufgeführt sind, zuzuordnen.

„§20 StGB: *Ohne Schuld handelt, wer bei Begehung der Tat wegen <u>einer krankhaften seelischen Störung</u>, wegen <u>einer tiefgreifenden Bewusstseinsstörung</u> oder wegen <u>Schwachsinns</u> oder einer <u>schweren anderen seelischen Abartigkeit</u> unfähig ist, das Unrecht der Tat einzusehen oder nach dieser Einsicht zu handeln"*.

So zählen, um nur einige Beispiele zu nennen, die klassischen psychiatrischen Diagnosen, wie z.B. endogene und affektive Psychosen, aber auch die Alkoholintoxikation, zu den „krankhaften seelischen Störungen"; die psychopathologischen Ausnahmezustände, die durch hochgradige

Affekte wie Wut und Zorn bedingt sind, zählen zu den „tiefgreifenden Bewusstseinsstörungen" und Neurosen und Persönlichkeitsstörungen zu den „seelischen Abartigkeiten".[83] (vgl. von Oefele, 1998, 58-59)
Trotz all dieser Schwierigkeiten muss der Psychiater eine Prognose über die Gefährlichkeit des Beschuldigten erstellen. Denn selbst wenn das Gericht zu der Entscheidung kommt, dass der Täter nicht schuldhaft gehandelt hat, kann eine Gefahr von ihm für die Allgemeinheit ausgehen. In diesem Fall muss das Gericht entscheiden, welche „Maßregeln der Besserung und Sicherung" verhängt werden müssen, um sowohl den Straftäter zu behandeln als auch die Allgemeinheit vor dem Straftäter zu schützen. Zwar liegen für die Beurteilung der aktuellen und potenziellen Gefährlichkeit Kriterien vor, die eine wissenschaftliche fundierte Stellungsnahme erlauben, aber dennoch bleibt die Gefährlichkeitseinschätzung aufgrund der vielfältigen unkalkulierbaren Faktoren äußerst problematisch.

82 Dieser Begriff der „seelischen Abartigkeit" ist besonders problematisch! Er entstammt der Wehrmedizin der 40er Jahre.

12. Schlusswort

Die bisherigen Ausführungen verfolgten das Ziel, psychologisches Basiswissen für den Polizeiberuf zu vermitteln. Den Leserinnen und Lesern sollte verdeutlicht werden, dass einfache Erklärungen der Komplexität der Situationen im polizeilichen Alltag nicht gerecht werden können. Vielmehr sollte eine *produktive Verunsicherung* dazu führen, genauer zu beobachten, Hypothesen aufzustellen und deren Gültigkeit in der jeweiligen Situation zu überprüfen. Auf dieser Grundlage kann im Rahmen der vorhandenen rechtlichen Möglichkeiten die optimale Handlungsweise ausgewählt werden. Die Psychologie leistet so einen wichtigen Beitrag, damit Polizeibeamtinnen und Polizeibeamte ihren Auftrag, Gefahren abzuwehren und Straftaten zu verfolgen, bestmöglich umsetzen.

Einige zentrale Aussagen seien deshalb nochmals festgehalten:

- Unsere **Wahrnehmung** von Ereignissen und von Personen ist keineswegs einfach eine Abbildung der äußeren Realität. Vielmehr konstruieren wir die Wirklichkeit vor allem nach unseren Erwartungen und Vorstellungen. Gerade im Umgang mit Personen sollte im Polizeivollzugsdienst darauf geachtet werden, dass die eigenen Erwartungen sich nicht wie eine „sich-selbst-vollziehende Prophezeiung“ immer neu bestätigen.
- Unser **Gedächtnis** lässt uns häufig im Stich oder verschafft uns eine falsche Sicherheit; das Wissen um die Speicherungs- und Abrufprozesse und die hierbei auftretenden Probleme hat vor allem im Rahmen der Vernehmung hohe praktische Bedeutung.
- Unsere **Gefühle** sind die wichtigsten Motivatoren unseres Handelns. Auch wenn wir manchmal von unseren Gefühlen überwältigt werden, sind wir ihnen nicht hilflos ausgeliefert, sondern können sie – wenn auch oft mit einigen Schwierigkeiten – beeinflussen. Ohne diese Möglichkeit wäre professionelle Polizeiarbeit gar nicht denkbar.
- Wenn Gefühle – wie z.B. **Ängste** – zum Problem werden und vielleicht sogar die Ausübung des Berufs behindern, kann gezielt Hilfe gesucht werden. Dies konnte am Beispiel der verhaltenstherapeutischen Angstbehandlung gezeigt werden.
- Wir täuschen uns in der Regel, wenn wir von dem Verhalten einer Person auf die **Glaubhaftigkeit ihrer Aussage** Rückschlüsse ziehen. Eine genaue Analyse der Aussage in Verbindung mit den Charakteristika der Person und ihrer sozialen Situation ist für die Beurteilung der Glaubhaftigkeit der Aussage sinnvoller.
- Die **Vernehmung**, ob von Zeugen (speziell z.B. von Kindern) oder von Beschuldigten, ist eine soziale Situation. Um möglichst viel verwertbare Information zu gewinnen, erweist sich der Einsatz von Druck und Zwang als nicht hilfreich. Eine

erfolgreiche Vernehmung setzt die Fähigkeit der vernehmenden Person voraus, sich in ihr Gegenüber hineinzuversetzen.

- Die Fähigkeit zur Empathie wird durch eine intensive Beschäftigung mit der **menschlichen Entwicklung** erleichtert. Der Mensch durchläuft einen lebenslangen Entwicklungsprozess, in dessen Verlauf er zahlreiche psychosoziale Herausforderungen bewältigen muss. Manche Verhaltensweisen, die zunächst unverständlich erscheinen, stellen den Versuch dar, bestmöglich mit der Umwelt zurecht zu kommen. Hierbei wird auf die Erfahrung, die in Beziehungen mit wichtigen Personen gewonnen wurde, zurückgegriffen. Die **Kindheit** determiniert zwar nicht den weiteren Lebensweg, stattet die Menschen aber mit starken Hypothesen aus, die nicht so einfach zu verändern sind.
- Das **Geschlecht** („sex") ist zunächst eine biologische Größe. Wie genau man sich als Junge bzw. Mann oder als Mädchen bzw. Frau verhält („gender"), hängt ganz entscheidend von der Lerngeschichte ab. Gerade für den Polizeiberuf ist es von großer Bedeutung, dass auch Männer klassisch als weiblich beschriebene Verhaltensweisen – wie z.B. das aktive Zuhören – erwerben.
- Das **Jugendalter** stellt nicht zwangsläufig eine schwierige Phase dar. Es wird vor allem dann zu einer solchen, wenn die Umwelt (Eltern, Schule, Arbeitswelt und Freizeiteinrichtungen, aber auch die VertreterInnen staatlicher Gewalt) den Jugendlichen wenig Hilfen zur Verfügung stellt, die Entwicklungsaufgaben zu meistern. Das Verständnis für die vielfältigen inneren und äußeren Konflikte von Jugendlichen kann den Umgang der Polizei mit dieser Gruppe erleichtern.
- Nicht nur für den Umgang mit Jugendlichen, sondern auch für den Umgang mit Menschen mit **psychischen Störungen** – mit neurotischen oder psychotischen Störungen – ermöglicht das Verstehen von deren inneren Konflikten eine hilfreichere Gestaltung der Interaktion. Der angemessene Umgang mit diesen Menschen reduziert auch für die Polizeibeamtinnen und -beamten die Gefahr, selbst zum Opfer von Gewalt zu werden.

13. Literaturverzeichnis

Ainsworth, Mary: The development of infant-mother interaction among the Ganda. In: Foss, B.M. (Ed.): Determinants of infant behaviour, Vol. 2. London: Methuen, 1963.

Ainsworth, Mary: Infancy in Uganda: infant care and the growth of attachment. Baltimore: John Hopkins University Press, 1967.

Ainsworth, Mary/Bell, Sylvia M./Stayton, D.J.: Infant-mother attachment and social development: „Socialisation as a product of reciprocal responsiveness to signals. In: Richards, P.M. (Ed.), The integration of a child into a social world. Cambridge, Cambridge University Press, 1974, S. 99-135.

Ainsworth, Mary/Blehar, Mary C./Waters, Everett/Wall, Sally: Patterns of attachment. A psychological study of the strange situation. Hillsdale, NY, Lawrence Erlbaum, 1978.

Anderson. John R.: Kognitive Psychologie. Heidelberg, Spektrum Akademischer Verlag, 2001 (3. Aufl.)

Arntzen, Friedrich: Vernehmungspsychologie. Psychologie der Zeugenvernehmung. Unter Mitw. von E. Michaelis-Arntzen. (2., durchges. Aufl.) München, 1989.

Arntzen, Friedrich: Psychologie der Zeugenaussage. System der Glaubwürdigkeitsmerkmale. (3. überarb. u. erg. Auflage) München, 1993.

Arntzen, Friedrich/Michaelis, Elisabeth: Psychologie der Kindervernehmung. Schriftenreihe des Bundeskriminalamtes (32). Neu-Isenburg, 1970 (hrsg. vom Bundeskriminalamt Wiesbaden)

Asch, Salomon: Forming impressions of personality. Journal of Abnormal and Social Psychology, 1946, 41, S. 258-290.

Asendorpf, Jens: Keiner wie der andere. Wie Persönlichkeitsunterschiede entstehen. Dreieich, Ed. Wötzel, 1999 (2. durchges. und aktual. Aufl.)

Baddeley, Alan D.: Working memory. Oxford: Oxford University Press, 1986.

Bandura, Albert: Social Learning Theory, Englewood Cliffs, Prentice-Hall, 1977.

Bandura, Albert: Sozial-kognitive Lerntheorie. Stuttgart, Klett-Cotta, 1979.

Bandura, Albert: Reflections on self-efficacy. Advances in Behaviour Research and Therapy, 1978, 1, S. 237-269.

Bansberc-Freiheit, Jörg von: Wahrhaftige Anatomie eines normalen Wahnsinnigen. Weinheim, Beltz-Verlag, 1978.

Bartling, Gisela u.a.: Problemanalyse im therapeutischen Prozess. Stuttgart, Kohlhammer, 1980 (3. Aufl. 1992).

Basseches, M.: Dialectical thinking and adult development. New York, 1984.

Bastine, Reiner: Klinische Psychologie. Band 1: Grundlagen und Aufgaben Klinischer Psychologie. Definition, Klassifikation und Entstehung psychischer Störungen. Stuttgart, Kohlhammer, 1990. (2. überarb. Aufl.)

Bateson, Gregory/Jackson, Don D./Haley, Jay/Weakland, John H.: Auf dem Weg zu einer Schizophrenie-Theorie. In: Bateson, Gregory u.a.: Schizophrenie und Familie. Frankfurt a. Main, Suhrkamp Verlag, 1984, S. 11-42.

Beck, Aaron T./Rush, A.John/Shaw, Brian, F./Emery, Gary: Kognitive Therapie der Depression. (Hrsg. von M. Hautzinger) München, Urban und Schwarzenberg, 1981.

Becker-Carus, Christian: Grundriss der Physiologischen Psychologie. Heidelberg, Quelle & Meyer, 1981.

Behr, Rafael: Cop Culture. Der Alltag des Gewaltmonopols. Männlichkeit, Handlungsmuster und Kultur in der Polizei. Opladen, Leske und Budrich, 2000.

Beissmann, Gernot: „Die Krähenfüße als Indiz". Ein visueller Lügendetektor erkennt, ob Gesichtsausdrücke echt oder gespielt sind. In: DIE ZEIT, Nr. 29, 15. Juli 1999, S. 38.

Belitz, Lutz: Verteidigungsstrategien und Vernehmungsstrategien aus kriminalistisch-psychologischer Sicht. Wissenschaftliche Zeitschrift der Humboldt-Universität zu Berlin – Reihe Geistes- und Sozialwissenschaften 1991, 40 (3), S. 141-161.

Bender, Rolf/Röder, Susanne/Nack, A.: Tatsachenfeststellung vor Gericht. München, C.H. Beck, 1981. (Bd. 1: Glaubwürdigkeits- und Beweislehre. Bd. 2: Vernehmungslehre.)

Bernsee, Holger: Vernehmungstechnik – massiver Andrang auf BDK-Seminar. In: Der Kriminalist, 11/01, S. 440-451.

Binet, Alfred: La suggestibilité. Paris, 1900.

Birbaumer, Niels/Schmidt, Robert F.: Biologische Psychologie. Berlin, Springer-Verlag, 1999. (4. vollst. überarb. u. erg. Aufl.)

Bock, Thomas u.a.: Stimmenreich – Mitteilungen über den Wahnsinn. Bonn, Psychiatrie-Verlag, 1994a. (4. Aufl.)

Bock, Thomas u.a.: Im Strom der Ideen – Stimmenreiche Mitteilungen über den Wahnsinn. Bonn, Psychiatrie-Verlag, 1994b.

Böhnisch, Lothar/Winter, Reinhard: Männliche Sozialisation. Bewältigung männlicher Geschlechtsidentität im Lebenslauf. Weinheim, Juventa Verlag, 1997 (3. Aufl.)

Bowlby, John: Maternal care and mental health. WHO, Genf; HMSO, London, 1951 (dt.: Mütterliche Zuwendung und geistige Gesundheit. München, Kindler, 1973)

Bowlby, John: Attachment and Loss, Volume 1, Attachment. London, The Hogarth Press, 1969. (dt.: Bindung. Eine Analyse der Mutter-Kind-Beziehung. Frankfurt a.M., Fischer, 1984)

Bowlby, John: Elternbindung und Persönlichkeitsentwicklung. Therapeutische Aspekte der Bindungstheorie. Heidelberg, Dexter Verlag, 1995 (Orig.: A secure base. London, Routledge, 1988.)

Britton, Paul: Das Profil der Mörder. Die spektakuläre Erfolgsmethode des britischen Kriminalpsychologen. München, Econ, 2000 (2. Aufl.)

Brockmann, Claudia: Vernehmungstechniken. In: Stein, Frank: Brennpunkte der Polizeipsychologie. Stuttgart, Verlag für Angewandte Psychologie, 1990, S. 39-47.

Brockmann, Claudia/Chedor, Reinhard: Vernehmung. Hilfen für den Praktiker. Hilden, 1999.

Brodag, Wolf-Dietrich: Kriminalistik: Grundlagen der Verbrechensbekämpfung. Stuttgart, Boorberg, 2001 (8. neu bearb. und erw. Aufl.).

Bruner, Jerome/Goodman, C.C.: Value and need as organizing factors in perception. Journal of Abnormal Social Psychology, 1947, 42, S. 33-44.

Bruner, Jerome/Postman, Leo: An Approach to social perception. In: Dennis, W./Lippitt, R. (Eds.): Current trends in social psychology. Pittsburgh: University of Pittsburgh Press, 1951, S. 71-118.

Bull, Ray: Interviewing Children in the Forensic Context. In: Greuel, Luise/Fabian, Thomas/Stadler, Michael (Hrsg.): Psychologie der Zeugenaussage. Ergebnisse der rechtspsychologischen Forschung. Weinheim, 1997, S. 225-230.

Buzan, Tony/Stanek, Wolfram: Memory Power. Die Gebrauchsanweisung für Ihr Gehirn. Augsburg, 1999.

Ceci, S.J./Bruck, M.: Jeopardy in the courtroom. Washington, DC: American Psychological Association, 1995.

Ciompi, Luc: Affektlogik. Über die Struktur der Psyche und ihre Entwicklung. Ein Beitrag zur Schizophrenieforschung. Stuttgart, Klett-Cotta, 1982.

Ciompi, Luc: Die emotionalen Grundlagen des Denkens. Entwurf einer fraktalen Affektlogik. Göttingen, Vandenhoeck & Ruprecht, 1997.

Damasio, Antonio R.: Déscartes' Error. Emotions, Reasons and the Human Brain. (Chapter 2: Gage's Brain Revealed.) London, Papermac, 1996.

Darwin, Charles: Der Ausdruck der Gemütsbewegungen bei dem Menschen und den Tieren. Nördlingen, Greno, 1986. (Original 1872)

Davison, Gerald/Neale, John M.: Klinische Psychologie. Weinheim, PVU, 1998. (5. aktualisierte Aufl.)

Dreher, E./Dreher, M.: Wahrnehmung und Bewältigung von Entwicklungsaufgaben im Jugendalter: Fragen, Ergebnisse und Hypothesen zum Konzept einer Entwicklung- und Pädagogischen Psychologie des Jugendalters. In: Oerter, Rolf. (Hrsg.): Lebensbewältigung im Jugendalter. Weinheim, Edition Psychologie, 1985, S. 30-61.

Ekman, Paul: Biological and cultural contributions to body and facial momement in the expression of emotions. In: Rorty, A.O. (Hg.): Explaining Emotions. Berkeley: University of California Press, 1980.

Ekman, Paul: Universale emotionale Gesichtsausdrücke. In: Kahle, G. (Hrsg.).: Logik des Herzens. Die soziale Dimension der Gefühle. Frankfurt, Suhrkamp, 1981, S. 177-186.

Ekman, Paul (Ed.): The nature of emotion: fundamental questions. New York, Oxford University Press, 1994.

Endres, Johann/Scholz, Oskar B.: Sexueller Missbrauch aus psychologischer Sicht – Formen, Vorkommen, Nachweis. Neue Zeitschrift für Strafrecht, 1994, 14, S. 466-473.

Endres, Johann/Scholz Oskar B./Summa, Donata: Aussagesuggestibilität von Kindern. In: Greuel, Luise/Fabian, Thomas/Stadler, Michael: Psychologie der Zeugenaussage. Ergebnisse rechtspsychologischer Forschung. Weinheim, 1997, S. 189-205.

Erdheim, M.: Die gesellschaftliche Produktion von Unbewusstheit. Eine Einführung in den ethnopsychoanalytischen Prozess. Frankfurt a. M., Suhrkamp, 1982.

Erikson, H. Erik: Identität und Lebenszyklus. Drei Aufsätze. Frankfurt a. M., Suhrkamp Verlag (stw 16), 1973. (Originalausgabe: „Identity and the Life Cycle", 1959)

Ernst, C.: Are early childhood experiences overrated? European Archives of Psychiatry and Neurological Science, 1988, 237, S. 80-90.

Eschenröder, Christof T.: Hier irrte Freud. Zur Kritik der psychoanalytischen Theorie und Praxis. München, PVU, 1986 (2., überarb. Aufl.)

Euler, Harald/Mandl, Heinz: Emotionspsychologie. Ein Handbuch in Schlüsselbegriffen. München, Urban und Schwarzenberg, 1983.

Fend, Helmut: Die Entwicklung des Selbst und die Verarbeitung der Pubertät. Entwicklungspsychologie der Adoleszenz in der Moderne. (Bd. III). Bern, Hans Huber, 1994.

Fiedler, Peter: Persönlichkeitsstörungen. Weinheim, PVU, 1997 (3. Aufl.)

Flavell, J.H.: Cognitive changes in adulthood. In: Goulet, L.R. & Baltes, R.B. (Eds.): Lifespan development psychology: Research a theory. New York: Academic Press, 1970.

Fliegel, Steffen/Groeger, Wolfgang M./Künzel, Rainer u.a.: Verhaltenstherapeutische Standardmethoden. Ein Übungsbuch. München, Urban und Schwarzenberg, 1981.

Forgas, Joseph P.: Soziale Interaktion und Kommunikation. Eine Einführung in die Sozialpsychologie. Weinheim, PVU, 1995. (3. Auflage)

Freud, Anna: Das Ich und die Abwehrmechanismen. München, Kindler Verlag, 1980. (Original 1936)

Freud, Sigmund: Erinnern, Wiederholen und Durcharbeiten. Weitere Ratschläge zur Technik der Psychoanalyse II. (1914) In: Freud, Anna/Grubrich-Simitis, Ilse (Hrsg.): Sigmund Freud. Werkausgabe in zwei Bänden. Bd. 1. Elemente der Psychoanalyse. Frankfurt a. Main, S. Fischer Verlag, 1987 (2. Aufl.), S. 518-525.

Freud, Sigmund: Der Begriff des Unbewussten (1915). In: Freud, Anna/Grubrich-Simitis, Ilse (Hrsg.): Sigmund Freud. Werkausgabe in zwei Bänden. Bd. 1. Elemente der Psychoanalyse. Frankfurt a. Main, S. Fischer Verlag, 1987 (2. Aufl.), S. 128-155.

Freud, Sigmund: Triebe und Triebschicksale (1915). In: Freud, Anna/Grubrich-Simitis, Ilse (Hrsg.): Sigmund Freud. Werkausgabe in zwei Bänden. Bd. 1. Elemente der Psychoanalyse. Frankfurt a. Main, S. Fischer Verlag, 1987 (2. Aufl.), S. 167-184.

Freud, Sigmund: Das Ich und das Es (1923). In: Freud, Anna/Grubrich-Simitis, Ilse (Hrsg.): Sigmund Freud. Werkausgabe in zwei Bänden. Bd. 1. Elemente der Psychoanalyse. Frankfurt a. Main, S. Fischer Verlag, 1987 (2. Aufl.), S. 369-402.

Fuchs, Stefan: Genauigkeit der Diagnose von Tatwissen bei unmittelbarer vs. zeitlich verzögerter polygraphischer Untersuchung. Unveröffentlichte Diplomarbeit. TU-Berlin, Fachbereich V, Institut für Psychologie. 1/2002.

Füllgrabe, Uwe: Der psychisch auffällige Mitbürger: Sicherheit im Umgang mit psychisch auffälligen Menschen. Stuttgart, Boorberg, 1992. (Psychologie für Polizeibeamte; Bd. 8)

Füllgrabe, Uwe: Kriminalpsychologie – Täter und Opfer im Spiel des Lebens. (2. überarb. u. erw. Aufl.). Frankfurt am Main, 1997.

Gardner, Howard: Abschied vom IQ. Die Rahmen-Theorie der vielfachen Intelligenzen. Stuttgart, 1991.

Gardner, Howard: Intelligenzen. Die Vielfalt des menschlichen Geistes. Stuttgart, Klett-Cotta, 2002. (Original: „Intelligence Reframed. Multiple Intelligences for the 21st Century. New York, Basic Books, 1999.)

Geiselman, R.E./Fisher, R.P./Mac Kinnon, D.P./Holland, H.L.: Eyewitness memory enhancement in the police interview: Cognitive retrieval mnemonics versus hypnosis. Journal of Applied Psychology, 1985, 70, S. 401-412.

Gilmore, David, D.: Mythos Mann. Wie Männer gemacht werden. Rollen, Rituale, Leitbilder. München, Deutscher Taschenbuch Verlag, 1993 (Originalausgabe: Manhood in the Making. Cultural Concepts of Masculinity. London, Yale University Press, 1990)

Goleman, Daniel: Emotionale Intelligenz. München, Deutscher Taschenbuch Verlag, 1998 (7. Auflage).

Gray, John: Männer sind anders. Frauen auch. München, Wilhelm Goldmann Verlag, 1993.

Greenfield, Susan A.: Reiseführer Gehirn. Heidelberg, Spektrum Akademischer Verlag, 1999. (Original: The human brain, 1997)

Greenglass, Ester R.: Geschlechterrolle als Schicksal. Soziale und psychologische Aspekte weiblichen und männlichen Rollenverhaltens. Stuttgart, Klett-Cotta, 1995.

Greuel, Luise: Suggestibilität und Aussagezuverlässigkeit: ein (neues) Problem in der forensisch-psychologischen Praxis? In: Greuel, Luise/Fabian, Thomas/Stadler, Michael (Hrsg.): Psychologie der Zeugenaussage. Ergebnisse rechtspsychologischer Forschung. Weinheim, 1997, S. 211-223.

Greuel, Luise: Wirklichkeit – Erinnerung – Aussage. Weinheim, PVU, 2001.

Greuel, Luise: Polizeipsychologie in Deutschland: Neue Herausforderungen an Wissenschaft und Praxis. In: Polizei & Wissenschaft. 2/2001, S. 3-12.

Greve, Werner/Roos, Jeanette: Der Untergang des Ödipuskomplexes. Argumente gegen einen Mythos. Bern, Hans Huber Verlag, 1996.

Grimm, Hannelore: Sprachentwicklung – allgemeintheoretisch und differentiell betrachtet. In: Oerter, Rolf/Montada, Leo (Hrsg.): Entwicklungspsychologie. Ein Lehrbuch. Weinheim, 1995, S. 705-757 (3. vollst. überarb. und erw. Aufl.).

Grossmann, Klaus E./Grossmann, Karin: Attachment quality as an organizer of emotional and behavioral responses in a longitudinal perspective. In: Parkes, C.M./J. Stevenson-Hinde, J./Marris, P. (Eds.): Attachment across the life cycle. London/New York, Tavistock/Routledge, 1991, S. 93-114.

Grossmann, Klaus E./Grossmann, Karin: Frühkindliche Bindung und Entwicklung individueller Psychodynamik über den Lebenslauf. In: Familiendynamik, April 1995, S. 171-192.

Gudjonsson, G.H.: Investigative interviewing: recent developments and some fundamental issues. International review of Psychiatry, 1994, 6, S. 237-245.

Halbrock, Gudrun: Gewaltfreie Erziehung in der Demokratie. In: Report Psychologie, 25, 8/2000, S. 502-503.

Hall, Calvin S./Lindzey, Gardner: Theorien der Persönlichkeit. Band 1. München, Beck, 1987.

Harlow, Harry F.: The nature of love. American psychologist, 1958, 13, 673-685.

Harlow, Harry F.: The heterosexual affectional system in monkeys. American psychologist, 1962, 17, S. 1-9.

Harlow, Harry F./Harlow, M.K. u.a.: Maternal behavior in Rhesus monkeys deprived of mothering and peer associations in infancy. Proceedings of the American Philosophical Society, 1966, 40, S. 58-66.

Harlow, Harry F./Zimmermann, R.R.: The affectional responses in the infant monkey. Science, 1959.

Haselow, Reinhard/Meyer, Harald: Massenverhalten und Polizeiliches Handeln. Der shadow effect oder wenn Gefühle den Verstand überschatten. Hilden, VDP, 1997.

Hasselmo, M.E.: Runaway synaptic modification in models of cortex: Implications for Alzheimer's disease. Neural Networks, 1994, 7 (1), S. 13-40.

Hautzinger, Martin: Patientenbroschüre Depression. Informationen für Betroffene und deren Angehörige. Göttingen, Hogrefe Verlag, 1999.

Havighurst, Robert J.: Developmental tasks and education. New York, Longman, 1982.(1st ed. 1948)

Heider, Fritz: The Psychology of Interpersonal Relations. New York, Wiley, 1958. (dt.: Psychologie der interpersonalen Beziehungen. Stuttgart, Klett, 1977)

Hennenhofer, Gerd/Heil, Klaus D.: Angst überwinden. Selbstbefreiung durch Verhaltenstraining. Reinbek bei Hamburg, Rowohlt Taschenbuch, 1975.

Hermanutz, Max: Wahrnehmungsstörung – Täuschung – Irrtum. In: Hermanutz, Max/Ludwig, Christiane/Schmalzl, Hans Peter: Moderne Polizeipsychologie in Schlüsselbegriffen. Stuttgart, Boorberg, 1996, S. 280-288.

Hermanutz, Max/Ludwig, Christiane/Schmalzl, Hans Peter: Moderne Polizeipsychologie in Schlüsselbegriffen. Stuttgart, Boorberg, 1996 (2., neu bearbeitete Aufl. 2001).

Hermanutz, Max/Rief, Winfried: Angst. In: Hermanutz, Max/Ludwig, Christiane/Schmalzl, Hans Peter: Moderne Polizeipsychologie in Schlüsselbegriffen. Stuttgart, Boorberg, 1996, S. 9-20.

Hoffmann, Sven O.: Psychoneurosen und Charakterneurosen. In: Psychiatrie der Gegenwart, Bd. 1. Kisker, K.P./Lauter, H. u.a. (Hrsg.), 3. Aufl. Berlin, Springer, 1986.

Hoffmann, Sven O./Hochapfel, Gerd: Neurosenlehre, psychotherapeutische und psychosomatische Medizin. Stuttgart, 1995. (5. erw. Aufl.)

Holzkamp, Klaus/Keiler, P.: Soziale und dimensionale Bedingungen des Lernens der Größenakzentuierung: Eine experimentelle Studie zur sozialen Wahrnehmung. Zeitschrift für experimentelle und angewandte Psychologie, 1967, 14, S. 407-441.

Horney, Karen: Unsere inneren Konflikte. Neurosen in unserer Zeit. Fischer, 1997 (Original, 1945).

Hücker, Fritz: Der Polizeibeamte als Zeuge. Stuttgart, Boorberg Verlag, 1998.(3. überarb. Aufl.)

Hülshoff, Thomas: Emotionen. Eine Einführung für beratende, therapeutische, pädagogische und soziale Berufe. München, 1999.

Inbau, F.E./Reid, J.E./Buckley, J.P.: Criminal interrogation and confessions. Baltimore: Williams & Wilkens, 1986.

Jaeggi, Eva: Zu heilen die zerstoßenen Herzen. Die Hauptrichtlinien der Psychotherapie und ihre Menschenbilder. Reinbek bei Hamburg, Rowohlt, 1995.

Jones, Edward E./Rock, L./Shaver, K.G./Goethals, G.R./Ward, L.M.: Patterns of performance and ability attribution: an unexpected primacy effect. Journal of Personality and Social Psychology, 1968, 10, S. 317-341.

Jones, Edward E./Nisbett, Richard E.: The actor and the observer: Divergent perceptions of the causes of behavior. Morristown, N.J., General Learning Press, 1971.

Kagan, Jerome: Die drei Grundirrtümer der Psychologie. Weinheim, Beltz Verlag, 2000.

Kagan, Jerome/Moss, H.A.: Birth to maturity. New York, Wiley, 1962.

Kanfer, Frederick H./Reinecker, H./Schmelzer, D.: Selbstmanagement-Therapie. Berlin, 1990.

Kanning, Uwe Peter: Die Psychologie der Personenbeurteilung. Göttingen, Hogrefe, 1999.

Kaya, Haluk: Die Ehre der Türken. Hintergrundinformationen für die Bearbeitung von Tötungsdelikten und schweren Körperverletzungen. In: Kompass. Mitteilungsblatt der Landespolizeischule Berlin. Heft 4, 2001, S. 37-40.

Kegan, Robert: Die Entwicklungsstufen des Selbst. Fortschritte und Krisen im menschlichen Leben. München, 1986.

Kelley, Harold H.: Attribution theory in social psychology. In: Levine, D. (Ed.): Nebraska Symposium on Motivation. Lincoln, University of Nebraska Press, 1967, 192-238.

Kihlstrom, John F.: The cognitive unconscious. Science, 1987, 237, S. 1445-1452.

Klaus, H.M./Kennell, J.H.: Maternal Attachment: Importance of the First Post-Partum Days. The New England Journal of Medicine, 1972, H. 286, S. 460-463.

Kleinginna, P.R. & Kleinginna, A.M.: A categorized list of emotion definitions, with suggestions for a consensual definition. Motivation and Emotion 5 (1981), S. 345-355.

Knierim, Birte: Searching Peak of Tension. Hypothesengeleitete Informationsgewinnung mit Hilfe der Tatwissenstechnik. Unveröffentlichte Diplomarbeit. TU Berlin, Fachbereich V, Institut für Psychologie, 12/2001.

Kohlberg, Lawrence: Zur kognitiven Entwicklung des Kindes. Frankfurt a. M., Suhrkamp, 1974.

Kohut, Heinz: Forms and transformations of narcissism. Journal of the American Psychoanalytic Association, 1966, 14, S. 243-272.

Kohut, Heinz: The analysis of the self. New York, International University Press, 1971.

Koukkou, Martha/Leuzinger-Bohleber, Marianne/Mertens, Wolfgang (Hg.) Erinnerung von Wirklichkeiten. Psychoanalyse und Neurowissenschaften im Dialog. Stuttgart, Verlag Internationale Psychoanalyse, 1998.

Kraheck-Brägelmann, Sibylle: Geständnisbereitschaft und -motivation jugendlicher Straftäter im Zusammenhang der polizeilichen Vernehmung. Ergebnisse einer Inhaftiertenbefragung. In: Greuel, Luise/Fabian, Thomas/Stadler, Michael (Hrsg.): Psychologie der Zeugenaussage. Ergebnisse rechtspsychologischer Forschung. Weinheim, 1997, S. 287-303.

Labouvie-Vief, G.: Intelligence and cognition. In J.E. Birren/K.W. Schaie (Eds.): Handbook of the psychology of aging. (2nd ed.) New York, 1985.

Lazarus, Arnold A.: Multimodale Verhaltenstherapie. Frankfurt a. M., Fachbuchhandlung für Psychologie. 1978 (Orig.: Multimodal Behavior Therapy. New York, Springer P.C., 1976).

Lazarus, Richard S.: Cognitive and personality factors underlying threat and coping. In: Appley, H.H./Trumbull, S.R. (Eds.): Psychological stress. New York, Appelton-Century-Crofts, 1967, S. 151-169.

Lazarus, Richard S.: Stress und Stressbewältigung – ein Paradigma. In: Filipp, S.H.: Kritische Lebensereignisse. München, Urban und Schwarzenberg, 1991.

Leber, Aloys: Vorwort. In: Piaget, Jean: Intelligenz und Aktivität in der Entwicklung des Kindes. Frankfurt a. Main, Suhrkamp, 1995, S. 9-13.

LeDoux, Joseph: Sensory Systems und Emotion. Integrative Psychiatry, 4, 1986.

LeDoux, Joseph: Emotion and the Limbic System Concept, Concepts in Neuroscience, 2, 1992.

LeDoux, Joseph: Das Netz der Gefühle. Wie Emotionen entstehen. München, dtv, 2001.

Legewie, Heinz/Ehlers, Wolfram: Handbuch moderne Psychologie. Augsburg, Weltbild Verlag, 2000. (Erstauflage 1972)

Leichtman, M.D./Ceci. S.J.: The effects of stereotypes and suggestions on preschoolers' reports. Developmental Psychology, 1995, 31, S. 568-578.

Lerner, M. J.: Social psychology of justice and interpersonal attraction. In: Huston, T. (Ed.): Foundations of interpersonal attraction. New York, Academic Press, 1974, S. 331-351.

Lichtenberg, Joseph D.: Psychoanalysis and Motivation. Hillsdale, N.J., The Analytic Press, 1989.

Lieury, Alain: Das Gedächtnis. Ausführungen zum besseren Verständnis. Anregungen zum Nachdenken. Bergisch-Gladbach, BLT, 1999.

Lilli, Waldemar: Die Hypothesentheorie der sozialen Wahrnehmung. In: Frey, Dieter (Hrsg.): Kognitive Theorien der Sozialpsychologie. Bern, 1978, S. 19-48.

Löhner, Michael: Kommunikationspsychologie in der Einvernahme. Sprachstrategien im Prozess der Wahrheitsfindung. In: Kriminalistik, 11/90, S. 611-616.

Lorenz, Konrad: Der Kumpan in der Umwelt des Vogels. Zeitschrift für Ornithologie Berlin. 1935.

Luchins, A.S.: Experimental attempts to minimize the impact of first impressions. In: Hovland, C. (Ed.): The Order of Presentation in Persuasion. New Haven: Yale University Press, 1957.

Maccoby, E.E./Jacklin, C.N.: The psychology of sex differences. Stanford, Stanford University Press, 1974.

Machleidt, Wielant: Grundgefühlsysteme und neuronale Netzwerke. In: Lasar, M. (Hg.): Netzwerktheorie. Lengerich, 1996, S. 117-138.

Machleidt, Wielant: Spurensuche: vom Gefühl zur Erinnerung. Die psychobiologischen Ursprünge des Gedächtnisses. In: Koukkou, Martha/Leuzinger-Bohleber, Marianne/Mertens, Wolfgang (Hg.) Erinnerung von Wirklichkeiten. Psychoanalyse und Neurowissenschaften im Dialog. Stuttgart, 1998, S. 462-517.

Mahler, Margret S./Pine, Fred/Bergman, Anni: Die psychische Geburt des Menschen. Symbiose und Individuation. Frankfurt a.M., Fischer Verlag, 1985. (Originalausgabe: The Psychological Birth of the Human Infant. New York, Baisc Books, 1975)

Main, Mary/Goldwyn, Ruth: Adult attachment classification and rating systems. Unpublished manuscript, University of California, Berkeley, 1985.

Main, Mary/Hesse, Erik: Parents' unresolved traumatic experiences are related to infant disorganized attachment status: Is freightended and/or frightening parental behavior the linking mechanism? In: Greenberg, M.T./Cicchetti, D./Cummings, E.M. (Eds.): Attachment in the preschool years. Chicago, University of Chicago Press, 1990, S. 161-184.

Main, Mary/Solomon, Judith: Procedures for identifying infants as disorganized/disoriented during Ainsworth's strange situation. In: Greenberg, M.T./Cicchetti, D./Cummings, E.M. (Eds.): Attachment in the preschool years. Chicago, University of Chicago Press, 1990, S. 121-160.

Mannoni, Octave: Freud mit Selbstzeugnissen und Bilddokumenten. Reinbek bei Hamburg, Rowohlt Taschenbuch Verlag, 1991.

Marcia, J.E.: Development and validation of ego-identity-status. Journal of Personality and Social Psychology, 1966, 3, S. 551-558.

Marcia, J.E.: Identity in adolescence. In: Adelson, J. (Ed.), Handbook of adolescent psychology. New York, Wiley, 1980, S. 159-187.

Mathews, Andrew/Gelder, M./Johnston, D.: Platzangst. Agoraphobie. Ein Übungsbuch für Betroffene und Angehörige. (dt. Bearb. Iver Hand u. Cornelia Wilke). Berlin, Springer Verlag, 1988.

Mertens, Wolfgang: Entwicklung der Psychosexualität und der Geschlechtsidentität. (Band 2: Kindheit und Adoleszenz). Stuttgart, Kohlhammer, 1994.

Michaelis-Arntzen, Else: Zeugenpersönlichkeit und Aussageglaubwürdigkeit. In: Arntzen, Friedrich: Psychologie der Zeugenaussage. System der Glaubwürdigkeitsmerkmale. München, 1993, S. 119-143.

Michaelis-Arntzen, Else: Zur Suggestibilität von Kleinkindern. In: Greuel, Luise/Fabian, Thomas/Stadler, Michael (Hrsg.): Psychologie der Zeugenaussage. Ergebnisse rechtspsychologischer Forschung. Weinheim, 1997, S. 205-210.

Milne, R. & Bull, R.: Investigative interviewing: Psychology and Practice. Chichester, Wiley, 1999.

Möller, Birgit: Die Zerstörung der psychischen Struktur durch die Folter. In: Report Psychologie 3/99, S. 185-187.
Montada, Leo: Die geistige Entwicklung aus der Sicht Jean Piagets. In: Oerter, Rolf/Montada, Leo (Hrsg.): Entwicklungspsychologie. Ein Lehrbuch. Weinheim, 1995. (3. vollst. überarb. Aufl.), Kapitel 11, S. 518-561.
Mowrer, O.H.: A stimulus-response analysis of anxiety and its role as an reinforcing agent. Psychological review, 1939, 46, S. 553-565.
Mowrer, O.H.: Learning theory and behavior. New York, Wiley, 1960.
Müller-Münch, Ingrid: Biedermänner und Brandstifter. Fremdenfeindlichkeit vor Gericht. Bonn, Dietz, 1998.
Müller-Pozzi, Heinz: Psychoanalytisches Denken. Eine Einführung. Bern, Hans Huber Verlag, 1995. (2., korr. Aufl.)
Napier, Michael R./Adams, Susan H.: Magic Words to obtain confessions. In: FBI Law Enforcement Bulletin, 10/1998, S. 11-15.
Neisser, Ulrich: Cognitive Psychology. New-York, Appleton-Century-Crofts. 1967.
Nolting, Hans-Peter/Paulus, Peter: Psychologie lernen. Eine Einführung und Anleitung. Weinheim, Beltz Verlag, 1999.
Oefele, Konrad v.: Forensische Psychiatrie. Leitfaden für die klinische und gutachterliche Praxis. Stuttgart, Schattauer, 1998.
Oerter, Rolf/Dreher, Eva: Jugendalter. In: Oerter, Rolf/Montada, Leo: Entwicklungspsychologie. Ein Lehrbuch. Weinheim, PVU, 1995, 3. vollst. überarb. u. erw. Auflage, S. 310-361.
Payk, Theo R. (Hrsg.): Angsterkrankungen. Stuttgart, Schattauer, 1994.
Petermann, Ulrike: Angststörungen. In: Steinhausen, Hans-Christoph./von Aster, Michael (Hrsg.): Handbuch Verhaltenstherapie und Verhaltensmedizin bei Kindern und Jugendlichen. Weinheim, PVU, 1993a, S. 187-211.
Petermann, Franz/Petermann, Ulrike: Training mit aggressiven Kindern. Weinheim, Psychologische Verlagsunion, 1993, 6. unver. Auflage (9. Aufl. 2000).
Peters, Uwe Hendrik: Wörterbuch der Psychiatrie und medizinischen Psychologie. München, Urban und Schwarzenberg, 1984 (3. überarb. u. erw. Aufl.).
PDV 100. Handbuch für Führung und Einsatz der Polizei. Stuttgart, Richard Boorberg Verlag, 2000.
Piaget, Jean: Die Entwicklung des Zeitbegriffs beim Kinde. Zürich, 1955.
Piaget, Jean: Nachahmung, Spiel und Traum. Stuttgart, 1969. (Original: La formation du symbole chez l'enfant, imitation, jeu et rêve, image et représentation. Neuchatel, 1946.)
Jean Piaget – Werk und Wirkung, Reihe „Geist und Psyche" Bd. 2168, München, Kindler 1976.

Piaget, Jean: Intelligenz und Affektivität in der Entwicklung des Kindes. (Hrsg. u. übers. von Aloys Leber). Frankfurt a. Main, 1995.

Piaget, Jean/Inhelder, Bärbel: Die Entwicklung der physikalischen Mengenbegriffe beim Kinde. Stuttgart, 1969 (Original: La développement des quantités physiques chez l'enfant, 1942)

Plutchik, Robert: Emotion. A Psychoevolutionary Synthesis. New York, Harper & Row, 1980.

Rathburn, C./DiVirgilio, L./Waldfogel, S.: A restitutive process in children following radical seperation from familiy and culture. American Journal of Orthopsychiatry, 1958, 28, S. 408-415.

Rauh, Hellgard: Frühe Kindheit. In: Oerter, Rolf/Montada, Leo: Entwicklungspsychologie. Ein Lehrbuch. Weinheim, 1995, S. 167-245. (3. vollst. überarb. und erw. Aufl.)

Reemtsma, Jan Philipp: Im Keller. Reinbek bei Hamburg, Rowohlt Taschenbuch Verlag, 1998.

Revenstorf, Dirk: Psychotherapeutische Verfahren. Band II: Verhaltenstherapie. Stuttgart, Kohlhammer, 1989 (2. überarb. Aufl.)

Richter, Horst E.: Eltern, Kind und Neurose. Die Rolle des Kindes in der Familie. Reinbek bei Hamburg, Rowohlt, 1987. (Original: Stuttgart, Ernst Klett Verlag, 1963)

Riemann, Fritz: Grundformen der Angst. Eine tiefenpsychologische Studie. München, E. Reinhardt, 1984.

Rohde-Dachser, Christa: Expedition in den dunklen Kontinent. Weiblichkeit im Diskurs der Psychoanalyse. Berlin, Springer-Verlag, 1991.

Rosenthal, Robert: Experimenter effects in behavioral reseach. New York, Appelton-Century-Crofts, 1966.

Rottenecker, Richard: Modelle der kriminalpolizeilichen Vernehmung des Beschuldigten. Diss. Jur. Freiburg, 1976.

Sacks, Oliver: Der Mann, der seine Frau mit einem Hut verwechselte. Reinbek bei Hamburg, Rowohlt, 1987.

Schachter, Stanley/Singer, Jerome: Cognitive, social and physiological determinants of emotional state. Psychological Review, 1962, 69, S. 379-399.

Schacter, Daniel, L.: Wir sind Erinnerung. Gedächtnis und Persönlichkeit. Reinbek bei Hamburg, Rowohlt Verlag, 1999.

Scharfetter, Christian: Schizophrene Menschen. (Mit einem Geleitwort von Manfred Bleuler) München, PVU, 1986 (2. überarb. u. erw. Aufl.)

Scheler, Uwe/Haselow, Reinhard: Repetitorium Psychologie für die Polizei. Leitfaden für Ausbildung und Praxis mit Fallstudien, Aufgaben und Lösungen. Hilden, VDP, 1994.

Schenk-Danzinger, Lotte: Entwicklung – Sozialisation – Erziehung. Von der Geburt bis zur Schulfähigkeit. Stuttgart, Klett-Cotta, 1992 (2. Aufl.).

Schmidbauer, Wolfgang: Liebeserklärung an die Psychoanalyse. Reinbek bei Hamburg, Rowohlt, 1988.

Schneider, Silvia/Florin, Irmela/Fiegenbaum, Wolfgang: Phobien. In: Steinhausen, Christoph/von Aster, Michael (Hrsg.): Handbuch Verhaltenstherapie und Verhaltensmedizin bei Kindern und Jugendlichen. Weinheim, PVU, 1993, S. 211-239.

Schröer, Norbert: Interkulturelles Patt. Kommunikationsprobleme zwischen deutschen Vernehmungsbeamten und türkischen Migranten in polizeilichen Beschuldigtenvernehmungen. In: Polizei & Wissenschaft. 1/2000, S. 31-44.

Schuler, Heinz.: Das Bild vom Mitarbeiter. München, Goldmann, 1972.

Schulz von Thun, Friedemann: Miteinander reden 1. Störungen und Klärungen. Allgemeine Psychologie der Kommunikation. Reinbek bei Hamburg, Rowohlt, 2000.

Schulz von Thun, Friedemann: Miteinander reden 3. Das „Innere Team“ und situationsgerechte Kommunikation. Reinbek bei Hamburg, Rowohlt, 1998.

Seligman, Martin E.P.: Erlernte Hilflosigkeit. Weinheim, PVU, 1999. (Original: Help-lessness. On Depression, Development and Death. San Francisco, N.H. Freeman and Company, 1975.)

Sherif, Mustafer: A study of social factors in perception. Archives of Psychology. 1935, 27, S. 187.

Skinner, Burrhus F.: Jenseits von Freiheit und Würde. Reinbek bei Hamburg, Rowohlt, 1973. (Original: Beyond Freedom and Dignity, New York, 1971)

Spitz, René: Hospitalism. The Psychoanalytic Study of the Child. New York, 1945. Bd. I.

Spitz, René: Anaclitic Depression. Psychoanalytic Study of Child, 1946, 2, S. 313-342.

Spitz, René: The first year of life. New York, International University Press, 1965. (dt.: Vom Säugling zum Kleinkind. Naturgeschichte der Mutter-Kind-Beziehungen im ersten Lebensjahr. Stuttgart, Klett, 1967)

Spitzer, Manfred: Geist im Netz. Modelle für Lernen, Denken und Handeln. Heidelberg, Spektrum Akademischer Verlag, 2000.

Sporer, Siegfried: Realitätsüberwachungskriterien und forensische Glaubwürdigkeitskriterien im Vergleich. Validitätsüberprüfungen anhand selbsterlebter und erfundener Geschichten. In: Greuel, Luise/Fabian, Thomas/Stadler, Michael: Psychologie der Zeugenaussage. Ergebnisse rechtspsychologischer Forschung. Weinheim, PVU, 1997, S. 71-87.

Stadler, Michael: Realitätskriterien und Wirklichkeitskriterien. In: Greuel, Luise/Fabian, Thomas/Stadler, Michael: Psychologie der Zeugenaussage. Ergebnisse rechtspsychologischer Forschung. Weinheim, PVU, 1997, S. 59-70.

Steiner, Gerhard (Hrsg.): Piaget und die Folgen. (Psychologie des 20. Jahrhunderts, Band VII). Zürich, 1978.

Steller, Max/Köhnken, Günter: Criteria-based statement analysis. Credibility assessment of children's statements in sexual abuse cases. In: Raskin, D.C. (Ed.): Psychological methods for investigation and evidence. New York, Springer, 1989, S. 217-245.

Steller, Max/Volbert, Renate/Wellershaus, P.: Zur Beurteilung von Zeugenaussagen: Aussagenpsychologische Konstrukte und methodische Strategien. In: Montada, L. (Hrsg.): Bericht über den 38. Kongreß der Deutschen Gesellschaft für Psychologie in Trier 1992, Bd. 2, Göttingen, 1993.

Steller, Max/Volbert, Renate: Glaubwürdigkeitsbegutachtung. In: Steller, Max/Volbert, Renate (Hrsg.): Psychologie im Strafverfahren. Bern, Huber, 1997, S. 12-40.

Steller, Max/Volbert, Renate: Anforderungen an die Qualität forensisch-psychologischer Glaubhaftigkeitsbegutachtungen. In: Praxis der Rechtspsychologie. Hrsg. vom Vorstand der Sektion Rechtspsychologie im BDP. Themenschwerpunkt Glaubhaftigkeitsbeurteilung. 10. Jhg., Sonderheft 1, November 2000, S. 102-117.

Stern, William: Zur Psychologie der Aussage. In: Zeitschrift für die gesamte Strafrechtswissenschaft, 1902.

Stierlin, Helm: Eltern und Kinder. Das Drama von Trennung und Versöhnung im Jugendalter. Frankfurt a. M., Suhrkamp Verlag, 1980.

Stork, Jochen: Die seelische Entwicklung des Kleinkindes aus psychoanalytischer Sicht. In: Eicke. D. (Hrsg.): Freud und die Folgen (1). Die Psychologie des 20. Jahrhunderts, Bd. II. Zürich, Kindler Verlag, 1976, S. 868-933.

Thiessen, Klaus: Deeskalation in polizeilichen Brennpunkt-Situationen mit fremdethnischem Gegenüber. In: Polizei-Führungsakademie: Deeskalation – ein Begriff voller Missverständnisse (Schriftenreihe 4/96, S. 89-109).

Tillmann, Klaus-Jürgen: Sozialisationstheorien. Eine Einführung in den Zusammenhang von Gesellschaft, Institution und Subjektwerdung. Reinbek bei Hamburg, Rowohlt Taschenbuch Verlag, 1995.

Tölle, Rainer: Depressionen. Erkennen und Behandeln. München, Beck 2000.

Trautner, Hanns Martin: Lehrbuch der Entwicklungspsychologie. Bd. 1. Göttingen, 1978.

Trautner, Hanns Martin: Lehrbuch der Entwicklungspsychologie. Bd. 2: Theorien und Befunde. Göttingen, 1991.

Triandis, H.C.: Culture training, cognitive complexity and interpersonal attitudes. In: Brislin, R./Bochner, S./Lonner, W. (Hrsg.): Cross-cultural perspectives on learning. Sage, Beverly Hills, 1975.

Ulich, Dieter: Das Gefühl. Über die Psychologie der Emotionen. Goldmann Verlag, 1985.

Undeutsch, Udo.: Beurteilung der Glaubhaftigkeit von Aussagen. In: Undeutsch, Udo (Hrsg.): Handbuch der Psychologie. Band 11: Forensische Psychologie. Göttingen, Hogrefe. 1967, S. 26-181.

Undeutsch, Udo: Vernehmung und nonverbale Information. In: Kube, E./Störzer, H.U./Brugger, S. (Hrsg.): Wissenschaftliche Kriminalistik. Wiesbaden, Bundeskriminalamt, 1983, S. 389-418.

Undeutsch, Udo: Psychophysiologische Täterschaftsdiagnostik. In: Greuel, Luise/Fabian, Thomas/Stadler, Michael (Hrsg.): Psychologie der Zeugenaussage. Weinheim, 1997, S. 303-309.

Vester, Frederic: Phänomen Stress. München, Deutscher Taschenbuch Verlag, 1978 (überarb. Aufl.)

Vrij, A.: Interviewing suspects. In: Memon, S.& Vrij, A./Bull, R. (Eds.): Psychology and law: Truthfulness, accuracy and credibility. London, McGraw-Hill, 1998, S. 124-135.

Walster, Elaine: Assignment of responsibility for an accident. Journal of Personality and Social Psychology, 1966, 3, S. 73-79.

Watson, David/Tharp, Roland: Einübung in Selbstkontrolle. Grundlagen und Methoden der Verhaltensänderung. München, Verlag J. Pfeiffer, 1985 (4. Aufl.)

Weber, Annette/Berresheim, Alexander: Polizeiliche Vernehmungen oder Schon aus Erfahrung gut? In: Kriminalistik, 12/2001, S. 785-796.

Weiner, Bernard: Achievement Motivation and Attribution Theory. Morristown, N.J.: General Learning Press, 1974.

Windheuser, H.J.: Anxious mothers als models for coping with anxiety. Behavioural Analysis and Modification, 1977, 1, S. 39-58.

Winick, M./Meyer, K.K./Harris, R.C.: Malnutrition and environmental enrichment by early adoption. Science, 1975, 190, S. 1173-1175.

Wolpe, Joseph: Panic disorder: a product of classical conditioning. Behaviour Research and Therapy 26, 1988, S. 441-450.

Yagdiran, Oktay/Boyali, Ahmet: Depression. In: Beurteilung psychischer Störungen in einer multikulturellen Gesellschaft. Freiburg im Breisgau, Lambertus-Verlag, 2000, S. 29-45.

Zimbardo, Phillip.: Psychologie. Berlin, Springer Verlag, 1992. (5., neu übersetzte und bearb. Aufl.)

Zimbardo, Philip G./Gerrig, Richard, J.: Psychologie. Berlin, Springer Verlag, 1999. (7., neu übers. und bearb. Aufl.)

14. Sachregister

A

B

C

D

E

F

G

H

I

J

K

L

M

N

O

P

Q

R

S

T

U

V

W

Z

Anderer Wert

Birgitta Sticher ist seit 1998 Professorin für Psychologie und Führungslehre an der Fachhochschule für Verwaltung und Rechtspflege in Berlin, Fachbereich Polizeivollzugsdienst (**www.fhvr-berlin.de**)